长江经济带矿产资源环境与产业协调可持续发展

Yangtze River Economic Belt
Coordinated Sustainable Development of Mineral Resources, Environment and Industry

王运敏　袁　亮　聂　闻　著

科　学　出　版　社

北　京

内 容 简 介

　　本书以长江经济带为研究对象，深入探讨矿产资源、社会经济与生态环境的协调发展。内容包括长江经济带的区域发展背景、社会经济、矿产资源及生态环境，长江经济带矿产资源开发回顾，长江经济带和典型矿业区的矿产资源-社会经济-生态环境协调绿色发展评价，矿产资源绿色发展监测体系与预警机制，国际矿产资源开发历程和发展经验，并对长江经济带矿产资源环境与产业绿色发展提出建议。

　　本书可供从事矿产资源开发、环境保护、经济学的政府工作人员、专家学者及所有关心长江经济带可持续发展的人士阅读。

审图号：GS 京(2024)0046 号

图书在版编目(CIP)数据

长江经济带矿产资源环境与产业协调可持续发展 / 王运敏，袁亮，聂闻著. —北京：科学出版社，2024.8

ISBN 978-7-03-077723-2

Ⅰ. ①长… Ⅱ. ①王… ②袁… ③聂… Ⅲ. ①长江经济带-矿产资源开发-区域生态环境-研究 ②长江经济带-区域经济发展-协调发展-可持续性发展-研究 Ⅳ. ①F426.1 ②X321.25 ③F127.5

中国国家版本馆CIP数据核字(2024)第020628号

责任编辑：李　雪　崔元春 / 责任校对：王萌萌
责任印制：师艳茹 / 封面设计：无极书装

科 学 出 版 社 出版
北京东黄城根北街 16 号
邮政编码：100717
http://www.sciencep.com
北京中科印刷有限公司印刷
科学出版社发行　各地新华书店经销
*
2024 年 8 月第 一 版　开本：720×1000 1/16
2024 年 8 月第一次印刷　印张：19
字数：378 000
定价：248.00 元
(如有印装质量问题，我社负责调换)

编　委　会

前　言

　　推动长江经济带发展是党中央作出的重大决策，是关系国家发展全局的重大战略，对实现"两个一百年"奋斗目标、实现中华民族伟大复兴的中国梦具有重要意义；推动长江经济带绿色发展，关键是要处理好"绿水青山"和"金山银山"的关系，这是关系国家发展全局的重大战略；推动长江经济带绿色发展，就要实现生态效益和社会经济效益相统一，走出一条生态优先、绿色发展的新路子。长江经济带是我国重要的矿产资源基地，特别是中上游地区，有色、黑色金属和非金属矿业在国民经济与社会发展中占有较重要的地位。长江经济带的战略性和新兴矿产资源的优势亦十分明显。近年来，国家实施了生态文明建设、碳达峰碳中和等一系列重大发展战略，对区域矿产资源开发利用提出了更高要求。"共抓大保护、不搞大开发"，是我国长江经济带迈向更高层次的重要基础，更是贯彻新发展理念的生动实践，特别是在该战略导向下，如何正确把握矿产资源开发与社会经济及生态环境之间的耦合作用关系，预判长江经济带矿产资源-社会经济-生态环境协调绿色发展趋势，制定科学的矿产资源可持续开发调控措施，是新时代长江经济带矿产资源开发亟待回答的重大课题。

　　为此，本书以长江经济带为研究对象，从矿产资源特征、构建区域协调发展体系、推动与指导区域经济高质量发展三个方面展开分析与研究。本书首先梳理长江经济带各省(直辖市)近几十年来的矿产资源开发历史、矿产资源开发与产业结构的相关性以及矿产资源开发对生态环境的影响，分析矿产资源开发时空分布特征，构建大数据平台并绘制专题图谱，讨论矿产资源开发活动对社会经济和生态环境的影响。围绕矿产资源、社会经济、生态环境建立绿色发展评价指标体系，在省级尺度上从指标层、系统层和目标层三个层面开展长江经济带省域矿产资源-社会经济-生态环境协调绿色发展评价，可以精准把握各省(直辖市)发展状态，总结发展过程中存在的突出问题，形成针对性推动矿产资源-社会经济-生态环境协调绿色发展的对策建议，也能为省级政府制定发展政策提供实证支撑。在矿产资源集中区尺度上，也对出现矿产集中分布的成矿带进行概念发展介绍，着重分析研究区长江经济带典型矿产资源集中区空间分布及其与生态敏感脆弱区和特殊保护区的重叠情况，同时对矿产资源集中区矿产资源-社会经济-生态环境协调绿色发展进行讨论分析。结合多尺度下的研究，根据耦合协调度的评价结果，探讨不同尺度下的绿色发展监测体系与预警机制，为实现长江经济带矿产资源-社会经济-生态环境协调绿色发展，提出长江经济带绿色可持续发展的规划与建议。最后，通过探讨国际典型区域矿产资源开发历程，以及不同流域和区域的对比，来分析长江经济带所处的发展阶段，并以作为成功案例的矿产资源开发典型区域为例，针对长江经济带未来矿产资源的开发提供经验借鉴与教训总结。

编　者

2023 年 4 月 23 日

目　　录

第1章　长江经济带区域战略发展背景

长江经济带(Yangtze River Economic Belt)横跨我国11省(直辖市),是我国重要的战略发展区域。改革开放以来,我国几经探索经历较长时间才正式确定长江经济带的战略定位。本章将从长江经济带的发展历程出发,对长江经济带的区域分布与发展阶段进行梳理,同时对新时期的战略重点、战略定位以及各省(直辖市)为促进长江经济带绿色可持续发展等采取的措施手段进行探讨分析。

1.1　长江经济带发展历程

1.1.1　区域简介

长江是中国第一大河、世界第三大河,发源于青藏高原唐古拉山,注入东海。长江干流全长6300余千米,宜昌以上为上游,长4504km;宜昌至湖口段为中游,长955km;湖口以下为下游,长938km。长江支流众多,其中,流域面积1万km^{2}以上的支流有45条,8万km^{2}以上的一级支流有雅砻江、岷江、嘉陵江、乌江、湘江、沅江、汉江、赣江8条,重要湖泊有太湖、巢湖、洞庭湖、鄱阳湖等。

长江流域指长江干流和支流流经的广大区域,长江流域土地面积约180万km^2,约占全国国土面积的18.8%,共涉及19个省(自治区、直辖市)。其中,干流流经青海省、西藏自治区、四川省、云南省、重庆市、湖北省、湖南省、江西省、安徽省、江苏省、上海市11个省(自治区、直辖市);支流延展至贵州省、甘肃省、陕西省、河南省、浙江省、广西壮族自治区、广东省、福建省8个省(自治区)。

2016年,《长江经济带发展规划纲要》正式印发,在空间布局上提出"一轴、两翼、三极、多点"的发展新格局,"一轴"是指以长江黄金水道为依托,发挥上海市、武汉市、重庆市的核心作用;"两翼"分别指沪瑞和沪蓉南北两大运输通道;"三极"是指长江三角洲、长江中游和成渝三个城市群;"多点"是指发挥三大城市群以外地级城市的支撑作用,如图1-1所示。

长江经济带以长江流域为纽带,联合中国东、中、西三大区域,覆盖上海市、江苏省、浙江省、安徽省、江西省、湖北省、湖南省、重庆市、四川省、云南省、贵州省11个省(直辖市),面积约205.23万km^2,占全国面积的21.4%,人口和经济总量占比均超过全国的40%,生态地位重要、综合实力较强、发展潜力巨大。

长江经济带按地理位置划分为上、中、下游三个地区,上游地区包括重庆市、

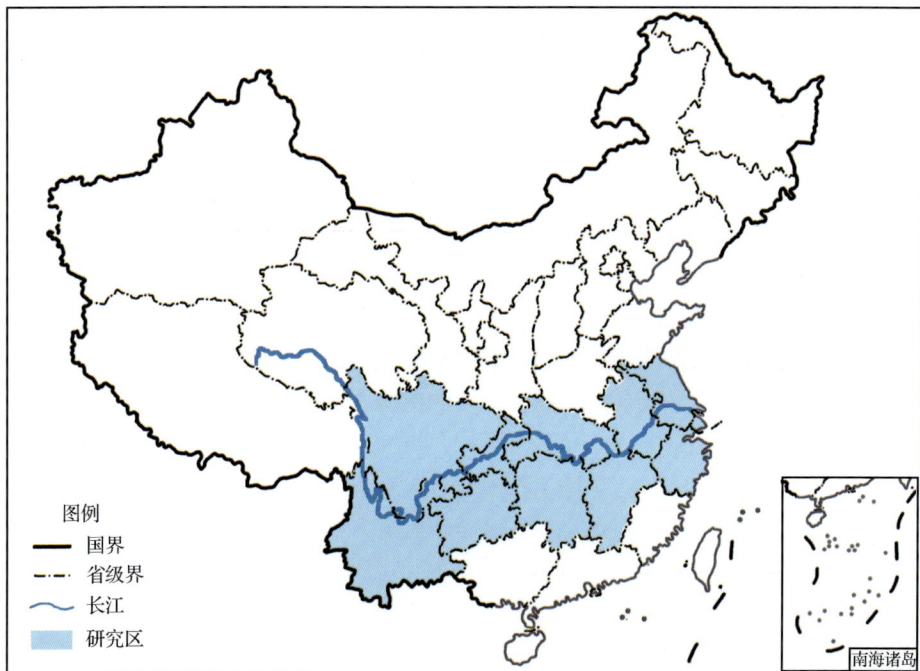

图 1-1 长江经济带地理位置示意图

四川省、贵州省、云南省四省(直辖市),面积约 113.74 万 km²,占长江经济带总面积的 55.4%;中游地区包括江西省、湖北省、湖南省三省,面积约 56.46 万 km²,占长江经济带总面积的 27.5%;下游地区包括上海市、江苏省、浙江省、安徽省四省(直辖市),面积约 35.03 万 km²,占长江经济带总面积的 17.1%。

长江经济带横贯我国腹心地带,水资源丰富,拥有全国可利用淡水资源的 40%,经济腹地广阔,不仅把东、中、西三大地带连接起来,而且还与京沪、京九、京广、皖赣、焦柳等南北铁路干线交会,承东启西,接南济北,通江达海。长江经济带不仅是我国人口、经济、产业最为密集的经济轴带,而且也是矿产资源集中分布的资源富集带,富含页岩气、锰、钒、钛、钨、锡、锑、稀土、锂、磷等矿产(在我国矿产资源中占有重要比例),是国家资源安全保障的重要区域。

推动长江经济带发展是党中央、国务院主动适应把握引领经济发展新常态,科学谋划中国经济新棋局,作出的既利当前又惠长远的重大决策部署,对于实现"两个一百年"奋斗目标和中华民族伟大复兴的中国梦,具有重大现实意义和深远历史意义。

1.1.2 发展阶段

回顾长江经济带的区域发展,分为三个阶段:早期构想、中期探索和全面推动阶段。

早期构想阶段(20 世纪 80 年代初至 1991 年)。早期长江经济带的构想最初是由学术界推动的。1984 年,孙尚清率领 20 余名专家、学者对长江经济和航运进行了重点调查,提出"建设长江产业密集带"的构想。随后,马洪提出"一线(沿海)一轴(长江)"区域发展战略构想。1987 年,陆大道提出海岸经济带和长江经济带构成的"T"形发展战略。全国水资源与水土保持工作领导小组(简称领导小组)于 1990 年 5 月 29 日~6 月 5 日在北京召开了《长江流域综合利用规划简要报告(一九九〇年修订)》审查会议,指出长江流域幅员广阔,人口众多,资源丰富,经济基础雄厚,发展潜力巨大。长江沿岸地区是我国 20 世纪或更长时期内重点开发地区之一,在我国经济建设和社会发展中具有极其重要的战略地位。

中期探索阶段(1992~2011 年)。1992 年 6 月,国务院召开长江三角洲及长江沿江地区经济规划座谈会,提出"发展长江三角洲及长江沿江地区经济"的战略构想。随后,上海浦东开发开放、三峡工程建设都给长江经济带发展带来了巨大契机。1992 年党的十四大报告提出:"以上海浦东开发开放为龙头,进一步开放长江沿岸城市,尽快把上海建成国际经济、金融、贸易中心城市之一,带动长江三角洲和整个长江流域地区经济的新飞跃。"1995 年党的十四届五中全会再次明确提出:"建设以上海为龙头的长江三角洲及沿江地区经济带"。后续出台《中华人民共和国国民经济和社会发展"九五"计划和 2010 年远景目标纲要》《全国主体功能区规划》等文件,明确长江经济带应成为推进形成主体功能区、着力构建国土空间"三大战略格局"的重要组成部分。这一阶段,发展长江经济带由学术探讨层面上升到政策研究层面,突破行政壁垒成为下一步的实践方向。

全面推动阶段(2012 年至今)。党的十八大以来,长江经济带再次被提高至国家重大发展战略的高度,地域范围扩展为 11 个省(直辖市)。习近平总书记多次在推动长江经济带发展座谈会中指出,"把全流域打造成黄金水道""建设长江经济带要坚持全国一盘棋思想""共抓大保护、不搞大开发""使长江经济带成为我国生态优先绿色发展主战场、畅通国内国际双循环主动脉、引领经济高质量发展主力军"。之后出台了《国务院关于依托黄金水道推动长江经济带发展的指导意见》《长江经济带发展规划纲要》《关于建设长江经济带国家级转型升级示范开发区的实施意见》《关于加强长江黄金水道环境污染防控治理的指导意见的通知》《深入推进长江经济带多式联运发展三年行动计划》等涉及区域、产业、生态、交通领域的政策文件。

从此,长江经济带进入全面发展阶段并取得显著成效。一是规划政策体系不断完善,《长江经济带发展规划纲要》及 10 个专项规划印发实施,超过 10 个各领域政策文件出台实施。二是"共抓大保护"格局基本确立,开展系列专项整治行动。三是综合立体交通走廊建设加快推进,产业转型升级取得积极进展,新型城镇化持续推进，对外开放水平明显提升，经济保持稳定增长势头。四是聚焦民生改善重点问题，扎实推进基本公共服务均等化，人民生活水平明显提高。

近年来，长江经济带沿江 11 个省(直辖市)在对外开放与交流合作上取得了积极进展。一方面，长江经济带与"一带一路"共建国家互联互通的架构基本形成。长江黄金水道与沿江铁路枢纽实现联通，西部陆海新通道建设日益加快，长江经济带与"一带一路"共建国家的互联互通不断加强。同时，国际产能和装备制造合作持续推进，长江沿线自贸试验区的对外开放平台作用不断释放。另一方面，长江经济带的对内对外开放合作机制逐步健全。长江经济带航运联盟等平台在推进长江航运、金融、技术等资源和要素的优化配置方面发挥了重要作用，并进一步促进长江经济带相关行业在更高层次、更广领域参与国际合作与竞争。同时，长江经济带沿线 11 个省(直辖市)也不断探索和完善与"一带一路"共建国家和地区的多样化合作机制。

1.2　战略定位与发展目标

战略定位是科学有序推动长江经济带发展的重要前提。长江经济带横跨我国地理三大阶梯，资源、环境、交通、产业基础等发展条件差异较大，地区间发展差距明显。发展长江经济带需要围绕生态优先、绿色发展的理念，依托长江黄金水道的独特作用，发挥上中下游地区的比较优势，用好海陆东西双向开放的区位资源，统筹江河湖泊丰富多样的生态要素。《长江经济带发展规划纲要》提出四大战略地位，主要包括：

一是具有全球影响力的内河经济带。发挥长江黄金水道的独特作用，构建现代化综合交通运输体系，推动沿江产业结构优化升级，打造世界级产业集群，培育具有国际竞争力的城市群，使长江经济带成为充分体现国家综合经济实力、积极参与国际竞争与合作的内河经济带。

二是东中西互动合作的协调发展带。立足长江上中下游地区的比较优势，统筹人口分布、经济布局与资源环境承载能力，发挥长江三角洲地区的辐射引领作用，促进中上游地区有序承接产业转移，提高要素配置效率，激发内生发展活力，使长江经济带成为推动我国区域协调发展的示范带。

三是沿海沿江沿边全面引领全国转型发展的创新驱动带。用好海陆双向开放的区位资源，创新开放模式，促进优势互补，培育内陆开放高地，加快同周边国家和地区基础设施互联互通，加强与丝绸之路经济带、海上丝绸之路的衔接互动，使长江经济带成为横贯东中西、连接南北方的开放合作走廊。

四是生态文明建设的先行示范带。统筹江河湖泊丰富多样的生态要素，推进长江经济带生态文明建设，构建以长江干支流为经脉、以山水林田湖为有机整体，江湖关系和谐、流域水质优良、生态流量充足、水土保持有效、生物种类多样的生态安全格局，使长江经济带成为水清地绿天蓝的生态廊道。

推动长江经济带发展的目标是：到 2020 年，生态环境明显改善，水资源得到有效保护和合理利用，河湖、湿地生态功能基本恢复，水质优良（达到或优于Ⅲ类）比例达到 75% 以上，森林覆盖率达到 43%，生态环境保护体制机制进一步完善；长江黄金水道瓶颈制约有效疏畅、功能显著提升，基本建成衔接高效、安全便捷、绿色低碳的综合立体交通走廊；创新驱动取得重大进展，研究与试验发展经费投入强度达到 2.5% 以上，战略性新兴产业形成规模，培育形成一批世界级的企业和产业集群，参与国际竞争的能力显著增强；基本形成陆海统筹、双向开放，与"一带一路"建设深度融合的全方位对外开放新格局；发展的统筹度和整体性、协调性、可持续性进一步增强，基本建立以城市群为主体形态的城镇化战略格局，城镇化率达到 60% 以上，人民生活水平显著提升，现行标准下农村贫困人口实现脱贫；重点领域和关键环节改革取得重要进展，协调统一、运行高效的长江流域管理体制全面建立，统一开放的现代市场体系基本建立；经济发展质量和效益大幅提升，基本形成引领全国经济社会发展的战略支撑带。到 2030 年，水环境和水生态质量全面改善，生态系统功能显著增强，水脉畅通、功能完备的长江全流域黄金水道全面建成，创新型现代产业体系全面建立，上中下游一体化发展格局全面形成，生态环境更加美好、经济发展更具活力、人民生活更加殷实，在全国经济社会发展中发挥更加重要的示范引领和战略支撑作用。

1.3　新时期战略重点

2016 年 3 月 25 日，中共中央政治局会议指出，长江是中华民族的生命河，也是中华民族发展的重要支撑。长江经济带发展的战略定位必须坚持生态优先、绿色发展，共抓大保护、不搞大开发。要贯彻落实供给侧结构性改革决策部署，在改革创新和发展新动能上做"加法"，在淘汰落后过剩产能上做"减法"，走出一条绿色低碳循环发展的道路。

会议强调，要在保护生态的条件下推进发展，增强发展的统筹度和整体性、协调性、可持续性，提高要素配置效率。要充分发挥长江黄金水道作用，促进产业分工协作和有序转移，充分发挥市场作用。要加强领导、统筹规划、整体推进，把长江经济带建成环境更优美、交通更顺畅、经济更协调、市场更统一、机制更科学的黄金经济带。

2018 年 4 月 26 日，中共中央总书记、国家主席、中央军委主席习近平在武汉主持召开深入推动长江经济带发展座谈会并发表重要讲话。他强调，推动长江经济带发展是党中央作出的重大决策，是关系国家发展全局的重大战略。新形势下，推动长江经济带发展，关键是要正确把握整体推进和重点突破、生态环境保护和经济发展、总体谋划和久久为功、破除旧动能和培育新动能、自身发展和协同发展等关系，坚持新发展理念，坚持稳中求进工作总基调，加强改革创新、战略统筹、规划引导，使长江经济带成为引领我国经济高质量发展的生力军。

长江经济带在"共抓大保护、不搞大开发"精神指引下，坚持稳中求进工作总基调，积极落实高质量发展总要求，经济增长保持韧性，创新驱动力稳步提升，新旧动能加快转换，经济结构持续优化，充分呈现出黄金经济带的活力和潜力。国家长江经济带发展战略与主要相关政策见附表 2，矿产开发与环境保护政策见附表 3。

2021 年 9 月，国家发展和改革委员会发布《"十四五"长江经济带发展实施方案》（简称《实施方案》）。《实施方案》站在新的起点上，绘就了长江经济带发展新征程的宏伟蓝图，是支撑指引长江经济带高质量发展的管总方案，在"十四五"长江经济带发展"1+N"规划政策体系中居于"1"的地位。《实施方案》主要包括总体思路、重点任务和组织实施三大板块。

《实施方案》明确要以习近平新时代中国特色社会主义思想为指导，坚持生态优先、绿色发展的战略定位和共抓大保护、不搞大开发的战略导向，按照生态优先、系统治理，创新驱动、绿色转型，协同联动、差异发展，改革激励、文化引领等原则，认真落实"五新三主"战略部署要求，到 2025 年，长江经济带生态环境保护成效进一步提升，经济社会发展全面绿色转型取得明显进展，支撑和引领全国高质量发展的作用显著增强。

《实施方案》提出生态环保、绿色低碳、创新驱动、综合交通、区域协调、对外开放、长江文化等重点任务，归纳起来主要有以下四方面。

一是强化生态环境系统保护修复。切实把保护修复长江生态环境摆在压倒性位置，强化生态环境综合管控，健全负面清单管理制度，持续深化生态环境综合治理、源头治理、协同治理，不断提升生态环境精细化管理水平，加强生物多样性保护，推进安澜长江系统建设，增强生态系统整体功能，推动生态环境保护实现由量变到质变的飞跃。

二是推动经济绿色低碳发展。调整优化能源结构，推动重点行业绿色转型，严格能耗双控制度，坚决遏制"两高"项目盲目发展，选择跨流域、跨行政区域和省域范围内具备条件的地区开展试点，推动破解生态产品价值实现瓶颈问题，谱写生态优先绿色发展新篇章。发挥自主创新的核心驱动作用，推动人工智能、量子信息等前沿技术加快突破，全面推动制造业优化升级，推进产业基础高级化和产业链现代化，塑造创新驱动发展新优势。

三是促进城乡区域协调发展。推动上中下游地区有机融合，以城市群、都市圈为依托促进大中小城市和小城镇协调联动、特色化发展，打造区域协调发展新样板。巩固拓展脱贫攻坚成果同乡村振兴有效衔接，支持革命老区和边境地区发展。依托长江黄金水道，完善综合立体交通网络，加强各种交通运输方式协调发展和有机衔接，提升智能化、绿色化、一体化发展水平，提高支撑畅通国内国际双循环的能力。统筹沿海沿江沿边和内陆开放，加快与共建"一带一路"融合发展，构筑高水平对外开放新高地。

四是保护传承弘扬长江文化。加强长江文化遗产保护，建设长江文化遗产基础数据库和长江文化图谱。传承弘扬红船、井冈山、长征、遵义会议等精神。牢固树立和践行绿水青山就是金山银山理念，弘扬生态优先、绿色发展的新时代长江生态文化。打造具有长江特色的文化产业和城乡风貌，绘就山水人城和谐相融新画卷。

因此，新时期长江经济带绿色低碳发展和生态环保的关键是能源结构、重点行业绿色转型，查明长江经济带矿产资源禀赋，回顾凝练开发历史，研究矿产资源开发、生态环境、社会经济协调发展机制，提出长江经济带矿产资源环境与产业绿色发展战略，是新时期长江经济带高质量发展的重要保障。

1.4　各省(直辖市)发展举措

为深入学习贯彻习近平新时代中国特色社会主义思想和党的二十大精神，认真贯彻落实习近平总书记关于推动长江经济带发展的重要战略思想，深入实施长江经济带发展战略，各省(直辖市)依据自身特点，制定了一系列行之有效的机制与制度(表 1-1)，奋力推动长江经济带高质量发展。

表 1-1　长江经济带各省(直辖市)颁布政策

省(直辖市)	颁发政策
云南省	党的十八大后，颁布了《云南省创建生态文明建设排头兵促进条例实施细则》。2019 年 11 月 1 日，又颁布了《云南省长江经济带发展负面清单指南实施细则(试行)》
贵州省	出台了《贵州省长江经济带沿江取水口排污口和应急水源布局规划实施方案》《贵州省 2019 年推动长江经济带发展工作要点》
四川省	出台了《四川省打好长江保护修复攻坚战实施方案》
重庆市	2020 年，重庆市政府印发《长江重庆段"两岸青山·千里林带"规划建设实施方案》
湖北省	印发《湖北汉江生态经济带开放开发总体规划(2014—2025 年)》《湖北省长江经济带绿色发展"十四五"规划》；2018 年湖北省人民政府印发《长江经济带绿色发展十大战略性举措分工方案》
湖南省	出台了《湖南省污染防治攻坚战三年行动计划(2018—2020 年)》《湖南省贯彻落实〈中华人民共和国长江保护法〉实施方案》；2021 年颁发《湖南省"十四五"生态环境保护规划》
江西省	2017 年 5 月颁布《江西省长江经济带发展实施规划》；2018 年 8 月印发《江西省长江经济带"共抓大保护"攻坚行动工作方案》

续表

省(直辖市)	颁发政策
安徽省	出台了《长江安徽段生态环境大保护大治理大修复强化生态优先绿色发展理念落实专项攻坚行动方案》《安徽省人民政府关于贯彻国家依托黄金水道推动长江经济带发展战略的实施意见》
上海市	2022 年 1 月 17 日颁布了《崇明世界级生态岛发展规划纲要(2021—2035 年)》；2020 年 5 月 30 日颁布了《关于本市"三线一单"生态环境分区管控的实施意见》
浙江省	出台了《浙江省参与长江经济带建设实施方案(2016—2018 年)》《浙江省长江经济带发展实施规划》
江苏省	2018 年 9 月 7 日发布了《江苏省长江经济带综合立体交通运输走廊规划(2018—2035 年)》；2018 年 9 月 21 日发布《江苏省内河港口布局规划(2017—2035 年)》

  云南省地处长江上游，是长江上游的重要生态屏障。云南省把"共抓大保护、不搞大开发"重大战略思想运用到全省生态文明建设全过程、各领域，提出了"生态立省、环境优先"的理念，出台了《云南省创建生态文明建设排头兵促进条例实施细则》等文件，提出坚持保护优先，以生态文明先行示范区为抓手，推动形成绿色发展方式和生活方式，努力实现将云南省打造成为全国生态屏障建设先导区、绿色生态和谐宜居区、民族生态文化传承区和制度改革创新实验区的目标。

  四川省位于长江上游，是承南接北、通东达西、推动两带联动发展的战略纽带，是我国向西开放的重要枢纽。围绕打造长江经济带战略腹地和重要增长极，财政部与四川省自然资源厅等先后出台了《关于全面推动长江经济带发展财税支持政策的方案》《四川省打好长江保护修复攻坚战实施方案》，提出加大污染防治专项资金投入力度，完善财政投入和生态补偿机制，加大重点生态功能区转移支付力度，完善中央对地方重点生态功能区转移支付办法，着力加强污染防治，加大水污染防治资金等对沿江省(直辖市)倾斜力度，支持落实长江保护修复相关任务，支持开展重点生态保护修复，统筹推进山水林田湖草沙一体化保护和修复，鼓励地方开展沿江省(直辖市)际间流域横向生态补偿机制建设。

  贵州省地处长江、珠江上游，既是"两江"流域的重要生态屏障，也是长江经济带的腹地，通过加快页岩气和煤层气勘查开发利用、实施乌蒙山区山水林田湖草生态保护修复试点工程、推进生态保护红线勘界定标工作、积极做好发展要素保障服务工作、持续有序推进绿色矿山建设、探索生态产品价格实现机制等工作，积极推动长江经济带持续发展，先后出台了《贵州省长江经济带沿江取水口排污口和应急水源布局规划实施方案》《贵州省 2019 年推动长江经济带发展工作要点》等文件，提出改善长江经济带沿江地区供水安全和生态安全，保护水源地及周边环境，创建自然保护区为建设长江绿色生态廊道提供支撑，并且通过科技创新加快长江经济带企业的转型，实现绿色生产。

  重庆市位于长江经济带上游地区，是西南地区综合交通枢纽，2020 年印发了

《长江重庆段"两岸青山·千里林带"规划建设实施方案》,构建东西双向、海陆统筹的对外开放格局。将长江经济带发展的要求和规定,落实到"一江一湖四水",积极推动长江经济带高质量发展,始终坚持污染防治攻坚的方向不变、力度不减,确保一江碧水长流。

湖南省地处长江经济带中游,是东部沿海地区和中西部地区过渡带、长江开放经济带和沿海开放经济带结合部,先后出台了《湖南省污染防治攻坚战三年行动计划(2018—2020 年)》《关于印发湖南省长江经济带"共抓大保护"突出问题整改工作方案的通知》《湖南省"十四五" 生态环境保护规划》等文件,聚焦大气、水、土壤三大领域,突出长株潭区域大气同治、洞庭湖水环境整治、湘江流域重金属(土壤)治理三大重点,强化转型发展、污染治理、生态保护三大举措,着力解决突出生态环境问题,打造"一湖三山四水"生态安全战略格局,为依托长江建设中国经济新支撑带提供坚强可靠的生态安全保障。致力于绿色低碳循环发展,严格落实国家《长江岸线保护和开发利用总体规划》,加强岸线资源保护,发展绿色航运,注重绿色航道、绿色港口、绿色船舶和绿色运输组织方式的发展要求,进一步优化国土生态空间布局,严格生态环境分区引导,推进流域生态环境保护与治理。

湖北省位于长江经济带中游,是长江径流里程超百万米的唯一省份,交通区位优势明显,自然资源丰富。湖北省政府深入推进实施"一主两副多极"战略体系、"两圈两带"、生态立省发展战略,明确了全省生态文明建设的基本导向,印发了《湖北汉江生态经济带开放开发总体规划(2014—2025 年)》《湖北省长江经济带绿色发展"十四五"规划》《长江经济带绿色发展十大战略性举措分工方案》。建立健全绿色低碳循环发展的经济体系,构建综合立体绿色交通走廊,建设长江国际黄金旅游带核心区。坚持科技创新与制度创新双轮驱动,强化产业支撑,以绿色产业化、产业绿色化为手段,加快培育壮大绿色产业,加强前沿技术多路径探索、交叉融合和颠覆性技术供给,推进重点产业融合发展,实施产业跨界融合示范工程,打造未来技术应用场景。积极发展循环经济,发挥荆门市,武汉市东西湖区、青山区,潜江市等全国循环经济示范区的示范作用,大力开发"城市矿产",构建和谐长江、清洁长江、健康长江、优美长江和安全长江,使长江经济带成为山清水秀、地绿天蓝的绿色生态廊道和生态文明先行示范带。

江西省出台了《江西省长江经济带发展实施规划》《江西省长江经济带"共抓大保护"攻坚行动工作方案》等政策文件,着力构建长江绿色生态廊道,并不断加快推进城镇污水垃圾处理、化工污染治理、农业面源污染治理、船舶污染治理、尾矿库污染治理工程建设。

安徽省地处长江经济带下游,沿江通海,是长江经济带的重要战略支点,出台了《长江安徽段生态环境大保护大治理大修复强化生态优先绿色发展理念落实专项攻坚行动方案》《安徽省人民政府关于贯彻国家依托黄金水道推动长江经济带发展战略的实施意见》等文件，坚持问题导向，深化生态环境综合治理，开展农业面源、城市面源、工业点源污染源头治理，加快推进长江生态廊道提升，加强生物多样性保护，推动生态环境质量稳步提升。建设综合交通运输体系，整合港口岸线资源，推动重大航道疏浚，推进绿色航道、绿色港口、绿色船舶和绿色运输组织方式的发展，让黄金水道发挥黄金效益。

浙江省政府印发了《浙江省参与长江经济带建设实施方案(2016—2018年)》《浙江省长江经济带发展实施规划》等文件，提出要在长江经济带建设中发挥生态文明建设示范区、创新驱动发展先行区、陆海联动发展枢纽区和转型发展的重要增长极 "四大战略定位"的作用，构筑形成以"两核两带三区"为主体的空间发展格局。

江苏省地处中国大陆东部沿海地区中部，长江、淮河下游，是长江三角洲地区的重要组成部分，出台了《江苏省长江经济带综合立体交通运输走廊规划(2018—2035年)》等文件，全面推进长江经济带发展，提出了在治理环境、保护生态、合理开发、绿色转型等方面，着眼沿江，面向全省，有利于进行全面而系统的决策部署，突破行政属地的传统观念，树立开放合作、共治共建共享共赢的新理念，提高长江经济带保护与开发的效率。

上海市地处长江入海口，印发了《崇明世界级生态岛发展规划纲要(2021—2035年)》《关于本市"三线一单"生态环境分区管控的实施意见》，坚持生态优先、绿色发展，推动沿线经济高质量发展，并提出形成"连接江浙、对接海港"的内河高等级航道网，推动长江集装箱运输服务标准化和市场一体化。

第2章 长江经济带社会经济、矿产资源与生态环境

长江经济带是我国重要的经济带，地跨 11 省(直辖市)，蕴含丰富的矿产资源，造就了独特的经济地位。本章将从长江经济带的地理位置出发，对长江经济带的社会和经济发展情况进行叙述，特别是对长江经济带主要省(直辖市)的矿产资源分布情况、矿种分布特征进行详细归纳和总结。同时，对长江经济带重要的战略性矿产资源进行一定的梳理，分析战略性矿产资源的分布特点，明确了战略性矿产资源在长江经济带的重要地位。另外，分析目前长江经济带的生态环境现状，对当前长江经济带主要的生态环境问题进行一定的探讨，并对长江经济带的未来绿色发展模式进行一定探索。

2.1 地 理 概 况

长江经济带主要分为上游成渝城市群、中游城市群、下游长江三角洲城市群三块城市集群。上游有四川省、云南省、重庆市、贵州省四省(直辖市)，中游有湖北省、湖南省、江西省三省，下游有安徽省、浙江省、江苏省、上海市四省(直辖市)，分别占长江经济带总面积的 55.4%、27.5% 和 17.1%(图 2-1)。

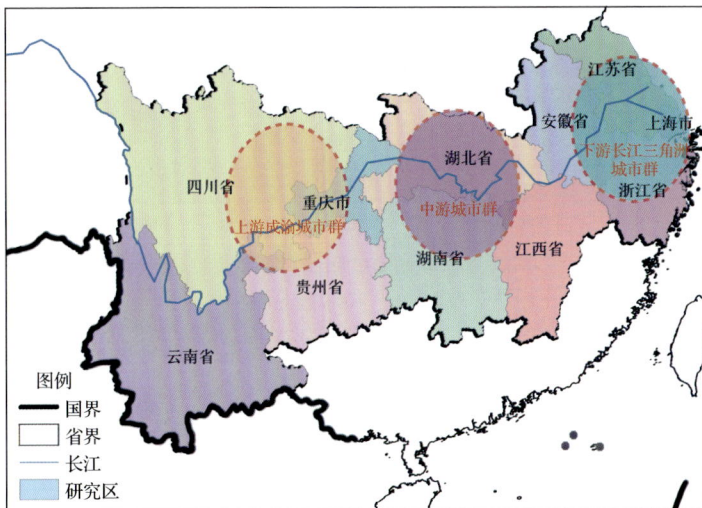

图 2-1 长江经济带主要城市分布

长江经济带的主要城市有：江苏省的南京市、扬州市、镇江市、苏州市、无

锡市、常州市、南通市、泰州市；贵州省的贵阳市、遵义市、安顺市、毕节市；上海市；浙江省的杭州市、嘉兴市、湖州市、宁波市、绍兴市、舟山市；安徽省的合肥市、马鞍山市、安庆市、铜陵市、池州市、芜湖市；湖南省的长沙市、岳阳市、常德市、益阳市；江西省的九江市、南昌市；湖北省的黄石市、鄂州市、武汉市、荆州市、宜昌市、黄冈市、咸宁市、恩施土家族苗族自治州；四川省的泸州市、攀枝花市、成都市、宜宾市；重庆市的涪陵区、万州区；云南省的水富市等。

2018 年统计数据显示，长江经济带人口约 5.99 亿人，占全国的 42.90%。其中，长江经济带上游约有 1.99 亿人，中游约有 1.75 亿人，下游约有 2.25 亿人，分别占长江经济带总人口的 33.2%、29.2%、37.6%。长江经济带地区生产总值（GDP）约 40.30 万亿元，占全国的 44.10%。其中，上游地区生产总值约 9.37 万亿元，中游地区生产总值约 9.78 万亿元，下游地区生产总值约 21.15 万亿元，分别占长江经济带地区生产总值的 23.25%、24.27%、52.48%[1]。总体而言，长江经济带三大区域的城市竞争力大小为：下游地区＞中游地区＞上游地区（图 2-2）。

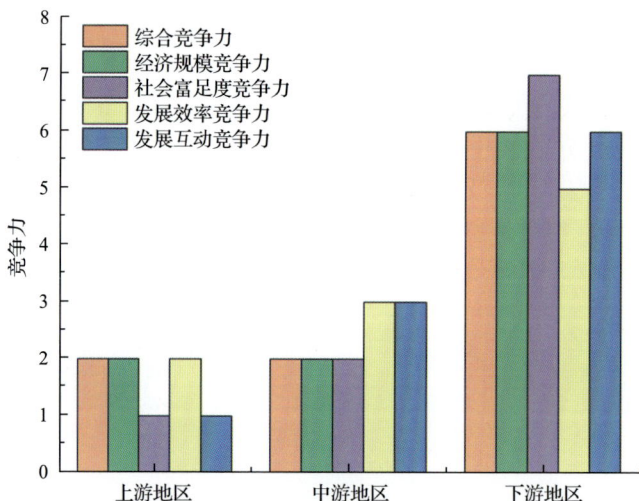

图 2-2　长江经济带不同区域城市竞争力空间差异[2]

竞争力从小到大依次为 1～8。长江上、中、下游划分：长江源头—湖北省宜昌市为上游；湖北省宜昌市—江西省湖口县为中游；江西省湖口县以下为下游；按经济地理联系，将宜昌市划归上游地区，南昌市划归中游地区

2.2　社会经济发展基本概况

2.2.1　经济发展情况

近年来，长江经济带呈现了"一轴、两翼、三极、多点"的新发展格局："一

轴"是以长江黄金水道为依托,发挥上海市、武汉市、重庆市的核心作用;"两翼"是指沪瑞和沪蓉南北两大运输通道;"三极"是指成渝城市群、长江中游城市群和长江三角洲城市群;"多点"是指发挥三大城市群以外地级城市的支撑作用[3,4]。

2018 年 11 月首届中国国际进口博览会上,习近平总书记宣布支持长江三角洲区域一体化发展并上升为国家战略后,长三角一体化围绕一体化和高质量发展,对区域经济形成新的积极动能,进入了国家推动发展的新阶段[3]。长江经济带是我国覆盖面最广、纵深最长、影响最大的黄金经济带。2019 年起,长江经济带在"共抓大保护、不搞大开发"精神指引下,落实高质量发展,稳中求进,创新驱动,经济结构持续优化,呈现了较强的活力和潜力。2019 年长江经济带经济规模总量占全国的 46.20%,进一步展现了对整体大环境的引领作用。

2019 年,长江经济带的投资规模继续增长,但是增速有一定下滑(图 2-3)。固定资产投资规模在 2019 年达 334441 亿元,增速达 7.70%,占全国比例接近 60%,但总体增幅较 2018 年有下浮。受结构转型升级优化和供给侧结构性改革影响,资产投资回归理性,增幅有所减缓;2019 年,长江经济带的内需消费高速增长,内需消费增速高出全国平均值 0.90 个百分点,全社会消费品零售额增速为 8.90%,长江经济带全社会消费品零售额在全国占比达 32.90%,增至 176636 亿元。江西省、湖南省、安徽省、云南省、湖北省、四川省等全社会消费品零售额增速实现两位数以上增长。2019 年,长江经济带的出口增速明显好转,但也出现了波动幅度较大的特点。虽然国际形势复杂,贸易摩擦不断,但世界总体经济复苏,长江

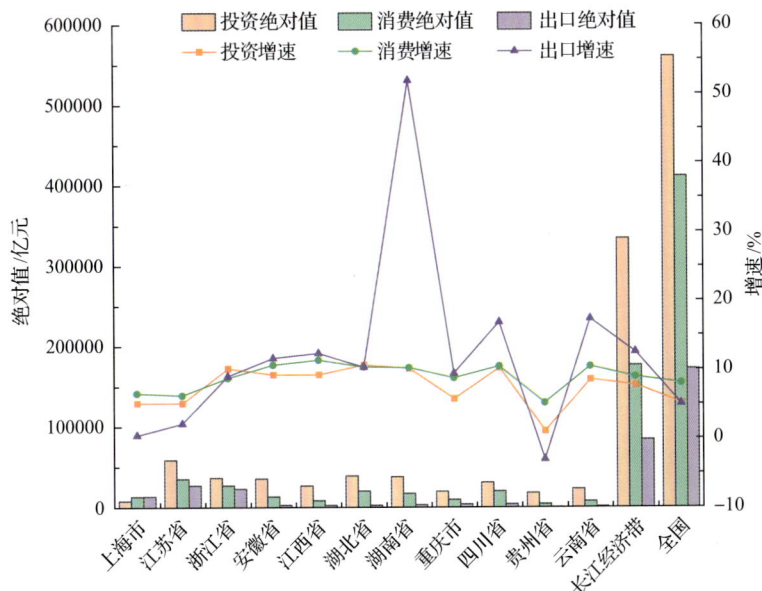

图 2-3　长江经济带 11 省(直辖市)及全国投资、消费和出口情况(2019 年)

经济带在"一带一路"倡议下，11 省(直辖市)除贵州省出口出现了负增长外，其余省(直辖市)均呈正增长，实现出口额 83817 亿元，出口增速高出全国 7.50 个百分点，湖南省出口位居全国前列，增速达 51.90%，湖北省、安徽省、四川省、江西省、云南省等出口增速实现了两位数增长，浙江省在沿海省份中名列前茅，出口增幅在 9.00%。总体上，长江经济带在 2019 年出口规模占全国比例达 48.60%。下游地区经济发展主要依靠扩大内需，"三驾马车"(投资、消费、出口)主要在中游地区展现经济贡献率，上游地区主要是由投资、出口带动发展[5]。

    近年来，长江经济带的经济保持了高速发展，经济总量和人均经济规模在扩大，在全国经济格局中的重要性也进一步体现，总体情况可以归纳如下。

    长江经济带的经济增速虽略微下降，但是经济规模在持续扩大。2019 年，11 个省(直辖市)GDP 约 45.80 万亿元，较全国同期 GDP 增速高 1.15 个百分点，较上年增速下降 0.45 个百分点。人均 GDP 达 78276 元，高出全国平均近 7400 元。只有上海市 GDP 增速(6.00%)低于全国水平，安徽省、湖南省、江西省、四川省、云南省和贵州省人均 GDP 规模也低于全国。地区人均经济规模领先全国同期水平幅度扩大，经济规模实现了持续稳定增长，优于全国经济增速，但是优势增速放缓(表 2-1)。

表 2-1　长江经济带省(直辖市)及全国 GDP 和人均 GDP 情况(2019 年)

地区	GDP/亿元		GDP 增速/%		人均 GDP/元	
	2018 年	2019 年	2018 年	2019 年	2018 年	2019 年
上海市	32680	38155	6.60	6.00	135000	157300
江苏省	92595	99632	6.70	6.10	115168	123607
浙江省	56197	62352	7.10	6.80	98643	107624
安徽省	30007	37114	8.00	7.50	47712	58496
江西省	21985	24758	8.70	8.00	47434	53164
湖北省	39367	45828	7.80	7.50	66531	77321
湖南省	36426	39752	7.80	7.60	52950	57540
重庆市	20363	23606	6.00	6.30	65933	75828
四川省	40678	46616	8.00	7.50	48883	55774
贵州省	14806	16769	9.10	8.30	41244	46433
云南省	17881	23224	8.90	8.10	34545	47944
长江经济带	402985	457806	7.70	7.25	68549	78276
全国	900309	990865	6.60	6.10	64644	70892

注：数据来源于 2018~2019 年全国和各省(直辖市)统计年鉴。

　　长江经济带各省(直辖市)经济差距减小,经济比重持续提升。长江经济带2019 年各省(直辖市)GDP 占比较 2018 年提高 1.40 个百分点,达到 46.20%,地区经济在全国总量中所占比例不断提升,经济总量在 2017~2019 年增加 7 万亿元以上。由图 2-4 可知,2017~2019 年,经济差距在长江经济带各省(直辖市)之间不断缩小,东部江浙沪皖地区经济总量在长江经济带内所占比例有所降低,由52.30%降到 51.80%;赣鄂湘地区经济总量在长江经济带内所占比例从 2017 年的24.70%下降到 2019 年的 24.10%,云贵川渝地区经济总量在长江经济带内所占比例从 23.10%提升到 24.20%。总体来看,GDP 在欠发达地区占比提升,东部和中部地区占比略微下降,省际差距呈现降低趋势。

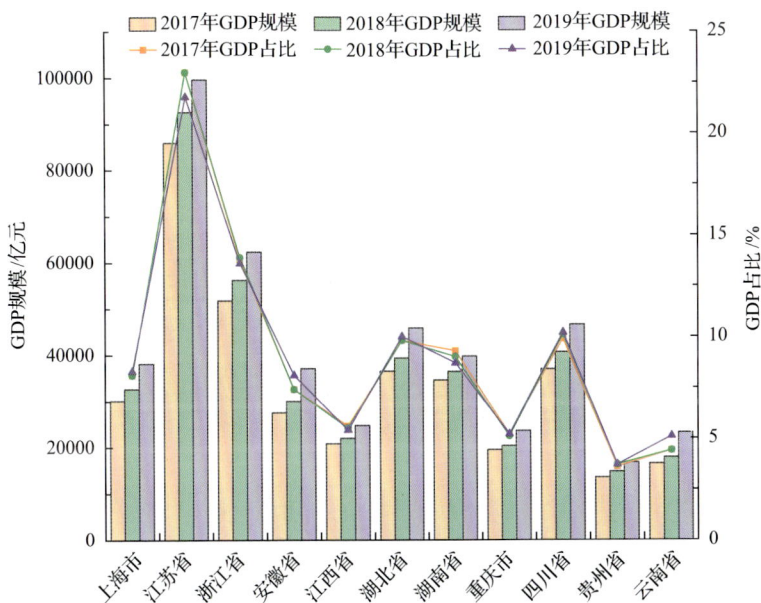

图 2-4　2017~2019 年长江经济带 11 省(直辖市)GDP 占比情况

2.2.2　社会发展情况

　　长江经济带的社会发展水平在 2010~2019 年有了显著提升。云贵川渝等上游地区和湘鄂赣中游地区的经济高速发展的同时,社会发展也相当迅速。江浙沪皖等下游区域保持了高水平态势,特别是安徽省成为长江经济带中下游的新增长点,安徽省在社会建设方面也越发高效和成熟。

　　长江经济带的社会和人口发展保持良好态势。由表 2-2 可知,2010~2019 年,长江经济带从"十二五"以来各省(直辖市)的常住人口从总体上看保持了一定小幅增长,从 2010 年的 5.73 亿人左右提升到 2019 年的 6.02 亿人左右。自 2016 年

"全面二孩"政策实施后，长江经济带的常住人口数量和规模都有一定提升。长江经济带下游地区常住人口增长速度放缓，中西部虽有提升但不明显。总体而言，成渝城市群、长江中游城市群对于人口吸引力越来越大，常住人口的变动与近年来长江经济带的发展态势基本一致。

表 2-2　长江经济带各省(直辖市)常住人口发展情况(2010～2019 年)

(单位：万人)

年份	上海市	江苏省	浙江省	安徽省	湖南省	湖北省	江西省	四川省	重庆市	贵州省	云南省	合计
2010	2303.0	7869	5447.0	5957.0	6570.0	5728.0	4462.0	8045	2885.0	3479.0	4602.0	57347
2011	2347.5	7899	5463.0	5968.0	6595.6	5757.5	4488.4	8050	2919.0	3468.7	4630.8	57587.5
2012	2380.4	7920	5477.0	5988.0	6638.9	5779.0	4503.9	8076.2	2945.0	3484.1	4659.0	57851.5
2013	2415.2	7940	5498.0	6029.8	6690.6	5799.0	4522.2	8107	2970.0	3502.2	4686.6	58160.6
2014	2425.7	7960	5508.0	6082.9	6737.2	5816.0	4542.2	8140.2	2991.4	3508.0	4713.9	58425.5
2015	2415.3	7976	5539.0	6143.6	6783.0	5851.5	4565.6	8204	3016.6	3529.5	4741.8	58765.9
2016	2419.7	7999	5590.0	6196.0	6822.0	5885.0	4592.0	8262	3048.0	3555.0	4771.0	59139.7
2017	2418.3	8029	5657.0	6254.8	6860.2	5902.0	4622.1	8302	3075.2	3580.0	4800.5	59501.1
2018	2423.8	8051	5737.0	6323.6	6898.8	5917.0	4647.6	8341	3101.8	3600.0	4829.5	59871.1
2019	2428.1	8070	5850.0	6365.9	6918.4	5927.0	4666.1	8375	3124.3	3622.9	4858.3	60206

注：数据来源于国家及各省(直辖市)统计年鉴、2019 年各省(直辖市)国民经济和社会发展统计公报。

长江经济带人口自然增长出现明显的西高东低趋势，相比而言，云南省、安徽省、江西省、贵州省四省人口自然增长率较高，东部人口自然增长率普遍较低，以江苏省和上海市最为明显(图 2-5)。

如图 2-6 所示，2019 年长江经济带各省(直辖市)的平均城镇化率为 61.7%，超过全国平均值(60.6%)，上海市最高，为 88.10%，江浙沪三省(直辖市)均超过

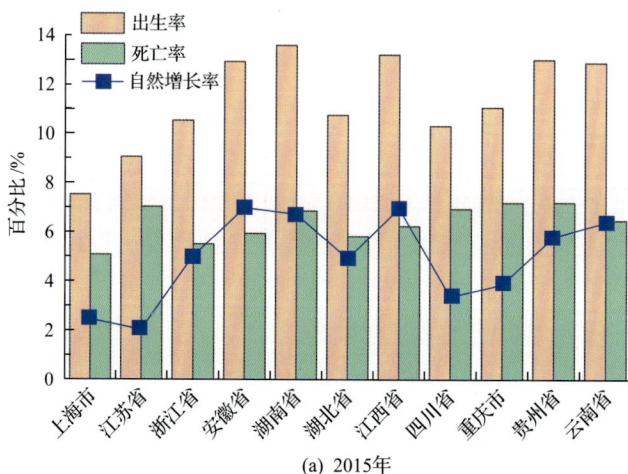

(a) 2015年

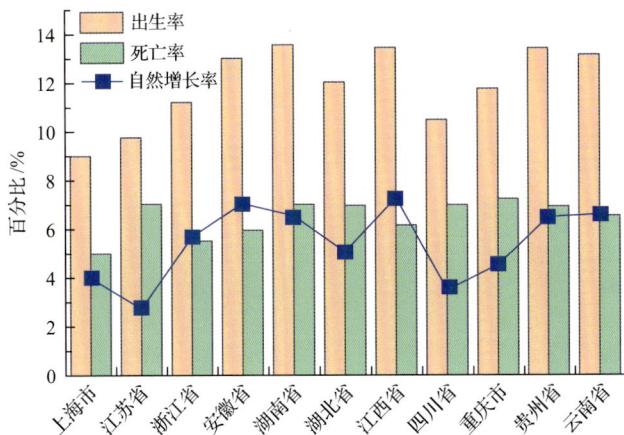

(b) 2016年

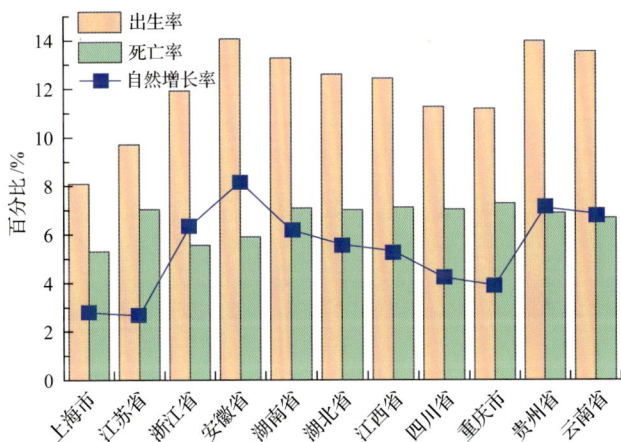

(c) 2017年

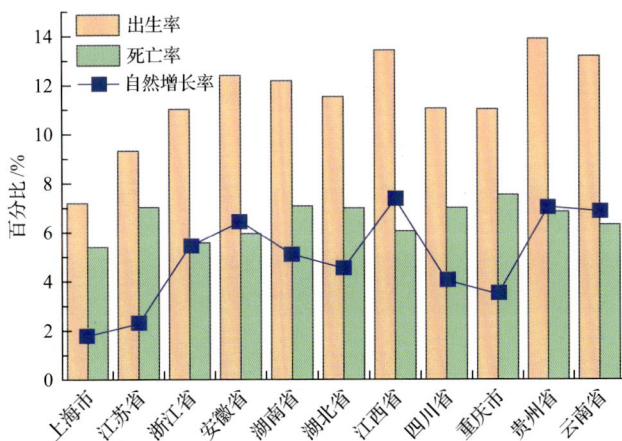

(d) 2018年

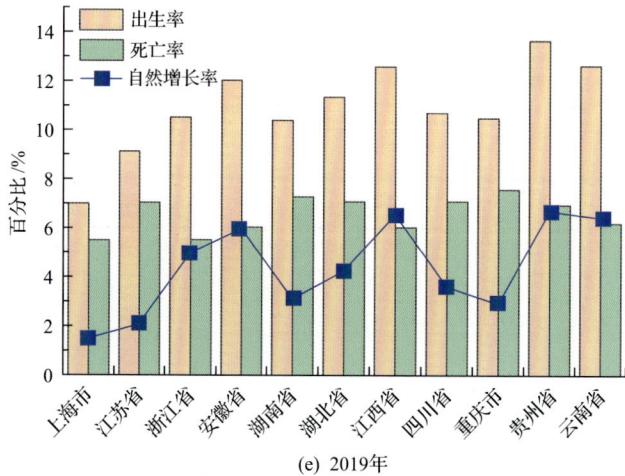

(e) 2019年

图 2-5　长江经济带各省(直辖市)人口自然增长情况(2015～2019 年)

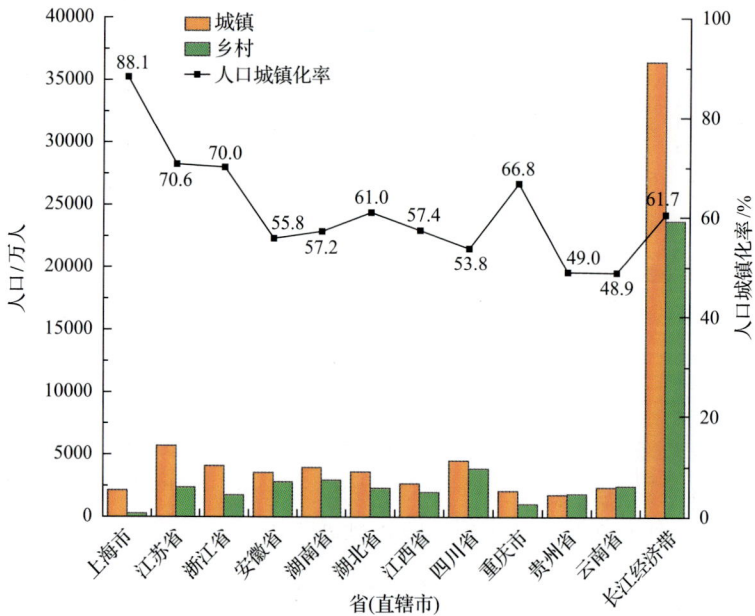

图 2-6　长江经济带各省(直辖市)人口城镇化基本情况(2019 年)

70%，重庆市和湖北省也都超过 60%；云贵两省城镇化率较低，为 50%左右，虽然存在较大的提升空间，但两省较为苛刻的自然条件将会是城市进一步拓展的阻碍。

　　总体而言，下游长江三角洲城市群和上游成渝城市群城镇化发展非常明显，上游四省(直辖市)处于中心快速发展期，但也存在诸多挑战：交通拥堵、老旧城区改造、环境建设等，加之上游地区较差的地形地貌使得集约发展成为城市发展的必由之路；下游长江三角洲城市群经历了快速的城镇化，大城市迅速发展，中小城市发展各自为政，分化较为明显；长江中游地区湘鄂赣三省整体上协同性较高，在人口密度、人口增长和城镇化方面有较好的潜力，地形地貌好，是长江上下游的重要节点枢纽，中游城市群以"九省通衢"的武汉为中心，能拉动长江经济带进一步提质增效，有向着世界级城市群发展的愿景。

长江经济带的居民收入和社会消费呈现稳步增长态势。2010～2019 年，江浙沪三省(直辖市)的居民收入水平明显较高，表现出东高西低的态势，但是中上游居民的收入水平基本都低于全国平均水平。重庆市和湖北省近年来的发展态势良好，但与下游地区相比较具有一定差距(图 2-7)。

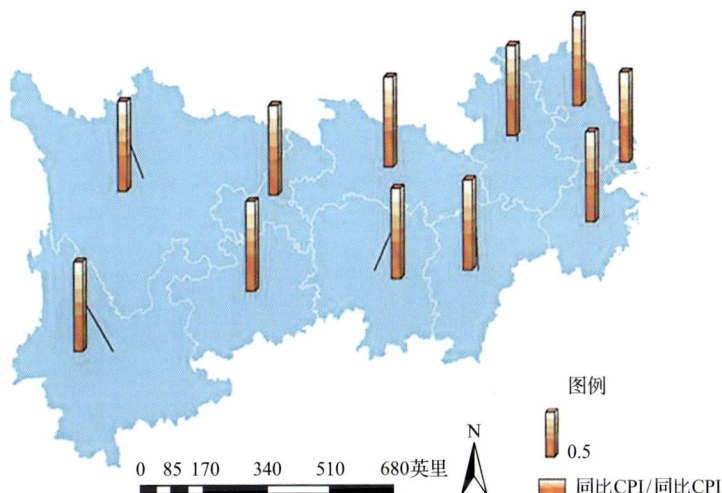

图 2-7　2019 年长江经济带各省(直辖市)消费价格指数(CPI)同比变化情况
图来源于《长江经济带社会发展报告》(2019—2020)

2019 年长江经济带各省(直辖市)居民消费价格指数同比增幅在 3%左右，消费者物价指数维持合理水平，城乡居民人均消费支出增长势头明显。医疗保健、教育文化娱乐、交通和通信等城乡享受性消费支出有一定减少，食品烟酒、居住及衣着等生存性消费支出增加显著(图 2-8)。

长江经济带的教育、医疗和卫生服务不断提升。长江经济带在"十二五""十三五"期间教育事业不断进步，各省(直辖市)的平均受教育年限、教学水平和教育质量均有明显提升，中西部地区的义务教育覆盖率显著并进一步增强(图 2-9)。有数据显示，长江经济带在 2019 年各省(直辖市)小学教育、初中教育、职业教育、高中教育和高等教育在校生人均占到全国同阶段在校生人数的 40%左右。在校职业教育生规模占全国整体比例最大(45.44%)，初中阶段在校生人数占比最小(36%)，初步分析发现，这与十年前长江经济带各省(直辖市)新生人口规模变动有很大的相关性(图 2-10)。

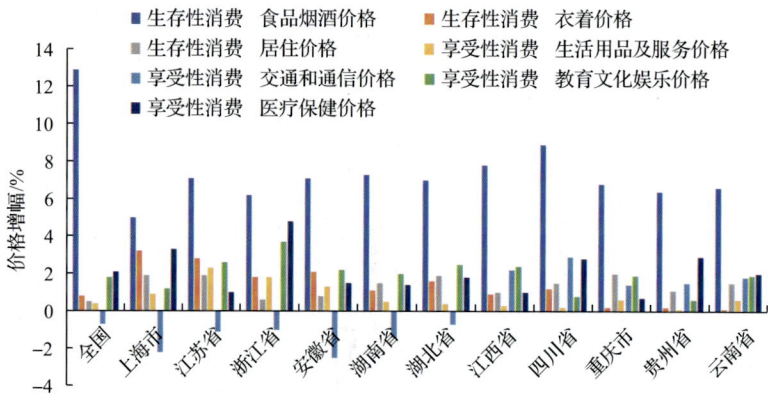

图 2-8　长江经济带各省(直辖市)及全国城乡居民消费品价格增幅(2019 年)

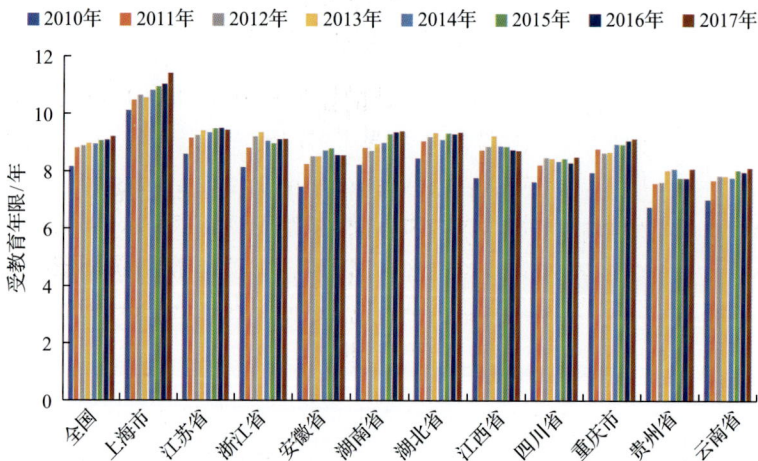

图 2-9　长江经济带各省(直辖市)及全国居民平均受教育年限情况

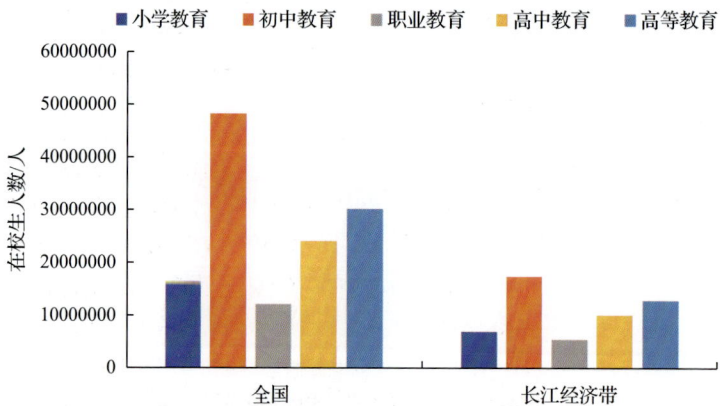

(a) 全国和长江经济带教育各阶段在校生人数

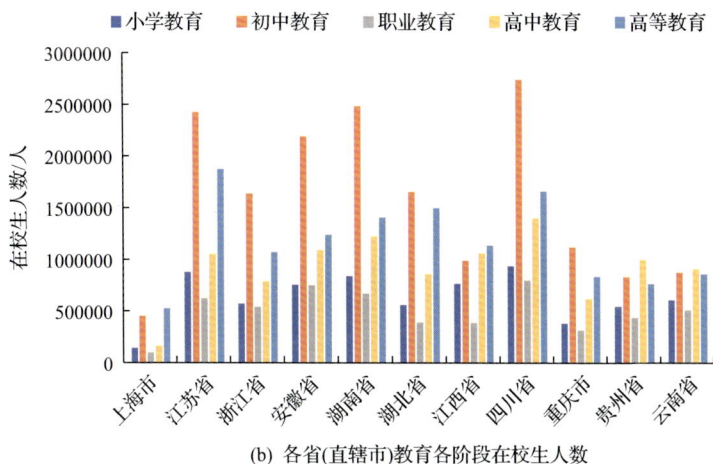

(b) 各省(直辖市)教育各阶段在校生人数

图 2-10 全国和长江经济带各省(直辖市)教育各阶段在校生人数(2019 年)

高中毕业生人数和高等学校招生人数的比值(简称招毕比)大致反映各省(直辖市)高等教育的普及情况。由图 2-11 可见，可能由于高等学校空间分布不均衡，江苏省、上海市、湖北省三省(直辖市)招毕比较高，上海市高等教育资源多，整体的招毕比达 185.42%，云南省和贵州省的高等学校数量有限，而且整体招生人数低，这就制约了当地高等教育的普及。同时，由于高考制度的特殊性，东部大省非本地户籍家长会将小学毕业的孩子迁至户籍所在地完成后续学业，以保证高中学业的连续性，这也导致了相关数据的独特分布趋势(图 2-12)。

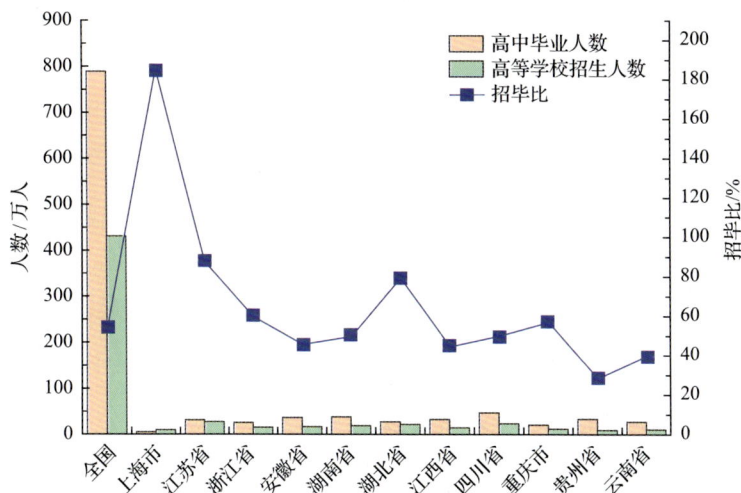

图 2-11 全国和长江经济带各省(直辖市)高等学校招生人数和
高中毕业人数及其比值(2019 年)

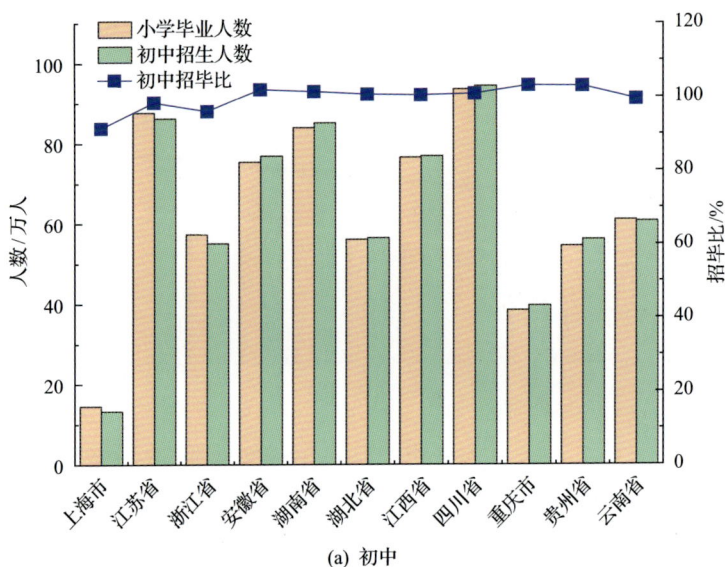

(a) 初中

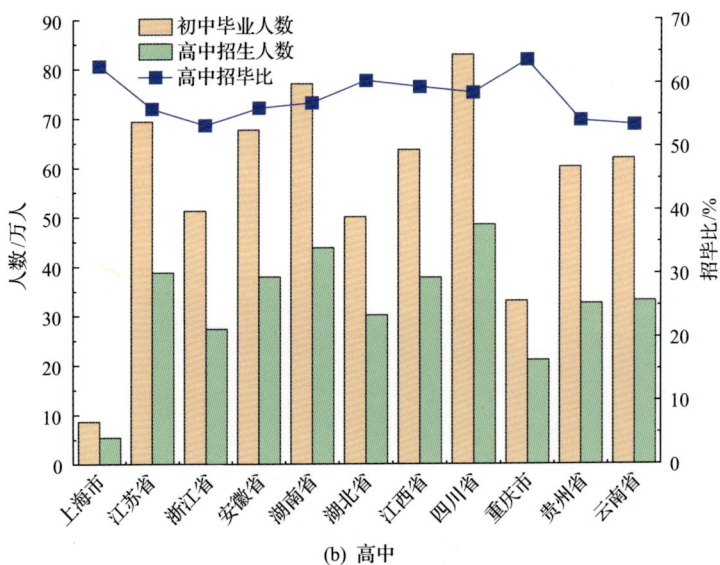

(b) 高中

图 2-12　长江经济带各省(直辖市)初、高中招生人数和毕业人数及其比值(2019 年)

　　长江经济带在"十三五"期间的医疗卫生事业得到了长足发展：执业医师人数、注册护士人数和总床位数明显增加(图 2-13)。医疗服务可达性和医疗机构覆盖率显著提高，使得长江经济带的病死率下降，医疗领域建设取得了较好的成绩。

(a)

(b)

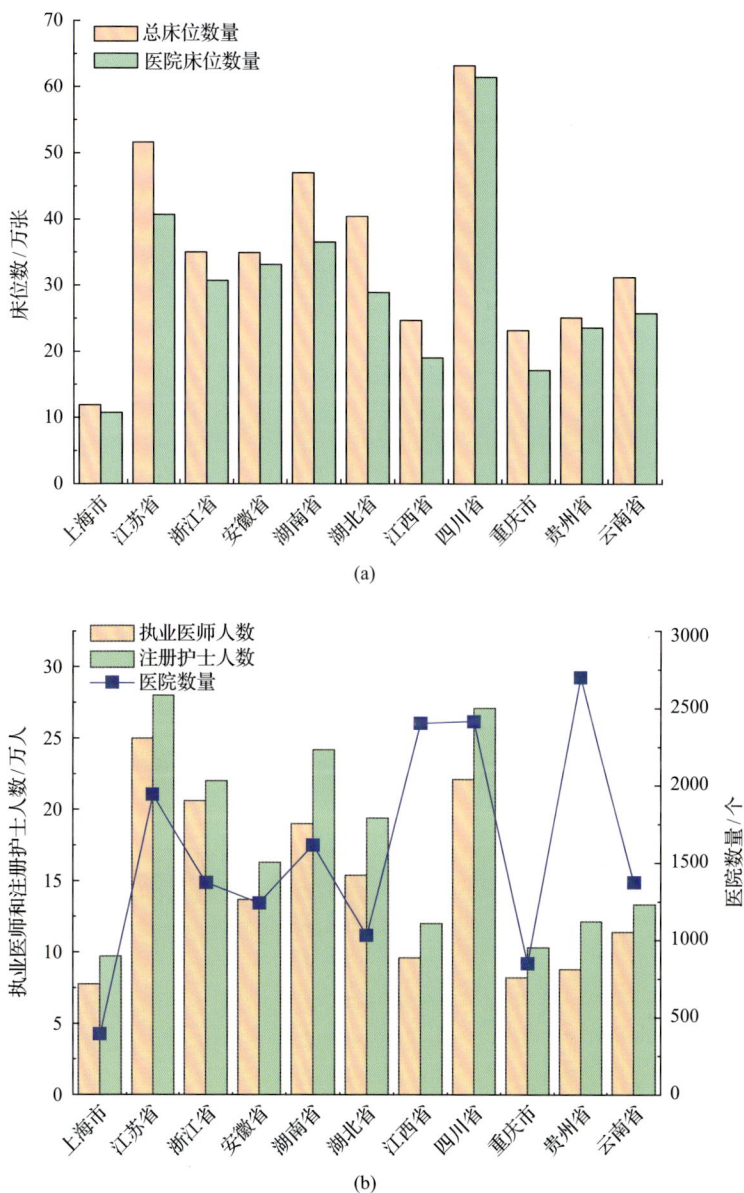

图 2-13　长江经济带各省(直辖市)医疗卫生资源基本情况(2019 年)

　　同时，我们也发现，中上游地区整体医疗服务水平仍偏低，可能存在部分地区还不及全国平均水平。在每千人执业医师人数方面，沪、江、浙、鄂、湘等省(直辖市)超过全国平均水平，但中上游地区的医疗服务能力仍处于弱势水平，注册护士和执业医师人数不足[图 2-13(b)、图 2-14]。

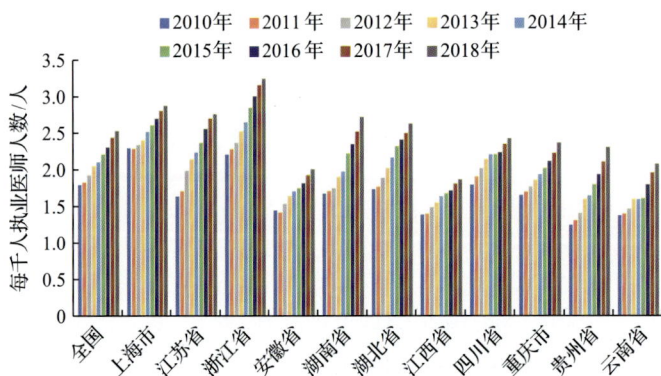

图 2-14　全国和长江经济带各省(直辖市)每千人执业医师人数变化(2010~2018 年)

长江经济带的科技和文化事业发展呈现高质量发展。"十二五""十三五"期间,浙江省和江苏省的科技进步贡献率分别达到 63.50%和 64%,高于全国平均水平(59.50%)。全年专利申请量,江苏省以 59.40 万件居首,浙江省(43.60 万件)>上海市(17.36 万件)>安徽省(16.70 万件)(图 2-15)。研究与开发(R&D)经费投入占 GDP 的比例:上海市>江苏省>浙江省>其他省(直辖市),长江经济带的人均公共文化财政投入不断增加,江苏省、上海市、浙江省、湖南省该项支出已经远超过小康标准,其他省(直辖市)也基本达到发展目标(图 2-16)。各省(直辖市)"十三五"期间严格落实人均场馆面积要求,对部分场馆资源进行了有效整合和调整,力求不断丰富、不断增加文化场所服务内涵,提升基层群众文化品质(图 2-17)。

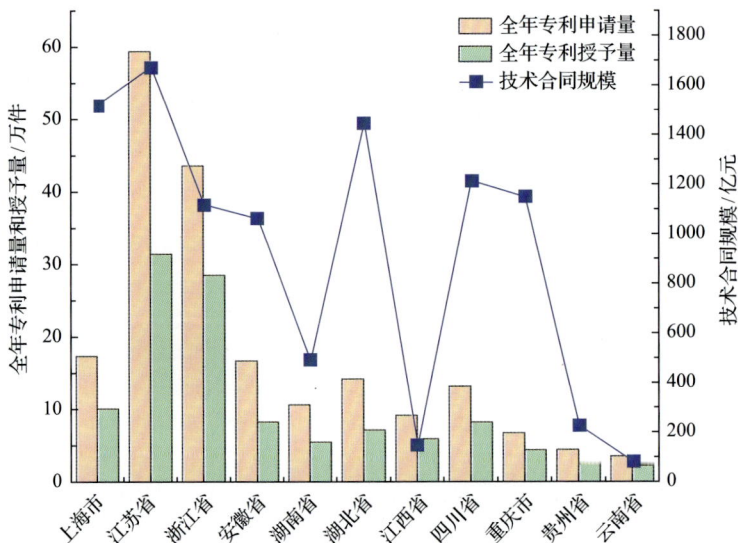

图 2-15　长江经济带各省(直辖市)全年专利申请量、授予量和技术合同规模基本情况(2019 年)

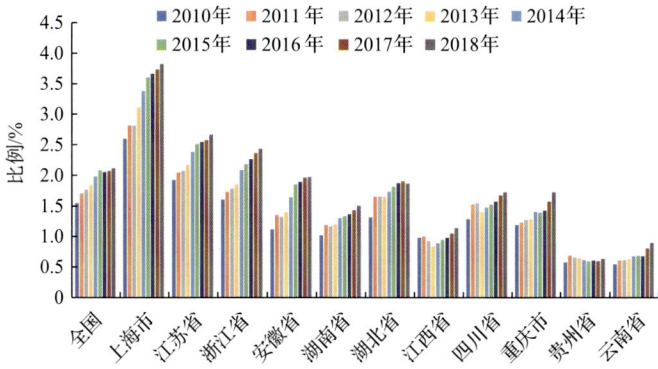

(a) 各省(直辖市)R&D经费投入占GDP的比例

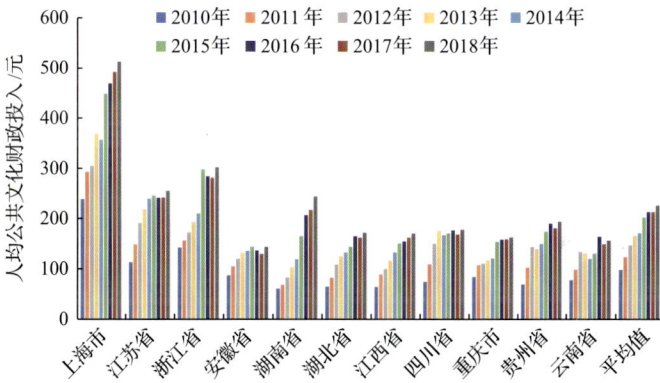

(b) 各省(直辖市)人均公共文化财政投入

图 2-16　全国和长江经济带各省(直辖市)R&D 经费投入占 GDP 的比例和人均公共文化财政投入

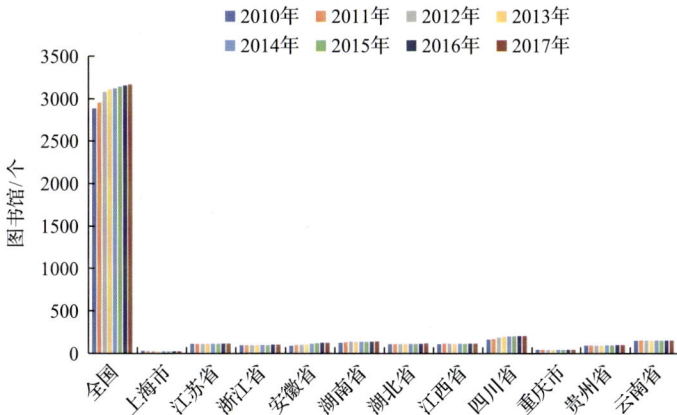

(a) 图书馆

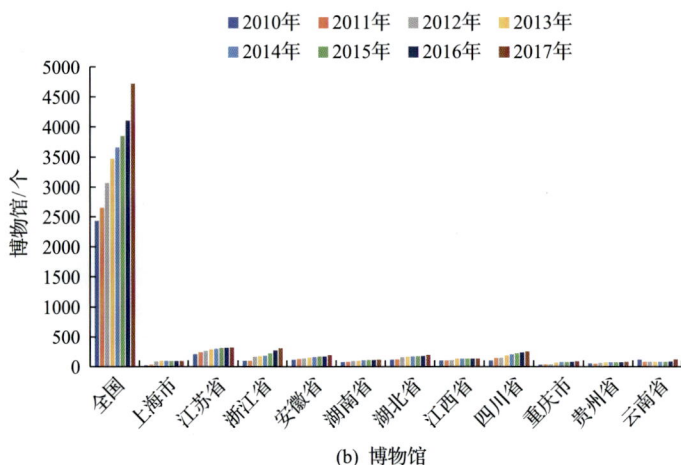

(b) 博物馆

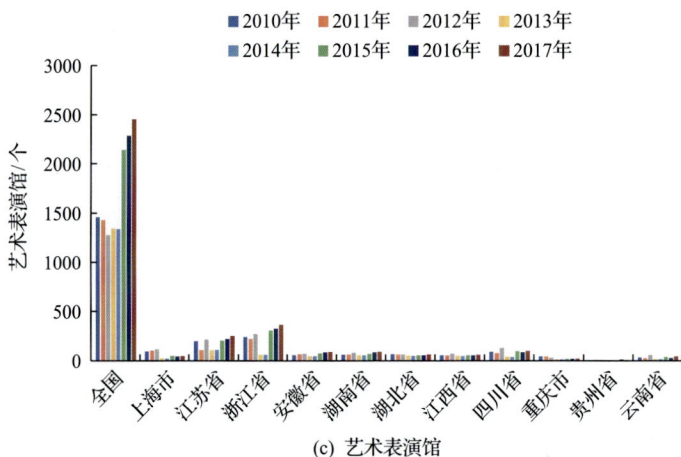

(c) 艺术表演馆

图 2-17　全国和长江经济带各省(直辖市)"三馆"建设情况

长江经济带的就业、养老和社会保障等措施可靠，保障有力。从已经公布的数据中发现，在就业人数方面，2019 年，四川省(4889 万人)＞江苏省(4745.20 万人)＞安徽省(4384 万人)＞湖北省(3548 万人)＞江西省(2632 万人)＞贵州省(2049.40 万人)，就业人数同比均略上升。长江经济带各省(直辖市)登记失业率基本都维持在 5%(除安徽省外)。在社会保障和养老服务方面，11 省(直辖市)不断深化改革、夯实服务基础，各省(直辖市)的基本养老、失业、基本医疗、工伤、生育五类保险覆盖率不断增加，理赔服务流程和手续不断与时俱进，社会保障方面取得了良好的服务效果(图 2-18)。

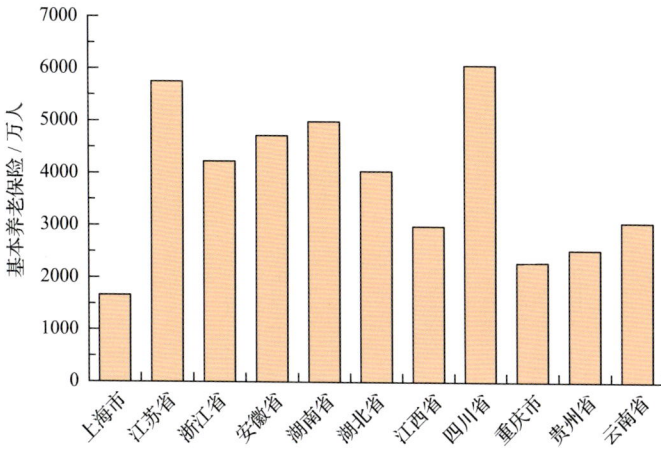

(a) 基本养老保险

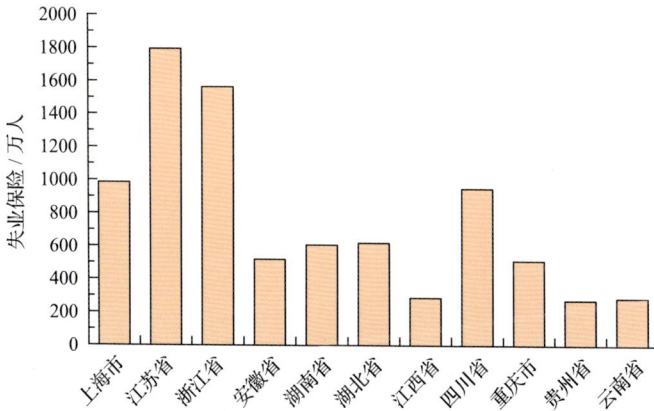

(b) 失业保险

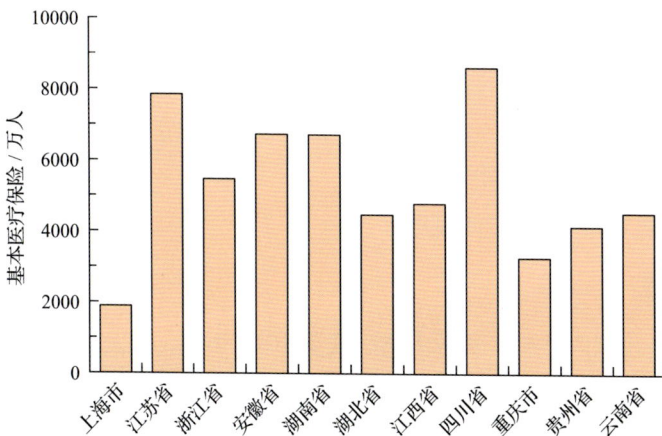

(c) 基本医疗保险

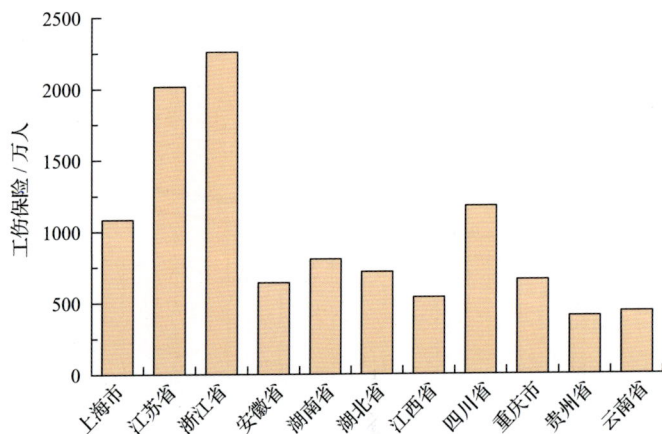

(d) 工伤保险

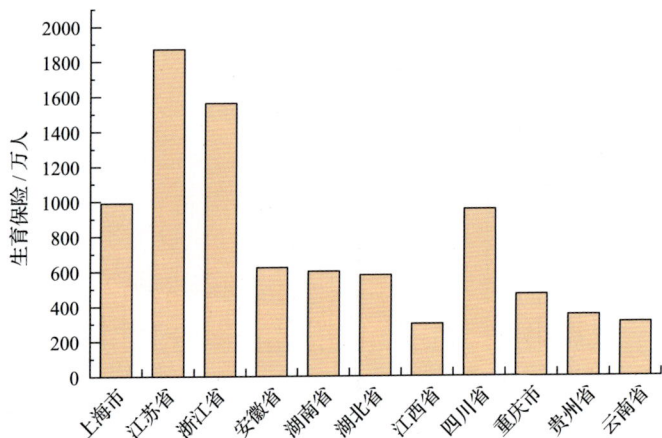

(e) 生育保险

图 2-18　长江经济带各省(直辖市)五类保险参保基本情况(2019 年)

2.3　各省(直辖市)矿产资源

2.3.1　各省(直辖市)矿产资源概况

1. 四川省

四川省是我国内陆矿产资源大省，截至 2018 年底，已发现 136 种矿产，查明资源储量的有 82 种，52 种矿产资源储量在全国居前 5 位。省内勘查开发体系完整，主要矿产品产量和消费量居全国前列，矿业经济已成为区域发展的重要动力。

四川省矿种齐全，总量丰富，但部分矿产人均占有量低。该省矿产资源多分布在盆地及盆周地区、攀西地区和川西高原地区，交通较方便，配套程度较高，有利于开发建设。能源、黑色金属、有色金属、稀有金属、贵金属、化工、建材矿产均有分布，其中天然气、钛矿、钒矿、硫铁矿、芒硝、盐矿等资源储量巨大；铜、铅、锌、镍、汞 5 种主要有色金属及贵金属人均占有量低于全国平均水平；石油、铝、铜、钾等查明资源储量不足。大型、特大型矿床分布集中，有利于形成综合性的矿物原料基地。共、伴生矿产多，有综合利用价值，但采、选、冶有一定的难度。黑色、有色、稀有、贵金属矿床 60% 以上伴有多种有益元素或共生矿产，包括攀西地区的钒钛磁铁矿，川西地区的银多金属矿，川南地区的煤、硫、黏土共生矿。重要矿产富矿不足，但具有良好的找矿前景。该省富铁矿、富锰矿、富硫铁矿和富磷矿查明资源储量占总量比例均不高，但四川省成矿地质条件优越，通过研究预测，这些矿产具有良好的找矿潜力[6,7]（图 2-19）。

2. 云南省

截至 2015 年底，全省共发现各类矿产 143 种，占全国已发现矿产 172 种的 83.14%，探明储量列入《云南省矿产资源储量简表》的矿产有 86 种，已探明各类矿产地 1563 个，其中达到勘探程度的占 31.53%，达到详查—普查程度的占 68.47%。云南省是全国矿产资源大省之一，素有"有色金属王国"和"磷化工大省"之称，固体矿产保有资源储量居全国前 10 位的有 69 种，居前 3 位的有 26 种[8,9]。

根据已查明的矿产资源储量情况、产业基础及矿产品在国内外市场的竞争能力等综合因素，确定云南省的优势及重要矿产为铅、锌、锡、铜、钨、金、银、磷、锗、铟、钛、煤、铁、铝土矿、锰、镍、钼、岩盐。云南省矿产资源禀赋特点：总量大、矿种齐全，有色金属、黑色金属、贵金属、化工、建材、煤炭等资源配套程度高，其中，磷化工、有色金属和钢铁已形成独立的原料供给体系，精深加工产品已构成产业链，锡产业等独树一帜，科技领先；锗、铟、铊等共伴生矿多，综合利用潜力大，经济价值高；矿床类型复杂多样，大中型矿床相对集中，有利于整装勘查、规模建设；新资源富集区潜力巨大，老矿山深部及外围尚有较大远景；稀有、稀散、稀土矿产资源潜力较大；饰面用石材、硅藻土等非金属矿质优良，开采条件较好；菱铁矿、铂钯矿等资源量大，品位低，矿石类型复杂，开发难度大；石油、天然气、页岩气等能源矿产短缺[10,11]。

但是云南省矿产资源存在重要矿产资源保障能力仍然不足，矿产资源保障程度总体不高的问题。石油、天然气全部从省外和国外购进，钾盐基本靠外供应；铁、铜、铝土矿、铅、锌、钨、锡、锑、金(岩金)、重晶石十种矿产查明资源储量的静态保障程度低；锰、磷静态保障程度不高；煤炭、镍、轻稀土、锗、铟、硫铁矿、萤石、水泥用灰岩静态保障程度较高(图 2-20)。

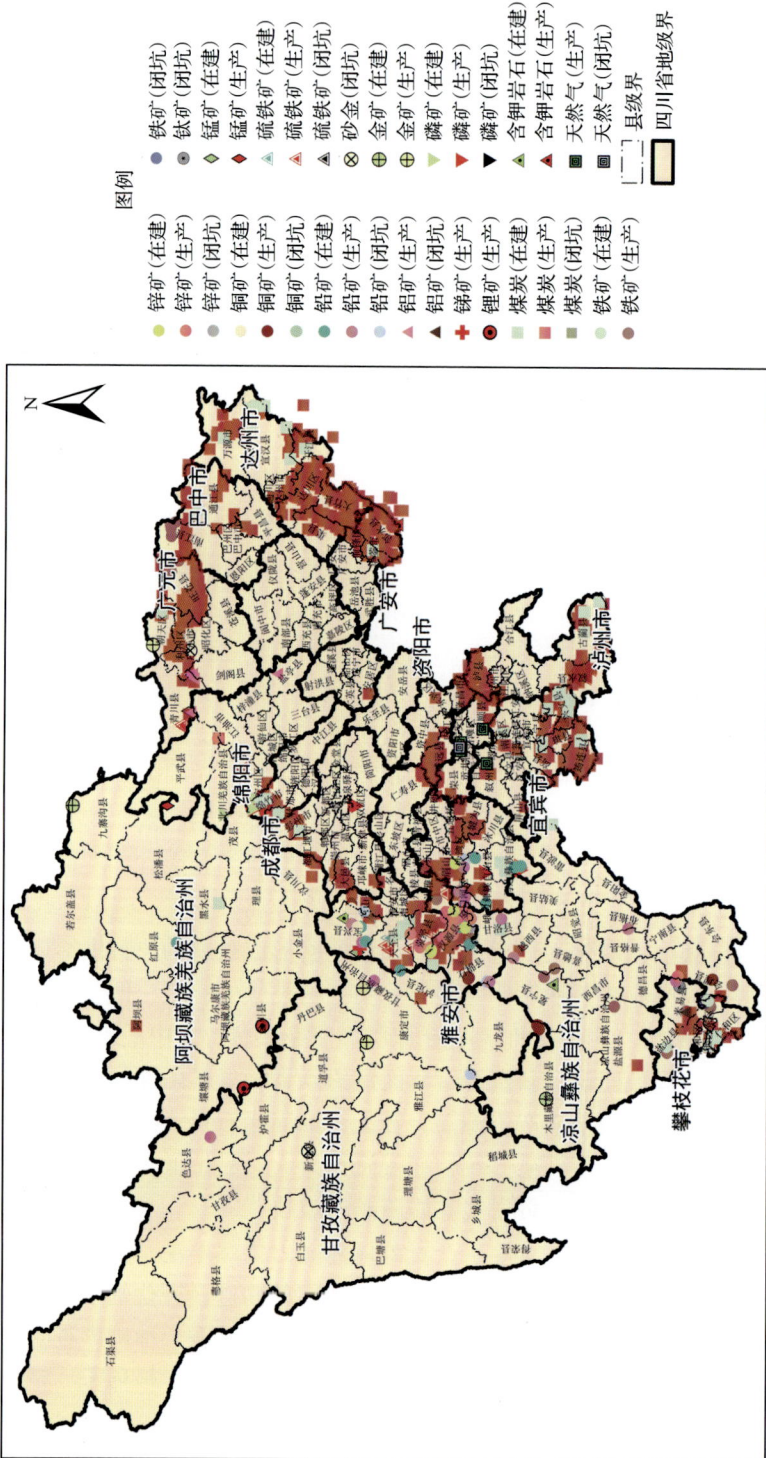

图2-19 四川省矿产资源分布图

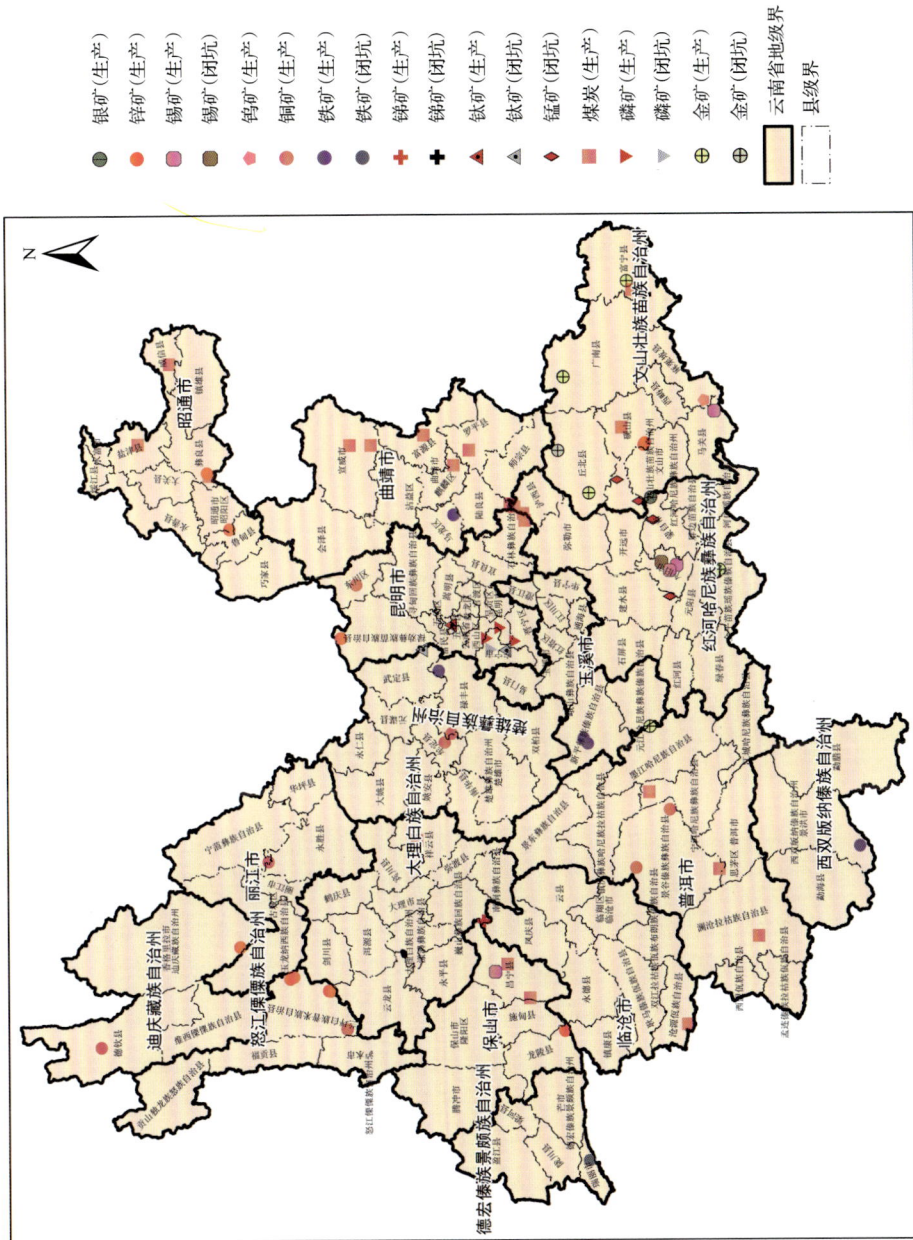

图2-20　云南省矿产资源分布图

3. 贵州省

贵州省以能源、矿产、生物资源最具优势，丰富的水能和煤炭资源使贵州省能源工业具有水煤并举、水火互济的特点。截至 2015 年底，全省已发现矿种 137 种，其中查明资源储量的有 88 种；查明矿产地 3266 处，其中能源矿产 824 处，金属矿产 1183 处，非金属矿产 1259 处。煤炭保有资源储量 653.99 亿 t，居全国第五位，煤质良好，煤种齐全，分布集中，有利于建设大中型矿区。水力资源理论蕴藏量 1874 万 kW，居全国第六位，可开发的水能资源为 1635 万 kW。此外，锰矿保有资源储量 3.88 亿 t，居全国第二位；铝土矿保有资源储量 8.37 亿 t，居全国第四位；磷矿保有资源储量 37.68 亿 t，居全国第三位；重晶石保有资源储量 11177.29 万 t，居全国第一位；锑矿保有资源储量（金属量）32.30 万 t，居全国第四位；金矿保有资源储量 344.49t，居全国第十三位。矿产资源大多集中在能源丰富、开发条件好的乌江流域[12-14]（图 2-21）。

4. 重庆市

重庆市矿产资源比较丰富，能源矿产、黑色金属、有色金属、稀有稀土及分散元素、贵金属、冶金、化工、建材及其他非金属矿产均有发现。这些矿产资源主要分布在渝北部开州区、城口县、巫溪县等，渝东南的南川区、丰都县、石柱土家族自治县、武隆区、秀山土家族苗族自治县、黔江区、彭水苗族土家族自治县等，以及渝西部的合川区、铜梁区、大足区等及库区沿江的江津区、江北区、巴南区、长寿区、涪陵区、万州区等境内[15,16]。

截至 2015 年底，重庆市已发现矿种 69 种，其中查明资源储量的有 45 种。查明矿产地 974 处，其中金属产地 143 处，煤炭产地 37 处；查明大型矿产地 75 处，中型矿产地 148 处。重庆市矿产资源极具特色，以页岩气为代表的能源资源丰富，非金属矿产多，金属矿产少。主要优势矿产为天然气、页岩气、煤层气、地热、锰、铝土矿、锶、毒重石、岩盐和水泥用灰岩（图 2-22）。

重庆市矿产资源特点如下。

（1）矿种比较齐全，分布普遍。重庆市矿产资源从能源矿产天然气、煤层气、煤、地热至金属矿、非金属矿及地下水都有。从平面上看，重庆市从东到西，从南到北各个区县都有矿产资源分布；从剖面上看，从六亿年前的震旦系到一亿四千万年前的侏罗系 6000m 的地层厚度范围内，都有含矿层位，如天然气，就有含矿层位 14 层。煤资源方面，全市 38 个县（市、区）中 36 个有含煤地层分布，并有产量不等的煤生产。非金属矿产资源中的石灰岩、砂岩、黏土岩、页岩更是遍布全市各地。但在已经发现的 444 处矿床中，大型矿床少，仅占 9.70%，主要为中、小型矿床。

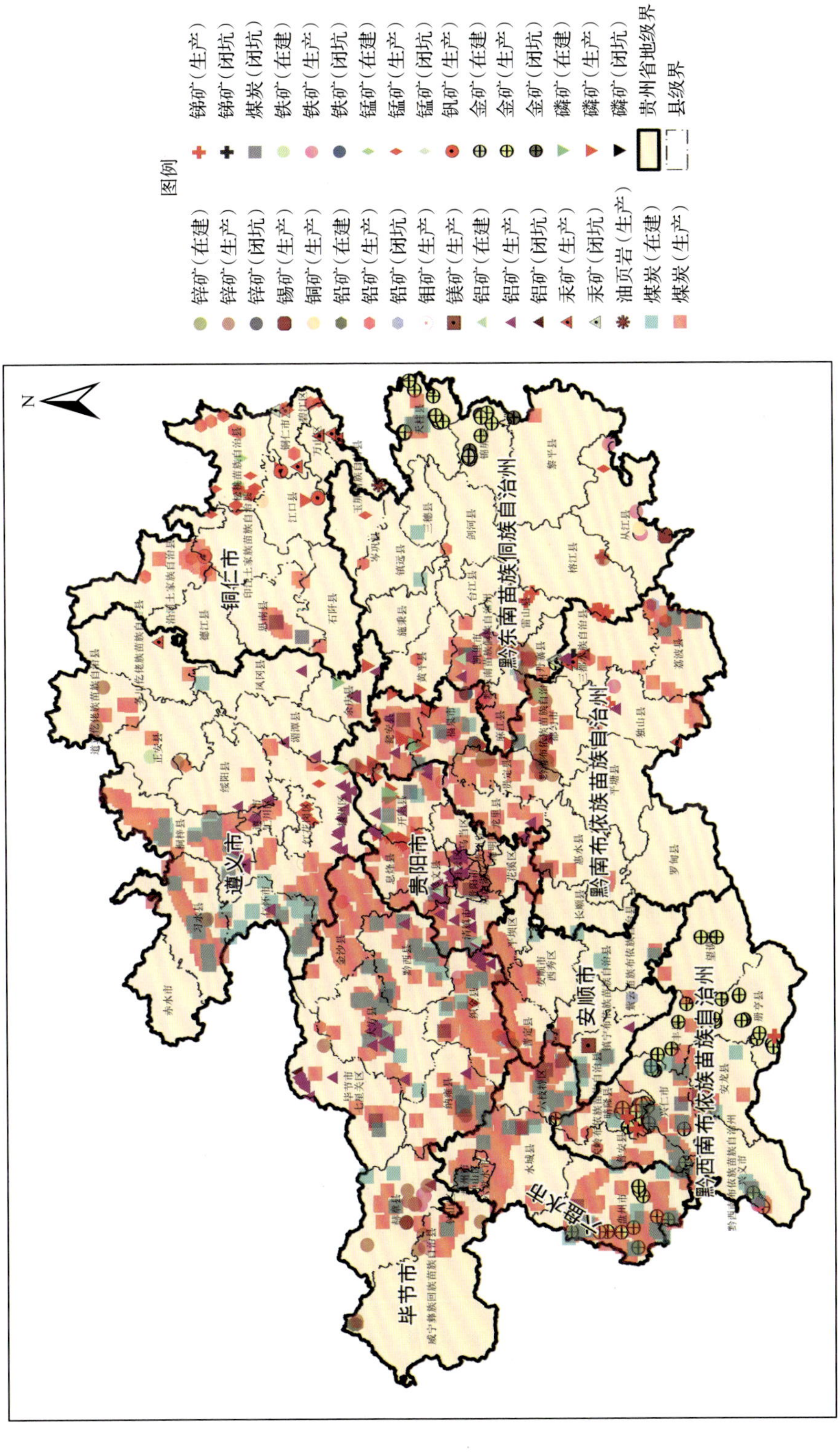
图例
锌矿(在建)
锌矿(生产)
锌矿(闭坑)
锡矿(生产)
铜矿(生产)
铅矿(在建)
铅矿(生产)
铅矿(闭坑)
钼矿(生产)
镁矿(生产)
铝矿(在建)
铝矿(生产)
铝矿(闭坑)
汞矿(生产)
汞矿(闭坑)
油页岩(生产)
煤炭(在建)
煤炭(生产)
锑矿(生产)
锑矿(闭坑)
煤炭(闭坑)
铁矿(在建)
铁矿(生产)
铁矿(闭坑)
锰矿(在建)
锰矿(生产)
锰矿(闭坑)
钒矿(生产)
金矿(在建)
金矿(生产)
金矿(闭坑)
磷矿(在建)
磷矿(生产)
磷矿(闭坑)
贵州省地级界
县级界
N
铜仁市
遵义市
贵阳市
黔东南苗族侗族自治州
黔南布依族苗族自治州
安顺市
黔西南布依族苗族自治州
六盘水市
毕节市

图 2-21　贵州省矿产资源分布图

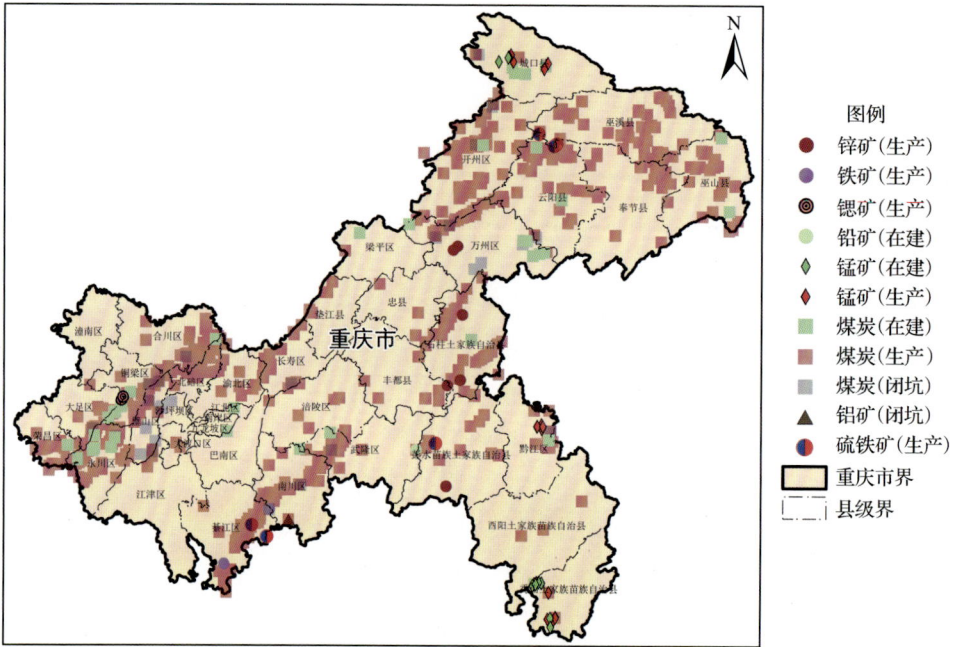

图 2-22　重庆市矿产资源分布图

(2)非金属矿产多,金属矿产少。在探明有储量的 41 种矿产中,非金属矿产 25 种,占总数的 61%;金属矿产仅 11 种,占总数的 26.83%。

(3)人均占有资源量少。除少数矿产(如天然气、岩盐)人均占有量较丰富外,绝大多数矿产资源人均占有量都比较少。

(4)贫矿多,富矿少。从全国范围看,大宗矿产如铁、锰、铜、磷等的贫矿所占的比例分别为全国储量的 97%、94%、65%、93%,所探明储量的平均品位还不及国外水平的 1/2,而重庆市铁、铜等矿产资源的品位相对更低。

(5)共伴生综合矿产多,单一矿产少。重庆市的矿产资源中,除汞矿为单一矿产外,大多数呈共生、伴生综合矿产存在,煤矿中共生有硫铁矿、铝土矿、稀有稀土及分散元素和煤层气。例如,煤矿中的镓虽然含量已达到最低工业水平,但因在井田内变化大,地质工作程度低,难以富集成片,形成一定规模的矿床。铝土矿伴生有镓、锗、锂、铌等稀有元素及耐火黏土、硫铁矿、菱铁矿。

(6)赋存及开采条件变化大。天然气、煤及热液型金属矿产赋存条件比较差,开采技术条件复杂,而沉积型的非金属矿产则赋存条件较好,所需的开采技术条件简单。重庆市煤资源赋存条件较差,多数矿井的煤层薄,倾角大。煤矿开采技术条件复杂,顶板垮落、底臌、煤与瓦斯突出、煤层自燃及突水等事故常有发生。而非金属矿产多数矿床地质构造、水文地质、工程地质及开采技术条件都比较简单,矿体多为层状、似层状,规模较大。例如,石灰岩、砂岩、泥岩、页岩及粉石英矿床，多适宜露天开采。

5. 湖北省

湖北省矿产种类较多，资源储量丰富，优势矿产明显。截至 2015 年底，全省已发现矿种 149 种，查明资源储量矿种 92 种，分别占全国已发现矿种 172 种和已查明矿种 162 种的 86.63% 和 56.80%。在查明资源储量的非油气类矿产中，磷矿、钛矿（金红石）、累托石黏土、建筑用砂岩等资源储量居全国之首，铌、锂、锶、硒及盐矿等 20 种矿产资源储量居全国的 2~5 位，重晶石、长石、石墨、石膏及饰面用石材等 29 种矿产资源储量居全国的 6~10 位。湖北省铁、铜资源较为丰富，磷矿、岩盐、石膏、水泥用石灰岩为优势矿产。高磷铁矿、钒（沉积）、钛（金红石）、累托石黏土、页岩气为潜在优势矿产，硅质原料、饰面用石材等前景较好，绿松石、百鹤玉、菊花石等颇具地方特色[17,18]（图 2-23）。

矿床规模总体偏小，主要矿产集中度高，地域特色显著。全省主要矿产集中分布于不同地区。富铁、富铜和金、钨、钼、钒、钴、"三稀"矿产等集中分布于鄂东南、鄂南地区；磷矿、硫、（高磷）铁、煤、页岩气等主要分布于鄂西、鄂西南地区；重稀土、钛、萤石、重晶石、云母、长石等主要分布于鄂北、鄂东北地区；石油、岩盐、石膏、芒硝、溴、碘、硼、铷、铯、锂等主要分布于鄂中南地区；银、金、钒、轻稀土等在鄂西北地区占据重要地位。

共伴生矿多、中贫矿多、难采选矿多，开发利用难度大。且多数伴生有多种有益组分，综合利用前景好，但中贫矿多，富矿少，矿石质量差，利用技术难度大。其中煤炭资源层薄、面广、质差；磷矿、铁矿以中低品位居多，富矿少；高磷赤铁矿、铝土矿、钛（金红石）矿、稀土矿、硫铁矿等矿产有害杂质含量高、矿物嵌布粒度细、矿石质量差，开发利用难度大、成本高。

湖北省主要煤田（含煤区）有大冶含煤区、蒲圻（赤壁）含煤区、松（滋）宜（都）煤田、秭归煤田及长阳含煤区等。截至 2006 年，除石煤外，湖北省已探明煤炭储量约 12 亿 t，潜在资源量仅 10 亿 t 左右，属煤炭资源贫乏省份。湖北省 40 个县（市、区）内分布有煤炭资源，其中 30 个县（市、区）有开采活动，但生产规模普遍较小。

6. 湖南省

湖南省矿产资源丰富，素有"有色金属之乡"和"非金属之乡"美誉。截至 2015 年底，已发现矿产 143 种（含亚种），探明储量的 101 种。钨、铋、锑、普通萤石、海泡石等 9 种矿种保有资源储量居全国之首，锡、钒、重晶石、隐晶质石墨等 7 种矿种位居全国第二，汞、锂、铷、金刚石等 6 种矿种位居全国第三。全省矿产资源具有矿种多、大宗矿产少，共伴生矿产多、单一矿产少，难选冶贫矿多、富矿少，探明资源储量分布相对集中的特点[19,20]（图 2-24）。

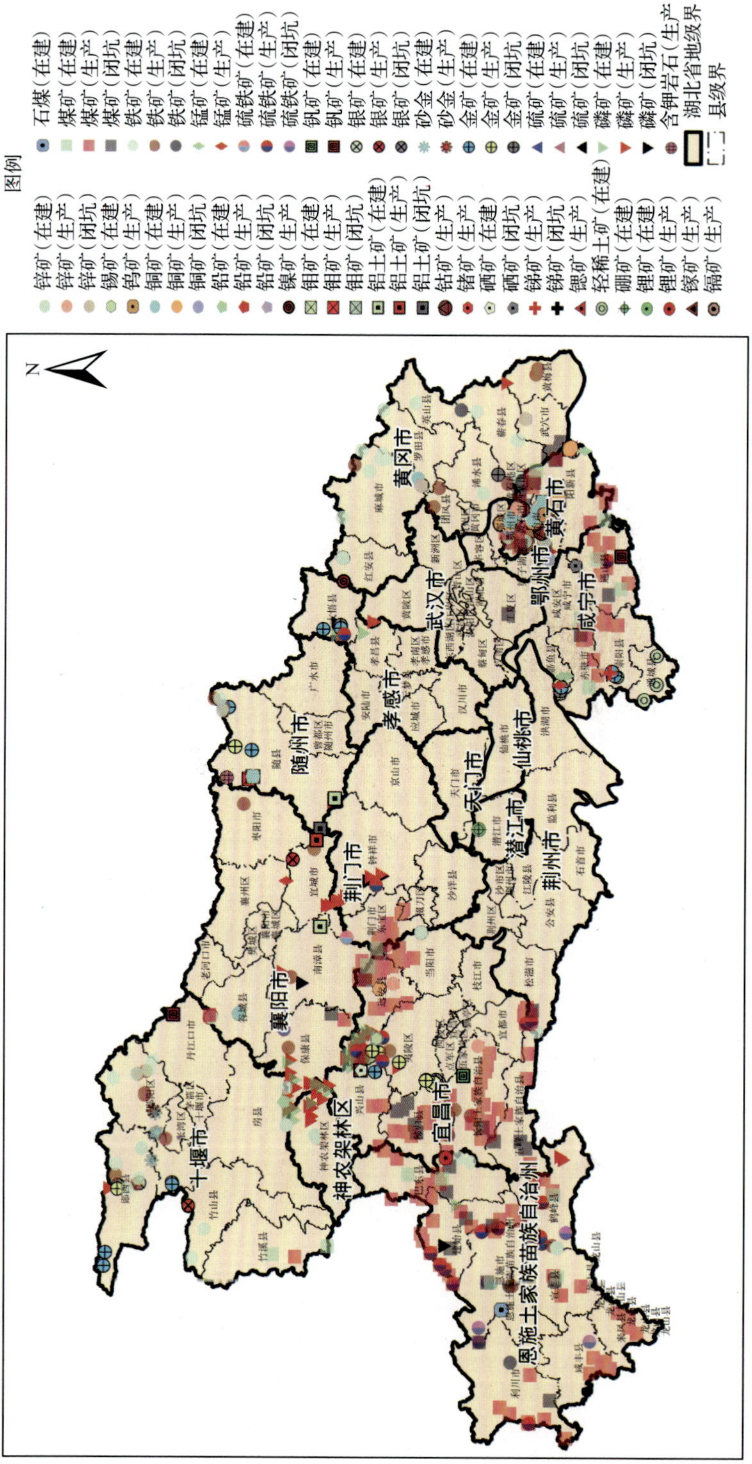
图例
锌矿（在建）
锌矿（生产）
锌矿（闭坑）
锡矿（在建）
钨矿（生产）
铜矿（在建）
铜矿（生产）
铜矿（闭坑）
铅矿（在建）
铅矿（生产）
铅矿（闭坑）
镍矿（生产）
钼矿（在建）
钼矿（生产）
钼矿（闭坑）
铝土矿（在建）
铝土矿（生产）
铝土矿（闭坑）
钴矿（生产）
锗矿（生产）
硒矿（在建）
硒矿（闭坑）
锑矿（生产）
锑矿（闭坑）
锶矿（生产）
轻稀土矿（在建）
硼矿（在建）
锂矿（在建）
锂矿（生产）
镓矿（生产）
镉矿（生产）
石煤（在建）
煤矿（在建）
煤矿（生产）
煤矿（闭坑）
铁矿（在建）
铁矿（生产）
铁矿（闭坑）
锰矿（在建）
锰矿（生产）
硫铁矿（在建）
硫铁矿（生产）
硫铁矿（闭坑）
钒矿（在建）
钒矿（生产）
银矿（在建）
银矿（生产）
银矿（闭坑）
砂金（在建）
砂金（生产）
金矿（在建）
金矿（生产）
金矿（闭坑）
硫矿（在建）
硫矿（生产）
硫矿（闭坑）
磷矿（在建）
磷矿（生产）
磷矿（闭坑）
含钾岩石（生产）
湖北省地级界
县级界
N
十堰市
襄阳市
随州市
孝感市
黄冈市
武汉市
鄂州市
黄石市
咸宁市
荆门市
天门市
仙桃市
潜江市
荆州市
宜昌市
神农架林区
恩施土家族苗族自治州

图 2-23　湖北省矿产资源分布图

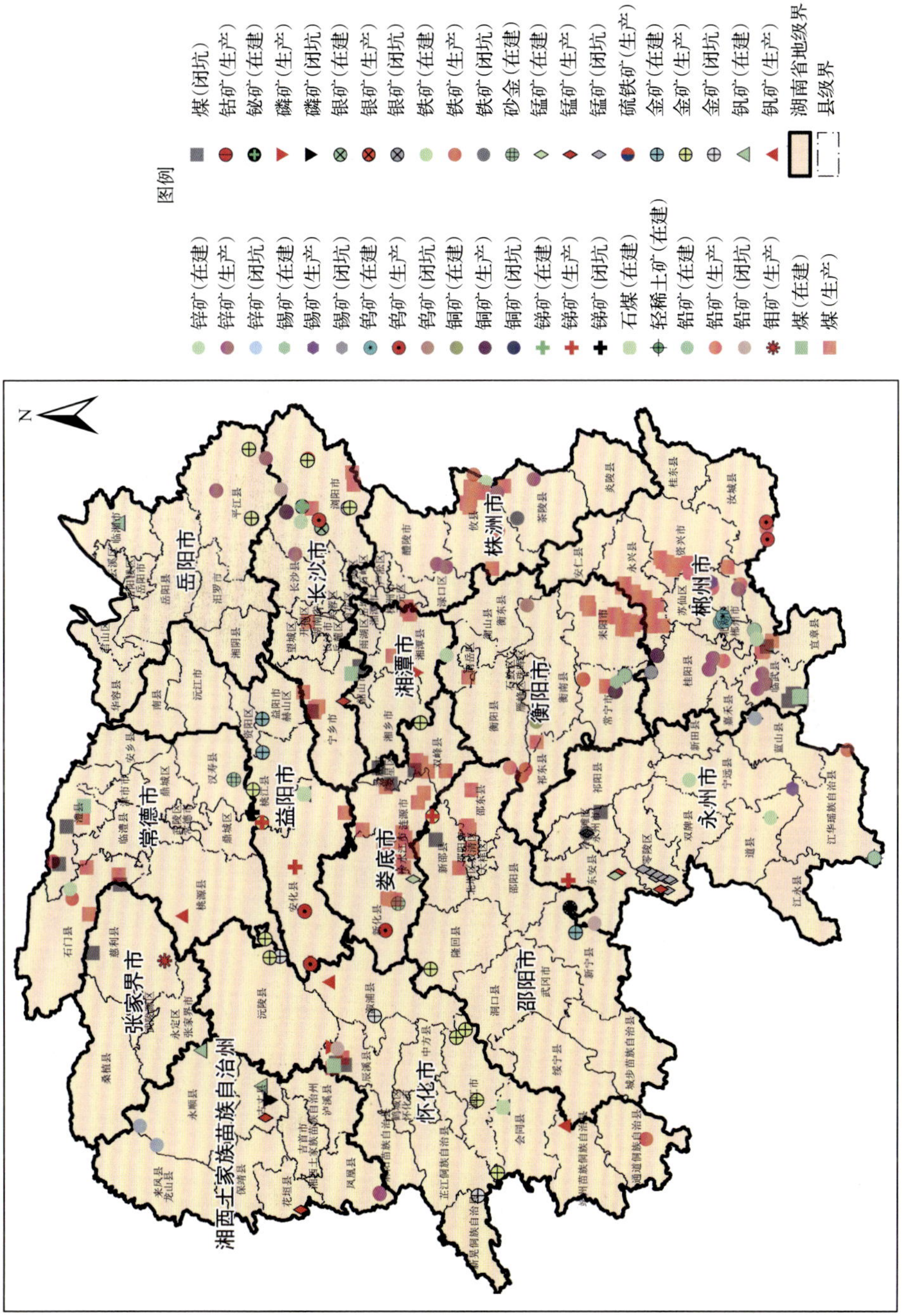

图 2-24　湖南省矿产资源分布图

　　矿产资源特点：总体具有矿种多、产地多、小矿多，大矿少、大众矿产少，资源和矿产地向重要成矿区带集中的"三多二少一集中"特点。①优势矿种多，如钨、锑、铋、萤石、锰、高岭土、石墨等。②多共伴生矿，单一矿种矿区只占20%左右。③贫矿多，富矿少，如铁矿、磷矿等。④矿床规模以中、小型为主。⑤选冶性能差的矿产资源较多。此外，湖南省非再生性矿产资源不但探明储量大，而且具有良好的资源远景。据不完全统计，预测资源总量5000多亿t，人均矿石9000多吨。郴州市柿竹园矿区被誉为"世界有色金属博物馆"，锡矿山的锑矿已开采90余年，一直保持"世界锑都"地位。浏阳市境内海泡石的发现，填补了我国矿产资源的一项空白。丰富的矿产资源，使湖南省成为国家发展有色冶金业、建材工业的重要基地和江南黑色能源的产地之一。

7. 江西省

　　江西省成矿地质条件优越，矿产资源丰富，是我国重要的有色、稀有、稀土和铀矿产基地之一，矿产资源配套程度相对较高。截至2015年底，查明资源储量居全国前十位的共有83种(铀和离子型稀土矿未列入储量排名表)。其中，矿产资源储量居全国首位的有钨、钽、铷、铯、化工用白云岩、滑石、陶瓷土、玻璃用脉石英、饰面用板岩、麦饭石10种；居第二位的有锂、铯、伴生硫、电气石、粉石英、保温材料用黏土6种；居第三位的有铜、铋、银、铍、普通萤石、冶金用砂岩、化肥用灰岩、叶蜡石、水泥用页岩、水泥用辉绿岩、海泡石黏土、饰面用辉石岩、饰面用大理岩、透闪石14种。优势矿产资源有铜、钨、稀土、铀、钽铌、金和银等金属矿产，黑滑石、高岭土、陶瓷土(瓷石)、萤石、硅灰石、硅石(粉石英)、饰面用石材等新兴非金属矿产，以及地热、矿泉水等液体矿产。江西省铜、钨、稀土、铀、钽铌、金、银素有"七朵金花"之称，其中钨矿和离子型稀土矿在世界矿业领域具有重大影响，因此其享有"世界钨都"和"稀土王国"的美誉。江西省石油、天然气、锰矿、铝土矿、钾盐矿等大宗矿产严重短缺，铜、煤炭、富铁和优质高岭土等紧缺矿产资源不足，需要依靠外购或进口解决[21]（图2-25）。

　　江西省矿产资源的基本特点表现为五大优势和三大不足。五大优势：一是矿产种类较齐全，分布各具特色；二是优势矿产资源在全国地位突出；三是矿产资源集中分布，有利于规划布局、综合勘查和规模开发；四是非金属矿发展潜力大；五是地热、矿泉水资源丰富，开发利用前景广。三大不足：一是大宗用量的矿产资源不足或短缺；二是多数有色金属矿共伴生组分多，综合利用难度大；三是部分矿种小矿多、分布散，贫矿多、富矿少。

8. 安徽省

　　安徽省矿产资源丰富、矿种多，根据《安徽省矿产资源总体规划(2016—2020

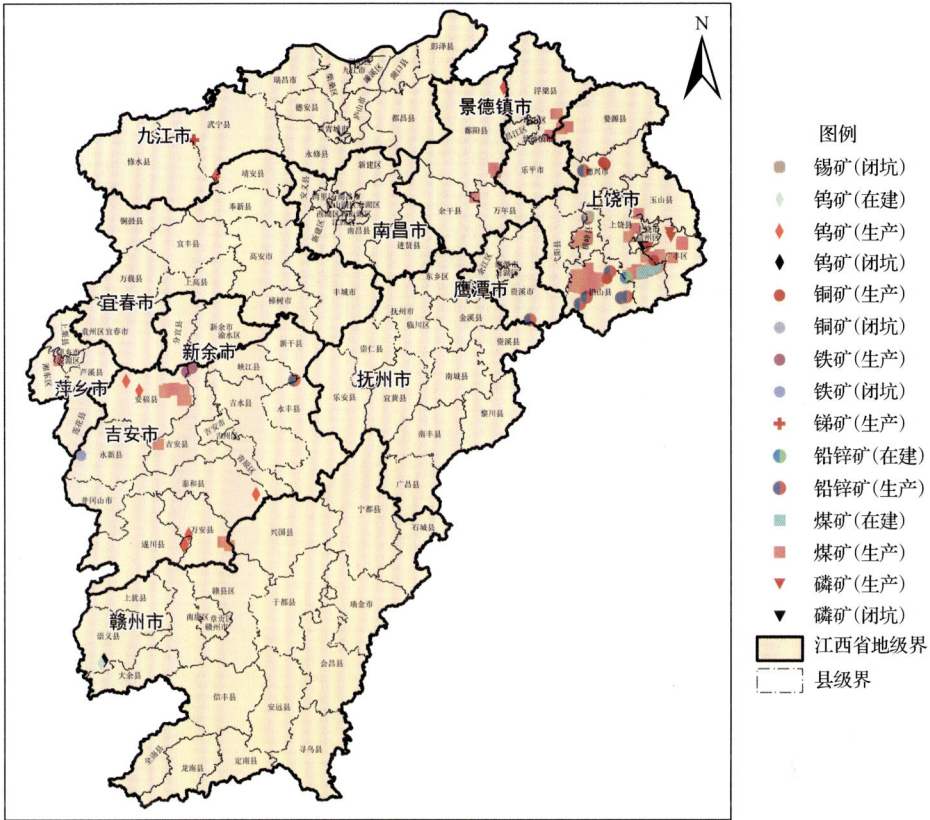

图 2-25　江西省矿产资源分布图

年)》，截至 2015 年底，已发现矿产 158 种(含亚种)，列入资源储量表 89 种，煤炭、铜矿、铁矿是其优势矿产，主要矿产分布呈"北煤、中铜铁"的格局，其资源储量在华东乃至全国均位于前列，是长三角经济区能源、金属和非金属原材料基地[22,23](图 2-26)。全省查明资源储量的固体矿产地 1437 处，其中大型矿床 241 处、中型矿床 297 处、小型矿床 389 处、小型以下矿产地 510 处，大中型矿床达到 37%。贫矿多、矿石组分比较复杂，采选条件复杂。主要矿种产地分布相对比较集中。锰、铜、铅、锌、铝、钼、钨、锑等矿产资源不足。矿产资源勘查和开发利用程度较高，勘查程度达到详查及以上的占 48%；查明矿产地已利用 1125 处，占总数的 78.30%。

　　煤炭是安徽省的优势矿产，在华东煤炭工业生产布局中地位显著。安徽省煤矿地区有两淮地区、长江沿岸及安徽省南部的宣城市。长江沿岸和宣城市的煤矿大都是小型煤矿；在两淮地区的煤矿含碳量高，储量大，是安徽省煤矿储量中心。两淮地区煤矿分布范围极广，覆盖了淮北市、淮南市全境，此外，在宿州市境内也有一小部分煤矿，交通发达。

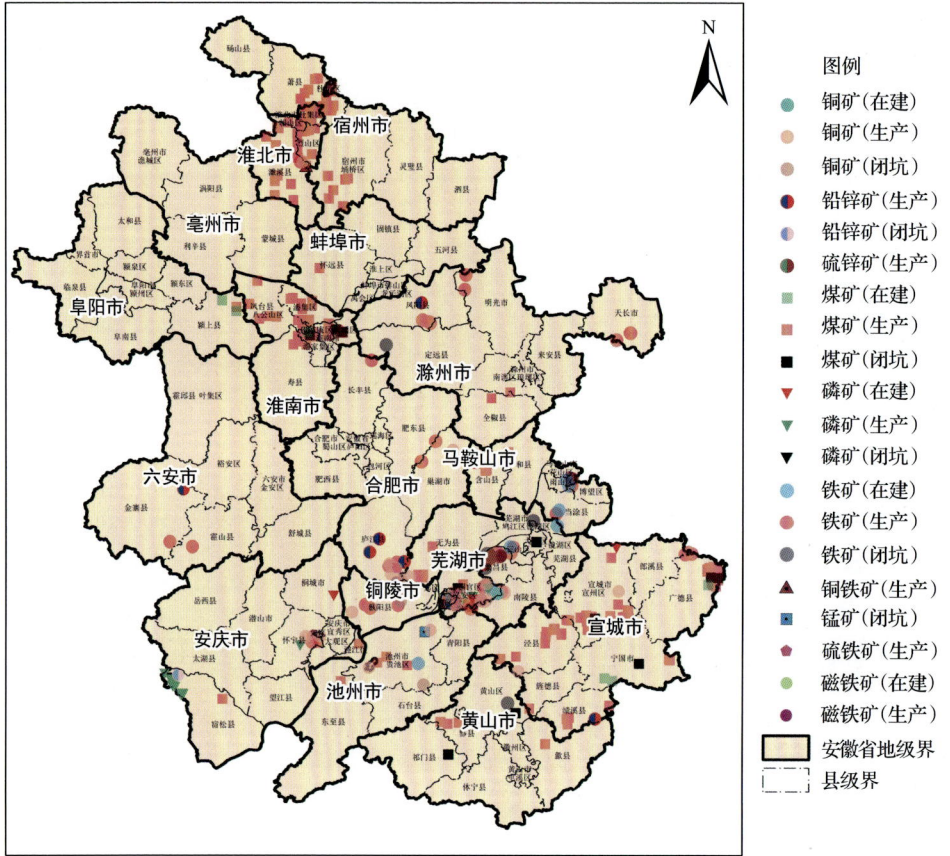

图 2-26   安徽省矿产资源分布图

安徽省铜矿主要分布在长江流域的铜陵市、安庆市、滁州市、庐江县等地，分布较集中，并且因为邻近长江流域，水系交通十分发达，长江两岸的道路交通也十分发达。

安徽省的铁矿资源主要集中在长江流域，在六安市霍邱县和金寨县、淮北市濉溪县和徐州市铜山区、滁州市凤阳县都含有铁矿资源。品位大于 45% 的富铁矿占 38%，主要分布在马鞍山市、庐江县等地。

9. 浙江省

浙江省境内矿产种类繁多，有铁、铜、铅、锌、金、钼、铝、锑、钨、锰等，以及明矾石、萤石、叶蜡石、石灰石、煤、大理石、膨润土、沸石等。明矾石矿储量居世界第一（60%），萤石矿储量居中国第二。截至 2009 年，境内已发现矿产113 种。非金属矿产丰富，部分矿种探明资源储量位居全国前列。于已探明资源储量而言，明矾石、叶蜡石居全国之冠，萤石、伊利石、辉绿岩居全国第二，饰面用闪长岩居全国第三，沸石、硅灰石、透灰石、硼矿、膨润土、珍珠岩等居全国前十名之内。多数矿床规模大，埋藏浅，开采条件好。金属矿产点多面广，但规模小。浙江省铁、铜、钼、铅、锌、金、银、钨、锡矿产较多，但多数为小型矿床或矿点，仅少数矿产地达到大中型规模，且矿石组成复杂，共伴生多种元素。全省域成煤地质条件差，煤炭资源贫乏；陆域尚未发现油气资源，但海域油气前景较好[24,25]（图 2-27）。

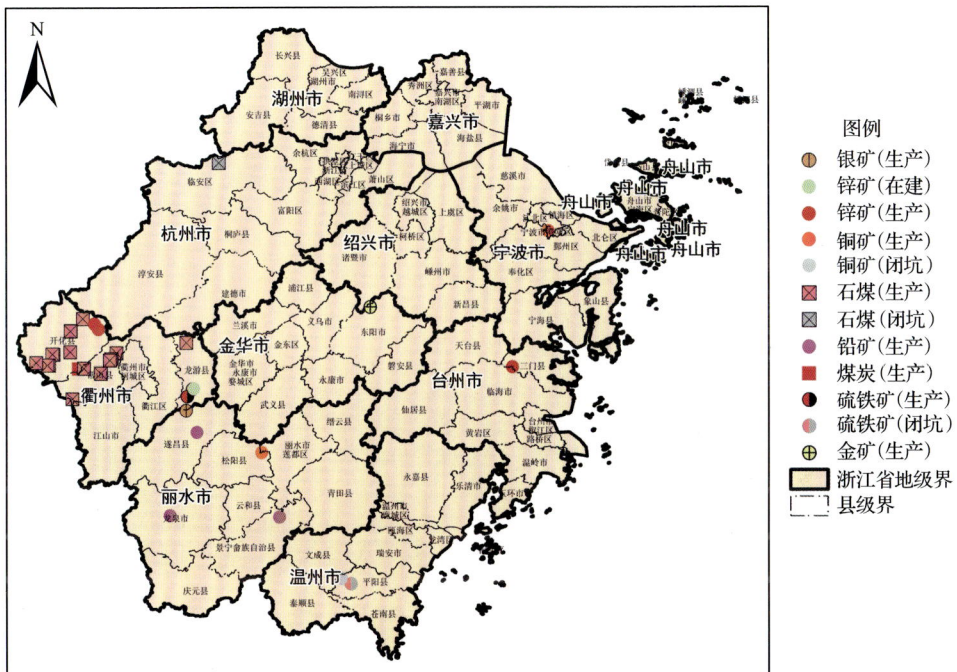

图 2-27　浙江省矿产资源分布图

　　浙江省矿产资源总的特点是丰歉并存，陆域燃料（煤炭、石油）矿产贫乏；金属矿产短缺，铁矿资源有限，铜、钼矿质优，但后备储量不足，铅锌量较大，但以贫矿为主；非金属矿产丰富。由于客观地质条件的限制以及地质勘探有效投入不足，矿产资源形势较为严峻。除部分非金属矿产外，大部分矿产保有储量不能满足开采需求，叶蜡石、硅藻土、水泥用灰岩、熔剂用灰岩、玻璃原料、明矾石、沸石、电石用灰岩和高岭土（陶瓷土）等十多种矿产保有储量可以满足开采需要；铅锌、铁、铜、钼、金、硅灰石、饰面用花岗岩等矿产保有储量基本能满足开采需要。

10. 江苏省

据《江苏省矿产资源总体规划（2021—2025 年）》，江苏省已发现各类矿产

133 种，其中查明资源储量的有 69 种，大型矿床少，中小型矿床占 83%。资源储量在全国排名前 2 位的有铌钽矿、玻璃用大理岩、凹凸棒石黏土、钛矿（金红石）等矿产。目前开发利用的以能源、建材、化工原料及其他非金属矿为主，主要有煤炭、水泥用灰岩、岩盐、芒硝、凹凸棒石黏土、金红石等。煤炭和铁、铜、铅、锌等金属矿产供应主要依靠省外、国外供给。宁镇、宁芜和溧水等重要成矿区深部铁、铜多金属矿，苏北地区金、金红石、磷和金刚石，丰沛、淮安和金坛的岩盐，盱眙的凹凸棒石黏土等均有找矿潜力。地热资源分布广泛，资源潜力大[26,27]（图 2-28）。

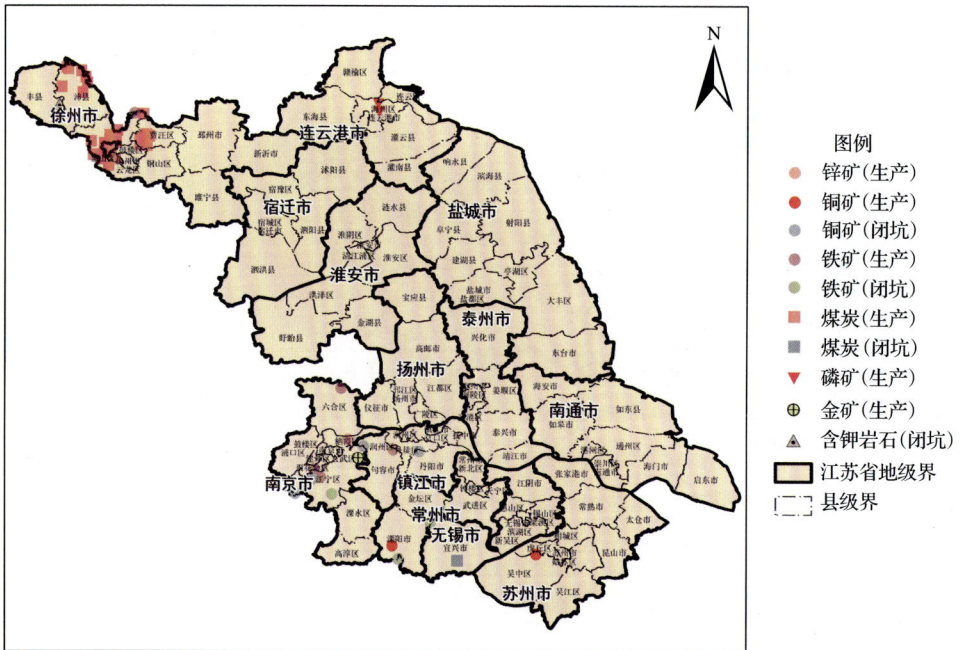

图 2-28　江苏省矿产资源分布图

根据国家统计局数据，江苏省能源矿产主要有煤炭、石油和天然气。非金属矿产有硫、磷、钠盐、水晶、蓝晶石、蓝宝石、金刚石、高岭土、石灰石、石英砂、大理石、陶瓷黏土；金属矿产有铜、铅、锌、银、金、锶、锰等。黏土类矿产、建材类矿产、化工原料矿产、冶金辅助原料矿产和特种用途矿产是江苏省的优势矿，其中方解石、泥灰石、凹凸棒石黏土、保温材料黏土、水泥用辉绿岩、水泥混合材料用闪长坊岩 6 种矿产保有储量居全国第一位。

江苏省煤炭资源主要分布在江苏省的西北和长江南部两处区域，即江苏省徐州市和长江南部南京市、无锡市、溧阳市。徐州市煤矿分布较为密集且交通发达，长江南部煤矿区水系交通发达，北部紧挨着长江水系，南部紧挨着太湖水系，河流密布。道路交通发达，多处国道和省道组成交通网络。

江苏省铁矿资源分布和煤矿资源分布较相似，主要分布在北部省界线和长江西南部区域，即徐州市、连云港市、南京市、镇江市、溧阳市、苏州市。长江南部煤矿区水系交通发达，北部紧挨着长江水系，南部紧挨着太湖水系，河流密布。道路交通发达，多处国道和省道组成交通网络。

江苏省铜矿、铅矿、锌矿资源主要分布在南京市、镇江市、苏州市。其中，南京市和镇江市的铜矿区位于长江南部沿岸。江苏省溧水区是该省第二处铜矿主要分布地点，第三处铜矿主要分布地点是苏州市的太湖东边(有部分矿产分布在太湖内)。

江苏省优势矿产岩盐，主要位于江苏省北部徐州市丰县、淮安市周围、句容市东南部区域。淮安市周围的岩盐矿区一部分位于洪泽湖和二河的交界处北部，水系交通发达，但仅有 X310 县道一条公路贯穿岩盐矿区，陆路交通不发达。另一部分位于淮安市清江浦区，四周水路环绕(右上有京杭大运河，左有二河，下有盐河)，G2513、G205、G2 等国道交错，并且有京沪高速铁路，交通发达。句容市东南部区域的岩盐矿处于茅山风景区东面，处于 S122、G233、G4011、G4221 的交错区。

江苏省的优势矿产凹凸棒石黏土，分布于江苏省中西部地区，即南京市以北洪泽湖以南区域，江苏省几乎全部的凹凸棒石黏土矿都分布于此区域。此区域水系交通较为发达，北接淮河，南接长江。江苏省的优势矿产金红石大部分分布于江苏省北部邳州市，在南京市和常州市分别分布有三个和两个大型的石膏矿，石膏矿临近京沪铁路，邳州市石膏矿主要分布于三个区域：四户镇、紫庄镇、邳州市中心。江苏省的优势矿产熔剂用蛇纹岩主要分布在江苏省北部东海县和骆马湖附近，但骆马湖附近熔剂用蛇纹岩近期难以利用。东海县熔剂用蛇纹岩矿周围交通南接陇海线和 G310、S236，西有 S225，交通较为便利。

11. 上海市

上海市矿产资源十分贫乏，发现矿产资源共 4 类 14 种，其中能源类矿产 2 种，分别为浅层天然气和地热；金属类矿产 6 种，分别为铜主生矿和银、锌、金、铁、镉伴生组分；建材及非金属类矿产 4 种，分别为泥炭、安山岩、石英砂和黏土；水资源类矿产 2 种，分别为地下水、矿泉水。在已发现的矿产中，地下水资源勘查程度较高，资源较丰富，但开发利用受地质环境约束程度较高，历史上不合理开采已造成了严重的地面沉降；经过多年来对地下水开采的不断压缩，2015 年全市地下水开采量仅为 430 万 m³。矿泉水资源比较丰富，具有一定的开发利用潜力，2015 年全市矿泉水开采量为 54.96 万 m³。浅层天然气、泥炭民间曾零星开采，资源量有限。基于保护耕地、保护环境、节约利用资源的原则，上海市从 2000 年起全面禁止了建筑用安山岩开采，并陆续关停了大部分砖瓦黏土企业[28](图 2-29)。

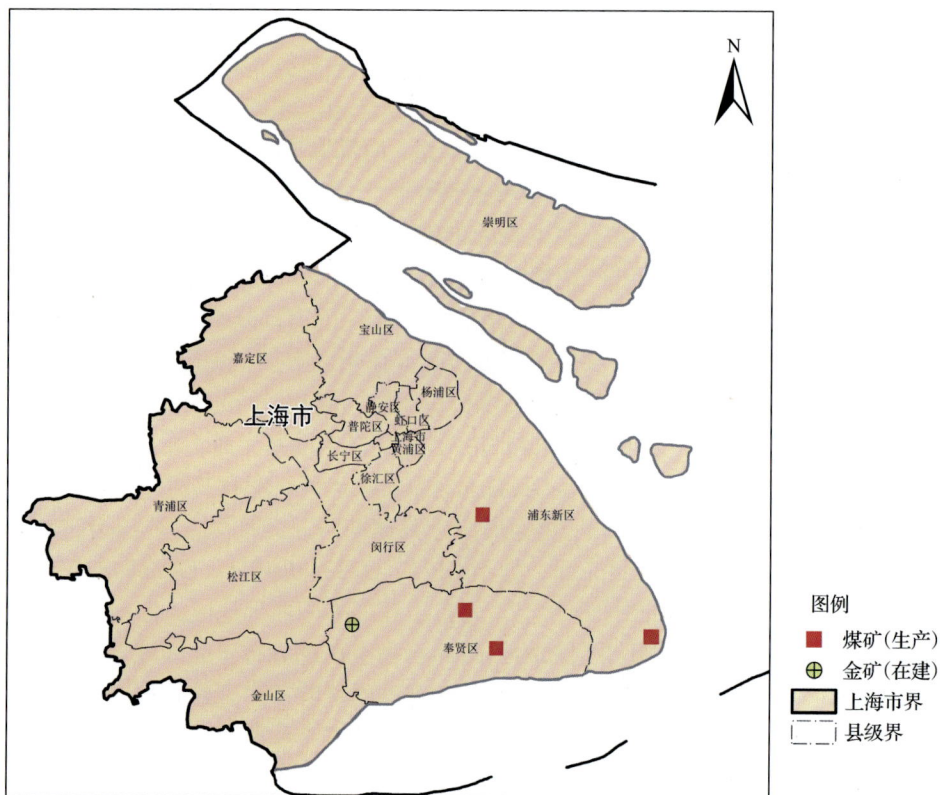

图 2-29　上海市矿产资源分布图

2.3.2　矿种分布特征

　　根据每一省(直辖市)矿产资源概况，将长江经济带各省(直辖市)的矿产资源按照能源类、黑色金属、有色金属、贵金属、稀有稀土金属、建材及非金属、水资源类矿产分类，详细统计了各省(直辖市)矿种分类。由表 2-3 可知：①中游江西省的建材及非金属矿产最多，拥有 79 种，其次是上游的四川省和贵州省以及下游的浙江省和安徽省，均在 50 种及以上；②有色金属矿种方面，拥有最多的是中游的湖南省和上游的四川省，尤其是湖南省的有色金属矿种达到了 37 种，为长江经济带 11 省(直辖市)之最，此外，上游的云南省、中游的江西省和湖北省、下游的浙江省和安徽省也都达到了 10 种及以上；③中游的江西省拥有最多的稀有稀土金属，数量达到 29 种，此外湖北省也拥有 22 种稀有稀土金属矿种，而下游的安徽省和上海市则无此类矿种；④中游的湖北省和下游的安徽省拥有 7 种能源类矿种，其次是上游的重庆市和中游的湖南省和江西省，达到 5 种；⑤下游的上海市矿种匮乏，总共只有 14 种矿种。

表 2-3　长江经济带 11 省(直辖市)矿种分类

区域	省(直辖市)	矿种分类	种数	种类
长江经济带上游	重庆市	水资源类矿产	2	地下水、矿泉水
		建材及非金属矿产	38	水泥用灰岩、建筑用灰岩、砖瓦用页岩、岩盐、熔剂用灰岩、玻璃陶瓷用砂岩等
		稀有稀土金属	1	锶
		贵金属矿产	1	砂金
		有色金属矿产	7	汞、铝、钼、钡、铅、锌、锑
		黑色金属矿产	3	锰、铁、钒
		能源类矿产	5	煤、天然气、页岩气、地热、石油
	四川省	水资源类矿产	2	地下水、矿泉水
		建材及非金属矿产	50	硫、磷、岩盐、水泥用灰岩、石棉、云母、石膏、石灰石、大理石、石英砂、重晶石、黏土等
		稀有稀土金属	34	钒、钛、锂、铁、锰、铜、铝、铅、锌、金、锂、稀土等
		贵金属矿产		
		有色金属矿产		
		黑色金属矿产		
		能源类矿产	4	煤、天然气、页岩气、石油
	云南省	水资源类矿产	2	矿泉水、地下水
		建材及非金属矿产	45	普通萤石、熔剂用灰岩、冶金用白云岩、冶金用石英岩、耐火黏土、硫铁矿、芒硝、重晶石、电石用灰岩、化肥用蛇纹岩、盐矿、钾盐、砷、磷、石墨、压电水晶、熔炼水晶、硅灰石、滑石、石棉、蓝石棉、云母、长石、石膏、水泥用灰岩、泥灰岩、玻璃用白云岩、玻璃用砂岩、水泥用砂岩、建筑用砂、硅藻土、水泥用黏土、水泥用页岩、高岭土、陶瓷土、膨润土、砖瓦用黏土、水泥用黄土、水泥用泥岩、铸石用玄武岩、饰面用花岗岩、霞石正长岩、水泥用凝灰岩、饰面用大理岩、水泥用大理岩
		稀有稀土金属	14	铌、钽、铍、锆、锶、重稀土、轻稀土、锗、镓、铟、铊、镉、硒、碲
		贵金属矿产	8	金、银、铂、钯、铱、铑、锇、钌
		有色金属矿产	12	铜、铅、锌、铝、镍、钴、钨、锡、铋、钼、汞、锑
		黑色金属矿产	5	铁、锰、铬、钒、钛
		能源类矿产	4	煤、石油、天然气、油页岩

续表

区域	省(直辖市)	矿种分类	种数	种类
长江经济带上游	贵州省	水资源类矿产	2	矿泉水、地下水
		建材及非金属矿产	58	萤石、溶剂用灰岩、冶金用白云岩、冶金用石英岩、化肥用石英岩、含钾砂页岩、泥炭、砷、磷等
		稀有稀土金属	17	铌、钽、铷、铯、锂、锶、锆、铪、镓、锗、镉、硒、铼、碲等
		贵金属矿产	1	金
		有色金属矿产	8	铜、铅、锌、铝、镍、钼、锑、汞
		黑色金属矿产	3	铁、锰、钒
		能源类矿产	4	煤、煤层气、地热、天然气
长江经济带中游	江西省	水资源类矿产	2	矿泉水、地下水
		建材及非金属矿产	79	黑滑石、高岭土、陶瓷土(瓷石)、萤石、硅灰石、硅石(粉石英)、饰面用石材、化工用白云岩、玻璃用脉石英、麦饭石、伴生硫、电气石、保温材料用黏土、冶金用砂岩、化肥用灰岩、叶蜡石、水泥用页岩、水泥用辉绿岩、海泡石黏土、透闪石等
		稀有稀土金属	29	钽、铌、铍、锂、稀土、铷、铯等
		贵金属矿产	2	金、银
		有色金属矿产	12	铜、铅、锌、铝、镁、镍、钴、钨、锡、铋、钼、锑
		黑色金属矿产	4	铁、锰、钒、钛
		能源类矿产	5	煤、石煤、地热、铀、钍
	湖北省	水资源类矿产	2	矿泉水、地下水
		建材及非金属矿产	42	萤石、石灰岩(电石用灰岩、水泥用灰岩、熔剂用灰岩、建筑用灰岩)、白云岩(化工用白云岩、冶金用白云岩)、石英岩、砂岩(玻璃用砂岩、冶金用砂岩、水泥用砂岩)、天然石英砂(建筑用砂、水泥用砂)、脉石英(冶金用脉石英、玻璃用脉石英)、耐火黏土、硫铁矿、芒硝、重晶石等
		稀有稀土金属	22	铌、钽、锂、锆、锶、铷、铯、镧、钕、镨、钐、铈、钇、铕、锗、镓、铊、铟、铼、镉、硒、碲
		贵金属矿产	2	金、银
		有色金属矿产	12	铜、铅、锌、铝土矿、镁、镍、钴、钨、锡、钼、汞、锑
		黑色金属矿产	5	铁、锰、铬、钛、钒
		能源类矿产	7	煤、石煤、石油、天然气、地热、铀、钍
	湖南省	水资源类矿产	2	地下水、矿泉水
		建材及非金属矿产	>30	萤石、重晶石、长石、石灰石、硅石、硫铁矿、磷矿、钾盐、水泥用灰岩、玻璃用砂、石膏、高岭土、芒硝、石墨、陶粒页岩等
		稀有稀土金属 贵金属矿产	11	铌、钽、稀土、镉、铟、金、银、铷等

续表

区域	省(直辖市)	矿种分类	种数	种类
长江经济带中游	湖南省	有色金属矿产	37	锑、钨、铋、铅、锌、锡`、铝、铜、钴、钼等
		黑色金属矿产	3	铁、锰、钒
		能源类矿产	5	煤、天然气、地热、铀、石油
长江经济带下游	上海市	水资源类矿产	2	地下水、矿泉水
		建材及非金属类矿产	4	泥炭、安山岩、石英砂和黏土
		稀有稀土金属	0	无
		贵金属矿产	2	金、银
		有色金属矿产	3	铜、锌、镉
		黑色金属矿产	1	铁
		能源类矿产	2	浅层天然气和地热
	江苏省	水资源类矿产	2	地下水、矿泉水
		建材及非金属矿产	40	金刚石、硫铁矿、蓝晶石、长石、芒硝、石灰岩、白云岩、高岭土、陶瓷土、膨润土、黏土花岗岩、泥炭等
		稀有稀土金属	8	铌、钽、锗、锆、锶、铟、铼、镉
		贵金属矿产	2	金、银
		有色金属矿产	5	铜、铅、锌、镁、钼
		黑色金属矿产	4	铁、锰、钒、钛
		能源类矿产	4	煤、石油、天然气、地热
	浙江省	水资源类矿产	2	地下水、矿泉水
		建材及非金属矿产	66	萤石、叶蜡石、明矾石、膨润土、硅灰石、高岭土、珍珠岩、大理石、花岗石、硅藻土、伊利石、沸石等
		稀有稀土金属	7	铌、铍、镓、铟、镉、钪、硒
		贵金属矿产	2	金、银
		有色金属矿产	11	铜、铅、锌、镍、钴、钨、锡、铋、钼、汞、锑
		黑色金属矿产	3	铁、钛、钒
		能源类矿产	3	煤炭、石煤、地热
	安徽省	水资源类矿产	2	地下水、矿泉水
		建材及非金属矿产	53	水泥用灰岩、方解石、冶金用白云岩、盐岩矿石、玻璃用石英岩、水泥用砂岩、水泥用黏土等
		稀有稀土金属	0	无

续表

区域	省(直辖市)	矿种分类	种数	种类
长江经济带下游	安徽省	贵金属矿产	2	金、银
		有色金属矿产	10	铜、锌、钼、钴、锑、铝、镍、锡、铅、镁
		黑色金属矿产	5	铁、钒、钛、锰、铬
		能源类矿产	7	煤炭、石煤、地热、石油、天然气、铀、钍

注：数据来源于各省(直辖市)矿产资源规划。

2.3.3 战略性矿种分布特征

2016 年国土资源部发布的《全国矿产资源规划(2016—2020 年)》中列入的战略性矿产目录总共有 24 种，其中能源矿产有石油、天然气、页岩气、煤炭、煤层气和铀；金属矿产有铁、铬、铜、铝、金、镍、钨、锡、钼、锑、钴、锂、稀土和锆；非金属矿产有磷、钾盐、晶质石墨和萤石。在分析了长江经济带 11 省(直辖市)矿种后，由表 2-4 可知：①长江经济带上游的四川省和中游的湖北省的战略性矿种最多，达到 19 种；而下游的上海市则无战略性矿种。②长江经济带上游的四川省和云南省、中游的江西省和湖南省都有稀土矿种，但下游四个省(直辖市)则缺乏此类矿种。③晶质石墨只在两个省特有，分别是长江经济带上游的四川省和中游的湖北省。④金属矿种锂，在长江经济带上游的四川省以及中游的江西省

表 2-4　长江经济带 11 省(直辖市)战略性矿产资源种类

区域	省(直辖市)	矿种
长江经济带上游	重庆市	煤炭、石油、天然气、页岩气、铁、萤石、金、铝、钼、锑
	四川省	煤炭、石油、天然气、煤层气、页岩气、铁、铜、铝、镍、钴、锡、钼、锑、金、锂、萤石、磷、晶质石墨、稀土
	云南省	煤炭、石油、天然气、铁、铜、铝、镍、钨、锡、钼、锑、金、萤石、磷、稀土
	贵州省	煤炭、天然气、煤层气、铁、铬、铜、铝、镍、钼、金、萤石、磷
长江经济带中游	江西省	煤炭、铀、铁、铬、铜、镍、钴、钨、锡、钼、锑、金、锂、锆、萤石、磷、稀土
	湖北省	煤炭、石油、天然气、铀、铁、铜、铝、镍、钴、钨、锡、钼、锑、锂、锆、金、萤石、磷、晶质石墨
	湖南省	煤炭、石油、天然气、铀、铁、铜、铝、镍、钴、钨、锡、钼、锑、金、萤石、磷、稀土
长江经济带下游	上海市	无
	江苏省	煤炭、石油、天然气、铁、铜、钼、金、锆、磷
	浙江省	煤炭、铁、铜、镍、钴、钨、锡、钼、金、萤石
	安徽省	煤炭、石油、天然气、煤层气、铀、铁、铬、铜、镍、钴、锡、锑、钼、金、萤石

注：数据来源于各省(直辖市)矿产资源规划。

和湖北省均有分布,下游省(直辖市)则无。⑤长江经济带中游的江西省和湖北省,有最多的战略性金属矿产,分别达到 13 种和 12 种,而上游的四川省和云南省、中游的湖南省也都达到了 10 种及以上,下游的安徽省达到了 9 种。

2.4　生态环境基本概况

长江经济带地处热带、亚热带和暖温带,生态系统类型多样,地貌类型复杂,从南方亚热带常绿阔叶林森林生态系统到川西河谷森林生态系统再到长江中下游湿地生态系统等均有出现,这些均是对全球具有重大意义的生物多样性优先保护区域。长江流域的河湖、水库、湿地面积约占全国的 20%,森林覆盖率达 41.30%,珍稀濒危植物占全国总数的 39.70%,淡水鱼类占全国总数的 33%。长江经济带有我国重要的珍贵动植物,包括金丝猴、大熊猫、中华鲟、江豚、扬子鳄等珍稀动物,还有银杉、水杉、珙桐等珍稀植物,是我国珍稀濒危野生动植物集中分布区域。

长江是中华民族的生命河,多年平均水资源总量约 9958 亿 m³,约占全国水资源总量的 35%。每年供水量超过 2000 亿 m³,能够保障沿江 4 亿人生活、生产用水,还通过南水北调惠泽华北、苏北、山东半岛等地区。扬州江都水利枢纽和丹江口水库分别是南水北调东线一期、中线一期工程取水源头区,规划多年平均调水量分别为 89 亿 m³、95 亿 m³。

丹江口库区、武陵山、金沙江、新安江、岷江上游及“三江并流”、嘉陵江上游和湘资沅上游等地区是国家水土流失重点预防区,嘉陵江及沱江中下游、金沙江下游、三峡库区、湘资沅中游、乌江赤水河上中游等地区是国家水土流失重点治理区,贵州省等西南喀斯特地区是世界三大石漠化地区之一。长江流域山水林田湖浑然一体,具有强大的洪水调蓄、净化环境功能。

由此可见,长江经济带生态环境地位突出,是我国重要的生态资源宝库,同时,长江经济带蕴含着重要的水资源,是中华民族战略水源地,肩负着水土保持、洪水调蓄功能,是我国重要的生态安全屏障区[29]。

2.4.1　生态环境现状

1. 水环境

长江经济带全面贯彻和落实《水污染防治行动计划》和《重点流域水污染防治规划(2016—2020 年)》[30],实施《长江经济带生态环境保护规划》《长江保护修复攻坚战行动计划》[31],“十三五”期间,长江流域水质优良断面比例提高了 14.90 个百分点,干流首次全线达到 II 类水质及以上,劣 V 类断面比例下降了 6.10 个百分点,长江经济带 11 省(直辖市)均完成“十三五”水环境质量约束性指标。

长江经济带经济保持持续健康发展，实现了在发展中保护、在保护中发展。2020年长江流域监测的 510 个水质断面中，Ⅰ～Ⅲ类水质断面占 96.6%，比 2019 年上升 4.9 个百分点，劣Ⅴ类清零，比 2019 年下降 0.6 个百分点。其中，干流水质均为优，主要支流水质 73% 达到优（表 2-5）。

表 2-5　2020 年长江流域水质状况

水体	断面数/个	所占比例/%					
		Ⅰ类	Ⅱ类	Ⅲ类	Ⅳ类	Ⅴ类	劣Ⅴ类
流域	510	8.2(4.9)	67.8(0.8)	20.6(−0.8)	2.9(−3.8)	0.4(−0.6)	0(−0.6)
干流	59	10.2(3.4)	89.8(−1.7)	0(−1.7)	0(0)	0(0)	0(0)
主要支流	451	8(5.1)	65(1.2)	23.3(−0.7)	3.3(−4.3)	0.4(−0.7)	0(−0.7)
跨界断面	60	8.3(5)	78.3(−3.4)	13.3(0)	0(−1.7)	0(0)	0(0)

注：数据来源于《2020 中国生态环境状况公报》；括号中的数据表示较 2019 年变化，单位为百分点；由于四舍五入，Ⅰ类～劣Ⅴ类比例加和可能存在一定误差。

2. 大气环境

近年来，由于国务院发布的《大气污染防治行动计划》十条措施的实施，大气环境质量有所提高。SO_2 平均浓度下降 34.40%，NO_2 浓度保持稳定。与 2013 年相比，2020 年长江经济带的三角洲地区 25 个城市细颗粒物（$PM_{2.5}$）年均浓度从 67μg/m³ 下降至 53μg/m³，可吸入颗粒物（PM_{10}）年均浓度从 88μg/m³ 下降至 75μg/m³。但是，长江经济带 21% 的土地承载了全国 40% 的水泥产业和 30% 的石化产业，大气污染物排放量大，2017 年的数据显示，长江经济带 SO_2、NO_x、烟尘粉尘排放量分别为 321.96 万 t、441.01 万 t、227.49 万 t，分别占全国的 36.78%、35.03%、28.57%。将各省（直辖市）六项污染物年均浓度进行比较（图 2-30），江西省、贵州省的 SO_2 排放平均浓度较高，江西省 SO_2 排放平均浓度高于全国平均水平；浙江省、上海市、

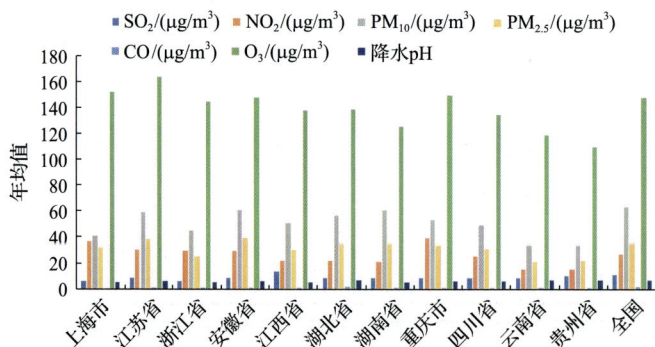

图 2-30　2020 年长江经济带各省（直辖市）六项污染物及降水 pH 年均值状况

资料来源：2020 年各省（直辖市）生态环境状况公报；贵州省、全国仅发布降水 pH 年均值范围，取中间值

江苏省、重庆市、安徽省等 NO_2 排放浓度较高，这也导致其 $PM_{2.5}$、PM_{10} 较高；江西省、湖北省、湖南省、安徽省、重庆市等省(直辖市)的 CO 排放浓度较高；上海市、江苏省、重庆市 O_3 排放浓度较高；四川省、贵州省、云南省、江西省等主要污染物排放总体好于其他省(直辖市)。贵州省、云南省空气质量优良率均较好且高达 99% 左右，上海市、浙江省、四川省、江西省、重庆市、湖南省、湖北省的空气质量优良率在 87% 以上，安徽省、江苏省空气质量优良率相对低。

3. 生态系统

国家出台了一系列文件，主要内容涉及长江岸线清理、生态复绿、栖息地恢复、生态调度、江湖连通、"十年禁渔"等，因此，长江经济带的生态环境逐步转好。由图 2-31 和表 2-6 可知，2020 年，长江经济带完成造林面积 266.47 万 hm^2，约占全国造林总面积的 37.71%，重庆市、四川省、贵州省、湖北省、湖南省等造林面积位居前列；长江经济带各省(直辖市)森林覆盖率平均值为 44.89%，高出全国平均水平约一倍(上海市、安徽省、江苏省除外)，云南省、江西省、浙江省、贵州省、湖南省、重庆市位居前 6 位，森林覆盖率均高于 50%。2020 年，江西省、

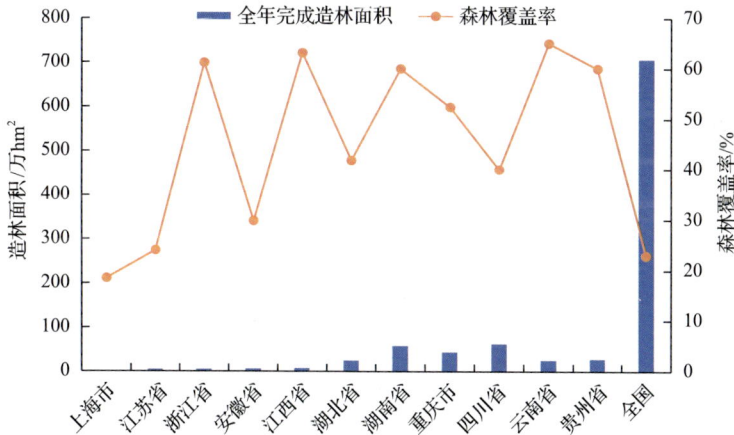

图 2-31　2020 年长江经济带造林面积、森林覆盖率

表 2-6　2020 年长江经济带生态环境状况指数

区域	上海市	江苏省	浙江省	安徽省	江西省	湖北省	湖南省	重庆市	四川省	云南省	贵州省	全国
生态环境状况指数	62.5	66.1	69.2	68.6	76.11	70.5	77.8	67.9 (2016 年)	71.9	优 44.2%, 良 55.8%	优 8.9%, 良 84.6%，一般 6.5%	51.3

注：数据来源于 2019 年各省(直辖市)国民经济统计公报、2020 年生态环境状况公报；重庆市 2017 年后未公开发布生态环境状况指数，云南省、贵州省仅发布 2019 年生态环境状况各等级的占比。

湖南省生态环境状况指数＞75，生态环境状况为优，其余各省（直辖市）均在62.5～71.9，生态环境状况为良，贵州省、云南省生态环境状况优良率占比分别为93.5%、100%，以上省（直辖市）生态环境状况指数均远高于全国平均水平（51.30）。

近年来，长江经济带水土流失状况逐步好转。2020年水土流失面积38.90万km^2，比2019年下降了0.62万km^2。土壤侵蚀主要分布在湖南省、重庆市、四川省、贵州省、湖北省、云南省等长江经济带上中游省（直辖市），尤其是三峡库区、岷江沱江中下游、金沙江下游、赤水河上中游、嘉陵江中下游等区域。长江经济带生物多样性问题需关注。长江经济带中的鱼类400余种，鱼类产量占我国淡水鱼类产量的70%左右，经济发展导致生物资源量一定程度下降，特别是鱼类资源。有研究显示，2019年典型海洋生态系统健康状况基本稳定，我国实行监测的18个海洋生态系统中，1个呈不健康状态，14个呈亚健康状态，3个呈健康状态。

4. 固体废物污染处置偏弱，需关注土壤重金属污染

长江经济带聚集着大量的化工、电力、钢铁、燃煤、矿产开采、冶炼等行业工业企业。长江经济带在2017年的一般工业固体废物和生活垃圾产生量分别为9.37亿t和9153.40万t，分别占全国的28.26%和40.14%，总体呈现面广量大的局面。非法倾倒、处置、堆存直接导致长江水质恶化和垃圾漂浮成灾，工业固体废物造成土壤污染严重，重庆市、江西省、湖南省、浙江省等酸雨导致土壤酸化、板结等，化肥、农药、含重金属的污染物排放，共同导致局部土壤受重金属污染。

2.4.2 生态环境面临的挑战

1. 新时期环境保护形势仍然比较严峻

近20年来，长江经济带生态系统格局变化剧烈，城镇面积增加39.03%，农田、森林、草地、河湖、湿地系统面积减少，中下游湖泊、湿地萎缩，洞庭湖、鄱阳湖面积减少，岸线存在乱占滥用。长江水生生物多样性指数持续下降，多种珍稀物种濒临灭绝，中华鲟、达氏鲟（长江鲟）、胭脂鱼、"四大家鱼"等鱼卵和鱼苗大幅减少。同时，外来有害生物入侵加剧。污染物排放量大，风险隐患多，造成饮用水安全保障压力大。长江经济带废水排放总量占全国40%以上，30%的环境风险企业位于饮用水水源地周边5km范围内，部分取水口、排污口布局不合理，297个地级及以上城市集中式饮用水水源中，有20个水源水质达不到Ⅲ类标准，38个未完成一级保护区整治，水源保护区内仍有排污口52个，48.40%的水源环境风险防控与应急能力不足。总体上，长江经济带生态系统呈现出一定的破碎化，生态系统服务功能呈退化趋势，流域整体性保护需要加强。

2. 局部存在发展与保护矛盾，出现一定程度环境污染

秦巴山区、武陵山区等 8 个地区，位于国家重点生态功能区，也是矿产和水资源集中分布区，资源开发和生态环境保护矛盾突出。磷矿采选与磷化工产业快速发展导致总磷成为长江首要超标污染因子。全国近一半的重金属重点防控区位于长江经济带，湘江流域等地区重金属污染问题仍未得到根本解决。长江三角洲、长江中游、成渝城市群等地区集中连片污染问题突出。部分支流水质较差，湖库富营养化未得到有效控制，城镇和农村集中居住区水体黑臭现象普遍存在。长江经济带大部分地区长期受到酸沉降影响，仍属我国酸雨污染较严重的区域。大气污染严重，成渝城市群与湘鄂两省所有城市空气质量均未达标，长江三角洲地区仅舟山、池州两个城市达标。工矿企业建设、生产以及农业生产等造成的土壤污染问题较为突出。

3. 社会经济带来的生态环境承载压力持续加大

长江经济带的矿产资源多，类型多样，产业区域发展不平衡，人口分布也不均衡。同时，长江经济带横跨我国地理三大阶梯，资源、环境、交通、产业基础等发展条件差异较大，地区间发展差距明显，但沿江工业发展各自为政，依托长江黄金水道集中发展能源、化工、冶金等重工业，上中下游产业同构现象将愈发突出，部分企业产能过剩，一些污染型企业向中上游地区转移。依靠土地占用、高耗水高耗能等增量扩张的发展模式仍然占主导地位，一些大城市人口增长过快，资源环境超载问题突出，长江经济带传统产业产能过剩矛盾依然严峻，转型发展任务艰巨。同时，长江经济带水生态环境状况不容忽视：长江流域每年接纳废水量占全国的三分之一，部分支流水质较差，湖库富营养化未得到有效控制。危险化学品码头和船舶数量多、分布广、点多线长，发生危险化学品泄漏风险持续加大等。

2.5　新时期高质量可持续发展对于矿产资源开发的内在要求

2.5.1　绿色开发新理念

20 世纪 80 年代，德国首先提出"生态现代化"：将就存于发达市场经济之中的现代化驱动力与一种"通过生态环境技术革新而达到更加环境友好型经济的发展"的长期要求连接起来，并在政策层面得到了广泛认可与应用。此种方案以市场为基础，使生态环境与经济"双赢"。近年来，我国提出绿水青山就是金山银山的"两山"理论，习近平总书记高屋建瓴地为我们的生态环境保护与经济发展指明了具有中国特色的生态现代化道路。

随着中国进入新的发展阶段，以牺牲环境为代价换取经济发展的模式终究会被淘汰，新能源、新产业和战略性新兴产业未来会成为我国经济的重要支撑[32]。因此，重塑矿产资源开发与利用布局，提高矿产资源的保障能力与现代化治理能力，是新时代矿业经济发展的新要求。长江经济带各种矿产资源丰富，战略性或新兴矿产资源优势明显。页岩气、地热、锂、稀土、钒、钛、钨、锡等战略性矿产资源储量丰富，它们可以助力清洁低碳能源产业带，助推战略性新兴产业发展，是支撑长江经济带高质量发展的有利条件。

习近平总书记说过，长江经济带建设"共抓大保护、不搞大开发"，遵循"两山"理论及"山水林田湖草是一个生命共同体"理念，因此长江经济带经济发展对矿产资源开发必然要有新的发展模式和布局。我们认为长江经济带的经济发展既要考虑到区域产业演化规律、战略性或新兴矿产资源优势，又要以长江的生态环境承载力评价与监测为重点突破口，在动态跟踪矿产资源产业布局的基础上，建立一整套流域生态环境监测与预警体系，优化矿产资源时间和空间的布局，坚持做到"点上开发、面上保护""开发一点、保护一片"，从源头重视生态环境修复与保护，持续加大河湖、湿地生态保护与修复及"三水共治"，强调协同并建成生产、生活、生态"三生一体"多层次复合型矿产资源开发利用新格局。

2.5.2 绿色开发新要求

长江经济带上众多城市存在矿业开发，在兼顾经济发展和矿业资源开发利用时，绿色开发的思想成为资源利用、经济发展的首选。长江经济带的发展会受到生态环境压力、资源利用水平、环境保护水平、矿业发展压力、政策响应水平和载体建设水平，以及城镇化、市场化、对外开放、经济发展、产业结构和科技创新等因素影响。根据长江经济带绿色发展的驱动机制和空间异质性，从压力、状态、响应出发，在立足长江经济带基本区域实际情况的基础上，需要采取以下措施：

(1)依靠国家政策、资金投入、城镇发展、市场调控等，给予政策保护和资金投入，优化基础设施建设，以减小区域矿业的生态环境压力从而减轻矿业绿色发展压力。

(2)中、西部地区需要摒弃粗放的生产经营方式，在提升科技创新能力的基础上，提高工业产值，加大节能减排和资源综合利用，提升绿色发展状态；东部地区把提高环境保护水平作为重点，减少和降低"三废"排放，修复损毁用地，进一步提升矿业绿色发展能力。

(3)长江经济带各级管理部门，应该加大管理和监督及预警能力，加快相应政策的制定和完善，在全面提升产业布局和规划的基础上，鼓励矿山企业在绿色发展方面不断创新，大胆革新，淘汰落后产能，加大科技投入，加快推进绿色矿山建设的广度和力度，鼓励示范区建设。

(4)加强长江经济带绿色发展的顶层设计和全局性设计。绿色发展应建立在宏观层面，开展顶层设计研究，对产业布局、生态环境、经济增长和城市治理做统筹安排。长江经济带的各省(直辖市)应当共同参与到统一规划的制定、执行和实施过程中，避开盲区，选择一些发展情况和条件较好的区域先做示范性规划与发展，做一些核心培养区，培育一些重点企业和产业，带动其他区域增长。

(5)推动长江经济带资源型地区传统产业升级，发展壮大绿色产业，同时兼顾绿色治理。一些能源型和资源型城市，因其具有老化和僵化的思维模式，所以跳不出原来的经济发展模式，因此需推动它们进行产业转型，从生态产业入手，在降碳的同时，壮大绿色产业。避免走先发展、后治理的老路，争取做到跨越式发展。同时，在传统的治理模式方面，更加倡导多方协同的治理模式。政府在政策、条例、标准方面提供保障，企业充分调动各方资源，减少污染物排放，节能降耗，使得绿色发展省心、舒心和高效。

(6)充分考虑绿色产业的辐射带动作用，通过生态补偿机制，促进绿色发展。长江上中下游的经济发展不平衡，矿业资源开发力度不一样，导致面临的具体问题存在具体差别。有研究发现，下游产业基础雄厚、高端人口集聚效果显著、生产技术成熟、产业绿色发展具有显著的示范效应。长江经济带目前面临的主要问题是制造业同质化，可以鼓励中下游优先发展智能制造业，探索智能制造示范区，带动中上游地区智能制造业发展。上游地区自然资源和劳动力充足但发展水平相对落后，可发展现代化高效农业、绿色生态旅游等产业，如打造农产品、畜禽水产养殖等精深加工产业链。下游地区可打造现代服务业，加快节能服务业与其他产业相互融合，构建高端化服务业发展平台，带动中上游地区现代服务业绿色发展等。中游地区可依托粮食生产基地，发展纺织品、绿色农副产品等劳动密集型产业。此外，为防止生态环境的"三高"(高耗能、高排放、高污染)行业进入，不得引进损害生态环境的高端产业。在产业发展过程中，充分衡量地区产业的承接能力，在经济相对欠发达的省(直辖市)，建立流域生态补偿制度，使污染外部效应得到补偿，促进产业绿色发展。

2.5.3　绿色高质量发展新方向

党的十九大报告明确指出，我国经济已由高速增长阶段转向高质量发展阶段，应以供给侧结构性改革为主线，推动经济发展质量变革、效率变革、动力变革。长江经济带的矿业是我国重要的基础产业，事关国家现代化建设全局，因此，长江经济带的战略地位不容忽视。我国的矿业行业经历了十年的黄金发展时期，该时期，矿产资源勘查取得了显著成果，矿业资源开发利用也达到新的水平。但伴随着新时代矿产资源开发投资的下降和生态环境理念的深入，我国矿产资源面临传统增长乏力，需要寻找新突破点的需求，因此，加快推进绿色高质量发展成为长江经济带矿产资源开发的必然追求[33]。

2017 年，国土资源部等六部门联合发布《关于加快建设绿色矿山的实施意见》，掀起了绿色矿山建设新高潮。《关于加快建设绿色矿山的实施意见》提出了绿色矿山建设三大目标：一是基本形成绿色矿山建设新格局；二是构建矿业发展方式转变新途径；三是建立绿色矿业发展工作新机制。同时，我国积极推动了绿色勘查项目示范、绿色矿业示范区等，摸索并建立一批可复制、可推广的新模式、新机制和新制度。2017 年底，已经有 21 个省级层面的绿色矿山建设推进会，印发了绿色矿山建设方案，也出台了相关的政策、文件和办法。绿色矿山建设成为矿山企业主动适应新发展阶段及提质增效的新选择，进一步进行绿色高质量发展更成为矿业资源开发和绿色发展的新需求。

根据前人的理论与实践探索和经验，长江经济带的矿产资源绿色发展可以着眼于以下几个方面。

1）创新绿色发展理念，积极摸索矿业转型升级

矿业发展只有坚持绿色发展理念，全面开展绿色矿山建设，才能实现转型升级，走上高质量发展之路。例如，露天矿山以扬尘防治和生态保护为重点；开采区采用湿法作业；加工车间和储料场等全部采用棚盖；矿区道路全部硬化并及时清扫，出厂车辆全部冲洗；矿区可绿化区域全部绿化，边开采边治理，及时恢复生态环境。地下矿山以科技创新和智能化矿山建设为重点，优化矿山生产工艺，提高资源节约集约利用水平。

2）优化绿色矿山建设标准，探索矿山新价值的重塑

提高资源利用率是绿色矿山建设过程的重要一环，可以明确煤、铁、耐火黏土、地热、矿泉水矿山和露天矿山绿色矿山建设的规范要求，把对矿区周边环境的扰动控制在允许范围内，实现以最小的环境扰动量获取最大的经济效益。例如，可以采用新的技术，提高矿山废物利用率，以及矿山资源的利用价值，如高水膨胀复合充填采煤技术，就成功实现了村庄下采煤，该技术将矿井开采回采率由原来的 55.60% 提高到 78.90%，并且保护良田，消化粉煤灰、消纳建筑垃圾等废弃物；矿井乏风余热回收供热供冷工程，充分利用矿井乏风，有效解决矿山冬季取暖、夏季供冷的问题，运行费用减少 70%以上，实现年节省标准煤 6071t，产生了良好的经济效益和生态效益。

3）激发绿色矿山的生态效益，激发矿业企业的内生动能

内生动力不足一直困扰绿色矿山。有的地方政府制定了一系列优惠政策，如取得绿色矿山称号的矿山企业同等条件下优先取得开采指标，优先取得政府投放的矿业权，优先取得各类财税政策支持等，可激发矿山企业积极性。

4）坚持绿色矿山高质量建设常态化

有人说："绿色矿山建设没有一劳永逸的休止符，永远在路上。"同时，也有人坦言："绿色矿山建设作为一项综合的系统工程，没有最好，只有更好，必须严格遵循绿色矿山建设规律并着力持续推进。"因此，在建设绿色矿山的过程中，需要调动广大企业的自主性和积极性，让矿业企业自觉完成绿色矿山高质量建设，使之成为常态化需求。鉴于此，我们认为需要做到：①要进一步树立绿色高质量发展的理念；②要明确高质量绿色矿山建设提升的工作目标；③要制定切实可行的高质量绿色矿山建设提升推进措施；④要建立高质量绿色矿山常态化建设督查机制。

2.6　小　　结

本章从长江经济带的地理、经济、社会、矿产与生态环境着手，分析了当前长江经济带各省（直辖市）的经济和社会发展状况，发现长江经济带总体经济和社会发展趋势渐好；基于长江经济带 11 省（直辖市）的矿产资源分析，发现长江经济带各种矿产资源丰富，矿种较为齐全，各地市（州）均有自己独特的矿产资源，同时，也归纳了长江经济带矿种分布特征及战略性矿产的分布规律；鉴于长江经济带生态环境的重要地位和生态资源宝库现状，在分析长江经济带现有生态环境状况的基础上，建议按照习近平总书记的"共抓大保护、不搞大开发"等指示要求，对长江经济带矿产资源进行认真梳理，按照绿色、高质量和可持续发展理念，走出一条生产、生活、生态"三生一体"多层次复合型矿产资源开发利用新模式。

第3章 长江经济带矿产资源开发回顾

基于长江经济带的矿产开发历史,本章首先将对11个省(直辖市)主要矿产的资源储量、矿山数量、矿山从业者数量、矿产工业总产值等方面做了历史性的回顾与评价,从时间和空间两个方面进一步剖析了长江经济带矿产资源开发的特点及其发展趋势。

基于长江经济带主要矿业区的分布特点,梳理各个矿业区独特的资源优势和特色产业发展模式,并对主要矿业区的矿产资源特征进行归纳和总结。从矿产资源开发与其他产业的关系出发,简要论述矿产资源与第一、第二和第三产业的关系。同时,以部分战略性矿产为例,说明战略性矿产资源的时空变化特点。

基于长江经济带矿产资源开发的特点,对矿业区周边的生态环境影响进行一定的回顾,并剖析可能的环境影响和环境问题。此外,针对战略性矿产资源的环境影响做简要论述,明确战略性矿产资源开发过程应十分关注生态环境问题。

3.1 各省(直辖市)矿产资源开发历史

3.1.1 各省(直辖市)矿产资源开发回顾

1. 四川省

四川省分布有上扬子西缘、西南三江和秦岭—大别山等成矿带,地质作用复杂、成矿条件优越、矿产资源丰富。表3-1是2005~2016年四川省非油气矿产开发利用统计表。表3-2是2005~2016年四川省油气矿产开发利用统计表。

2001~2007年,四川省矿种和矿区分别达到100种和1906处,43种矿产保有资源储量位居全国前5位,钛、钒、铁、锰、铜、煤、锌、磷、轻稀土、铅、水泥用灰岩等储量有所增加。2007年,矿山工业产值达290.8亿元,年均增长超过14%,采选业工业产值达544.6亿元,非金属矿物制品业及金属冶炼与压延加工业产值达2093.7亿元,2007年全省矿山总数8402个,其中大中型矿山数301个,原矿总产量达到2.668亿t,成为西部乃至全国矿物原材料生产和加工大省[34]。

2007年,查明矿种较2001年增长了11.1%,查明资源储量矿区较2001年增长了35.4%,主要矿产资源开采量较2001年都有不同程度的增长:铁矿增长了181.0%、铜矿增长了98.2%、轻稀土增长了173.3%、岩金增长了944.7%、煤炭增长了

表 3-1　2005～2016 年四川省非油气矿产开发利用统计表

指标		2005 年	2009 年	2009 年较 2005 年增长	2013 年	2013 年较 2009 年增长	2016 年	2016 年较 2013 年增长
矿山企业	总数	7884 家	7949 家	0.82%	7266 家	−8.59%	5262 家	−27.58%
	大型	101 家	90 家	−10.89%	94 家	4.44%	117 家	24.47%
	中型	332 家	397 家	19.58%	319 家	−19.65%	265 家	−16.93%
	小型	4417 家	4289 家	−2.90%	4232 家	−1.33%	3400 家	−19.66%
	小矿	3034 家	3173 家	4.58%	2621 家	−17.40%	1480 家	−43.53%
从业人员		481885 人	443743 人	−7.92%	340232 人	−23.33%	198069 人	−41.78%
产矿量(原矿)		20414.1 万 t	24341.3 万 t	19.24%	26386.93 万 t	8.40%	23681.68 万 t	−10.25%
工业总产值		1781258.76 万元	3285938.18 万元	84.47%	3481846.15 万元	5.96%	3515484.44 万元	0.97%
综合利用产值		397817.79 万元	374938.91 万元	−5.75%	776515.22 万元	107.10%	186960.27 万元	−75.92%
矿产品销售收入		1878214.7 万元	2980881.93 万元	58.71%	2883754.97 万元	−3.26%	2527118.16 万元	−12.37%
利润总额		153331.12 万元	290266.33 万元	89.31%	306528.31 万元	5.60%	205642.26 万元	−32.91%

表 3-2　2005～2016 年四川省油气矿产开发利用统计表

指标	2005 年	2009 年	2009 年较 2005 年增长	2013 年	2013 年较 2009 年增长	2016 年	2016 年较 2013 年增长
油气田总数	142 个	142 个	0.00%	147 个	3.52%	143 个	-2.72%
从业人员	23976 人	39642 人	65.34%	37656 人	-5.01%	38790 人	3.01%
油产量	14.61 万 t	15.71 万 t	7.53%	22.36 万 t	42.33%	10.79 万 t	-51.74%
气产量	141.52 亿 m³	180.35 亿 m³	27.44%	243.43 亿 m³	34.98%	197.77 亿 m³	-18.76%
工业总产值	1227657 万元	2206172 万元	79.71%	2325840 万元	5.42%	3218493 万元	38.38%
工业增加值	467976 万元	1092329 万元	133.42%	—	—	—	—
销售收入	1435217 万元	2326436 万元	62.10%	3458659 万元	48.67%	3524394.1 万元	1.90%
利税总额	108591 万元	143426 万元	32.08%	55617.71 万元	-61.22%	—	—
实缴补偿费	5992 万元	14147 万元	136.10%	21454 万元	51.65%	—	—

注：—表示数据未获取成功。

157.2%、铅锌矿增长了 9.4%、磷矿增长了 15.6%、芒硝增长了 212.5%、水泥用灰岩增长了 47.2%、岩盐增长了 243.8%。

2016～2020 年，新发现大中型矿产地 28 处，矿山总数由 5812 座减少至 3646 座，其中大中型矿山 364 座，占矿山总数的比例从 7.96% 缓慢上升至 10.0%。以煤炭、钒钛磁铁矿等大宗和优势矿产为重点，矿山企业提升采选水平，选矿回收率提高 6% 左右。矿山企业综合利用共伴生矿、尾矿、低品位矿、固体废物取得积极进步，钒钛磁铁矿综合利用率达到 40% 以上，大部分煤矸石得到综合利用。截至 2020 年底，共发现 136 种矿产，查明矿产 98 种(128 个亚种)，占全国的 56.1%，其中钒、钛、天然气、锂等 14 种矿产查明资源量居全国首位[35]。

如图 3-1 所示，四川省石油储量及钒矿资源储量变化波动较明显，尤其是石油储量，在 2008 年经历了急剧下降之后，2009 年起连续两年开始大幅度上升，且 2009～2010 年上升幅度最大，约 400 万 t，但在 2011 年之后开始逐步下降。钒矿储量在前期经历了缓慢下降之后，于 2011～2012 年急剧下降，2012 年之后储量有较小的波动。锌矿储量在 2004～2006 年的变化波动较为明显，2006～2015 年储量没有明显的变化，但有着小幅度的上升趋势。锰矿储量相对前几种矿种储量变化较小，除了在 2009～2010 年及 2014～2016 年有明显上升趋势外，其余时间没有明显变化。

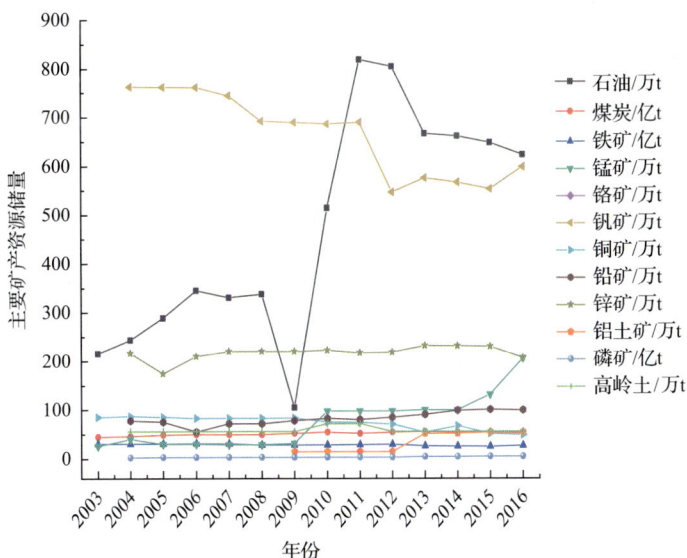

图 3-1　四川省 2003～2016 年主要矿产资源储量

调研发现：①四川省主要成矿带地质勘查程度低，战略性矿产资源主要成矿区在川西北，但由于地理气象等因素，基础地质调查覆盖率较低，多处于调查评价阶段，钒钛磁铁矿中钴、钪等利用率较低，部分有益共伴生矿产资源综合利用水平不高，锂矿资源中共伴生铍、铌、钽未实现规模化利用；②早期矿产资源粗放式勘查开发致使历史遗留矿山点多面广，矿区生态修复治理压力大，成本高，矿山"边开采、边治理、边恢复"开发模式并未完全形成；③建筑用砂石土类矿产"小、散、乱"问题突出，集约化、规模化不够，小型矿山比例远高于其他矿产，矿山结构不够合理。

2. 云南省

云南省是矿产资源大省，经过多年矿业发展建设，已初步建成了全国重要的有色金属生产基地和磷化工基地，形成了包括钢铁、能源（煤炭）、有色和贵金属、煤化工、磷化工与建材等在内的一套完整工业体系。矿业为全省中最庞大的产业，其资本金总额、从业人数、固定资产投资、出口创汇及工业总产值均居全省工业之首，在全省经济社会发展中起着举足轻重的作用。表 3-3 是 2005～2016 年云南省非油气矿产开发利用统计表。

表 3-3　2005～2016 年云南省非油气矿产开发利用统计表

指标		2005 年	2009 年	2009 年较 2005 年增长	2013 年	2013 年较 2009 年增长	2016 年	2016 年较 2013 年增长
矿山企业	总数	7790 家	8449 家	8.46%	8084 家	−4.32%	6734 家	−16.70%
	大型	21 家	18 家	−14.29%	50 家	177.78%	59 家	18.00%
	中型	136 家	86 家	−36.76%	173 家	101.16%	212 家	22.54%
	小型	3092 家	4448 家	43.86%	4785 家	7.58%	4803 家	0.38%
	小矿	4541 家	3897 家	−14.18%	3076 家	−21.07%	2380 家	−22.63%
从业人员		354046 人	372707 人	5.27%	345751 人	−7.23%	204929 人	−40.73%
产矿量（原矿）		18675.73 万 t	23070.61 万 t	23.53%	27035.72 万 t	17.19%	25397.56 万 t	−6.06%
工业总产值		2154235.07 万元	4058873 万元	88.41%	6033116.5 万元	48.64%	4455321.1 万元	−26.15%
综合利用产值		104381.08 万元	62458.23 万元	−40.16%	747760.78 万元	1097.22%	159497.26 万元	−78.67%
矿产品销售收入		1706639.89 万元	3179635 万元	86.31%	4786581.4 万元	50.54%	3369183.2 万元	−29.61%
利润总额		241373.61 万元	412949.5 万元	71.08%	494809.76 万元	19.82%	121789.33 万元	−75.39%

云南省 2000 年全省有大型矿山企业 12 家，占全省矿山企业总数的 0.18%；中型矿山 30 家，占全省矿山企业总数的 0.46%；小型矿山 6500 家，占全省矿山企业总数的 99.36%。全省开采矿石总量 1.37 亿 t，其中磷矿 390 万 t、铜矿 634 万 t、铅锌矿 317 万 t、锡矿 337 万 t、金矿 142 万 t、铁矿 214 万 t、煤 2159 万 t，其余

为石灰岩、砂石、黏土等矿产[36]。截至 2015 年底，共发现能源矿产 148 处、有色金属矿产 77 处、黑色金属矿产 348 处、贵金属矿产 88 处、铂族金属矿产 4 处、稀有稀土及分散元素矿产 20 处、非金属矿产 147 处、水气矿产 58 处；小型和小型以下矿山 2558 座，占全省矿山总数的 87.60%；大中型矿山 362 座，占全省矿山总数的 12.40%[11]。

　　云南省的锰矿、铝土矿以及锌矿在近十几年间变化波动较为明显，如图 3-2 所示，锰矿资源储量在 2006～2009 年有明显下降趋势，铝土矿和锌矿资源储量分别在 2009～2010 年、2008～2009 年下降幅度最大，其中在 2008～2009 年，锌矿资源储量下降幅度最大。从 2011 年起，铝土矿资源储量呈平缓下降趋势，另外两种矿产资源呈现稳定的上升趋势。从 2005 年起，除铁矿、煤炭及天然气资源储量之外，铝土矿资源储量始终最高。另外，高岭土资源储量在 2013～2017 年变化相对明显，呈下降趋势，且 2015～2016 年下降幅度相对较大。铅矿资源储量在 2004 年起一直呈缓慢下降趋势，2009 年以后开始逐渐上升。云南省其他矿种资源储量变化较小。

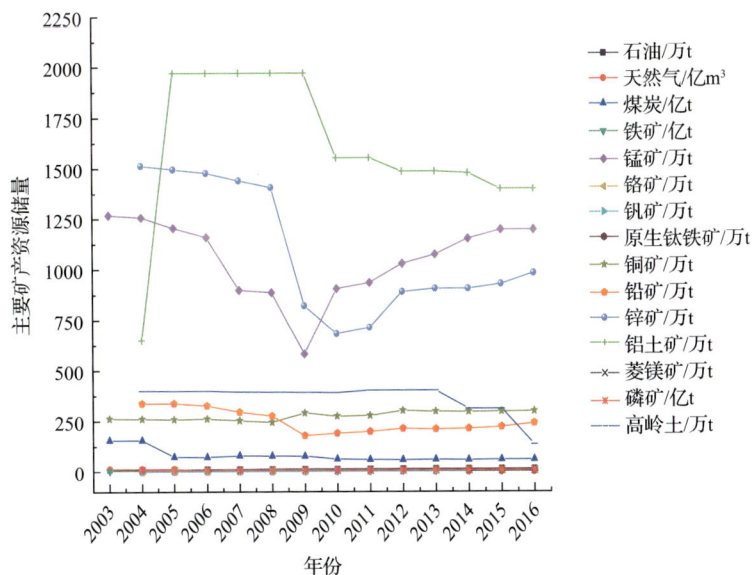

图 3-2　云南省 2003～2016 年主要矿产资源储量

3. 贵州省

　　贵州省位于我国西南腹地，是我国矿产资源大省和重要的能源原材料基地，也是西南地区的陆路交通枢纽。表 3-4 是 2005～2016 年贵州省非油气矿产开发利用统计表。

2001～2007 年，资源储量均有不同程度增长，2007 年较 2001 年煤炭资源储量增长 6.72%；磷矿资源储量增长 2.66%；铝土矿资源储量增长 11.68%；金矿资源储量增长 30.42%；锰矿资源储量增长 3.75%；重晶石资源储量增长 5.09%。截至 2007 年底，全省已勘探小型矿床 2303 处，中型矿床 280 处，大型矿床 146 处。

2007 年，主要有煤炭、磷、铁、锰、铝土矿、金、锑、重晶石、水泥用灰岩、建筑用石料灰岩、建设用砂、砖瓦用页岩等 71 种矿产共 1653 处矿产地已开发利用。全省共有矿山 7461 座，其中小型矿山 3218 座，中型矿山 99 座，大型矿山 18 座，小矿 4126 座。26.46 万人从事矿山生产；年产固体矿石量 1.525 亿 t，地下热水 1.1 万 m³。矿业工业总产值 221.53 亿元，同比增长 32.63%，利税总额 43.3 亿元，利润总额 18.13 亿元。2007 年矿业增加值 103.46 亿元，比 2001 年约增长了 9.63 倍，占工业增加值的 11.62%[37]。

表 3-4　2005～2016 年贵州省非油气矿产开发利用统计表

指标		2005 年	2009 年	2009 年较 2005 年增长	2013 年	2013 年较 2009 年增长	2016 年	2016 年较 2013 年增长
矿山企业	总数	6623 家	7622 家	15.08%	7106 家	−6.77%	5280 家	−25.70%
	大型	24 家	43 家	79.17%	76 家	76.74%	156 家	105.26%
	中型	145 家	105 家	−27.59%	242 家	130.48%	483 家	99.59%
	小型	2768 家	3600 家	30.06%	4362 家	21.17%	3413 家	−21.76%
	小矿	3686 家	3874 家	5.10%	2426 家	−37.38%	1228 家	−49.38%
从业人员		280939 人	285765 人	1.72%	240323 人	−15.90%	169072 人	−29.65%
产矿量（原矿）		15482.25 万 t	20931.71 万 t	35.20%	32762.24 万 t	56.52%	29926.89 万 t	−8.65%
工业总产值		1511950.35 万元	4043173.96 万元	167.41%	7322376.04 万元	81.80%	3797651.03 万元	−48.14%
综合利用产值		273269.61 万元	882372.3 万元	222.89%	1418557.83 万元	60.77%	61441.34 万元	−95.67%
矿产品销售收入		1394154.89 万元	3867875.04 万元	177.44%	6881397.77 万元	77.91%	3464000.58 万元	−49.66%
利润总额		255971.09 万元	733242.55 万元	186.46%	1528500.25 万元	108.46%	943290.28 万元	−38.29%

2008～2015 年，新增煤炭资源储量 169.59 亿 t、铝土矿资源储量 3.92 亿 t、磷矿资源储量 15.13 亿 t、锰矿资源储量 2.77 亿 t、铅锌矿资源储量 434 万 t、金矿资源储量 208t。矿山企业数从 5677 个减少到 2780 个；大中型矿山企业所占比例在 2011～2015 年逐年上升，从 5.86% 升至 10.00%。2012 年矿业产值达最高，之后开始下降。

2015 年全省已发现矿种 137 种，查明储量的有 88 种，查明矿产地 3266 处，其中金属矿产 1183 处，非金属矿产 1259 处，能源矿产 824 处。重晶石保有资源储量 11177.29 万 t，居全国第一位；锰矿保有资源储量 3.88 亿 t，居全国第二位；磷矿保有资源储量 37.68 亿 t，居全国第三位；铝土矿保有资源储量 8.37 亿 t，居全国第四位；锑矿保有资源储量（金属量）32.30 万 t，居全国第四位；煤炭保有资源储量 653.99 亿 t，居全国第五位；金矿保有资源储量（金）344.49t，居全国第十三位。2015 年矿石产量 28886.32 万 t，实现矿业总产值 429.90 亿元，从业人员 19.56 万人[14]。

如图 3-3 所示，贵州省煤炭资源储量及锌矿资源储量的变化浮动最明显，尤其是煤炭资源储量，在 2008～2011 年连续大幅度下降，且 2010～2011 年度下降幅度最大，约下降 60 亿 t。从 2011 年起，贵州省煤炭资源储量及锌矿资源储量开始呈现上升趋势，且在 2011～2012 年，锌矿资源储量上升幅度最大，约上升 60 万 t，其他矿种资源储量变化都较为平缓。

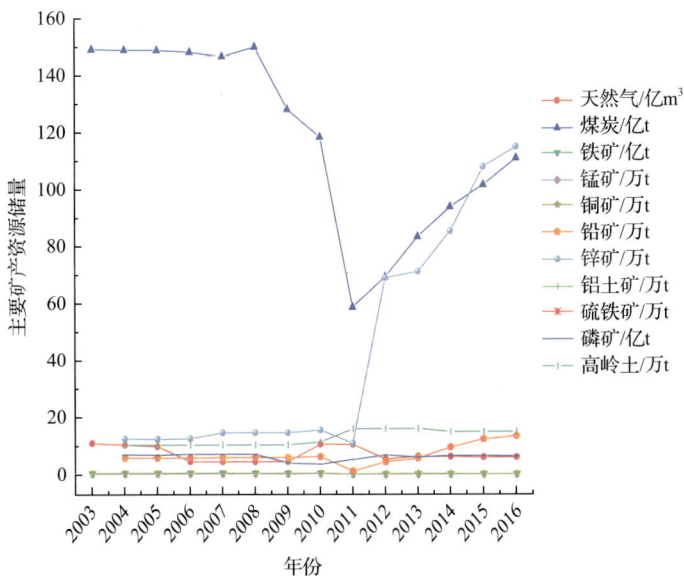

图 3-3　贵州省 2003～2016 年主要矿产资源储量

4. 重庆市

重庆市位于西部青藏高原与长江中下游平原的过渡地带，市域内江河纵横，水系发达，地势沿河流、山脉起伏、南北高、中间低、地势起伏较大，海拔最高为 2796.8m，最低为 73m，大部分地区在海拔 500m 以下。渝东南武陵山区广布古生界碳酸盐岩层，岩溶石山地貌发育，渝东北跨大巴山腹地，地势地貌复杂，矿产资源较为丰富。受资源禀赋等条件限制，重庆市矿山以小型矿山为主。表 3-5 是 2005～2016 年重庆市非油气矿产开发利用统计表。

表 3-5　2005～2016 年重庆市非油气矿产开发利用情况

指标		2005 年	2009 年	2009 年较 2005 年增长	2013 年	2013 年较 2009 年增长	2016 年	2016 年较 2013 年增长
矿山企业	总数	3529 家	3550 家	0.60%	2792 家	−21.35%	1675 家	−40.01%
	大型	13 家	43 家	230.77%	77 家	79.07%	61 家	−20.78%
	中型	134 家	154 家	14.93%	168 家	9.09%	173 家	2.98%
	小型	1548 家	2428 家	56.85%	2153 家	−11.33%	1185 家	−44.96%
	小矿	1834 家	925 家	−49.56%	394 家	−57.41%	256 家	−35.03%
从业人员		198598 人	206168 人	3.81%	167967 人	−18.53%	67349 人	−59.90%
产矿量（原矿）		9632.31 万 t	14227.59 万 t	47.71%	16514.71 万 t	16.08%	14008.77 万 t	−15.17%
工业总产值		719273.44 万元	1454843.37 万元	102.27%	2224390.79 万元	52.90%	1276299.3 万元	−42.62%
综合利用产值		85682.37 万元	208938.61 万元	143.85%	172589.28 万元	−17.40%	22179.91 万元	−87.15%
矿产品销售收入		504500.55 万元	7102.2 万元	−98.59%	1845178.36 万元	25880.38%	1238432.7 万元	−32.88%
利润总额		33376.56 万元	119752.58 万元	258.79%	35820.33 万元	−70.09%	−28274.27 万元	−178.93%

2007 年重庆市矿山总数较 2001 年减少了 760 座（不含天然气矿山），其中金属矿山增加了 8 座，煤矿山减少了 183 座，非金属矿山减少了 470 座，其他矿山减少了 115 座，大中型矿山比例由 0.08% 升至 4.2%。重庆市通过矿产资源整合，资源集约化、规模化开发利用程度提高，至 2015 年大中型矿山比例提高，矿产产量、矿业总产值增长率分别为 7% 和 10%[38]。

2008～2015 年，页岩气勘探开发取得重大突破，同时，新发现大中型矿产地 46 处，铝土矿、天然气、铁、炼镁白云岩、岩盐、锶、水泥用灰岩等矿产资源储量增幅明显。2007～2015 年矿山数由 3877 座减少到 2287 座（不含天然气），特别是煤矿山减少了 580 座。大中型矿山比例则由 2007 年的 4.07% 上升为 8.6%，煤矿山的开采回采率均高于 85%，而金属非金属矿山的开采回采率多数高于 80%，较 2007 年提升 5%～10%，选矿回收率均在 80% 以上，同时共伴生和中低品位矿产资源综合利用率提高到 40% 以上，煤层气平均利用率 50% 以上。粉煤灰、煤矸石、冶炼渣等矿山固体废物综合利用率达 68%。2015 年重庆市矿业总产值

502.1 亿元，占工业总产值的 2.35%，矿山从业人员约 13.22 万人，矿业发展保障了重庆市电子、汽车、装备、化工、材料、能源和消费品等产业的发展[16]。

2003～2016 年重庆市铝土矿资源储量的变化较为明显，如图 3-4 所示。在 2010 年之前，铝土矿资源储量没有明显变化，但在 2010～2011 年资源储量迅速上升，且上升幅度很大，约 3500 万 t。从 2011 年起铝土矿资源储量在两年内经历了上下波动后最终趋于稳定状态，从 2013 年起无明显变化。重庆市天然气资源储量除了在 2009～2012 年变化较为平缓之外，在其他年份始终处于缓慢上升状态，2003～2016 年，天然气资源储量上升约 1800 亿 m^3。锰矿、硫铁矿资源储量变化相似，石油资源储量和锌矿资源储量变化类似且无明显波动趋势。

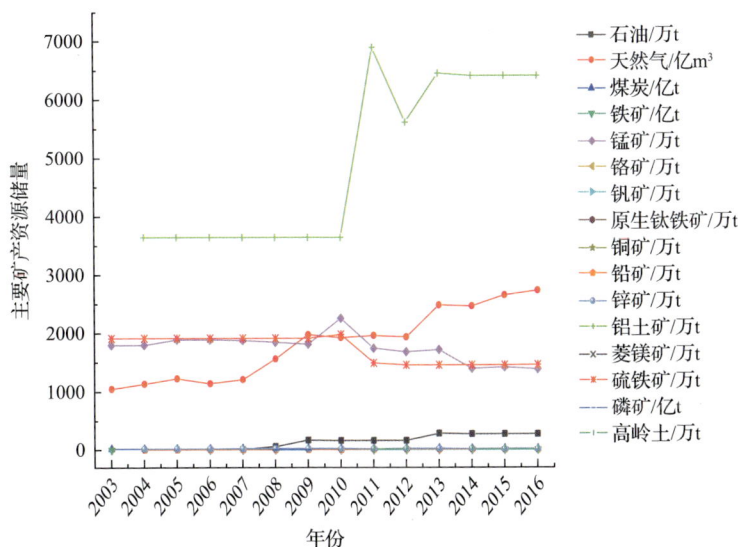

图 3-4 重庆市 2003～2016 年主要矿产资源储量

5. 湖北省

湖北省矿产资源种类多，总量较丰富，资源禀赋居全国中游。2001～2007 年，湖北省已发现 146 种矿种、183 种亚矿种，分别占全国已发现 171 种矿种、229 种亚矿种的 85.38%、79.91%。截至 2007 年，全省已查明资源储量的矿产 89 种、亚矿种 111 种，包括能源矿产 7 种、黑色金属矿产 8 种、有色金属矿产 12 种、贵金属矿产 5 种、稀有稀土及分散元素矿产 19 种、冶金辅助原料矿产 7 种、化工原料非金属矿产 15 种、建材及其他非金属矿产 38 种。非油气类矿产中，石榴子石、碘（液体）、溴（液体）、累托石黏土、建筑用辉绿岩、饰面用蛇纹岩、化肥用橄榄岩 7 种矿产的资源储量居全国之首，22 种矿产资源储量居全国 2～5 位，29 种矿产资源储量居全国 6～10 位。截至 2007 年，湖北省的非油气类矿山产地 1510 处，

其中大型矿山 153 座、中型矿山 328 座、小型矿山 1029 座，分别占矿山总数的
10%、22%、68%。2005～2016 年湖北省非油气矿产和油气矿产开发利用统计表
见表 3-6 和表 3-7。

表 3-6　2005～2016 年湖北省非油气矿产开发利用统计表

指标		2005 年	2009 年	2009 年较 2005 年增长	2013 年	2013 年较 2009 年增长	2016 年	2016 年较 2013 年增长
矿山企业	总数	5088 家	4192 家	−17.61%	3641 家	−13.14%	2690 家	−26.12%
	大型	78 家	29 家	−62.82%	41 家	41.38%	65 家	58.54%
	中型	123 家	106 家	−13.82%	122 家	15.09%	137 家	12.30%
	小型	2139 家	1751 家	−18.14%	1587 家	−9.37%	1341 家	−15.50%
	小矿	2748 家	2306 家	−16.08%	1891 家	−18.00%	1147 家	−39.34%
从业人员		222577 人	156259 人	−29.80%	128498 人	−17.77%	74484 人	−42.03%
产矿量(原矿)		12527.25 万 t	14296.18 万 t	14.12%	17792.18 万 t	24.45%	19829.88 万 t	11.45%
工业总产值		993328.49 万元	1406927.9 万元	41.64%	2676768 万元	90.26%	2164656.9 万元	−19.13%
综合利用产值		37747.28 万元	81327.06 万元	115.45%	103199.4 万元	26.89%	149521.75 万元	44.89%
矿产品销售收入		861295.45 万元	1290235.6 万元	49.80%	1780332 万元	37.99%	1451772.5 万元	−18.45%
利润总额		83318.12 万元	170286.05 万元	104.38%	274682.6 万元	61.31%	144861.28 万元	−47.26%

表 3-7　2005～2016 年湖北省油气矿产开发利用统计表

指标	2005 年	2009 年	2009 年较 2005 年增长	2013 年	2013 年较 2009 年增长	2016 年	2016 年较 2013 年增长
油气田总数	27 个	31 个	14.81%	30 个	−3.23%	31 个	3.33%
从业人员	12417 人	14370 人	15.73%	14588 人	1.52%	26551 人	82.01%
油产量	95.61 万 t	96 万 t	0.41%	98.18 万 t	2.27%	73.9 万 t	−24.73%
气产量	1.21 亿 m³	1.6 亿 m³	32.23%	3.14 亿 m³	96.25%	1.35 亿 m³	−57.01%
工业总产值	491318 万元	428050 万元	−12.88%	760078 万元	77.57%	829864 万元	9.18%
工业增加值	360000 万元	296255 万元	−17.71%	—	—	—	
销售收入	520387 万元	427407 万元	−17.87%	763144 万元	78.55%	919800 万元	20.53%
利税总额	310787 万元	−13174 万元	−104.24%	307966 万元	−2437.68%	—	
实缴补偿费	629 万元	—	−100.00%	5612.13 万元			

注：—表示数据未获取成功。

2007 年，湖北省非油气矿产生产总量 1541.08 万 t，天然气产量 10000 万 m³，

石油产量 78.97 万 t；矿产品加工业总产值 2967.30 亿元，占全省地区生产总值的 32.43%；采矿业总产值 185.08 亿元，占全省地区生产总值的 2.02%；矿产品进出口贸易总额 21.29 亿美元，占全省进出口贸易总额的 14.30%；矿业（含选矿业）及矿产品加工业总产值 3284.14 亿元，占全省地区生产总值的 35.89%。湖北省矿山总数 5156 个，其中大型矿山 52 个、中型矿山 134 个、小型矿山 4970 个，分别占矿山总数的 1.01%、2.60% 和 96.39%，从业人员 20 万余人。铁、铜、金、石油、煤、磷、岩盐、石膏、水泥用灰岩、建筑石料用灰岩、砖瓦用黏土 11 种矿产是本省主要开发利用矿种，其开发年产值均在 1 亿元以上，合计占全省矿业总产值的 91.2%，从业人员和矿山数分别占全省总数的 90.7% 和 78.8%[39]。

2008～2015 年，新发现矿山数 55 处，新增大中型矿山 9 处。新增查明资源储量：煤炭 11425.63 万 t、铜金属量 78.51 万 t、铅锌金属量 66.90 万 t、铁矿石 6.45 亿 t、磷矿石 36.63 亿 t、金金属量 101.66t、石膏 1.01 亿 t、水泥用灰岩 6.59 亿 t。

2015 年，湖北省的固体矿产矿石开采量 20213.53 万 t，天然气开采量 1.2 亿 m³，石油、地下热水和矿泉水等液体矿产开采量 452.23 万 t；全省矿产品加工业总产值 12790.10 亿元，采掘业工业产值 1244.04 亿元，矿业在工业总产值中占比达 30.64%。石油、煤、铜矿、金矿、银矿、熔剂用灰岩、地下热水、铁矿、磷矿、石膏、水泥盐矿、水泥用灰岩、建筑用白云岩、建筑用花岗岩、建筑石料用灰岩、饰面用花岗岩、建筑用大理岩 17 种资源开采和加工业总产值在亿元以上[17]。

如图 3-5 所示，湖北省锰矿资源储量、高岭土资源储量以及铝土矿资源储量的变化波动较大，锰矿资源储量在 2003～2005 年呈现急剧上升和下降趋势，且

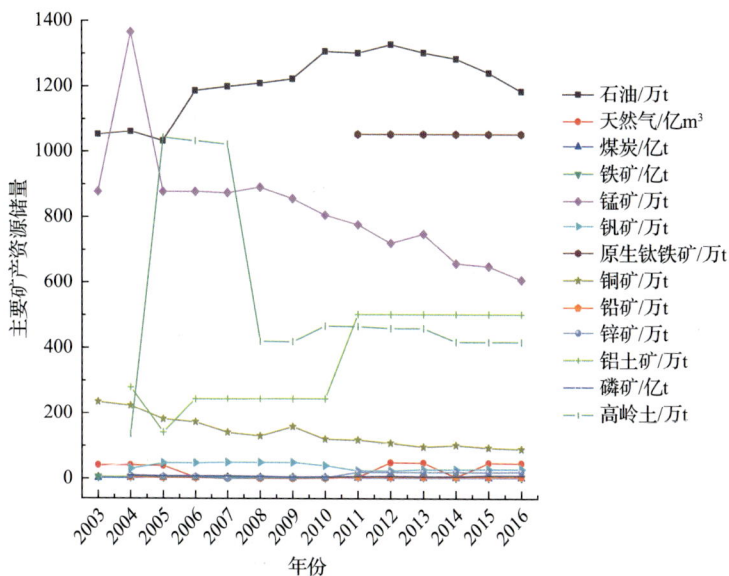

图 3-5　湖北省 2003～2016 年主要矿产资源储量

资源储量上升量和下降量基本相同，2005 年后资源储量开始缓慢下降。高岭土资源储量在 2004～2005 年迅速增长约 1000 万 t，在 2007～2008 年又急剧下降约 600 万 t，之后变化趋势较平缓。铝土矿资源储量则是在 2010～2011 年一年内增长约 300 万 t 后，自 2011 年起无明显变化。湖北省其他矿产资源储量变化较平缓，但铜矿一直处于下降趋势，石油资源储量在 2012 年前逐步上升，在 2012 年之后呈均匀下降趋势。

6. 湖南省

湖南省位于长江中游南部，以矿产资源开发和生产加工为对象的冶金、化工、建材业已成为全省的支柱产业，有色金属冶炼及加工、锰业在全国具有优势地位。截至 2007 年，矿业(含采选、金属和非金属制品、金属冶炼和压延加工)总产值 2793.55 亿元，占全省工业总产值的 33.00%。矿业促进了全省社会经济发展，形成了郴州市、娄底市、冷水江市、桂阳县、常宁市、耒阳市、资兴市等矿业城镇[40]。表 3-8 是 2005～2016 年湖南省非油气矿产开发利用统计表。

表 3-8　2005～2016 年湖南省非油气矿产开发利用统计表

指标		2005 年	2009 年	2009 年较 2005 年增长	2013 年	2013 年较 2009 年增长	2016 年	2016 年较 2013 年增长
矿山企业	总数	6936 家	8289 家	19.51%	7308 家	−11.83%	5198 家	−28.87%
	大型	93 家	64 家	−31.18%	54 家	−15.63%	77 家	42.59%
	中型	211 家	172 家	−18.48%	127 家	−26.16%	241 家	89.76%
	小型	2051 家	2234 家	8.92%	2452 家	9.76%	3713 家	51.43%
	小矿	4581 家	5819 家	27.02%	4675 家	−19.66%	1167 家	−75.04%
从业人员		380925 人	321973 人	−15.48%	270377 人	−16.02%	159612 人	−40.97%
产矿量(原矿)		16861.15 万 t	28217.1 万 t	67.35%	27968.66 万 t	−0.88%	24360.87 万 t	−12.90%
工业总产值		1708696.19 万元	2667587 万元	56.12%	3560438.6 万元	33.47%	2621637.8 万元	−26.37%
综合利用产值		88420.78 万元	441686 万元	399.53%	100800.53 万元	−77.18%	89045.82 万元	−11.66%
矿产品销售收入		1459991.64 万元	2341038 万元	60.35%	2756084.4 万元	17.73%	1781643.3 万元	−35.36%
利润总额		188003.36 万元	384134 万元	104.32%	311201.27 万元	−18.99%	202269.79 万元	−35.00%

2001～2007 年，湖南省取缔非法矿山 12000 多座，整合矿山 1780 座，关闭整顿矿山 288 座，规整了矿产资源开发秩序。矿山总数从 2001 年的 8875 座减至 2007 年底的 6019 座，大中型矿山比例提高到 4.09%，同时，矿产资源综合利用水平逐步提高：锌、锡、锑、铜、铅、钨矿采矿回收率高于全国水平 0.32%～16.35%；

锌、锑、铜、铅、钼矿选矿回收率高于全国水平 0.68%~21.43%；钨、锡矿选矿回收率略低于全国水平；湖南省综合利用矿山占可综合利用矿山数的 25.15%，综合利用矿山比例和利用率有所提高，已综合利用的矿种占矿种数的 40.00%左右，特别是煤矸石利用率达 46.30%[41]。

2007 年全省产铁矿石 425.91 万 t、锰矿石 114.38 万 t、煤 4904.39 万 t；钨、锑、锡、铅、锌、铜等矿种产量分别为 2.16 万 t、3.33 万 t、3.45 万 t、175.24 万 t、78.94 万 t、32.31 万 t；产金矿石 4962.15 万 t；产银矿石 1.0 万 t，其中年产银矿石占全国的 1.03%。到 2015 年，全省产锰矿石 1267 万 t，铅锌金属量 198 万 t，钨矿石 10.61 万 t，锡金属量 6.36 万 t，锑金属量 11.92 万 t，金金属量 83.96t，这几种矿产都有不同程度的增长。

2008~2015 年，全面完成 16 个危机矿山接替资源找矿，宝山、黄沙坪矿区等服务年限延长 20 年以上。勘查新增矿产地 107 处，其中，中型矿产地 44 处，大型矿产地 26 处。勘查新增 333 及以上类别资源储量：煤炭 8.2 亿 t，石煤 12.4 亿 t，铁矿 1.38 亿 t，锰矿 7352 万 t，钒 1078 万 t，铜金属量 27.0 万 t，铅锌金属量 491.0 万 t，钨金属量 52.5 万 t，锡金属量 18.6 万 t，锑金属量 22.4 万 t，金金属量 117.2t，盐矿 9.82 亿 t。全省先后关闭落后小煤矿 500 余家，减少采矿权数量 1100 余个，年均增加大中型矿山 20 个，大中型矿山比例较 2007 年提高了 3.46%；2015 年固体矿石开采总量 2.32 亿 t，矿山采选业产值较规划目标超出 603.22 亿元[19]。

2016~2020 年，湖南省新发现重要矿产地 45 处，中型以上规模矿区 27 处，勘查新增锰矿石 1267 万 t，铅锌金属量 198 万 t，钨金属量 10.61 万 t，锡金属量 6.36 万 t，锑金属量 11.92 万 t，金金属量 83.96t，矿泉水 2.27 万 m³/d。矿山数量由 6901 个优化调整至 3564 个，大中型矿山比例由 5.94%提高至 15.59%。同时，湖南省强化矿产资源开发利用技术创新，完成 78 个省级矿产资源保护项目。锑、锡、金、铅锌、钨等 21 个主要矿种开采回采率平均提高 2.5%、选矿回收率平均提高 2.2%，矿山"三率"(实际开采回采率、选矿回收率及综合利用率)达标率＞91%，提高了 7.8%[42]。

如图 3-6 所示，湖南省硫铁矿资源储量从 2003 年开始整体上处于减少状态，且在 2010~2012 年连续两年呈急剧下降趋势，下降超过 5000 亿 t；锰矿资源储量 2003~2008 年整体上呈上升趋势，在 2010~2011 年资源储量下降约 3000 万 t，为年度变化最大，之后资源储量变化相对平缓。湖南省其他矿种资源的资源储量变化较小，没有明显的波动趋势。

湖南省的矿产资源虽然不断被开发利用，但总体上仍然需要关注以下问题：①能源资源战略安全保障程度下降。全省矿业权市场低迷，部分矿产品供需严重失衡，矿产品价格高涨，煤炭、铁矿、铜矿等大宗矿产对外依存度加剧，影响经济社会发展。②矿产资源开发利用水平仍需提高。矿山基数大，粗放式开发、简单变卖原矿、开发利用水平参差不齐，资源优势转化为经济优势和产业优势动

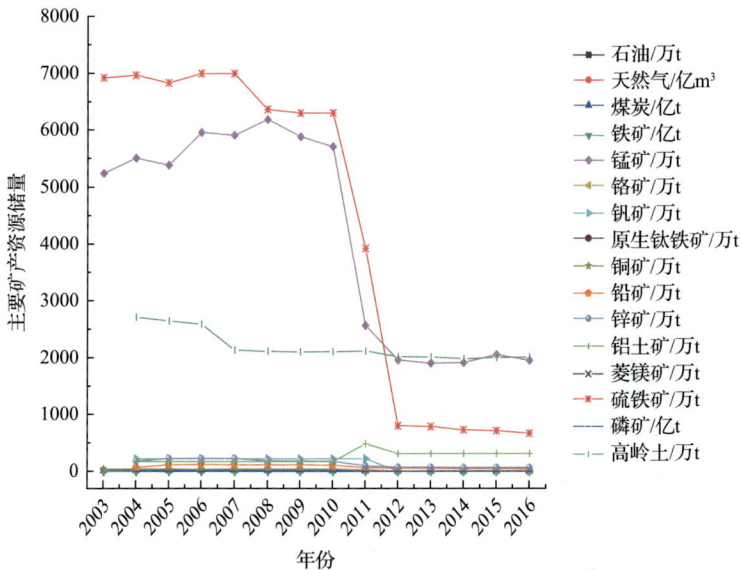

图 3-6　湖南省 2003～2016 年主要矿产资源储量

能不足。矿产科技创新支撑不强、创新主体地位不突出，特别是小型矿山企业创新意愿不强。

7. 江西省

江西省有色金属、贵金属和稀有稀土金属矿产资源丰富，在全国占有重要地位，对国民经济建设具有较大影响的 45 种主要矿产中，江西省有 36 种。表 3-9 是 2005～2016 年江西省非油气矿产开发利用统计表。

表 3-9　2005～2016 年江西省非油气矿产开发利用统计表

指标		2005 年	2009 年	2009 年较 2005 年增长	2013 年	2013 年较 2009 年增长	2016 年	2016 年较 2013 年增长
矿山企业	总数	6226 家	6437 家	3.39%	6058 家	−5.89%	4745 家	−21.67%
	大型	39 家	34 家	−12.82%	41 家	20.59%	68 家	65.85%
	中型	174 家	145 家	−16.67%	156 家	7.59%	311 家	99.36%
	小型	2733 家	3307 家	21.00%	3365 家	1.75%	2902 家	−13.76%
	小矿	3280 家	2951 家	−10.03%	2496 家	−15.42%	1464 家	−41.35%
从业人员		259154 人	247526 人	−4.49%	233605 人	−5.62%	141111 人	−39.59%
产矿量(原矿)		18532 万 t	23543.15 万 t	27.04%	28464.19 万 t	20.90%	25288.65 万 t	−11.16%

续表

指标	2005 年	2009 年	2009 年较 2005 年增长	2013 年	2013 年较 2009 年增长	2016 年	2016 年较 2013 年增长
工业总产值	1507638.2 万元	2419567 万元	60.49%	3382964 万元	39.82%	2761882.4 万元	−18.36%
综合利用产值	92290.12 万元	169999.7 万元	84.20%	288834.0 万元	69.90%	393007.32 万元	36.07%
矿产品销售收入	1395368.6 万元	2205216 万元	58.04%	2797591 万元	26.86%	2034585.3 万元	−27.27%
利润总额	168782.82 万元	269951.5 万元	59.94%	243781.8 万元	−9.69%	242304.54 万元	−0.61%

2000~2007 年，原煤产量较 2000 年增长了 65.25%，铁矿石增长了 675.24%，铜精矿增长了 31.4%，铅精矿增长了 132.65%，锌精矿增长了 80.38%，钨精矿增长了 32.27%，混合稀土增长了 160.73%，萤石增长了 221.72%，水泥增长了 258.68%，金增长了 101.41%。

2007 年底，江西省有各类矿山企业 6364 家，年采选矿石 2.2 亿 t，从业人员 28.10 万人。规模以上矿产冶炼加工企业 1808 家，全省规模以上矿山企业及其延伸产业总产值 3547.38 亿元，占全省工业总产值的 57.27%，工业增加值 921.71 亿元，占全省工业增加值的 50.58%，利税总额 351.69 亿元，占全省工业企业利税总额的 57.85%。相比较之下，2015 年江西省矿山企业及其延伸产业总产值达 12352.94 亿元，占全省工业总产值的 42.90%，其中采掘矿山企业 179.65 亿元、采选矿山企业 725.48 亿元、采选冶矿山企业 7.81 亿元、冶炼及加工企业 11440 亿元；矿山企业及其延伸产业增加值 2815.83 亿元，占全省的 41.20%；矿山企业及其延伸产业利税总额 1406.38 亿元，占全省的 68.81%。

2008~2015 年，江西省实施了 4571 项矿产勘查项目，新发现矿产地 226 处，新增大型矿产地 22 处、中型矿产地 54 处，发现和探明了在国内外具有重大影响力的大型和超大型金属矿床 10 处。其中，武宁县大湖塘超大型钨矿新增查明资源储量钨 93.23 万 t、铜 58.55 万 t、银 720t。浮梁县朱溪超大型钨铜矿新增查明资源储量：钨 236.14 万 t、铜 30.31 万 t、银 1165t。改写了江西省"南钨北铜"的资源格局，使钨资源储量达到世界第一。德兴市银山、瑞昌市武山、九江市城门山矿区，新增查明资源储量：铜 156.27 万 t、金 57t、银 1916t、铅锌 55.81 万 t。宁都县葛藤嘴稀土矿首次在浅变质岩中发现离子型稀土矿，实现了稀土矿的突破，拓展了离子型稀土矿的赋矿空间。同时，非金属矿产勘查获得重大突破，新增大型矿产地 13 处。其中，崇义县小坑大型高岭土矿新增新型优质高岭土查明资源储量 739.40 万 t，广丰区杨村大型黑滑石矿新增滑石查明资源储量 5245.60 万 t。

2015 年相比于 2007 年，产业结构和矿业布局明显改善，矿山总数从 6364 座降低到 5237 座，减少 17.71%，大中型矿山比例由 2.93% 升至 8.84%。稀土、铜、钨等主要矿产的"三率"指标明显提高，铜矿开采回采率由 90%升至 96.37%，选矿回收率由 82.50%升至 90.28%，矿山固体废物综合利用率由 11.20%升至 13.38%。宜春钽铌矿的尾砂可用于生产优质陶瓷原料，尾砂综合利用率达 95%以上，该矿山基本成为"无尾矿山"[21]。

如图 3-7 所示，江西省锌矿、铅矿资源储量在 2003～2016 年变化趋势相似，但锌矿资源储量始终高于铅矿，两者储量于 2003～2009 年整体上均处于减少状态，2009～2010 年出现明显的上升趋势，之后处于缓慢下降状态。2009～2010 年锌矿上升幅度最大，约 40 万 t。煤炭资源储量一直呈缓慢下降趋势，钒矿资源储量在 2011～2012 年有相对明显的增长，2012 年后资源储量变化趋于平稳，江西省其他矿产资源没有明显的变化。

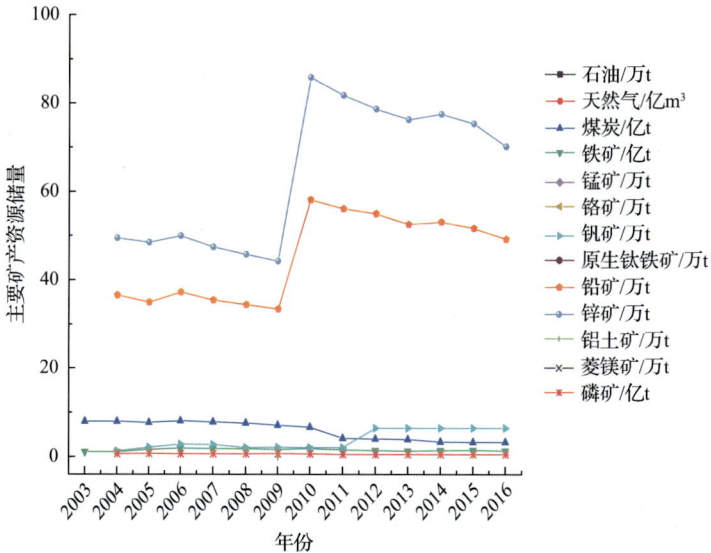

图 3-7　江西省 2003～2016 年主要矿产资源储量

8. 安徽省

安徽省是长江经济带重要的有色金属、能源、化工原料、钢铁、建材基地，是国家促进中部地区崛起战略重点发展区域，是连接东部和西部地区的重要纽带，是承接东部产业转移示范区，资源与区位条件十分优越。安徽省矿产资源已形成淮北市、淮南市、铜陵市、马鞍山市四个资源型城市和淮南矿业(集团)有限责任公司、淮北矿业(集团)有限责任公司、皖北煤电集团有限责任公司、中煤新集能源股份有限公司、铜陵有色金属集团控股有限公司、马钢(集团)控股有限公司、安徽海螺集团有限责任公司七大矿业集团基本格局[23]。由表 3-10 可知，安徽省在产业链辐射、矿产品原料保障、就业安置和财政税收等方面发挥了重要作用。

表 3-10　2005～2016 年安徽省非油气矿产开发利用情况

指标		2005 年	2009 年	2009 年较 2005 年增长	2013 年	2013 年较 2009 年增长	2016 年	2016 年较 2013 年增长
矿山企业	总数	6623 家	5130 家	−22.54%	2767 家	−46.06%	1509 家	−45.46%
	大型	209 家	345 家	65.07%	164 家	−52.46%	207 家	26.22%
	中型	251 家	246 家	−1.99%	142 家	−42.28%	187 家	31.69%
	小型	2635 家	2173 家	−17.53%	915 家	−57.89%	662 家	−27.65%
	小矿	3528 家	2366 家	−32.94%	1546 家	−34.66%	453 家	−70.70%
从业人员		454067 人	383217 人	−15.60%	324285 人	−15.38%	216401 人	−33.27%
产矿量(原矿)		29735.38 万 t	43958.0 万 t	47.83%	50832.05 万 t	15.64%	46761.49 万 t	−8.01%
工业总产值		4050158.05 万元	7818476 万元	93.04%	10666104 万元	36.42%	7826969 万元	−26.62%
综合利用产值		306786.96 万元	469010 万元	52.88%	927099.9 万元	97.67%	274306.0 万元	−70.41%
矿产品销售收入		3642555.6 万元	6992183 万元	91.96%	%9739074 万元	39.29%	6832822 万元	−29.84%
利润总额		312646.43 万元	621905 万元	98.92%	649171.9 万元	4.38%	331117.5 万元	−48.99%

　　安徽省矿产资源在 2001～2007 年稳步发展。2007 年，已开发利用矿产 105种(含亚种)，固体矿产矿石总产量 3.4757 亿 t；有矿山 5906 座，大型矿山和中型矿山 179 座，占矿山总数的 3.03%，矿石产量 16324.39 万 t，约占总产量的 47%；小型矿山 5727 座，占矿山总数的 96.97%，矿石产量 18432.87 万 t，约占总产量的 53%。2007 年安徽省的矿山实现总产值 459.52 亿元，从业人员达 42.4 万人，新建和生产矿山 5010 座，约占矿山总数的 85%，停产和闭坑矿山 873 座，约占矿山总数的 15%[43]。

　　安徽省矿石总产量在 2015 年达 4.65 亿 t，采矿业产值 798 亿元，比 2007 年分别增长 34%、74%；开发利用固体矿产 76 种(含亚种)，矿山总数 1638 座，其中生产矿山 835 座、筹建矿山 140 座、停产矿山 554 座、闭坑矿山 79 座、其他矿山 30 座。固体矿山年产矿石量 4.65 亿 t，产值 776 亿元，二轮规划期间矿石产量年均增长 3.7%，采矿业产值年均增长 7.1%，矿山企业从业人员约 25.8 万人。

　　2016～2020 年，安徽省累计开采矿石 30.27 亿 t，其中，开采原煤 6.96 亿 t、铁矿石 2.31 亿 t、铜矿石 0.53 亿 t、水泥用灰岩 11.0 亿 t；同时，安徽省累计投入勘查资金 17.7 亿元，完成钻探 133.1 万 m、槽探 32.8 万 m³，新发现 132 处矿产地(大中型 59 处)，新增备案煤炭资源量 47.70 亿 t、铁矿石 3.97 亿 t、铜金属量227.0 万 t、水泥用灰岩 17.91 亿 t 等，为后续资源的开发利用提供了保障。

  安徽省矿山总数从 2016 年的 1638 座减少到 2020 年的 1042 座,煤炭去产能关闭矿山 15 座、退出煤炭产能 3209 万 t,全面完成了铜矿、硫铁矿、煤炭、铁矿和水泥用灰岩总量控制预期性指标要求和钨矿等保护性开采特定矿种及砖瓦用黏土总量调控约束性指标要求,安徽省全省的主要矿产(煤炭、铁矿、铜矿和水泥用灰岩等)"三率"达标率分别为 90.91%、81.25%、83.87% 和 89.83%[44]。

  如图 3-8 所示,安徽省铜矿、高岭土、煤炭资源储量整体上呈减少趋势,其中,高岭土资源储量降幅最大,煤炭资源储量降幅最小。2010~2011 年相对其他年度,高岭土资源储量减少最多。高岭土资源储量在 2007~2011 年波动较大,有明显的急剧下降及增长趋势。2003~2016 年,安徽省的主要矿种铁矿、铜矿、煤炭资源储量总体呈下降趋势;2004~2012 年,石油资源储量稳定上升,在 2013 年之后有缓慢下降的趋势。

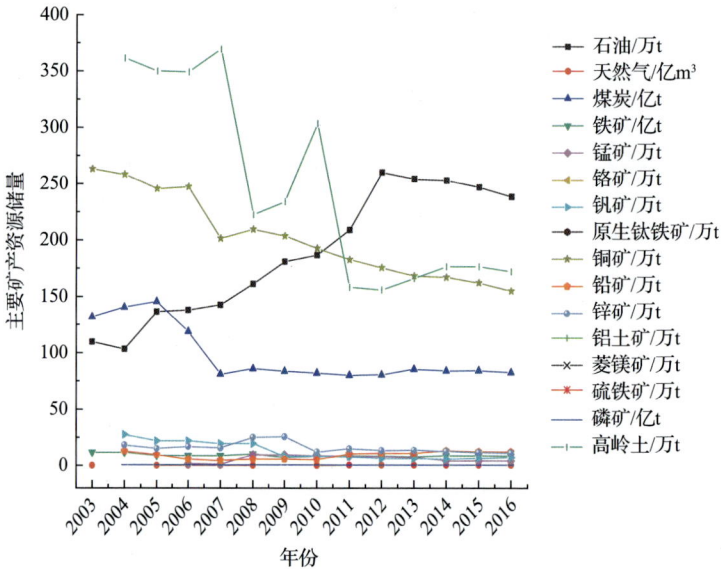

图 3-8 安徽省 2003~2016 年主要矿产资源储量

  "十三五"时期,安徽省矿产资源的勘查、开发和保护工作取得较好成绩,但存在矿业领域发展不平衡、不充分问题:①矿产资源勘查投入不足。较"十二五"时期,"十三五"时期勘查投入大幅降低(降幅 74.8%),对战略性新兴矿产资源投入不足,战略性新兴矿产资源勘查成果不明显,未实现重点成矿区全覆盖,勘查成果转化为经济效益不明显。"十三五"期间,安徽省鸡冠山—长龙山铜矿、龙山铁矿、泥河铁矿、茶亭铜矿等大中型矿产地的矿产资源优势未能有效释放,资源保障能力有限,部分非金属矿(如建筑石料等),矿业权投放不足,资源供需严重失衡。②需加大矿业绿色发展。存在生态环境保护与矿产资源开发矛盾,以及部分矿业权与生态保护红线、风景名胜区、自然保护地等重叠问题，矿业绿色低碳发展和转型升级力度还不够。

9. 浙江省

浙江省矿产资源总体丰歉并存，能源矿产匮乏，金属矿产不足，非金属矿产丰富，萤石、叶蜡石、石灰岩、建筑用石料等 20 余种矿种查明资源储量居全国前十，地热资源勘查近年获得突破。长期以来，浙江省形成以建筑用石料、石灰岩、萤石、叶蜡石等矿种开采为主的矿产开发格局。表 3-11 是 2005～2016 年浙江省非油气矿产开发利用统计表。

表 3-11　2005～2016 年浙江省非油气矿产开发利用统计表

指标		2005 年	2009 年	2009 年较 2005 年增长	2013 年	2013 年较 2009 年增长	2016 年	2016 年较 2013 年增长
矿山企业	总数	4160 家	2393 家	−42.84%	1427 家	−40.37%	1048 家	−26.56%
	大型	1043 家	1049 家	0.58%	768 家	−26.79%	467 家	−39.19%
	中型	547 家	194 家	−64.53%	161 家	−17.01%	172 家	6.83%
	小型	1434 家	843 家	−41.21%	453 家	−46.26%	368 家	−18.76%
	小矿	1136 家	307 家	−72.98%	45 家	−85.34%	41 家	−8.89%
从业人员		122595 人	68765 人	−43.91%	41777 人	−39.25%	34672 人	−17.01%
产矿量（原矿）		37170.5 万 t	46697.5 万 t	25.63%	53834.42 万 t	15.28%	55515.27 万 t	3.12%
工业总产值		754166.62 万元	896866.73 万元	18.92%	1366432.05 万元	52.36%	1370896.0 万元	0.33%
综合利用产值		23176.53 万元	9249.56 万元	−60.09%	48113.32 万元	420.17%	18668.49 万元	−61.20%
矿产品销售收入		692123.26 万元	821057.55 万元	18.63%	1085944.89 万元	32.26%	1084271.1 万元	−0.15%
利润总额		48265.85 万元	51349 万元	6.39%	98596.78 万元	92.01%	63022.93 万元	−36.08%

2001～2007 年，浙江省的矿业经济总量持续扩大，经济效益明显转好。2008 年底，可开发利用矿种 67 种，年产矿石 4.44 亿 t，实现矿业总产值 89.7 亿元，矿业总产值相比 2000 年，增长了 216%，实现了年均矿石开采量增长低于矿业总产值增长、年均矿业产值增长低于矿业利税增长的"两个低于"规划目标。但受 2008 年国际金融危机影响，2008 年下半年浙江省矿业经济逢高回落，浙江省的矿石采掘量、矿产企业利润自 2000 年以来首次出现负增长[45]。

2008 年，全省大中型矿山比例由 2000 年的 3.5% 上升到 45.5%，生产规模比

2000 年提高了 4 倍多，形成了一批大型矿山，年产矿石 100 万 t 以上。非金属矿产继续保持优势，在普通建筑用石、砂、土矿产仍占主导地位的同时，部分优势矿产加工链得到延伸，金属矿产经济效益快速增长。到 2008 年底，全省开采矿山总数降到 2738 个，比 1999 年减少了 68%，全省主要城市周边，国家级、省级风景名胜区周边禁采区内的矿山已全部关闭，重要交通干线两侧可视范围内的露采矿山关停并得到了治理。

2008～2015 年，新发现 17 处矿产地新增资源储量：铅锌 20.5 万 t、萤石 1500 万 t、铜 4.7 万 t、银 1500t、地热 17000m³/d。2011 年，矿石年供应量攀高后缓步回落，但供应总量大幅增长，七年累计开采矿石 37.54 亿 t，其中水泥用灰岩 4.53 亿 t、建筑用石料 29.46 亿 t、萤石 499.6 万 t。矿山布局结构持续优化，矿山总数已从规划初期的 2738 座大幅压缩到末期的 1095 座，大中型矿山比例由 43% 上升到 58%，矿山平均年产矿石量从 14 万 t 提高到 42 万 t。此外，规划分区管理继续得到加强，开采区内矿山由 1432 座减少到 208 座，禁采区内除矿泉水、地热和工程性开采矿山之外，其余矿山全部关停。与此同时，矿山"三率"达标率达到 75.4%，主要地下开采矿山平均开采回采率和选矿回收率分别提高到 85.46% 和 87.05%，大量矿山废石、尾矿作为二次资源得到利用。

2015 年，全省开发利用的矿产有 55 种，矿石采掘总量 44494 万 t，矿山总数 1095 个，从业人员 3.5 万人，其中萤石、建筑用石料、叶蜡石、石灰岩等矿种合计开采量占矿石采掘总量的 95.7%，实现矿业总产值 127 亿元，利税总额 17.3 亿元。全省矿业经济所占比例虽小，但对经济社会发展做出了重要贡献[46]。

2016～2020 年，累计开采矿石 25.5 亿 t，其中水泥用灰岩 3.4 亿 t、建筑用石料 20.9 亿 t、地热 407.1 万 m³、萤石 619.0 万 t，有力保障了全省的基础设施建设和优势产业需求；累计投入地质勘查资金 17.7 亿元，新发现大中型矿产地 18 处。全省单矿平均年采矿石量从 40 万 t 提高到 68 万 t，其中建筑用石料从 67 万 t 提高到 107 万 t、水泥用灰岩从 104 万 t 提高到 182 万 t，大中型矿山比例从 58% 提高到 65%。矿山企业科技水平明显提高，全省矿山企业"三率"达标率 95% 以上，形成了一批采选实用技术[47]。

由图 3-9 可知，浙江省的锌矿及铅矿资源储量变化相似，在 2010 年以前，两种矿产资源储量变化较平缓，在 2010～2011 年两者资源储量都出现急剧下降趋势，且锌矿资源储量下降幅度最大，约 50 万 t；2011 年之后二者资源储量的变化趋势相对平缓，但在 2015～2016 年，锌矿资源储量出现大幅度增长，由原来的 20 万 t 左右增长至 60 万 t 以上。浙江省铜矿资源储量在 2003～2007 年呈缓慢增长趋势，2007 年起开始下降，在 2009～2010 年下降幅度较大，2012 年起下降趋势变缓。

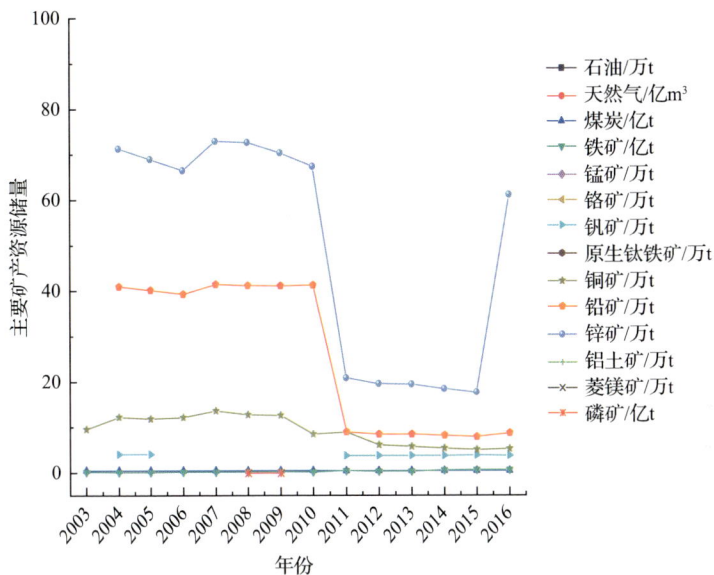

图 3-9　浙江省 2003～2016 年主要矿产资源储量

　　浙江省矿业资源发展快速，但也有一些不足：①需增强水泥用灰岩、建筑用石料等对基础设施建设的保障能力；②需要全面落实生态和绿色发展理念，强化"三条控制线"（生态保护红线、永久基本农田、城镇开发边界）要求，科学划定勘查开发保护布局分区；③健全完善绿色发展标准体系，加快矿业绿色发展，推动矿山企业转型升级，提高资源利用效率，从源头上减碳减排。

10. 江苏省

　　结合相关矿产资源规划可知，江苏省矿山在 2000～2007 年的平均规模由 4.67 万 t 提高到 8.69 万 t，采矿业产值在 2000～2007 年从 95.83 亿元上升到 249.19 亿元。江苏省的采矿业产值占全省工业总产值的 0.47%，主要矿种"三率"指标达到了全国先进水平。"十五"末期，江苏省大中型矿山占比从 1.15% 提高到 10.9%。2015 年，江苏省开采矿产 42 种，年矿石开采总量 1.87 亿 t，矿山数量大幅减少，矿山仅 1046 个，采矿业产值 192.9 亿元，矿山规模结构得到改善，重要矿产开采矿山"三率"指标处于全国先进水平。表 3-12 和表 3-13 分别为 2005～2016 年江苏省非油气矿产和油气矿产开发利用统计表。

　　2020 年，江苏省非油气矿山数 178 座，年产矿石量 1.07 亿 t，完成了全省"十三五"开采总量控制目标。矿山平均规模提升到 60 万 t，大中型矿山比例约 56%，固体矿产开采大中型矿山比例约 75%。重要矿产开采矿山"三率"指标继续保持全国领先水平。水泥用灰岩年采矿量达到 4666.77 万 t、溶剂用灰岩年采矿量 846 万 t、煤炭年采矿量 1017.69 万 t、建筑石料年采矿量 986.49 万 t、铁矿石年采

表 3-12   2005～2016 年江苏省非油气矿产开发利用统计表

指标		2005 年	2009 年	2009 年较 2005 年增长	2013 年	2013 年较 2009 年增长	2016 年	2016 年较 2013 年增长
	总数	2943 家	2112 家	−28.24%	1304 家	−38.26%	874 家	−32.98%
矿山企业	大型	152 家	112 家	−26.32%	166 家	48.21%	115 家	−30.72%
	中型	167 家	327 家	95.81%	225 家	−31.19%	60 家	−73.33%
	小型	1438 家	1658 家	15.30%	913 家	−44.93%	699 家	−23.44%
	小矿	1186 家	15 家	−98.74%	—	—	—	—
从业人员		276089 人	208067 人	−24.64%	127354 人	−38.79%	69908 人	−45.11%
产矿量（原矿）		21855.44 万 t	20196.08 万 t	−7.59%	22938.6 万 t	13.58%	15823.77 万 t	−31.02%
工业总产值		1421535.91 万元	2456291.57 万元	72.79%	2499251.79 万元	1.75%	1325155.28 万元	−46.98%
综合利用产值		12329.3 万元	6396.7 万元	−48.12%	171522.88 万元	2581.43%	51441.6 万元	−70.01%
矿产品销售收入		1275317.51 万元	2281074.07 万元	78.86%	1993517.03 万元	−12.61%	1203056.22 万元	−39.65%
利润总额		139169.42 万元	245999.58 万元	76.76%	176783.92 万元	−28.14%	53376.43 万元	−69.81%

注：—表示数据未获取成功。

表 3-13   2005～2016 年江苏省油气矿产开发利用统计表

指标	2005 年	2009 年	2009 年较 2005 年增长	2013 年	2013 年较 2009 年增长	2016 年	2016 年较 2013 年增长
油气田总数	53 个	59 个	11.32%	57 个	−3.39%	59 个	3.51%
从业人员	7757 人	9193 人	18.51%	9209 人	0.17%	7675 人	−16.66%
油产量	182 万 t	184.03 万 t	1.12%	201.46 万 t	9.47%	166.02 万 t	−17.59%
气产量	0.64 亿 m³	3.81 亿 m³	495.31%	0.51 亿 m³	−86.61%	0.23 亿 m³	−54.90%
工业总产值	509979 万元	797567 万元	56.39%	937925 万元	17.60%	352894 万元	−62.38%
工业增加值	397069 万元	696847 万元	75.50%	—		—	
销售收入	515492 万元	797586 万元	54.72%	1068738.46 万元	34.00%	353612 万元	−66.91%
利税总额	311420 万元	685919 万元	120.26%	147796 万元	−78.45%	—	—
实缴补偿费	3358 万元	6270.44 万元	86.73%	7496.13 万元	19.55%		

注：—表示数据未获取成功。

矿量 471.09 万 t、芒硝年采矿量 263.44 万 t、岩盐年采矿量 1923.44 万 t、地热年采矿量 110.8 万 t、凹凸棒石黏土年采矿量 23.19 万 t、矿泉水年采矿量 56.79 万 t[27]。

如图 3-10 所示，2003 年江苏省煤炭资源储量最高，为 25.75 亿 t，但 2003～2016 年资源储量呈下降趋势，2003～2011 年下降幅度较大，下降了 15 亿 t 左右；2012 年起，虽然煤炭资源储量仍呈下降趋势，但下降趋势较小，趋于平缓。江苏省铅矿资源储量及锌矿资源储量的变化最为明显，从 2003 年开始整体上处于减少状态，但在 2012 年探明资源储量出现大幅增长，2013 年又开始下降；江苏省天然气资源储量 2003～2016 年保持在 25 亿 m³ 左右，处于稳定状态。2012 年起，江苏省除铅矿和锌矿外，其余各矿种资源储量变化平缓，均处于稳定状态。

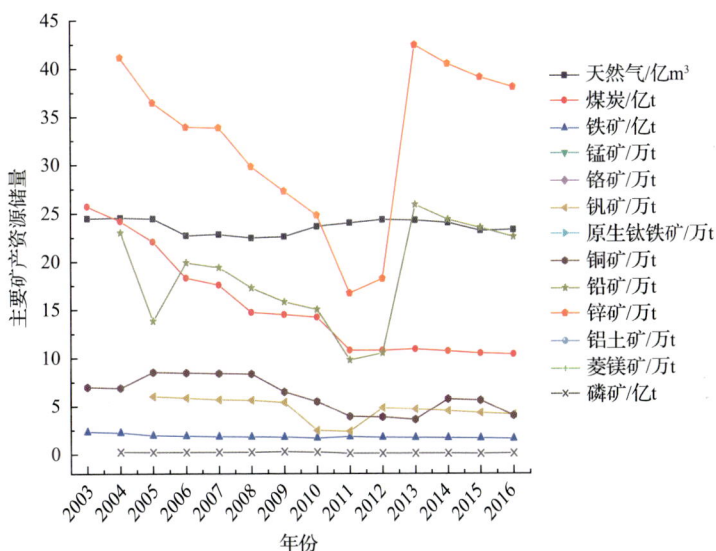

图 3-10　江苏省 2003～2016 年主要矿产资源储量

随着长江经济带、长江三角洲区域一体化发展，以及江苏省新型城镇化的推动、新型工业化以及大量的基础设施建设，江苏省对矿产资源的需求仍将维持在高位。总体而言，部分岩盐、芒硝、水泥用灰岩矿山接替资源不足，砂石资源供需矛盾突出，需要统筹实施战略性矿产和重要矿产的勘查，保持一定规模矿产开采总量。

11. 上海市

上海市成矿条件差，矿产资源十分贫乏，如表 3-14 所示。虽然地下水资源较丰富，但其开发利用受地质环境约束程度较高，经过多年对其开采的不断压缩，2015 年全市开采量仅为 430 万 m³。对于泥炭、浅层天然气，资源量有限，民间曾零星开采。上海市从 2000 年起全面禁止了建筑用安山岩开采，并陆续关停大部分砖瓦黏土企业。目前，对上海市国民经济发展比较重要的矿产品有黑色金属矿产(铁、锰、钒)、能源矿产(石油、煤)、建材及非金属矿产(石灰石、玻璃硅质原料)、化工矿产(硫、磷、硼)四类，经济、社会发展对矿产资源的巨大需求主要来源于国内外市场供给。其中，煤炭则主要来源于国内主要产煤省份，石油主要来源于中东、非洲和南美等地区，铁矿石主要来源于澳大利亚和巴西[28]。

表 3-14 2005～2016 年上海市非油气矿产开发利用统计表

指标		2005 年	2009 年	2009 年较 2005 年增长	2013 年	2013 年较 2009 年增长	2016 年	2016 年较 2013 年增长
矿山企业	总数	118 家	82 家	−30.51%	78 家	−4.88%	24 家	−69.23%
	大型	1 家	4 家	300.00%	2 家	−50.00%	0 家	—
	中型	2 家	2 家	0.00%	1 家	−50.00%	1 家	0.00%
	小型	115 家	62 家	−46.09%	75 家	20.97%	23 家	−69.33%
	小矿	—	14 家	—	—	—	—	—
从业人员		8310 人	5452 人	−34.39%	3641 人	−33.22%	546 人	−85.00%
产矿量(原矿)		335.6 万 t	249.19 万 t	−25.75%	202.03 万 t	−18.93%	58.4 万 t	−71.09%
工业总产值		38164.87 万元	117983 万元	209.14%	131093.7 万元	11.11%	23266.4 万元	−82.25%
综合利用产值		—	1651 万元	—	1701.69 万元	3.07%	0 万元	—
矿产品销售收入		36639.33 万元	18534.7 万元	−49.41%	107792.7 万元	481.57%	22914 万元	−78.74%
利润总额		2717.57 万元	593.64 万元	−78.16%	11085.73 万元	—	988.05 万元	−91.09%

注：—表示数据未获取成功。

3.1.2 长江经济带矿产资源开发特征

长江经济带矿产资源储量随时间变化呈现以下五种趋势(表 3-15)。

(1)部分矿产资源储量随时间呈增长趋势，如天然气，其资源储量由 2005 年的 5601.47 亿 m³ 增长至 2020 年的 17848.5 亿 m³。

(2)部分矿产资源储量随时间呈下降趋势，如煤炭、铁矿、铜矿，分别从 2005 年的 482.04 亿 t、48.75 亿 t、685.9 万 t 持续下降到 2020 年的 231.53 亿 t、37.91 亿 t、554.62 万 t。

(3)部分矿产资源储量随时间呈先上升后下降的趋势，如石油，其资源储量由 2005 年的 4198.79 万 t 持续上升至 2013 年的 5083.3 万 t，又下降至 2020 年的 3935.72 万 t。

(4)部分矿产资源储量随时间呈先下降后上升的趋势，如钒矿，其资源储量由 2005 年的 1033.61 万 t 逐年下降至 2013 年的 608.46 万 t，又上升至 2020

年的 783.33 万 t。

(5)部分矿产资源储量随时间呈波动趋势，如磷矿、锰矿，其中磷矿资源储量 2005～2009 年逐年减少，2009～2016 年逐年增加，2016～2020 年又呈减少趋势；锰矿资源储量 2005～2013 年逐年减少，2013～2016 年逐年增加，2016～2020 年又逐年减少。

表 3-15　各省(直辖市)矿产资源开发基本情况

区域	省(直辖市)	部分优势矿种	资源储量				
			2005 年	2009 年	2013 年	2016 年	2020 年
长江经济带上游	重庆市	煤炭/亿 t	18.23	21.3	19.86	18.03	1.87
		锰矿/万 t	1881.5	1806.9	1712.64	1380.14	830.73
		石油/万 t	—	161.7	278.43	266.9	228.34
		天然气/亿 m³	1219.5	1969.8	2472.83	2726.9	2500.73
		页岩气/亿 m³	—	—	—	—	1498.65
	四川省	煤炭/亿 t	49.17	52.3	55.74	53.21	26.66
		铁矿/亿 t	31.13	28.9	26.6	27.02	18.89
		钒矿/万 t	762.19	689.8	576.19	598.55	779.09
		原生钛铁矿/万 t	20807.8	22763.3	19887.2	299.7	365.2
		锂矿/万 t					21.70
		金矿/t	77.27	—	—	—	52.68
		稀土/万 t	—	—	—	—	7.86
		石油/万 t	288.98	105.1	666.66	623.4	555.40
		天然气/亿 m³	4295.08	6487	11874.38	13191.61	15274.98
		页岩气/亿 m³	—	—	—	—	2527.52
	云南省	煤炭/亿 t	74.03	77.5	60.1	59.58	44.54
		铜矿/万 t	258.97	289.4	296.9	298.99	361.26
		铅矿/万 t	338.61	179.5	210.66	240.98	208.28
		锌矿/万 t	1495.56	820	905.28	982.69	766.81
		磷矿/亿 t	8.49	8.1	6.49	6.27	3.61
		钼矿/万 t	—	—	—	—	0.30
		金矿/t	—	—	—	—	91.45
		石油/万 t	10.5	12.2	12.21	12.2	10.15
		天然气/亿 m³	14.5	2.5	0.8	0.47	0.47

区域	省(直辖市)	部分优势矿种	资源储量				
			2005 年	2009 年	2013 年	2016 年	2020 年
长江经济带上游	贵州省	煤炭/亿 t	148.92	128.1	83.29	110.93	91.35
		磷矿/亿 t	6.98	4.1	6.05	6.44	3.10
		锰矿/万 t	2549.8	2479.6	4247.77	4886.87	1996.82
		汞矿/万 t	3.30	3.04	3.03	3.05	3.05
		铅矿/万 t	5.93	6	5.73	13.45	7.52
		锌矿/万 t	12.53	14.7	71.21	114.96	73.44
		铁矿/亿 t	0.54	0.5	0.13	0.17	0.11
		天然气/亿 m³	9.87	4.5	6.39	6.10	6.10
长江经济带中游	江西省	硫铁矿/万 t	13955.1	14127.8	14886	8071.2	21651.30
		钼矿/万 t	—	—	—	—	30.91
		铁矿/亿 t	1.71	1.7	1.37	1.42	4.94
		钨矿/万 t	—	—	150	—	115.70
		稀土/万 t	—	—	45	—	—
	湖北省	煤炭/亿 t	3.25	3.3	3.23	3.2	0.10
		铜矿/万 t	181.36	158.3	96.58	89.58	63.59
		铁矿/亿 t	4.68	3.9	6.05	4.35	2.07
		钒矿/万 t	48.26	49.8	29.37	29.94	2.18
		金矿/t	—	—	—	—	28.43
		磷矿/亿 t	8.38	6.2	7.7	10.03	5.06
		硫铁矿/万 t	2267.7	3800.6	4722.08	4717.38	112.03
		石膏/亿 t	—	—	—	—	0.48
		石油/万 t	1033.41	1224.1	1303.7	1185.9	1055.50
		天然气/亿 m³	39.2	4.4	48.79	46.87	44.59
	湖南省	石墨/万 t	—	—	—	—	219.35
		锑矿/万 t	—	—	—	—	12.62
		煤炭/亿 t	20.37	18.9	6.61	6.62	4.86
		钒矿/万 t	223.16	226.1	2.9	2.9	2.06
		锰矿/万 t	5382.79	5881.6	1908.37	1957.92	1573.67
		钨矿/万 t	—	—	—	—	55.43

续表

区域	省(直辖市)	部分优势矿种	资源储量				
			2005 年	2009 年	2013 年	2016 年	2020 年
长江经济带下游	上海市	无	—	—	—	—	—
	江苏省	煤炭/亿 t	22.09	14.5	10.93	10.39	3.73
		铁矿/亿 t	1.47	1.6	1.79	2	0.63
		石油/万 t	2729.5	3023.37	2568.1	2402.52	1951.10
		天然气/亿 m³	23.31	24.3	22.6	24.47	21.39
	浙江省	钼矿/万 t	—	—	—	—	0.53
		煤炭/亿 t	0.5	0.43	0.43	0.43	0.15
		铁矿/亿 t	0.15	0.2	0.31	0.59	0.42
	安徽省	煤炭/亿 t	145.48	83.7	85.19	82.37	58.27
		铜矿/万 t	245.57	203.5	168.12	154.7	129.77
		铁矿/亿 t	9.07	7.3	7.9	8.59	10.85
		石油/万 t	136.4	180.9	254.2	238.5	135.23
		天然气/亿 m³	0.01	—	0.24	0.25	0.24

注：—表示数据未获取成功。

3.2　主要矿业区矿产资源开发历史

3.2.1　矿业区划分

矿业区是指以矿产资源的勘查、开发利用以及后续选冶为主体，具有自身特点和一定规模的配套条件，按照资源优势和产业开发利用布局特点集聚，具有自然和社会属性的矿业经济优势区域[48]。

1. 矿业区划分原则

(1)矿产资源指向性原则。矿业区首先应该是成矿条件明显、矿产资源分布集中、资源储量大的矿产资源富集区。矿业生产以矿产品为原材料，矿产资源的空间地理分布决定了矿业生产的布局。国土资源大调查圈定的 16 个重要成矿区(带)是中国矿产资源分布和未来转型的关键地区。加强对成矿区带的勘查开发，对保障国家经济安全，以及稳定和提高国内矿产资源供应能力具有重要意义[49]。

(2)成矿客观性原则。矿产资源的自然区划不仅是划分矿业区的重要依据，也是自然基础。自然区划体现了矿产资源成矿条件的相似性、矿种组合的一致性、配套性与区域分布的集中性。16个重要成矿区(带)作为矿产资源的自然区划，为矿产资源的经济布局提供了客观、实用的科学依据，其不仅基于已知的自然矿产资源区，而且基于成矿远景区划，重点考虑主要矿种、矿床集中分布区、找矿潜力，结合矿业经济发展的需求，使矿产资源经济区划同时具有重要的现实意义和战略意义[50]。

(3)区域专业化与综合发展协同原则。矿业经济区矿产资源的开发利用必须以环境保护为基础，兼顾区域资源和环境容量，确保开发与自然相互平衡，促进区域内矿产和其余经济资源的合理开发与综合利用，实现区域专业化与综合发展相结合。此外，在合理开发利用矿产资源、促进矿业经济发展的同时，必须不断改善和建设良好的自然环境，与区域整体发展相协调。

(4)矿业经济贡献原则。矿业活动在地方发展中起着主导作用，矿业产值对工业总产值和对地方 GDP 的贡献率要超过全国平均水平。矿业区的矿产开发要达到特定的规模。矿业区的经济发展可以促进当地的经济发展，有效促进人员就业，缓解当地就业形势。

2. 矿业区划分方法

第二轮全国矿产资源规划在全国范围内划分了 75 个矿产资源赋存条件好、基础设施配套性好、开发利用活动相对集中的区域为我国今后矿业经济重点发展区域。同时矿业经济区要以全国成矿区带为基础将全国矿产资源规划确定的西南三江、雅鲁藏布江、天山、大兴安岭、阿尔泰、西昆仑—阿尔金、长江中下游等 16个重要成矿区(带)作为区域背景[48]。

依据以上原则，采用图层叠加方法，以 16 个重要成矿区带为基础，针对长江经济带区域划分了 11 个主要矿业区，分别为安徽两淮矿业区、赣南矿业区、湖北黄石矿业区、湖北宜昌矿业区、兰坪维西矿业区、黔南黔西南矿业区、四川攀枝花凉山矿业区、湘南矿业区、云南红河文山矿业区、云南曲靖昭通矿业区和长江下游矿业区(图 3-11)。

3.2.2 主要矿业区矿产资源开发回顾

1. 安徽两淮矿业区

安徽两淮矿业区主要位于淮南市、淮北市和宿州市。两淮矿区煤炭资源储量丰富，大部分井田具备建设大型或特大型矿井条件。煤质优良，淮南矿区气煤和

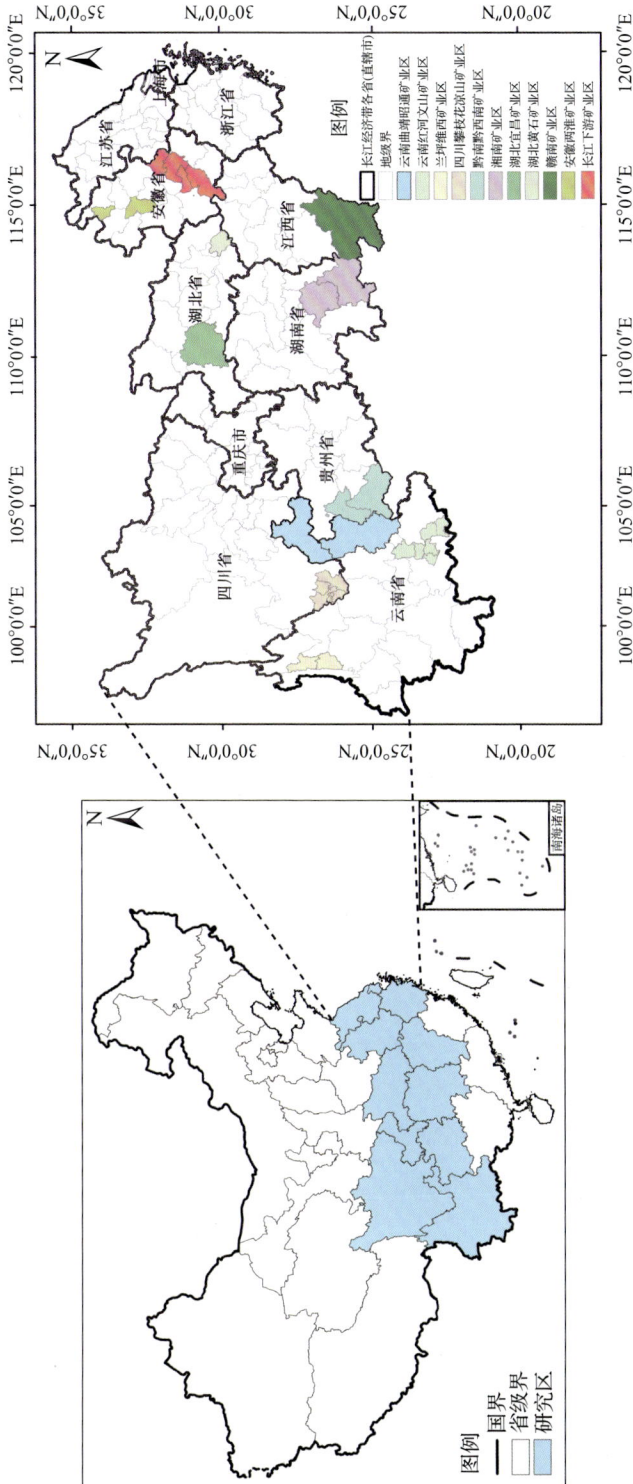

图3-11　长江经济带矿区位置图

1/3 焦煤占绝大比例, 淮北矿区煤种齐全, 特别是稀缺的焦煤、肥煤占有一定比例。煤质均为低硫或特低硫、低磷或特低磷, 中高发热量。两淮矿区均以开采煤层群为主, 可开采煤层多。淮南矿区的主采煤层多以中厚或 6m 以下厚煤层为主, 淮北矿区的主采煤层以中厚煤层为主。宿州矿区煤质优良, 煤质均为低硫、低磷、高发热量。

　　根据地质勘探报告, 截至 2015 年, 淮北矿区全矿区已查明资源储量的煤矿产地共 75 处, 其中大型煤矿产地 27 处, 中型煤矿产地 16 处, 小型煤矿产地 32 处。按矿床资源储量规模统计, 27 处大型矿床累计查明资源储量 76.93 亿 t, 保有煤炭资源储量 72.90 亿 t: 16 处中型矿床累计查明资源储量 12.04 亿 t, 保有煤炭资源储量 9.26 亿 t: 32 处小型矿床累计查明资源储量 5.71 亿 t, 保有煤炭资源储量 4.48 亿 t。据现有勘探深度至–2000m 水平, 预测全矿区煤炭潜在资源量 174.99 亿 t。按其预测可靠程度划分, 可靠级 67.12 亿 t, 可能级 84.48 亿 t, 推断级 23.39 亿 t。淮南矿区共有煤炭资源块段 43 处, 其中淮南矿区内已查明资源储量的煤矿产地共 26 处, 包括大型煤矿产地 24 处、中型和小型煤矿产地各 1 处。按矿床资源储量规模统计, 24 处大型矿床累计查明资源储量 175.79 亿 t, 保有煤炭资源储量 167.99 亿 t。据现有勘探深度至–2000m 水平, 预测全矿区煤炭潜在资源量 285.19 亿 t。按埋藏深度划分, –1000m 煤炭潜在资源量为 20.73 亿 t, –1000～–1500m 煤炭潜在资源量 114.91 亿 t, –1500～–2000m 煤炭潜在资源量 149.55 亿 t[51]。宿州市内有大型矿床 8 处, 中型矿床 2 处, 小型矿床及小矿 27 处。2008 年宿州市的累计查明煤炭资源储量 51.97 亿 t, 2009 年累计查明煤炭资源储量 60 亿 t, 从连续两年的累计查明煤炭资源储量来看, 宿州市的煤炭开采力度没有淮南、淮北两矿区的开采力度大[52]。

　　两淮矿区地处长江经济带中下游, 交通运输方便, 距离负荷中心近, 具备成为华东地区能源产业基地的有利条件, 具有明显的区位优势和交通运输优势。矿区煤炭储量丰富, 开采条件及矿井建设的外部条件好, 两淮矿区煤炭资源开发对于缓解华东地区煤炭市场的供需矛盾, 促进本地区经济发展将发挥重要作用。国家发展和改革委员会编制的《国家大型煤炭基地建设规划》(简称《规划》), 明确了安徽两淮煤炭基地为 13 个国家大型煤炭基地之一。《规划》对两淮煤炭基地的定位为: 处于煤炭消费量大的东中部, 担负向京津冀、中南、华东地区供给煤炭的重任。根据《规划》要求, 两淮煤炭基地将建设成为煤炭调出基地、电力供应基地、煤化工基地和资源综合利用基地。

　　2. 赣南矿业区

　　赣南矿业区主要位于赣州市。赣南矿业区处于南岭成矿带和武夷山成矿带相交汇的区域成矿背景中，区内矿床分布具有明显相对集中分布的特点。赣州市是下扬子和华南两大成矿区交汇处，矿产资源丰富，成矿条件好，矿业经济占全市规模以上工业产值的 63%左右。赣州市钨、中重稀土、煤、锡、金、银开发程度较高，大型钨矿山开采回采率、选矿回收率一般可达 80%以上，但中小型钨矿山利用方式粗放、集约化程度低、综合利用率也较低。稀土矿中除了龙南稀土矿利用原地浸矿工艺，其选矿综合回收率可达 70%～80%，其他稀土矿选矿总回收率都偏低。煤矿山采区开采回采率可达 70%～80%，但矿井或井田开采回采率较低。资源储量利用率较低的矿种主要有钽（铌）、高岭土、轻稀土及岩背斑岩型锡矿等。

赣州市重要成矿带和大型国有矿山深边部勘查程度整体偏低，稀土和钨等重要矿产资源消耗量大于增长量，特别是稀土矿产资源储量过量开采致使保有资源储量急剧减少，煤、金、银等矿种资源储量不足，资源形势严峻，矿产品加工主要集中在稀土、钨、锡、萤石、钴、钼等几个矿种，现已成为全国最大的钨精矿及仲钨酸铵（APT）生产基地和集散中心，其钨精矿产量约占全国的三分之一，冶炼产品及钨粉占全省的 90%，硬质合金占全省的 60%。中重稀土是赣州市的另一特色矿种，赣州市是国家重要的中重稀土生产、分离、冶炼基地。此外，氟盐化工已完成块矿—萤石精粉—氟化氢产品的过渡，正向精深加工发展，已经形成有一定规模和发展潜力的钨、稀土、氟盐化工、新型建材四大矿业经济体系。总体而言，矿产品精深加工和应用开发方面仍显滞后，膨润土、钾长石等非金属矿产以销售原矿为主，萤石加工还停留在萤石精粉和氟化氢等初级产品上[53]。

3. 湖北黄石矿业区

湖北黄石矿业区主要位于黄石市。黄石市物阜藏丰，矿产资源丰富，地处湖北省长江经济带东南段，区位优势明显，战略位置突出，是我国重要的铁矿和有色矿产生产基地，也是长江经济带重要的节点城市、武汉城市圈副中心城市、长江中游城市群区域中心城市，还是国家新型工业化示范基地和全国资源枯竭转型试点城市、华中地区重要的原材料工业基地、全国工业绿色转型发展试点城市。

截至 2015 年底，全市已发现四大类 79 种矿产，占全省矿种的 53.02%。全市已查明资源储量的矿产 44 种，其中黑色金属矿产 2 种、能源矿产 2 种、有色金属矿产 8 种、稀有稀土及分散元素矿产 7 种、贵金属矿产 2 种、冶金辅助原料矿产 3 种、建材及其他非金属矿产 16 种、化工原料非金属矿产 1 种、水气矿产 3 种。在查明保有资源储量的矿产中，铅、锌、钨、铜、金、钼、锶、硅灰石、透辉石、方解石、饰面用灰岩等 21 种矿种保有资源储量居全省之首，有 4 种矿种居全省第二位，有 8 种矿种居全省第三位。锡、铟、硅灰石、透辉石等 6 种矿种保有资源储量全部分布在黄石市，金、铜、钨、锶、方解石等 10 种矿种的保有资源储量占全省保有资源储量的 60%以上[54]。截至 2017 年，黄石市有钼、金、铜、钴、银、硅灰石、锶、锌、透辉石、熔结凝灰岩、泥灰岩、饰面用大理岩等 14 种矿产储量居湖北省第一位，铁、铜、金、煤、石灰石等是黄石市的优势矿产[55]。

4. 湖北宜昌矿业区

湖北宜昌矿业区主要位于宜昌市。矿产资源分布面广，优势矿种集中，区域特色明显，地域差异明显，形成 12 个矿产集中区，其中，磷矿集中分布在夷陵区、兴山县、远安县北部[56]。鄂西地区页岩气资源潜力巨大，页岩气地质资源量达 11.68 万亿 m³。

截至 2015 年底，已发现各类矿产 10 类 88 种(含亚种)，占湖北省已发现矿种(149 种)的 59.1%、全国已发现矿种(172 种)的 51.2%。其中，已查明资源储量的矿产 72 种，包括黑色金属矿产 4 种、有色金属矿产 8 种、能源矿产 4 种、稀有稀土及分散元素矿产 5 种、贵金属矿产 4 种、化工原料非金属矿产 12 种、冶金辅助原料非金属矿产 7 种、建材及其他非金属矿产 27 种和地下水矿产 1 种。

根据矿产资源储量优势程度对比，锰、银钒矿、磷、冶金用白云岩、熔剂用灰岩、冶金用砂岩、石墨、石榴子石、水泥用灰岩、玻璃用砂岩、高岭土、含钾页岩、化工用白云岩、化肥用橄榄岩、化肥用蛇纹岩、饰面用花岗岩 16 种矿产为宜昌市的优势矿产，资源储量居湖北省前列；煤、钒、汞、铁、硒、金、耐火黏土、伴生碘、石膏 9 种矿产资源储量为湖北省唯一或占有较高比例。区域分布上，大致呈现"北磷(石墨、金)、南铁(煤、页岩气)、东建材"的特点。

2019 年宜昌市开发利用矿产 45 种，占已发现矿种的 51%，拥有各类矿山企业 519 家，从业人员 3 万余人。从开发矿山类型来看，全市以建材及非金属矿山企业数量最多，共计 272 家，占全市矿山企业总数的 52.4%；其次为能源矿山企业，共计 143 家，占全市矿山企业总数的 27.6%；再次为化工原料非金属矿山企业，共计 81 家，占全市矿山企业总数的 15.6%；其他矿山企 23 家，占全市矿山企业总数的 4.4%，主要矿山"三率"指标处于国内中等水平[57]。

5. 兰坪维西矿业区

兰坪维西矿业区主要位于迪庆藏族自治州和怒江傈僳族自治州。迪庆藏族自治州地处"三江成矿带"腹心地带，是全国十大矿产资源富集区之一。2014 年迪庆藏族自治州共探明和发现各类金属矿产 17 种、非金属矿产 20 种，拥有各类矿山超过 70 座，已探明铜资源量达 900 多万 t，每年铜产量超过 50 万 t，在省内居第一位。铅锌采选能力超过 30 万 t，居省内第四位；钨产量超过 300t，居省内第二位。截至 2017 年共计发现铜、钼、钨、铅锌等 30 多种矿产，矿床矿点 300 多处。其中,羊拉铜矿、大红山铜矿、普朗铜矿、江坡铁矿、楚格咱铁矿、安乐铅锌矿等达到大中型矿床的规模。已发现铜矿床和矿点 42 处,铜金属储量达 500 多万 t,其中,红山、羊拉铜矿已探明铜金属储量达 260 多万 t,普朗铜矿储量在 200 万 t 以上[58]。

迪庆藏族自治州是我国西部地区重要的有色金属基地,整个迪庆藏族自治州已探明矿产资源的潜在价值高达 5000 多亿元。迪庆藏族自治州由于蕴含丰富的矿产资源,在云南经济发展战略中占据重要地位[59]。

6. 黔南黔西南矿业区

黔南黔西南矿业区主要位于六盘水市、黔西南布依族苗族自治州。黔西南布依族苗族自治州矿产资源丰富,矿产品种类较多,开发潜力巨大,是我国西部十大矿产资源集中区之一的红水河—右江有色金属资源集中区的一部分,同时也是我国滇黔桂金三角主要组成部分。全州矿产资源有铁、煤、汞、锑、金、铝、铅、锌、磷、硫铁矿、大理石、萤石、石灰岩、黏土、石英、砂、钼、石膏和白云岩等,另有锰铜、含钾岩石、硅石、水晶石、钴等矿点。在贵州省占有重要地位的矿种有金、煤、萤石、铅、锑、钼、汞、锌、大理石等,其中,煤、金最具优势。全州 8 个县(市)有 6 个县(市)赋存煤炭资源,普兴矿区是国家大型煤炭基地"云贵基地"的重要组成部分,兴仁市是全国 200 个重点产煤县之一。截至 2020 年,黔西南布依族苗族自治州已探明的煤炭资源保有储量 75.28 亿 t,远景储量在 196 亿 t 以上。黄金资源储量大,品位高,已探明储量约 324.7t,远景储量在 1000t 以上[60]。

六盘水市以煤矿、铅锌矿、金矿、重晶石、水泥用灰岩的伴生和共生矿产为主,有 1/5 的矿产属共生和伴生类型,矿产资源的选矿综合回收率在全国平均水平(不超过 50%)以下,煤炭开采回采率比全国低 10 个百分点,矿产资源综合利用率在 20%以下,共伴生组分综合回收率很低,尾矿的综合利用率也很低。

20 世纪 70~80 年代,为支援全国经济建设,六盘水市建立起许多小煤矿和其他矿种的小型矿山,大部分小煤矿开采工艺落后,开采回采率不足 20%,甚至低于 10%,造成了煤炭资源的极大浪费。90 年代末期以来,中小型矿山企业主宰矿产品生产,煤炭生产状况没有得到根本好转,资源开采回采率低,矿山以小型为主,一矿多开、大矿小开、采易弃难、采富弃贫、优矿贱用,破坏和浪费资源问题十分突出。据统计,2009 年底小煤矿占该市煤矿总数的 89.94%以上,煤炭平均开采回采率比全国(30%~35%)低 10%以上,仅 20%左右,开展综合利用的矿山比例低,工业部门利用矿物有用组分单一,优势矿产的共伴生矿物绝大多数未回收利用,综合利用指数低[61]。2020 年,六盘水市查明矿产地资源储量总数

202 处，其中金属矿产 57 处、能源矿产地 114 处、非金属矿产 31 处。六盘水市有 4 种矿产(金矿、煤、玻璃用砂岩、石膏)资源储量位居全省前三位，煤炭资源储量自 2012 年的 170.59 亿 t 增长到 2021 年的 241.71 亿 t，居全省第二位，具有储量大、煤种全、品质优的特点，是长江以南最大的炼焦用煤基地[62]。

7. 四川攀枝花凉山矿业区

四川攀枝花凉山矿业区位于长江经济带上游，主要位于凉山彝族自治州、攀枝花市。凉山彝族自治州系以黑色、有色、稀有稀土、贵金属为主要成矿区带。矿产资源十分丰富、种类齐全；主要矿产资源分布相对集中，区域特色明显；矿床的共生、伴生矿产多，主要矿产资源优势明显[63]。攀枝花市是全国重要的矿产集中分布区，具有工业价值的矿产资源相当丰富，形成了以黑色、有色金属和非金属矿产为主的资源产地，是著名的攀西成矿带。

据《凉山彝族自治州矿产资源总体规划(2016—2020 年)》，稀土、铜矿、磷矿、铅锌矿、锡矿、钼矿、普通萤石、铌钽矿、滑石矿等资源储量 2015 年位居全省第一。矿产资源丰富、种类齐全，截至 2015 年底，已发现矿产 103 种，查明资源储量的有 61 种，形成具区域特色的矿物原料基地。稀土矿主要分布于冕宁县、德昌县，钒钛磁铁矿主要分布在西昌市、会理市等地，铜矿、铁矿主要分布在会理市、会东县，铅锌矿主要分布于甘洛县、布拖县、金阳县，磷矿主要分布在雷波县，玛瑙矿主要分布在美姑县、昭觉县。凉山彝族自治州大中型矿山少，小型矿山多，2015 年统计的大型矿山 10 个，中型矿山 35 个，小型矿山 405 个[64]。

攀枝花市位于四川省西南部，钒钛磁铁矿、煤矿、石墨矿、冶金辅助原料石灰岩、白云岩为其优势矿产，截至 2013 年探明的钒钛磁铁矿储量达 100 亿 t，占全国铁矿储量的 20%，是全国四大铁矿区之一。攀枝花市素有"世界钒钛之都"之称，截至 2013 年，钒资源储量为 1578.8 万 t，占全国钒资源储量的 63%，占世界钒资源储量的 11.6%，居世界第三位；钛资源储量为 8.7 亿 t，占全国钛资源储量的 90%以上，占世界钛资源储量的 35.2%，居世界第一位[65]。2011 年底，攀枝花市已发现的 76 类矿产中，有一定资源储量的有 39 种；矿产地 490 余处(含矿点、矿化点)，其中大型、特大型矿床 45 种，中型矿床 31 种，已得到开发利用的矿产达 40 种。正常生产钒钛磁铁矿山 9 种，年采出量 4493.40 万 t，实际采矿能力 4720.00 万 t/a。采矿方法均为露天开采，平均开采回采率为 95.21%，铁的综合利用率为 70.09%(从原矿到铁水)，钒的综合利用率为 44.25%(从原矿到钒产品)，钛的综合利用率为 29.30%(从原矿到钛精矿)。目前，攀枝花市钒钛磁铁矿大中型生产企业开采回采率、选矿回收率以及除尾矿利用率以外的综合利用率基本能够达到攀西地区"三率"指标要求[66]。

8. 湘南矿业区

湘南矿业区位于长江经济带中游，主要位于郴州市、衡阳市。郴州市境内矿产资源丰富，矿种多、分布广、储量大。截至 2005 年，全世界认定的 64 种有色金属矿中，郴州市已发现 40 多种，探明储量的有 23 种。全市主要有色金属探明储量 600 多万 t，占湖南省总储量的三分之二，其中，钨、铋、钼矿的保有金属量均居全国第一位。境内非金属矿产负有盛名，石墨储量居全国第一位，煤炭储量占全省四分之三，享有" 有色金属之乡""冶炼之乡""中国银都""煤炭之乡"诸多称号，"香花石""锂铍石""钎钡锂石""骑田岭石"等为世界稀有之物，堪称"国宝"[67]。衡阳市素以"有色金属之乡"和"非金属之乡"著称，资源总量和潜在价值均居全省前列。截至 2009 年，衡阳市铁、岩盐、金、芒硝、银、硼、钠长石、硫铁矿、硅灰石 9 种矿产的保有资源储量位居全省第一位，煤、铅、锌、萤石、钨、锡、砷、高岭土(不含紫砂陶土)8 种矿产的保有资源储量位居全省第二位[68]。

在 2000 年时，郴州市共发现各类矿产 112 种，其中探明有资源储量的矿产 46 种。在被纳入矿产储量平衡表的 35 种矿产中，居全省第一位的有 16 种，居全省前三位的有 30 种。锡、钼、铋、铅、煤、铀、钨、金、银、伴生萤石、石墨、红柱石、水泥用灰岩 13 种矿产在全省具有优势，其中钨、铋、石墨、伴生萤石 4 种矿产在全国乃至国际上都具有优势。石墨、铋等矿产品产量可对其世界市场价格产生直接影响。郴州市矿产地分布广，储量相对集中，共发现矿产地 570 余处，在纳入矿产储量平衡表的 150 处矿产地中，大型矿床 12 处、中型矿床 22 处、小型矿床 116 处。矿业总产值 91.22 亿元，占全市工业总产值的 41.66%；矿业增加值 27.38 亿元，占全市 GDP 的 11.82%，比全省平均水平高 6.07 个百分点；矿业人均 GDP 为 2.52 万元，为全市人均 GDP 的五倍左右；矿产品出口总值占全市产品出口总值的 84.96%；矿业从业人员为 10.98 万人，占第二产业从业人员的 29.86%。矿业开发带动了交通运输业、矿业设备制造业、餐饮服务业等众多行业的发展，为社会提供近 40 万个就业岗位[69]。

2015 年底，衡阳市已发现矿产 69 种，探明有资源储量的矿产 53 种(亚种)。各类矿床(点)876 处，探明矿产地 139 处，其中大型矿床 8 处、中型矿床 20 处、小型及以下矿床 111 处。全市有矿山 621 家，其中部级发证矿山 1 家，省级发证矿山 150 家，市级发证矿山 108 家，县级发证矿山 362 家。全市有大型矿山 11 个、中型矿山 32 个，其他为小型矿山，大中型矿山比例偏低，矿山规模以小型为主，县级发证砂石土类采矿权数量偏多，矿山分布较零散[70]。2016 年，衡阳市已发现矿产资源种类共 66 种，占全省已发现 124 种矿产种类的 53.23%，其中能源矿产 6

种、非金属矿产 33 种、金属矿产 26 种、水气矿产 1 种；已探明资源储量的矿产有 51 种，占全市已发现矿产种类的 77.27%，占全省已发现矿产种类的 41.13%，有 40 种矿产列入湖南省矿产储量表，其中黑色金属矿产 3 种，能源矿产 1 种，贵金属矿产 2 种，有色金属矿产 9 种，稀有稀土及分散元素矿产 10 种，冶金辅助原料矿产 2 种，建筑材料及其他非金属矿产 7 种，化工原料矿产 6 种。矿产地遍及全市，已发现各类矿产地 876 处（含砖瓦用黏土、采石场、采砂场等 377 处），已探明矿产地 131 处。其中大型矿床 15 处，占全市已探明矿产地的 11.45%；中型矿床 27 处，占全市已探明矿产地的 20.61%；小型矿床 89 处，占全市已探明矿产地的 67.94%。

9. 云南红河文山矿业区

云南红河文山矿业区位于长江上游，主要位于红河哈尼族彝族自治州和文山壮族苗族自治州。红河哈尼族彝族自治州地处滇东、滇东南、滇西三大成矿带交接部，地质成矿条件较好，有丰富的矿产资源。各种金属、非金属矿藏中，锡、锰及伴生金属铟、铋、银在全省和全国占有重要地位。个旧市是红河哈尼族彝族自治州主要矿产资源的集中地，2011 年，有色金属储量居全省第一，锡储量居全国之首；建水县是全国最大的锰生产基地；蒙自市银储量达 4044t，是国内较大的银矿之一；金平镍矿储量 80 万 t，是全国第四大富镍矿；建水县钛矿储量为 125 万 t。红河哈尼族彝族自治州依托大企业抓项目，使红河哈尼族彝族自治州矿业呈现出良好的发展势头。个旧市成为世界最大的锡冶炼、锡材加工、锡化工生产中心。文山壮族苗族自治州有极其丰富的地下宝藏，现已探明和发现的黑色、有色、稀有贵重金属、非金属矿已达 11 类 55 种 670 个矿点。其中，锑、锡储量分别居全国第二、第三位，锰储量居全国第八位，铝土储量居云南首位，矿种多，储量大，品种也较为齐全。

2011 年，红河哈尼族彝族自治州探明或开采的有色金属、黑色金属、非金属矿产共 49 种，共发现矿床（点）500 余处。资源储量：燃料矿产煤 41.39 亿 t，当年产量 1286 万 t；黑色金属矿产中铁 1.04 亿 t、锰 0.68 亿 t，当年产量分别为 91 万 t 和 30 万 t；有色金属矿产中铜金属 137 万 t、锡金属 49.78 万 t、铅金属 119 万 t、锌金属 134 万 t、镍金属 1.7 万 t；贵金属中黄金 20220kg、白银 3783.4kg；非金属矿产中石膏 1.24 亿 t、霞石正长岩 5545 万 t、水泥用灰岩 26714.5 万 t。红河哈尼族彝族自治州北部的弥勒市、泸西县、开远市为以煤、大理石为主的能源、建材矿产集中区，南部的金平苗族瑶族傣族自治县、元阳县、红河县等则为以金、铜、镍、石膏、大理石等贵金属、有色金属、建材非金属等矿产为主的集中区，中部的个旧市、蒙自市、石屏县、建水县为以锡、铜、铅、锌、锰等为主的有色、黑色和贵金属矿产集中区。在探明资源储量的矿产地中，大、中型以上矿床占矿床总数的 45%。个旧矿区是红河哈尼族彝族自治州最主要的矿产资源集中区，截至 2013 年，累计探明资源储量：有色金属 614.4 万 t，占全州探明总量的 66.60%；贵金属银 2063t，占全州探明总量的 40.32%；稀有金属 3.01 万 t，占全州探明总量的 61.61%；黑色金属 18429.7 万 t，占全州探明总量的 88.45%；霞石正长岩 5545 万 t，占全州探明总量的 100%。红河哈尼族彝族自治州大部分金属矿产都具有矿石组分复杂，共伴生矿种较多的特点。在探明资源储量的 121 处矿产地中共伴生矿床占矿床总量的 32% 以上，在探明资源储量的 37 种矿种中共伴生矿种占 50% 以上。在多数大、中型矿床中常共伴生两种以上具独立工业价值的矿产。锡、铜、铅、锌、镍、金、银、锰、煤等为优势矿产，在云南省保有资源储量的构成中，红河哈尼族彝族自治州锡占 51%、锰占 50%、银占 42%、霞石正长岩占 100%，居全省第一位；铅占 20%，居全省第二位；煤占 16%、铜占 10%、锌占 8%、镍占 6%、金占 5%，居全省第三位，其矿产资源丰富[71]。

文山壮族苗族自治州内矿种多，蕴藏量大，潜在经济价值高；大矿、富矿相对集中，便于集中规模开发。截至 2007 年底，文山壮族苗族自治州已发现的各类矿产资源有 50 余种，探明资源储量列入《云南省矿产资源储量简表》的矿产有 29 种，其中能源矿产 1 种，非金属矿产 11 种，金属矿产 17 种。全市共有矿床(化)点 816 处，按照矿床规模划分，小型矿床 317 处，中型矿床 34 处，大型矿床 12 处。主要矿床保有资源储量：煤 12963.27 万 t、锰矿石 1906.59 万 t、锌 380.15 万 t、锡 46.78 万 t、钨 10.2 万 t、锑 15.69 万 t、铝土矿 8956.4 万 t、金 98.14t、镓 3535t、铟 4011t、镉 8554t、砷 10.05 万 t。全市共有各类矿山企业 602 家，其中大中型矿山企业 11 家(大型 7 家，中型 4 家)，占 1.83%；小型矿山企业和小矿企业 591 家(小型 542 家，小矿 49 家)，占 98.17%。矿山企业从业人员 24585 人，其中能源矿产(煤矿)从业人员 2189 人，黑色金属矿产从业人员 3661 人，有色金属矿产从业人员 8756 人，贵金属矿产从业人员 1510 人，其他非金属矿产从业人员 8469 人。开采的矿种有 38 种，全年采掘业开采矿石量(原矿量)1545.98 万 t，其中能源矿产(煤矿)133 万 t，黑色金属矿产 169.89 万 t，有色金属矿产 303.66 万 t，贵金属矿产 296.38 万 t，其他非金属矿产 643.05 万 t。各类矿山企业现价工业总产值 39.23 亿元；完成矿物原料及初级产品销售收入 19.62 亿元；利润总额 5.99 亿元；能源矿产(煤矿)工业总产值 12.95 亿元，黑色金属矿产工业总产值 2.86 亿元，有色金属矿产工业总产值 18.13 亿元，贵金属矿产工业总产值 2.85 亿元，其他非金属矿产工业总产值 2.44 亿元[72]。

红河哈尼族彝族自治州矿业创造的工业总产值、税收是该州除烟草产业以外的第二大产业，矿业经济的发展带动了能源、化工、建材、冶金、机械制造、交通运输等相关产业的发展,有力地促进了全州各地城镇化进程和区域经济的发展,对边疆地区民族团结、脱贫致富及社会进步起到了积极的促进作用。有色金属冶炼、有色金属采选为文山壮族苗族自治州工业经济的七大支撑产业之一。《文山壮族苗族自治州国民经济和社会发展第十三个五年规划纲要(2016—2020)》提出,加大资源保障力度,合理规划铝产业布局,强化铝产业的协调持续发展,强化以铝为重点的新型冶金化工人才支撑,做大做强铝产业,将文山打造成为云南省铝工业中心。

10. 云南曲靖昭通矿业区

云南曲靖昭通矿业区处于长江经济带上游,主要位于曲靖市和昭通市,该区是我省煤炭资源的主要集中区和生产区,也是重要的有色金属生产基地。主要矿产是煤、煤层气、铅、锌。作为云南省矿业规划建设的重点地区,"十五"期间安排了4个重点项目,即1个大型有色金属基地、3个能源矿产工程。会泽县铅锌矿在2000年深部找矿中有重大突破,铅锌平均品位高达30%以上,并伴生有锗,是世界同级规模矿床中罕见的富矿床[36]。曲靖市煤炭资源埋藏面积11985km²,分布在曲靖市辖区内的宣威市、富源县、麒麟区、罗平县、师宗县、沾益区、会泽县、陆良县8个县(市)区的43个乡(镇),分为22个矿区、98个井田。曲靖市有占云南省95%以上总量的炼焦用煤,而昭通市煤炭资源量居全省前列,已建设成为重要的能源、重化工和有色金属基地,探明矿产资源锑、铁、煤、水泥用石灰岩、锗、硫铁、锰、锌、铅、磷等储量名列云南省前十位,是云南省首位产煤大市,磷和锗名列云南省第二位。

2009年曲靖市原煤产量4062.53万t,占全省总产量8921.03t的45.5%,各类煤矿143个,磷矿拥有703.34万t保有储量,铅矿拥有1182.32万t保有储量。2015年曲靖市已发现煤、铁、锰、钒、铜、铅、锌、锑等矿产资源47种,探明矿产资源29种、矿产地225处,发现矿产资源总储量354.7亿t,煤炭储量90.7亿t,预测煤炭远景储量270亿t,探明497万t的锌、铅储量,预测锌、铅资源储量约700万t,探明储量约10亿t的磷矿,预测磷矿资源量为63亿t[73]。昭通市有云南省储量最大的褐煤区,煤层主要分布在盆地地区,煤炭资源丰富,2021年探明储量约为81.55亿t。近年来云南省曲靖市昭通矿业区煤炭储量有明显上升趋势,根据《云南省矿产资源总体规划(2016—2020年)》,到2025年云南省曲靖市昭通矿业区煤炭储量预计将达197.08亿t。

11. 长江下游矿业区

长江下游矿业区主要位于池州市、马鞍山市、铜陵市和芜湖市。池州市位于安徽省西南部,长江中下游南岸,东连铜陵市,南接黄山,西邻江西省,北濒长江，是第一个国家生态经济示范区试点地区，是皖江经济带承接产业转移示范区的重要组成城市，区位条件十分优越。截至 2015 年，勘查显示共有矿产 44 种，其中锰矿和方解石矿资源储量居全省之首，石灰石、方解石资源储量大，煤炭资源储量位居皖南前列。池州市是长三角经济区重要的有色金属矿产、冶金辅助原料矿产、化工原料非金属矿产、建材及其他非金属矿产生产基地。马鞍山市是全国七大铁矿产区之一，是安徽省重要的矿业和钢铁工业城市，钢铁工业为其支柱产业。铜陵市矿产资源丰富，截至 2020 年，探明的稀有金属矿种 30 余种，其中铜、黄金、白银和石灰石资源储量全省第一，硫铁矿资源储量华东第一、全国第二，是全国八大有色金属工业基地之一，也是全国重要的硫磷化工基地、国家级电子材料产业基地、长江流域重要的建材生产基地。芜湖市是国家长江三角洲城市群发展规划的大城市，是安徽省重要的水泥及化工建材生产基地，也是重要的有色金属生产基地。

2007 年池州市已发现各类矿产 39 种(含亚矿种)，资源储量统计表列入矿区 489 处(不含共伴生矿床 64 处)，其中大型矿床 14 处、中型矿床 30 处、小型矿床 115 处、小矿 192 处、零星资源 138 处。大中型矿床数占矿区总数的 9%；金属矿产 73 处，非金属矿产 390 处，能源矿产 24 处，水气矿产 2 处[74]。截至 2015 年，全市资源储量统计表列入矿区 243 处，其中大型矿床 30 处、中型矿床 46 处、小型矿床 98 处、小型以下矿产地 69 处，大中型矿床数占矿区总数的 31.3%；金属矿产 79 处，非金属矿产 142 处，能源矿产 19 处，水气矿产 3 处[75]。2007 年，池州市查明水泥用灰岩、方解石、熔剂用石灰岩、冶金用白云岩资源储量分别为 7.17 亿 t、2.88 亿 t、1.68 亿 t、4.32 亿 t，煤炭资源储量 2822.99 万 t，铜、铅、锌资源储量分别为 14.95 万 t、21.83 万 t、15.01 万 t。2015 年池州市查明水泥用灰岩、方解石、熔剂用石灰岩、冶金用白云岩、铜、铅、锌资源储量分别比 2007 年实际新增 11.31 万 t、0.5 亿 t、1.14 亿 t、5.52 亿 t、11.31 万 t、22.76 万 t、54.33 万 t。全市锰矿和方解石资源储量居全省之首，石灰岩、白云岩、铅锌、钨钼矿资源储量居全省前列。铁、锰及多金属矿产主要分布在贵池区、青阳县境内，资源储量占全市的 95%以上；石灰岩、白云岩、方解石主要分布在青阳县、贵池区境内，资源储量占全市 90%以上[76]。

据《马鞍山市矿产资源总体规划(2008—2015 年)》，至 2007 年底，马鞍山市共发现各类矿产 36 种(含亚矿种)，查明资源储量的矿产 19 种。查明各类矿产地 201 处(不含伴生硫、磷、钒矿)。其中，大型矿床占矿床总数的 3.48%，中型矿床占矿床总数的 13.43%，小型矿床占矿床总数的 10.45%，小矿以下矿床占矿床总数的 72.64%。主要矿产为铁矿、硫铁矿。2007 年马鞍山市矿业总产值 21.74 亿元，占当年全市生产总值的 4.03%，其中铁矿产值为 20.47 亿元，占全市矿业总产值的 95%。2007 年，全市共开采铁矿石 744.19 万 t，生产铁精矿 436 万 t，占马钢(集团)

控股有限公司所需铁矿石总量的 27%，其开采绿松石 4.1t，高岭土 0.25 万 t，砖瓦用黏土矿 96.98 万 t，建筑用石料矿 326.94 万 t，累计固体矿石 1168.36 万 t[77]。2015 年，马鞍山市铁矿石采矿产量为 1156.56 万 t，年产精矿 540.10 万 t，平均开采回采率 90%，采矿贫化率 3.20%，选矿回收率 82%。马鞍山市矿产资源年度开采总量 4007.68 万 t，采矿业总产值 41.43 亿元，其中铁矿产值 34.24 亿元，占全市采矿业总产值的 82.65%[78]。

　　2007 年底，马鞍山市登记在册的矿山共 94 家，全市采矿业从业人员 12936 人，登记开采矿种 11 种，包括：铁矿、绿松石、高岭土、砖瓦用黏土、玄武岩和普通建筑用石料矿（包括安山岩、砂岩、闪长岩、花岗岩、凝灰岩、石灰岩）。其中，铁矿矿山为 26 家，从业人员 10083 人，其规模、产值居全市矿山企业首位。截至 2015 年底，全市登记在册的矿山共 101 家，大、中、小矿山企业比例 1:2:4.77，大中型矿山所占比例为 38.61%。矿山数量变动不明显，大中型矿山所占比例较小。

　　2006 年铜陵市已查明资源储量的固体矿产有煤、铁、锰、铜、铅、锌、钴、钼等 20 种，优势矿产有铜、硫铁矿、水泥用灰岩，查明矿产地 208 处（含共伴生矿产地 85 处），大中型矿产地 54 处，占矿产地总数的 25.96%，其中，铁矿、铜矿、金矿、银矿有大中型矿产地 25 处，硫铁矿大中型矿产地 13 处，水泥用灰岩大中型矿产地 7 处，还有钼矿、砷矿、硒矿及水泥用大中型矿产地 9 处，煤炭及其他矿产地规模偏小。铜陵铜（铁、金）金属矿产多为隐伏矿床。铜矿大中型矿床勘查控制深度在 –800m 以内，冬瓜山铜矿勘查控制深度已达 –1000m，开采垂深约 1000m，是目前国内铜矿开采最深的矿山。小型铜、金、铁金属矿产勘查控制深度一般在 –30m 以内，硫铁矿多为铜矿的共伴生矿，勘查控制深度与铜矿矿床勘查控制深度相同，煤炭勘查控制深度多在 –500m 以内，水泥用灰岩等配料用非金属矿产为地表出露矿产，大中型矿床勘查控制深度一般在 200～500m。2007 年铜陵市已发现查明 26 种矿产资源，铜、金、硫铁矿、水泥用灰岩资源储量分别居全省第一、第一、第二、第二位。大中型共伴生矿床 39 处，共伴生矿的综合利用价值大。2007 年开发利用矿种达 20 种，矿山企业 195 家，年产矿石量 1936.79 万 t、矿业产值 282344.73 万元、从业人员 19643 人。按企业规模统计，大中型矿山企业 15 家，大中型矿山矿石产量 1707 万 t、矿业产值 266100 万元、从业人员 10391 人，分别占总量的 88.1%、94.25%、52.9%。按企业经济类型统计，国有矿山企业 9 家，矿石产量 730 万 t、矿业产值 169450 万元、从业人员 7874 人，分别占总量的 37.69%、60.02%、40.09%。大中型矿山企业和国有矿山企业在铜陵市矿业中占据主导地位[79]。

　　2007 年芜湖市已发现各类矿产 45 种，矿产地 327 处，已开发利用的矿种有 28 种，主要有煤、铁、铜、锌等多金属，有矿山企业 273 家。其中，生产矿山 246

家，停产矿山 25 家，筹建矿山 2 家，关闭、合并及闭坑矿山共有 165 家。2007 年已查明铁矿石资源储量 4240.158 万 t，累计查明铜、铅、锌、锑、钼金属资源储量分别为 109770.1t、162.3t、73654.91t、1411.89t、81t[80]。截至 2015 年底，芜湖市已发现各类矿产 50 种，能源矿产有煤、泥炭、页岩气、地热及铀，金属矿产有铜、铅、锌、铁、金、银等共 11 种，建材及其他非金属矿产有水泥用灰岩、熔剂用灰岩、电石用灰岩、水泥用砂页岩、水泥用黏土。全市查明资源储量的矿产 44 种，其中锌、金、铜、铁、水泥用灰岩、膨润土、含钾岩石等为优势矿种，查明的矿产资源都有不同程度的开发利用。芜湖市矿产资源地域分布相对集中。水泥用灰岩、水泥用黏土、铁矿、高岭土、膨润土等主要分布在繁昌区荻港镇—马坝地区，铜矿、铅锌矿等主要分布在南陵县西部及无为市西南部，建筑石料矿主要分布在无为市石涧镇—严桥镇、繁昌区荻港镇、南陵县三里镇等地[81]。长江中下游地区铁、铜等多金属矿产资源丰富，对于长江经济带下游的矿产发展具有重要影响。

3.2.3　长江经济带主要矿业区矿产特征

由表 3-16 可知，空间上，长江经济带上游矿业区主要矿种是铅锌矿、钒钛铁矿、石墨、煤矿、锡矿、金矿等；中游矿业区主要矿种是磷矿、稀土、铜等多金属；下游矿业区主要矿种是煤矿、铁、铜等多金属。

表 3-16　长江经济带主要矿业区矿产储量基本情况

区域	矿业区	主要城市	优势矿种	储量等变化量	
				2005～2010 年	2010～2020 年
长江经济带上游	四川攀枝花凉山矿业区	凉山彝族自治州攀枝花市	钒钛铁矿、石墨	68.85 亿 t	69.8 亿 t
	黔南黔西南矿业区	六盘水市	金矿	391.6kg	6335.57kg（2020 年）
			煤矿	170.59 亿 t	241.71 亿 t（2020 年）
		黔西南布依族苗族自治州	金矿	—	271.4t
			煤矿	3.49 亿 t	—
	兰坪维西矿业区	迪庆藏族自治州怒江傈僳族自治州	铅锌矿	1.2 亿 t	—
	云南红河文山矿业区	红河哈尼族彝族自治州	煤矿、锡矿	43.17 亿 t	41.39 亿 t
		文山壮族苗族自治州	铅锌矿	1.13 亿 t	1.29 亿 t

续表

区域	矿业区	主要城市	优势矿种	储量等变化量	
				2005~2010 年	2010~2020 年
长江经济带上游	云南曲靖昭通矿业区	曲靖市	煤矿	4062.53 万 t	90.7 亿 t
			铅锌矿	1182.32 万 t(2009 年)	497 万 t(2017 年)
		昭通市	煤矿	—	—
长江经济带中游	赣南矿业区	赣州市	稀土	—	21 万 t
	湖北黄石矿业区	黄石市	铜、金	225.54 万 t	
	湖北宜昌矿业区	宜昌市	磷矿	36683.3 万 t	318966.15 万 t
	湘南矿业区	郴州市 衡阳市	铜等多金属 有色金属	4.43 亿 t	
长江经济带下游	安徽两淮矿业区	淮南市	煤矿	877.1 亿 t	142.36 亿 t
		淮北市		42.92 亿 t	0.27 亿 t(2020 年)
		宿州市		51.97 亿 t	60 亿 t
	长江下游矿业区	池州市	铁、铜等 多金属	28.6 万 t	51.79 万 t(2007 年)
		马鞍山市		744.19 万 t	1156.56 万 t
		铜陵市		1936.79 万 t	—
		芜湖市		4258.66601 万 t	—

注：—表示数据未获取成功。

时间上，各个矿业区优势矿种在 2005~2015 年储量变化明显。长江经济带上游矿业区矿产储量除了云南曲靖昭通矿业区的铅锌矿和云南红河文山矿业区的煤矿、锡矿储量有所下降外，其余矿产储量均有不同程度增加，特别是黔南黔西南矿业区金矿储量增加明显，由 391.6kg(2010 年)增至 6335.57kg(2020 年)。云南曲靖昭通矿业区铅锌矿储量下降明显，由 1182.32 万 t(2009 年)降至 497 万 t(2017 年)。长江经济带中游的湖北宜昌矿业区优势矿种磷矿由 2005 年的 36683.3 万 t 增加至 2015 年的 318966.15 万 t，增幅明显。长江经济带下游的安徽两淮矿业区煤矿储量下降明显，特别是淮南市和淮北市因城市转型需要，关闭了大量矿山，煤矿储量持续下降。但长江下游矿业区铁、铜等多金属储量还处于增长阶段，如池州市和马鞍山市的铁、铜等多种金属储量增幅明显。

3.3　矿产资源开发与产业结构的相关性

3.3.1　矿产资源开发对第一、第二、第三产业的影响

以矿产资源开发为核心的采矿业及其上下游延伸产业是长江经济带大多数省(直辖市)第一、第二、第三产业的重要组成部分。从长江经济带各省(直辖市)矿产资源开发对第一产业的支持占比(图 3-12)来看，上海市矿产资源开发对第一产业的支持占比较少，平均占比仅达 0.76%；贵州省矿产资源开发对第一产业的支持占比最高，平均占比高达 17.86%。从地域变化来看，长江经济带上游各省(直辖市)矿产资源开发每年对第一产业平均支持力度最大，且贵州省在 2000 年矿产资源开发对第一产业的支持占比数据最高，超过 25%；长江经济带下游各省(直辖市)的矿产资源开发对第一产业的平均支持数据相对较低，但安徽省在长江下游 4 个省(直辖市)中支持数据相对较高，与长江中游地区各省份的矿产资源开发对第一产业平均的支持数据相近。从时间变化来看，长江经济带各省(直辖市)除湖北省外，2000 年矿产资源开发对第一产业的平均支持占比数据均最高，且大部分省(直辖市)矿产资源开发对第一产业的平均支持占比随时间呈下降趋势；在 2000～2005 年，江苏省、浙江省、安徽省、江西省以及贵州省的矿产资源开发对第一产业的支持占比数据下降幅度较大，表明各地政府从 2000 年起有意识地降低当地第一产业发展对矿产资源的依赖性。

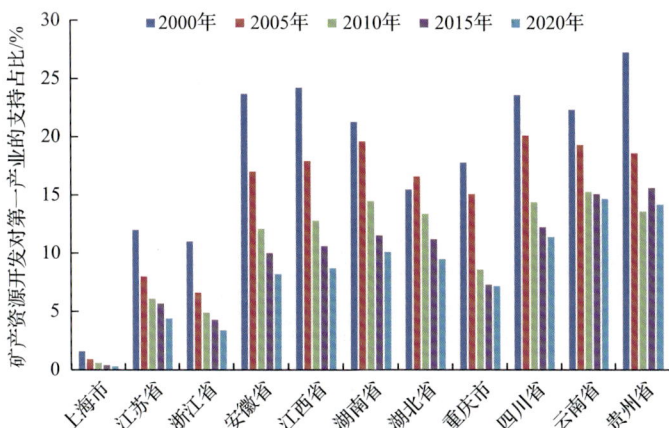

图 3-12　长江经济带各省(直辖市)矿产资源开发对第一产业的支持占比

从长江经济带各省(直辖市)矿产资源开发对第二产业的支持占比(图 3-13)来看，矿产资源开发对江苏省、浙江省、江西省、湖北省、重庆市第二产业的支持

占比较大,平均占比均在 45%以上。而矿产资源开发对上海市、湖南省、四川省、贵州省、云南省第二产业的支持占比相对较小,平均占比在 40%左右。从地域变化来看,矿产资源开发对长江经济带中游和下游第二产业的支持力度较大,平均占比分别为 45%和 46%;而矿产资源开发对长江经济带上游第二产业的支持力度较小,平均占比为 41%。从时间变化来看,2000~2020 年矿产资源开发对安徽省、江西省、湖南省第二产业占比支持力度呈先增加后降低的趋势,且这种支持力度均在 2010 年达到最大值,表明以上省(直辖市)在 2010 年之后对矿产资源的开发力度进行了控制。2005~2020 年矿产资源开发对上海市、江苏省、浙江省第二产业占比的支持力度呈逐年降低的趋势,表明以上省(直辖市)正在积极转型,降低对矿产资源的依赖性。

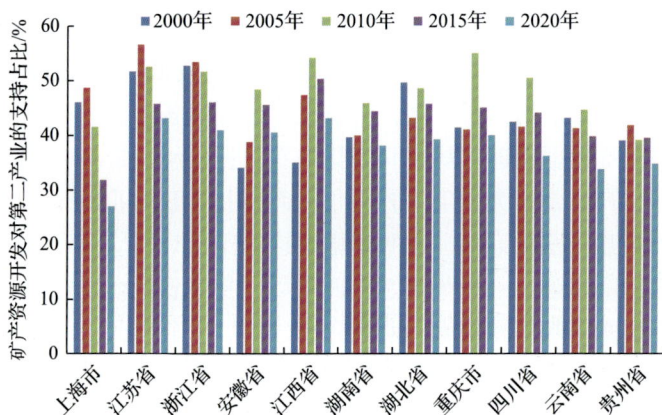

图 3-13　长江经济带各省(直辖市)矿产资源开发对第二产业的支持占比

从长江经济带各省(直辖市)矿产资源开发对第三产业的支持占比(图 3-14)来看,2000~2020 年随着矿产资源开发,长江经济带各省(直辖市)第三产业占比均有明显增长,截至 2020 年,除江西省外,其他省(直辖市)矿产资源开发对第三产业的支持占比均突破 50%,其中上海市矿产资源开发对第三产业的支持占比相比其他长江经济带(直辖市)最大,高达 72.7%,江西省矿产资源开发对第三产业的支持占比最小,为 48.1%。从地域变化来看,长江经济带下游地区矿产资源开发对第三产业的支持力度较大,尤其是上海市平均占比数据最高,可达 60.26%;长江经济带中上游各省(直辖市)矿产资源开发对第三产业的支持力度相似,平均占比为 44%左右。从时间变化来看,长江经济带各省(直辖市)矿产资源开发对第三产业的支持占比在 2020 年普遍最高,2015 年次之(江西省、贵州省除外),可以看出从 2015 年起,各省(直辖市)矿产资源开发对第三产业的发展起到了明显的促进作用。

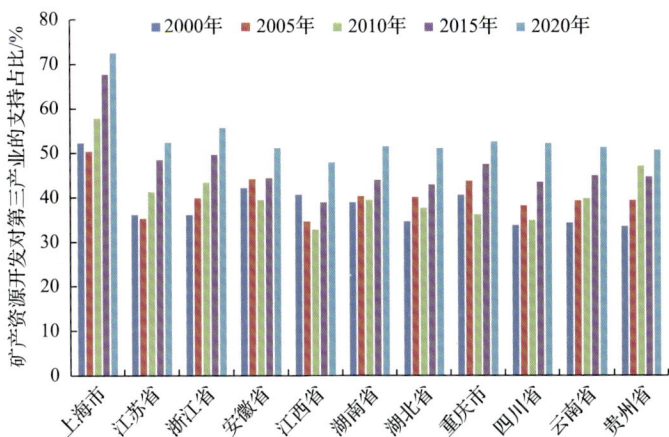

图 3-14　长江经济带各省(直辖市)矿产资源开发对第三产业的支持占比

3.3.2　矿产资源开发对采矿业从业人员人口占比的影响

对比长江经济带各省(直辖市)采矿业从业人员人口占比(图 3-15)可知，安徽省采矿业从业人员人口占比最高，占比最高达 21.2%，而上海市采矿业从业人员人口占比最少，这与上海市的矿产资源较少且多数矿产资源基本是其他地方直接供应有关。从地域分布来看，长江经济带下游地区除安徽省外，采矿业从业人员人口占比平均不及 0.3%；长江经济带中游地区三个省份中，湖南省采矿业从业人员人口占比较高，但湖南省 2000 年及 2020 年的从业人员人口占比数据较低；从现有长江经济带上游地区的数据中发现四川省采矿业从业人员人口占比变化较

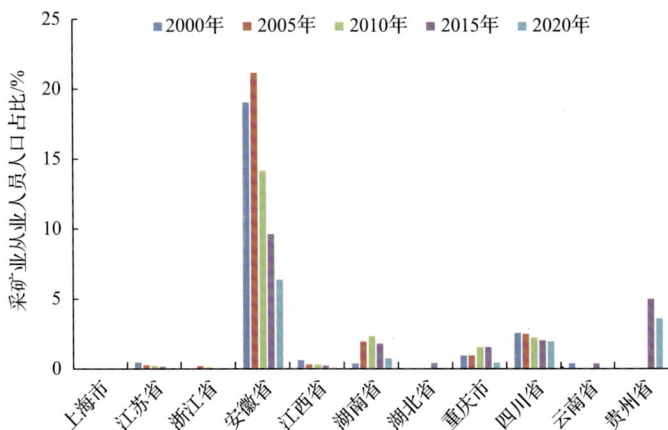

图 3-15　长江经济带各省(直辖市)采矿业从业人员人口占比

小，贵州省 2015 年及 2020 年采矿业从业人员人口占比在长江经济带上游地区各省份中相对较高，但有下降趋势。

结合上述分析，安徽省产业结构与矿产资源开发的联系较为密切，采矿业从业人员也相对较多。安徽省的整体产值在长江经济带下游地区中偏低，但从 2021 年起，国家正式落实沪苏浙城市帮扶能源矿产较多的皖北城市的诸多措施，相信未来安徽省矿产资源的开发利用会对安徽省的产业结构的推进起到更加积极的作用。

长江经济带中游地区富含有色金属及稀土矿产，其主要分布在江西省和湖南省。两省第二产业在长江经济带中游地区中占比相对较高，这与其丰富的矿产资源及大规模发展资源类产业有关。但近年来，两省不少矿区被划分作为资源储备和保护区域，转为国家规划矿区进行统一开发与利用，其矿产资源对工业的支持有所减少，表明两省的发展机制已不再过多偏重矿产资源开发。

长江经济带上游地区四个省(直辖市)富含煤炭、铁、锰、铝土矿、稀土、磷矿等矿产资源，各省(直辖市)建设的 13 处能源资源基地已纳入国民经济和社会发展规划以及相关行业发展规划中统筹安排和重点建设，而上游地区各省(直辖市)近几年的矿产资源开发对第一及第二产业的支持占比呈下降趋势，表明矿产资源开发对各省(直辖市)的第一及第二产业影响较大。

3.4 部分战略性矿产资源

从地域分布来看(图 3-16)，煤炭资源在长江经济带上游地区分布较多，且贵州省整体的煤炭资源储量最多，重庆市整体较低；长江经济带中游地区的煤炭资源储量整体较低；长江经济带下游地区仅安徽省的煤炭资源储量较高，且 2005 年

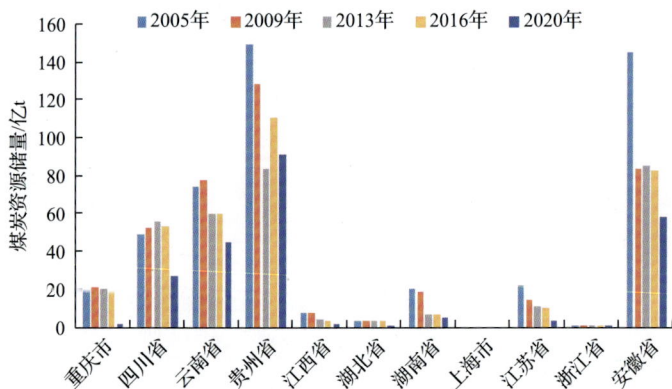

图 3-16　长江经济带煤炭资源储量

最高，与贵州省 2005 年的资源储量相近。从时间分布来看，大部分省(直辖市)的煤炭资源储量随时间增长呈下降趋势，但四川省的煤炭资源储量在 2005~2013 年有略微上升趋势，贵州省的煤炭资源储量在 2013 年左右变化较大，几乎所有省(直辖市)(贵州省除外)的煤炭资源储量在 2020 年都是最低，且与 2016 年相比差距较大。

　　针对长江经济带各省(直辖市)石油资源储量(图 3-17)，从地域分布来看，石油资源在长江经济带上游地区均有分布，但储量较少，四川省相对较高；长江经济带中游地区仅湖北省的石油资源储量较高；长江经济带下游地区江苏省和安徽省存在石油资源储量，江苏省整体的石油资源储量相对较高，甚至在长江经济带中处于最高位置，安徽省的石油资源储量较低。从时间分布来看，2013 年之前石油资源储量呈上升趋势(四川省除外)，之后开始下降，即现有数据表明 2013 年各省(直辖市)的石油资源储量最高。

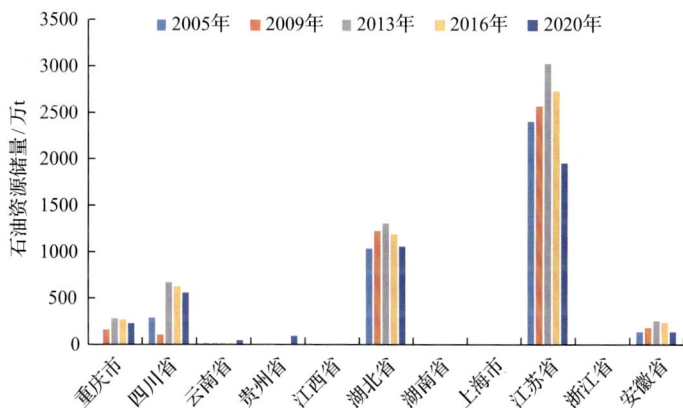

图 3-17　长江经济带石油资源储量

　　针对长江经济带各省(直辖市)天然气资源储量(图 3-18)，长江经济带上游地区仅四川省、重庆市有天然气资源储量，且在四川省最高；长江经济带中游地区仅湖北省有天然气资源储量。从时间分布来看，四川省的天然气资源储量随时间增长呈增长趋势，重庆市的天然气资源储量变化相对较小，截至 2020 年，重庆市的天然气资源储量甚至有略微下降趋势。

　　针对长江经济带各省(直辖市)铁矿资源储量(图 3-19)，从地域分布来看，在长江经济带上游地区均有分布，且四川省的铁矿资源储量最高，重庆市的铁矿资源储量最低；长江经济带中游地区湖北省的铁矿资源储量相对较高；长江经济带下游地区仅安徽省铁矿资源储量较高，江苏省及浙江省的铁矿资源储量较低。从时间分布来看，四川省的铁矿资源储量基本呈逐年下降趋势，安徽省的铁矿资源

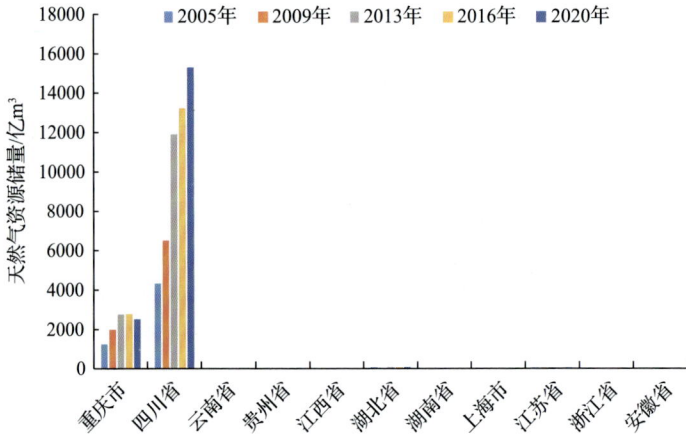

图 3-18　长江经济带天然气资源储量

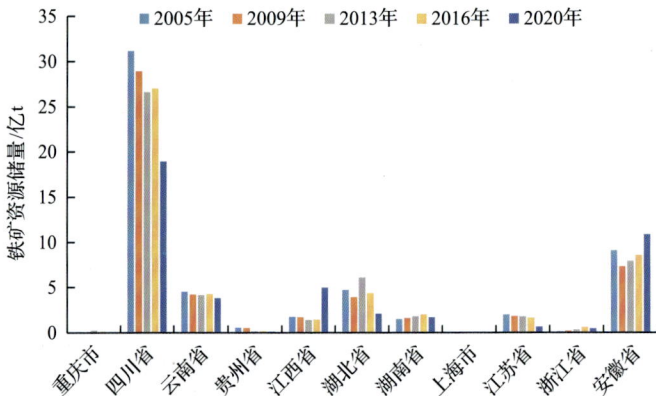

图 3-19　长江经济带铁矿资源储量

储量从 2009 年起随时间增长呈上升趋势，且截至 2020 年铁矿资源储量最高，其余省(直辖市)的铁矿资源储量变化波动幅度不大。

　　针对长江经济带各省(直辖市)铜矿资源储量(图 3-20)，从地域分布来看，长江经济带上游地区除重庆市外各省份铜矿资源储量均有分布，且云南省较高；长江经济带中游地区江西省铜矿资源储量较高，且整体最高；长江经济带下游地区仅安徽省的铜矿资源储量较高。从时间分布来看，长江经济带中下游地区整体上的铜矿资源储量随时间增长呈下降趋势，但江西省在 2020 年的铜矿资源储量出现大幅度上升，云南省的铜矿资源储量整体上随时间增长呈上升趋势。

　　针对长江经济带各省(直辖市)铅矿资源储量(图 3-21)，从地域分布来看，长江经济带上游地区铅矿资源储量多半集中在云南省，其余三省(直辖市)铅矿资源

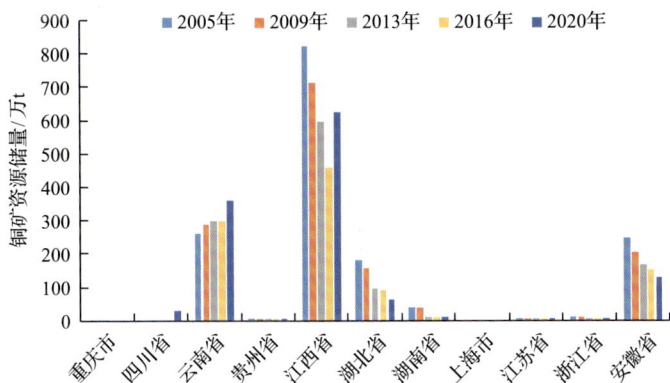

图 3-20　长江经济带铜矿资源储量

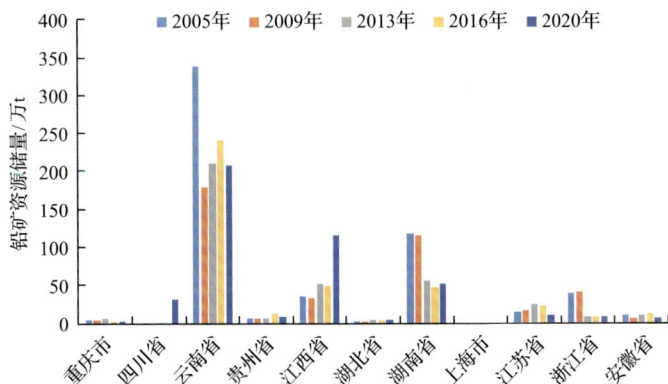

图 3-21　长江经济带铅矿资源储量

储量较少；长江经济带中游地区仅湖北省铅矿资源储量较少，江西省和湖南省铅矿资源储量相对较多；长江经济带下游地区相对上中游地区铅矿资源储量较少，上海市最少，江苏省比安徽省多。从时间分布来看，云南省的铅矿资源储量在 2009 年下降后开始上升，但截至 2020 年其铅矿资源储量开始下降，其余省(直辖市)除江西省和湖南省 2020 年的铅矿资源储量有上升外其余均呈下降趋势，湖南省及浙江省分别在 2005 年及 2009 年铅矿资源储量较高后整体呈下降趋势。

　　针对长江经济带各省(直辖市)铝矿资源储量(图 3-22)，从地域分布来看，铝矿资源主要集中分布在长江上游地区(重庆市、云南省和贵州省)，且贵州省整体上的资源储量最高。从时间分布来看，重庆市的铝矿资源储量在整体上随时间增长呈上升趋势，而云南省及贵州省的铝矿资源储量整体上随时间增长呈现下降趋势。

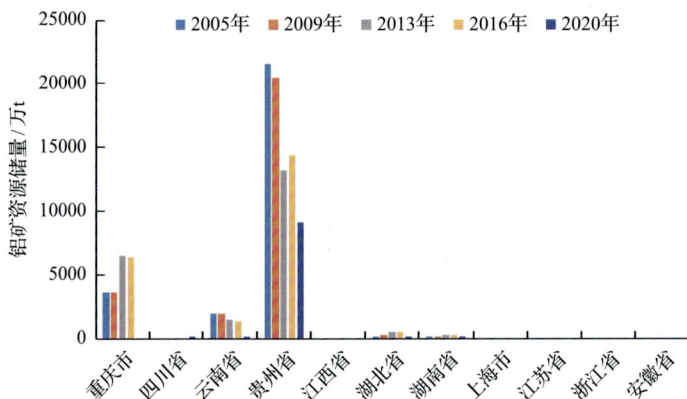

图 3-22　长江经济带铝矿资源储量

　　针对长江经济带各省(直辖市)磷矿资源储量(图 3-23),从地域分布来看,长江经济带上中游地区磷矿资源储量整体较高,云南省及贵州省磷矿资源储量相似;长江经济带中游地区湖北省磷矿资源储量较高,且 2016 年的磷矿资源储量最高;而长江经济带下游地区磷矿资源储量较少。从时间分布来看,云南省、湖南省以及长江经济带下游地区的磷矿资源储量整体上随时间增长呈下降趋势,且 2020 年最低,而其他省(直辖市)的变化波动较大,但江西省的变化较小。

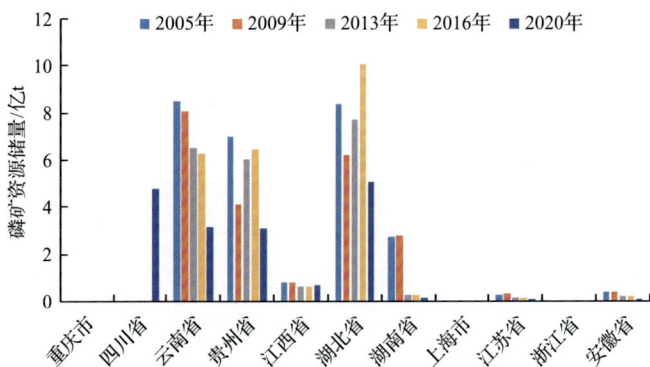

图 3-23　长江经济带磷矿资源储量

　　针对 2020 年长江经济带多种矿产资源储量(图 3-24),部分能源矿产、金属矿产及非金属矿产在长江经济带中上游地区分布较多,且截至 2020 年,四川省的页岩气资源储量最高,贵州省的铬铁矿资源储量最高,江西省的萤石资源储量最高。其余矿种在长江经济带各省(直辖市)中均有分布(上海市除外),但资源储量较少。

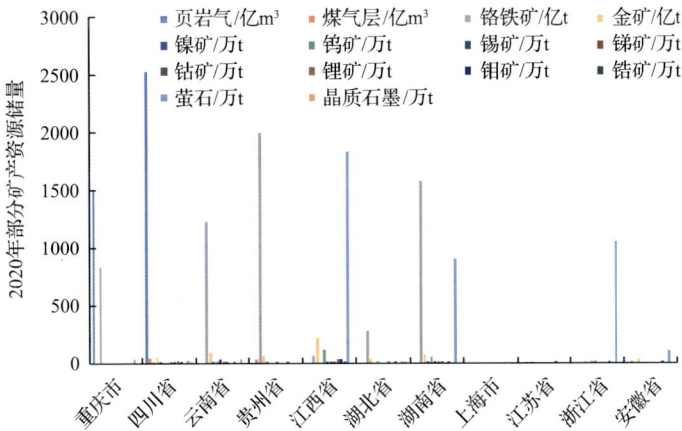

图 3-24　2020 年长江经济带多种矿产资源储量

3.5　矿产资源开发对生态环境的影响回顾

　　长江经济带存在活动断裂、滑坡崩塌、泥石流灾害、岩溶塌陷、地面沉降等地质问题,同时,截至 2016 年,长江经济带有矿山 5.4 万多座,大中型矿山占 7%,固体废物存量达 80 多亿 t,年排放废水近 30 亿 m^3,国土开发强度明显高于全国平均水平。矿业开发过程中,不论是在建设期、生产期,还是闭矿期,施工和生产行为均会导致废石、土方、扬尘、水土流失、植被破坏等问题,从而对矿区周边的生态、大气、土壤和水体环境造成一定的破坏。因此,长江经济带矿产资源的开发必然对生态环境产生重大影响(表 3-17)。

表 3-17　长江经济带矿产资源开发行为对生态环境的影响

工期	建设行为	环境污染行为/物质	环境基质
建设期	基建施工	占地、水土流失、植被破坏、噪声、扬尘、废水	生态、水环境、声环境、环境空气、固体废物
	施工场地、井巷等	废石、土方、水土流失	生态、固体废物、环境空气
	废土、废石场	占地、水土流失、扬尘	环境空气、生态、固体废物
	施工机械	废水、废气	水环境、环境空气
生产期	采矿工作面爆破等	噪声、振动、扬尘、废水、废气	水环境、声环境、环境空气、生态
	矿石运输、转运	噪声、扬尘、尾气	声环境、环境空气
	选矿	粉尘、废水、噪声、尾矿	声环境、水环境、环境空气、生态、固体废物

续表

工期	建设行为	环境污染行为/物质	环境基质
生产期	矿山办公、生活区	生活污水、生活垃圾、废渣	水环境、声环境、环境空气、生态、固体废物
	废石场	扬尘、稳定性、水土流失、淋溶液	环境空气、生态、水环境、环境风险、固体废物
闭矿期	场地清理、废石场	扬尘、废水等	水环境、环境空气
	矿井	地表塌陷、滑坡	生态、环境风险
	废石场	防洪、排洪、稳定性、水土流失	生态、地表水环流、地下水环境、环境风险、固体废物

3.5.1　矿产资源开发对土壤环境的影响

长江经济带富含大量矿产资源，由表 3-18 可知，长江经济带有西南三江成矿带、南岭成矿带、长江中下游成矿带、桐柏—大别成矿带、上扬子西缘成矿带、江南陆块南缘成矿带、上扬子东缘成矿带、武夷山成矿带，这些成矿带分布在长江经济带的各个省(直辖市)。很明显，成矿带上分布着多种类型的矿种，且横跨各个省(直辖市)。表 3-18 中不少成矿带上分布着多种矿种，采集某种矿种的同时，也会带来其他元素的释放，且由表 3-18 不难发现，在这些成矿带上，基本上都存在一定的重金属元素，因此，长江经济带矿产资源的开采必然会导致重金属元素向环境的释放，造成重金属元素在土壤中富集。

表 3-18　长江经济带成矿带地段主要矿种分布

成矿带	地区	主要矿种
西南三江成矿带	四川省、云南省	铜、钼、银、金、铅、锌
南岭成矿带	江西省、湖南省	锡、银、铅、锌、稀土
长江中下游成矿带	江苏省、浙江省、安徽省、湖北省	铜、金、铁、铅、锌、硫
桐柏—大别成矿带	安徽省、湖北省	金、银、铜、铅、锌、钼
上扬子西缘成矿带	湖北省、重庆市、四川省、贵州省、云南省	铁、钛、钒、铜、铅、锌、铂、银、金、稀土
江南陆块南缘成矿带	上海市、浙江省、安徽省、江西省、湖南省	铜、钼、金、银、铅、锌
上扬子东缘成矿带	湖北省、湖南省、重庆市、贵州省	锑、金、磷、滑石
武夷山成矿带	浙江省、江西省	铅、锌、银、锡、钨、稀土

　　由张浙等对 2006～2020 年长江经济带矿山土壤重金属污染相关研究可知：长江经济带矿山土壤中 Pb、Cd、Cr、Hg、As、Zn、Ni 和 Cu 含量平均值超长江经济带土壤背景值，重金属污染程度为：Cd>Hg>Pb>Zn>Cu>As>Ni>Cr，Cd 和 Hg 污染程度最高，同时发现锡矿和铅锌矿土壤污染较其他矿种明显突出（图 3-25）[82]。进一步研究发现，Pb 和 Zn 高值区主要位于成都市的大邑县、重庆市和杭州市；Cr 高值区在安徽省的淮北市、江西省的赣州市和贵州省的黔西南布依族苗族自治州；Hg 含量高值区主要集中在贵州省铜仁市万山区；Cd 高值区主要分布在怀化市、长沙市和杭州市等；As 含量高值主要分布在江苏省和安徽省的北部、贵州省南部和湖南省的南部地区；Ni 含量高值区主要分布在湖南省的怀化市和贵州省的六盘水市；Cu 含量相对偏高的区域主要为绍兴市和黄石市周边区域。由此可见，不同矿区呈现不同的重金属污染类型，其污染程度也不尽相同。

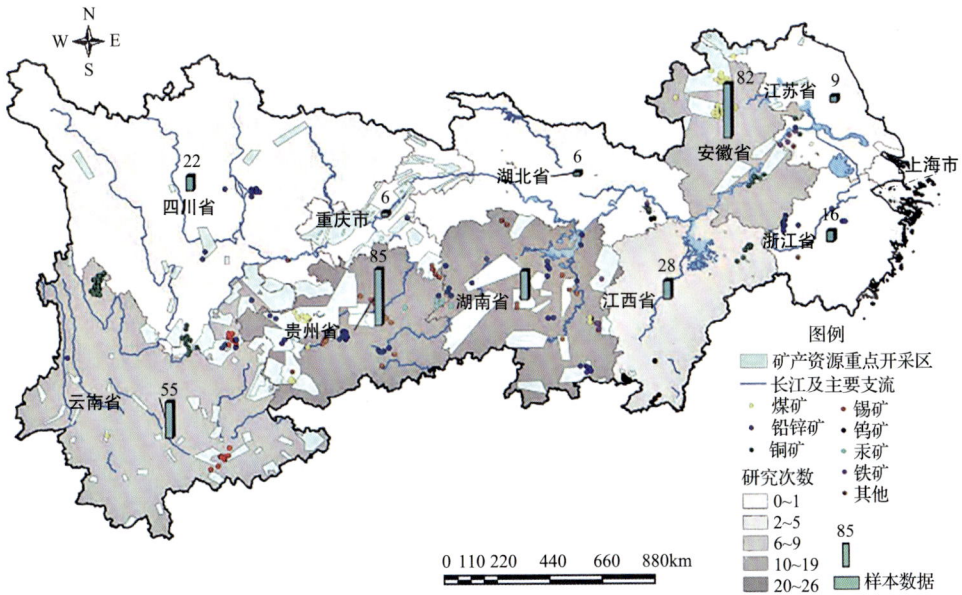

图 3-25　长江经济带矿山周边土壤重金属点位
矿产资源重点开采区数据来源于国家自然资源和地理空间信息基础数据库

　　由方传棣等的研究可知，表 3-19 中，长江经济带的重金属元素空间差异性也很明显，长江经济带下游地区 Cr、Cu、Zn 平均含量最高，中游地区 As、Ni 平均含量最高，上游地区 Pb、Cd 和 Hg 平均含量最高，Cd 和 Hg 是长江经济带矿区土壤重金属元素污染的主要元素[83]。

表 3-19　长江经济带各地区土壤重金属浓度　　　　（单位：mg/kg）

区域	文献调查区域	As	Cr	Cu	Ni	Pb	Zn	Cd	Hg	采样年份
长江经济带下游地区	江苏省柳新矿区	—	43.28	21.10	—	14.82	53.80	0.44	—	2010
	浙江省绍兴矿区	11.20	46.88	30.19	—	75.11	209.35	0.45	0.26	2014
	安徽省宿南矿区	—	49.42	29.92	29.75	29.37	65.07	0.30	—	2015
	安徽省淮北矿区	11.74	73.52	26.76	30.75	25.05	66.52	0.17	0.05	2006
	安徽省铜陵矿区	27.40	—	363.11	—	134.76	283.43	8.58	—	2014
	江苏省九华山矿区	—	—	508.79	—	45.75	154.43	0.48	—	2002
	江苏省徐州矿区	—	—	120.82	—	93.63	38.06	—	—	2014
	安徽省淮南矿区	—	145.90	100.56	—	231.96	168.73	3.49	—	2008
	浙江省富阳矿区	—	—	751.75	—	3959.93	12402	100.48	—	2012
	江苏省宁芜矿区	0.45	59.30	38.28	33.55	74.23	—	0.69	0.06	2016
	安徽省狮子山矿区	—	—	930.03	—	612.27	1173.5	11.17	—	2016
长江经济带中游地区	湖南省柿竹园矿区	550.67	—	240.83	—	1338.67	1042.0	10.26	0.28	2018
	湖南省某矿区	—	—	106.69	—	451.84	3879.3	27.40	—	2012
	湖南省花垣矿区	—	—	108.22	—	650.44	523.44	2.94	—	2010
	湖北省大悟矿区	17.18	—	36.87	—	649.67	189.85	5.01	4.74	2016
	湖北省某矿区	—	—	68.87	49.11	48.26	287.35	14.12	—	2015
	湖北省大冶矿区	—	154.33	460.41	38.73	83.63	204.81	4.75	—	2017
	湖南省某矿区	35.10	63.88	47.22	—	61.66	174.13	1.58	11.94	2002
	江西省德兴矿区	10.66	107.79	197.71	—	51.47	110.13	0.18	0.08	2008
	湖南省湘西矿区	—	—	117.38	68.40	107.98	177.16	8.15	—	2015
	江西省赣州矿区	51.59	125.18	60.02	—	37.07	106.86	4.66	1.04	2016
	湖南省冷水江矿区	82.64	—	—	—	71.27	—	13.08	—	2008
长江经济带上游地区	重庆市榕溪矿区	—	—	82.21	—	82.57	144.79	3.91	—	2014
	贵州省都匀矿区	41.35	6.28	61.77	15.34	280.00	5700.0	85.58	2.46	2018
	云南省雪鸡坪矿区	23.05	65.31	102.27	—	147.61	89.44	0.16	0.19	2015
	贵州省妈姑镇矿区	—	143.07	—	—	406.44	567.62	2.97	—	2014

续表

区域	文献调查区域	As	Cr	Cu	Ni	Pb	Zn	Cd	Hg	采样年份
长江经济带上游地区	贵州省晴隆矿区	116.05	—	—	—	—	—	2.26	0.97	2012
	四川省甘洛矿区	—	55.58	70.38	—	1710.67	278.50	22.28		2006
	贵州省杜鹃矿区	23.37	75.31			33.17		0.38	0.28	2011
	贵州省万山矿区	—	26.23	34.53	56.16	195.40	115.75	0.22	99.61	2014
	云南省个旧矿区	232.60	—	361.44	—	5070.54	2946.8	47.42	—	2009
	四川省拉拉矿区	9.41	107.70	208.66	—	41.16	—	4.08	2.19	2007
	四川省大邑矿区	—	3.94			346.30	650.72	1.74		2014
国家土壤标准一级		90	35	40	35	100		0.20	0.15	—
国家土壤标准二级		200	100	50	300	250		0.30	0.50	—
国家土壤标准三级		300	400	200	500	500		1.00	1.50	—

注：—表示数据未获取成功。

由《长江经济带生态环境保护规划》可知，长江经济带的土壤重金属污染空间差异性十分明显。69 个重金属污染防控重点区域基本分布在浙江省长兴县、鹿城区、玉环市，湖北省黄石市，湖南省株洲市清水塘、衡阳县水口山、郴州市三十六湾及周边地区、娄底市锡矿山等。方传棨等认为长江经济带重金属污染关键区域是选矿和冶炼活动区，分矿种而言，汞是金矿区土壤最大污染物；铅在不同矿区排序为：多金属矿区>锡矿区>金矿区>铅锌矿>铜矿区；镉、铜则表现为铅锌矿>锡矿>金矿>多金属矿>铜矿；镉元素在铅锌矿区最明显。总体而言，土壤重金属综合污染程度排序为：铅锌>锡矿>金矿>多金属矿[84]。

因此，长江经济带的土壤重金属分布存在地区/空间差异性，其重金属污染的类型和程度因矿产(矿种)类型/成矿带而异，金属矿区的重金属浓度相对较高。整体上，锡矿和铅锌矿土壤污染较其他矿种明显，Cd 和 Hg 是长江经济带主要的土壤污染元素。

3.5.2　矿产资源开发对水环境的影响

矿产资源开发和生产过程中产生的选矿废水、矿井水以及尾矿水等均为矿山废水污染，其特点是水量大、成分复杂、含有多种金属离子和较多的悬浮固体，矿山废水对矿区周边的生态环境破坏极大，而且矿山废水能够流入地下水，引起的污染能够扩大到其他区域，影响范围特别广。2015 年，长江经济带各省(直辖市)工业废水排放量达 88.86 亿万 t，工业废水中化学需氧量(COD)排放量为 115.79 万 t，氨氮排放量为 8.66 万 t，其中化学需氧量为主要污染物，石油类排放量为 0.64 万 t，重金属汞、镉、铬、铅、砷排放量分别为 0.371t、8.912t、14.366t、43.037t、66.27t，铅砷污染较严重。有机物挥发酚、氰化物排放量分别为 88.1t、45.6t。

　　长江经济带工业废水排放总量如图 3-26 所示。长江经济带下游地区浙江省和江苏省的工业废水排放总量较高，尤其是江苏省在 2005 年的工业废水排放总量最高，将近 30 亿 t，浙江省在 1995～2010 年工业废水排放总量呈上升趋势，2010 年起工业废水排放总量开始下降，但 2018 年的工业废水排放总量仍然高于 1995 年的工业废水排放总量。长江经济带中游地区江西省 2000～2015 年的工业废水排放总量呈上升趋势，甚至 2015 年的工业废水排放总量超过 1995 年，湖南省及湖北省 1995～2018 年的工业废水排放总量在个别年份有所上升，整体呈下降趋势，说明两省的工业废水排放效率逐渐提高，且 2018 年湖南省工业废水排放总量低于湖北省。长江经济带上游地区的工业废水排放总量为四川省在 1995 年最高，之后其整体的工业废水排放效率逐年提高，其他三省(直辖市)的变化趋势基本相同，但云南省和贵州省在 2015 年的工业废水排放总量出现了明显的升高趋势。

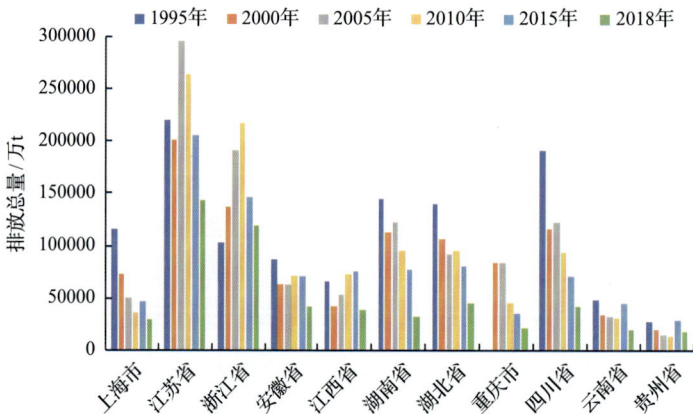

图 3-26　长江经济带工业废水排放总量

　　长江经济带工业废水污染物中化学需氧量、氨氮以及石油类排放量变化情况如图 3-27 所示。整体上看，各省(直辖市)的工业废水中化学需氧量排放量较高，石油类排放量相对较低。长江经济带下游地区各省(直辖市)的工业废水污染物中的化学需氧量及氨氮排放量相对较高；长江经济带中游地区的工业废水污染物中石油类排放量最少，但湖南省的氨氮排放量及化学需氧量排放均较高；长江经济

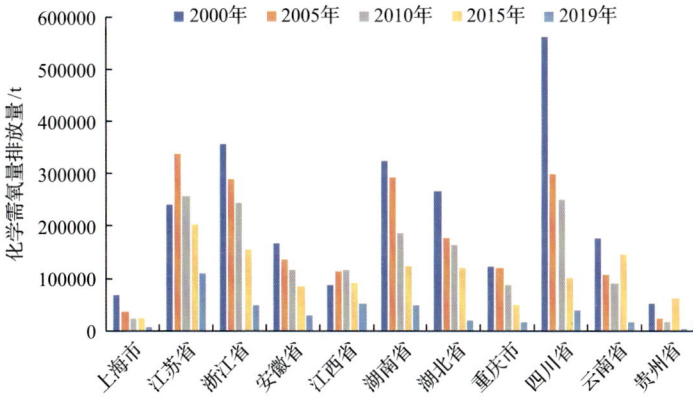

(a) 化学需氧量排放量

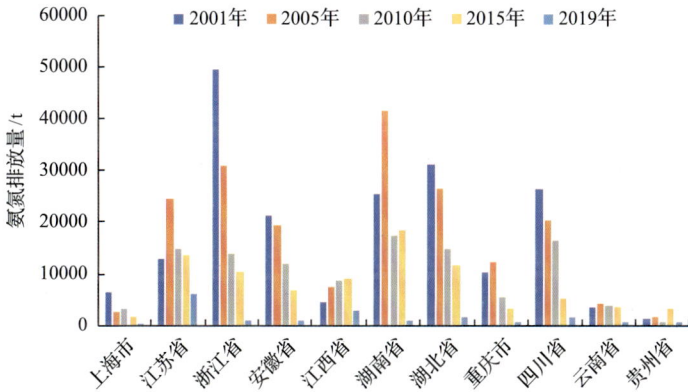

(b) 氨氮排放量

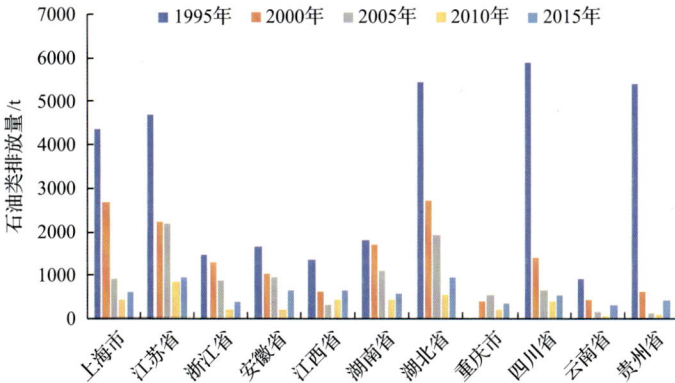

(c) 石油类排放量

图 3-27　长江经济带工业废水污染物中化学需氧量、氨氮和石油类排放量

带上游地区四川省的工业废水污染物各类污染物排放量都较高,尤其在2000年四川省的化学需氧量排放量超过56万t,贵州省的各类污染物排放量均较低,但该省1995年的石油类排放量较高,超过0.54万t。

长江经济带工业废水污染物中镉、六价铬、铅、砷、汞排放量的变化情况如图3-28所示。整体看来,长江经济带各省(直辖市)工业废水中的各类污染物排放量整体上均呈下降趋势。长江经济带下游地区除六价铬及砷排放量较高外,其余几种污染物排放量较少,尤其是江苏省1995年的六价铬排放量接近60t,属长江经济带各省(直辖市)中排放量最高者;1995年浙江省的砷排放量在长江经济带下游地区中最高,超过160t。长江经济带中游地区的砷排放量整体最少,但湖南省镉、六价铬、铅、汞排放量均较高,尤其是镉、铅及汞排放量属于长江经济带各省(直辖市)中排放量最高的省份。长江经济带上游地区除云南省各类污染物排放量较高外,四川省和贵州省的污染物排放量均较少,重庆市砷排放量最高,一直为长江经济带最高的省份,2015年排放量为30.838t,占长江经济带的46.56%。

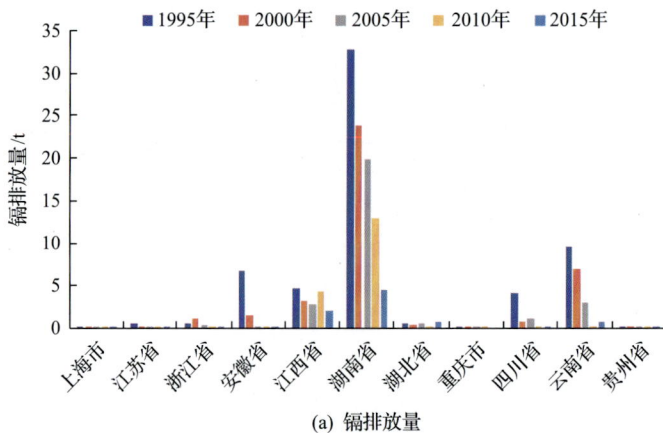

(a) 镉排放量

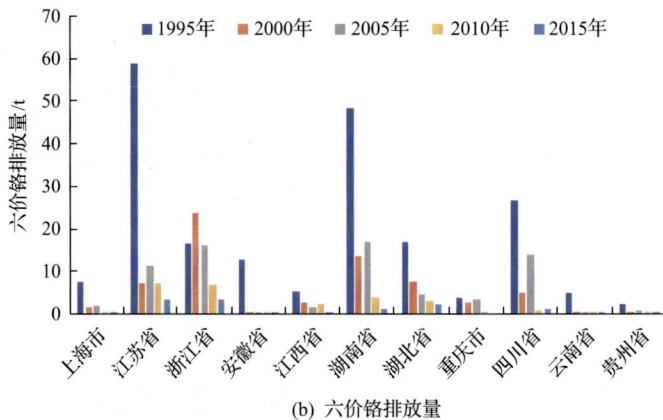

(b) 六价铬排放量

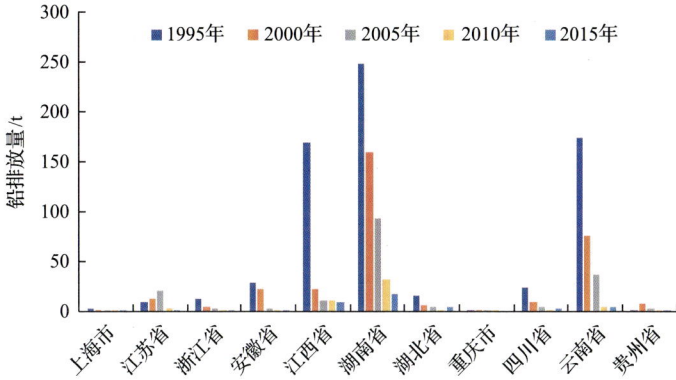

(c) 铅排放量

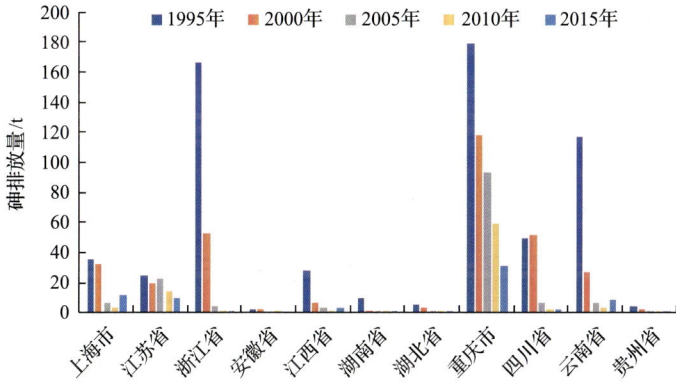

(d) 砷排放量

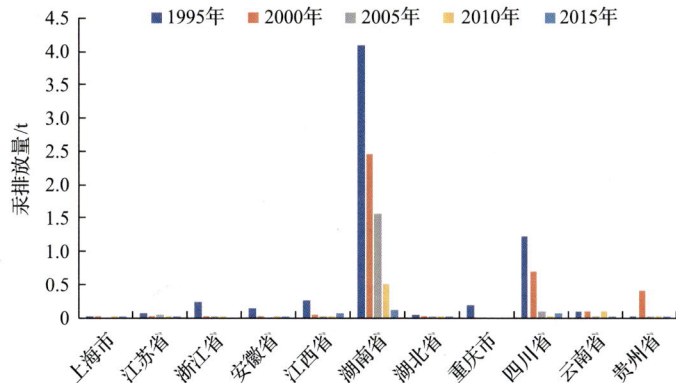

(e) 汞排放量

图 3-28　长江经济带工业废水污染物中镉、六价铬、铅、砷、汞排放量

　　长江经济带工业废水污染物中挥发酚、氰化物排放量如图 3-29 所示。1995～2015 年，长江经济带工业废水污染物中氰化物和挥发酚排放量均呈降低趋势（贵州省挥发酚排放量除外），贵州省 1995～2000 年挥发酚排放量上升最多，增加385.673t。长江经济带上游地区工业废水中氰化物和挥发酚排放量整体较大，尤其是重庆市和贵州省在 1995 年和 2000 年氰化物和挥发酚排放量分别占据第一。从长江经济带各省（直辖市）工业废水中挥发酚和氰化物排放量的下降幅度来看，长江经济带下游挥发酚减排效果最好，中游次之，上游最差，且长江经济带中下游从 2005 年起基本实现高效率减排，说明其工业废水中挥发酚和氰化物排放得到了有效控制。

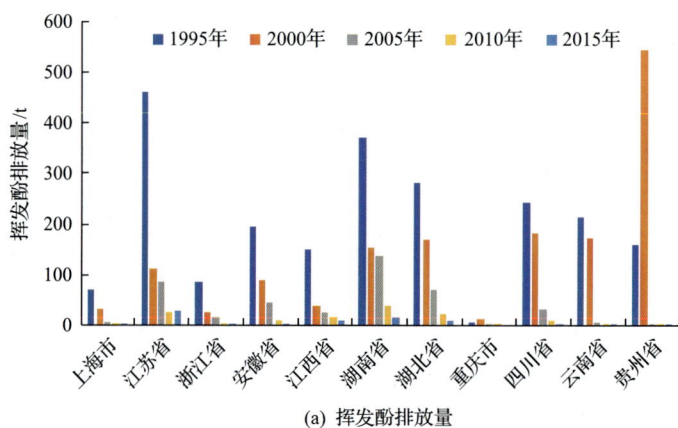

(a) 挥发酚排放量

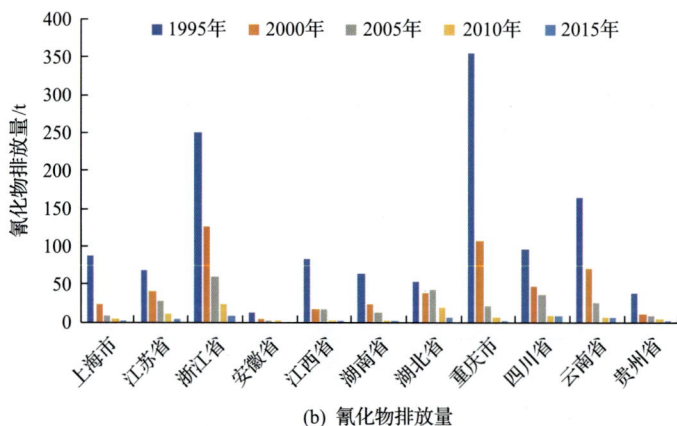

(b) 氰化物排放量

图 3-29　长江经济带工业废水污染物中挥发酚、氰化物排放量

　　总体上，长江经济带工业废水排放量先升后降，2015 年达到最低。长江经济带下游地区工业废水排放量较大，变化趋势较小。化学需氧量、氨氮、重金属、

挥发酚和氰化物等污染物排放量持续下降。其中，污染物中以化学需氧量排放量最高，重金属排放以铅、砷较多，江苏省、浙江省为工业废水排放大省。长江经济带工业废水污染物排放总量持续下降，但区域变化量大，江西省和湖南省重金属污染物排放量较高。

3.5.3　矿产资源开发对大气环境的影响

矿物开采过程中，离不开凿岩和爆破，凿岩产生粉尘，爆破产生大量的碳氧化物、氮氧化物和粉尘，此外，有的矿物中还含有一定量 SO_2 等有毒有害气体，其在开采中会释放出来，对大气环境产生破坏。采矿过程所产生的固体废物堆放于地表形成矸石山，有的矸石山含有较多碳、硫物质，在氧化作用下，会释放出大量 CO_2、CO、H_2S 等有害气体，也会形成大气污染。长江经济带各省(直辖市)2015 年共排放 24.46 万亿 Nm^3[①]工业废气，634.88 万 t 二氧化硫，591.62 万 t 氮氧化物，425.32 万 t 颗粒物烟粉尘。这些气态的和微粒状的大气污染物对人体的危害十分严重，矿区的粉尘颗粒悬浮于大气中会产生 $PM_{2.5}$、PM_{10} 污染，危害人体健康。同时，大气中的 SO_2 能氧化成 SO_3，与湿气结合后可生成硫酸，进而会形成酸雨，不仅影响生物，还会对建筑物、钢构件、电力线路等产生腐蚀作用。

长江经济带各省(直辖市)工业废气排放总量如图 3-30 所示，1995～2018 年，总体上，长江经济带各省(直辖市)工业废气排放总量呈现逐年增加趋势，但 2015～2018 年增加趋势变缓，江苏省 2010～2015 年工业废气排放总量增加量最多，增加了 26670 亿 Nm^3。相比较而言，2010～2015 年，湖南省工业废气排放总量增加

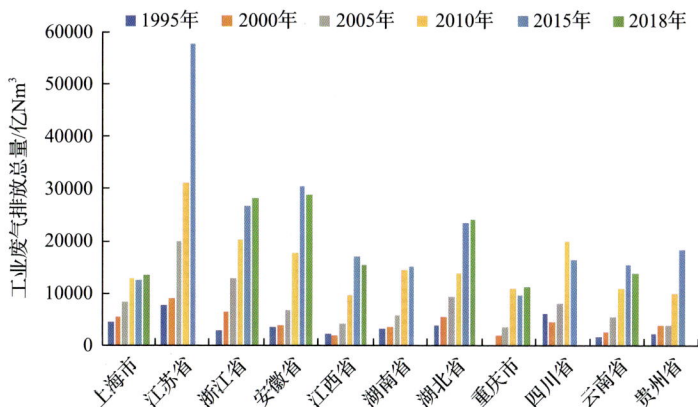

图 3-30　长江经济带工业废气排放总量
江苏省、湖南省、四川省和贵州省 2018 年数据缺失

———————
① Nm^3 表示标准立方米，是在 0℃和 1 个标准大气压下的气体体积。

4.41%，增加幅度明显变缓。2015 年，上海市、重庆市、四川省工业废气排放总量较 2010 年均有所减少，其中四川省工业废气排放总量下降最明显，减少 3569 亿 Nm³。从区域特征来看，长江经济带上游工业废气排放总量较少，长江经济带下游工业废气排放量最多。江苏省为工业废气排放大省，2015 年江苏省工业废气排放总量占长江经济带整体工业废气排放总量的 23.66%。

长江经济带各省(直辖市)工业颗粒物排放总量如图 3-31 所示。2011~2019 年，长江经济带各省(直辖市)工业颗粒物排放总量总体上呈波动性变化，普遍在 2015 年时达到最高，之后逐渐下降，2019 年最低。安徽省工业颗粒物排放总量有些波动但变化趋势趋于平缓，云南省工业颗粒物排放总量在 2019 年有所上升。从区域特征来看，长江经济带下游地区(除上海市)工业颗粒物排放总量较高，上游地区次之，中游地区较低。2015 年，江苏省的工业颗粒物排放总量最多，为 65.45 万 t；上海市的工业颗粒物排放量最少，为 12.07 万 t。

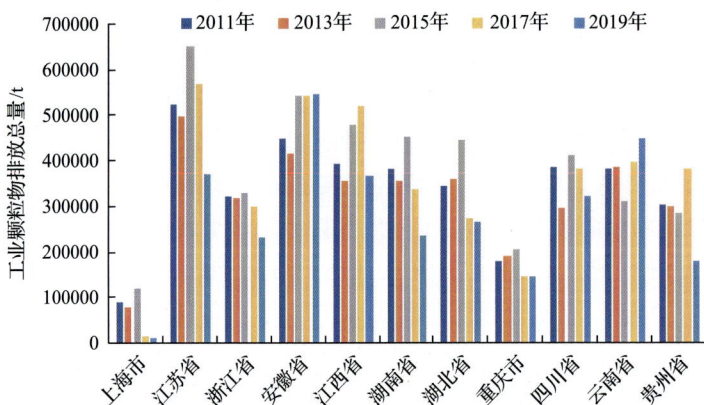

图 3-31   长江经济带工业颗粒物排放总量

长江经济带各省(直辖市)工业二氧化硫、氮氧化物排放总量如图 3-32 所示，2003~2005 年长江经济带各省(直辖市)工业二氧化硫排放总量增加，2005~2019 年长江经济带各省(直辖市)工业二氧化硫排放总量均呈降低趋势(云南省除外)。云南省 2005~2010 年工业二氧化硫排放总量降低，2010~2015 年工业二氧化硫排放总量增加，2015~2019 年工业二氧化硫排放总量降低。相较于长江经济带其他省(直辖市)，2019 年上海市工业二氧化硫排放总量最少，为 0.75 万 t，江苏省工业二氧化硫排放总量最多，为 28.46 万 t。图 3-32 还反映了长江经济带各省(直辖市)工业氮氧化物排放总量，2011~2019 年长江经济带各省(直辖市)工业氮氧化物排放总量整体呈现降低趋势，其中江苏省下降最明显，2019 年比 2011 年下降 66.01 万 t，2019 年上海市相较于长江经济带其他省(直辖市)，工业氮氧化物排放总量最少，为 15.16 万 t，江苏省工业氮氧化物排放总量最多，为 87.56 万 t。长江经济带下游各省(直辖市)工业氮氧化物排放总量下降趋势最大，中游次之，上游各省(直辖市)工业氮氧化物排放总量下降趋势最小。

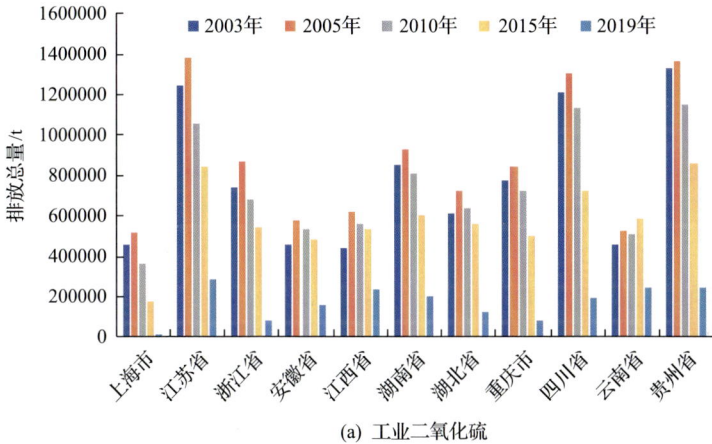

(a) 工业二氧化硫

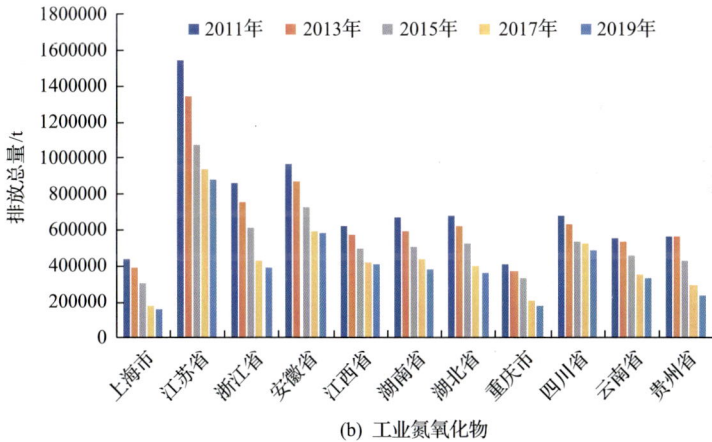

(b) 工业氮氧化物

图 3-32　长江经济带工业二氧化硫、氮氧化物排放总量

　　整体上看，长江经济带工业废气排放总量逐年增加，大气污染问题需要重视，但工业二氧化硫、氮氧化物等污染物排放总量逐年降低；区域差异明显，长江经济带下游地区工业废气排放总量较大，变化趋势大；二氧化硫、氮氧化物排放总量持续下降，但工业烟尘排放量居高，是主要污染源；区域污染突出，江苏省、浙江省、安徽省成为废气排放大省，特别是江苏省，2015 年废气排放量为 57883 亿 Nm^3，占长江经济带废气排放总量的 23.66%。

3.5.4　矿产资源开发对固体废物排放的影响

　　长江经济带 2010 年工业固体废物产生量为 7.86 亿 t，矿产资源开发过程中，粉煤灰、煤矸石和尾矿产生量分别为 1.48 亿 t、0.66 万 t 和 1.93 亿 t，产生量比例为 36：16：48，冶炼废渣产生量为 1.09 亿 t、炉渣产生量为 0.78 万 t。废渣量大且成分复杂，难处理，难回收，尤其是采煤业的废渣，长期堆积发生自燃，产生大量的粉尘、SO_2、CO、H_2S 等有毒气体和热辐射，污染大气，产生酸雨，损害作物生长，污染地下水源，危害矿区人民的身体健康。目前对于矿山采选过程或结束后产生的大量废石尾矿等固体堆积物资源的开发利用效率不高，修筑了很多尾矿库。而小矿山不仅没有利用固体废物还到处排放固体废物，2015 年长江经济带平均工业固体废物利用率在 73% 左右，还剩 27% 被废弃，甚至以有害的形式堆积，形成了一个很大的污染源。长江经济带各省（直辖市）工业固体废物产生量如图 3-33（a）所示。2000～2019 年，长江经济带中江苏省、安徽省、四川省、云南省工业固体废物产生量较大，2019 年以上四省工业固体废物产生量为 7.12 亿 t，占长江经济带工业固体废物产生总量的 54.9%。而上海市、浙江省、重庆市的工业固体废物产生量较少，2019 年共产生工业固体废物 1.1 亿 t，占长江经济带工业固体废物产生总量的 8.46%。从地域特征来看，长江经济带下游的固体废物产生量相对较少，长江经济带中游、上游的固体废物产生量较多。从时间变化来看，2000～2019 年，长江经济带各省（直辖市）的工业固体废物产生量总体呈逐年增加的趋势，2010～2015 年，贵州省工业固体废物产生量减少 1094.15 万 t。云南省2019 年工业固体废物产生量比 2015 年增加 6833.2 万 t，达到 21165.2 万 t，成为长江经济带工业固体废物排放量最多的省份。

长江经济带各省（直辖市）工业固体废物综合利用率如图 3-33（b）所示。2004～2019 年，长江经济带除江西省、四川省、云南省和贵州省之外，其他省份的工业固体废物综合利用率较高，平均综合利用率均在 60% 以上。其中，上海市、江苏省、浙江省的工业固体废物平均综合利用率达 90% 以上，安徽省工业固体废物综合利用率总体也在逐年增加。从地域变化来看，长江经济带各省（直辖市）工业固体废物综合利用率为下游＞中游＞上游，综合利用率平均值分别为 91%、61%、48%。从时间变化来看，2004～2019 年，长江经济带下游工业固体废物综合利用率无明显变化，安徽省呈现明显的上升趋势，从 78.3% 提升至 89.9%；长江经济带中游工业固体废物综合利用率呈波动变化，江西省和湖南省工业固体废物综合利用率总体呈上升趋势，湖北省则呈下降趋势；长江经济带上游四川省的工业固体废物综合利用率总体呈下降趋势，云南省呈上升趋势，贵州省则呈现先上升后下降趋势。

因为安徽省的固体废物数据较详细，所以现以安徽省为例说明固体废物中煤矸石和尾矿渣等的排放情况。图 3-34 为安徽省 1998～2020 年的粉煤灰、煤矸石、尾矿、冶炼废渣和炉渣的产生量。粉煤灰和煤矸石的产生量平均每年为1193.47 万 t 和 1271.87 万 t，明显高于冶炼废渣和炉渣的年平均产生量 714.37 万 t

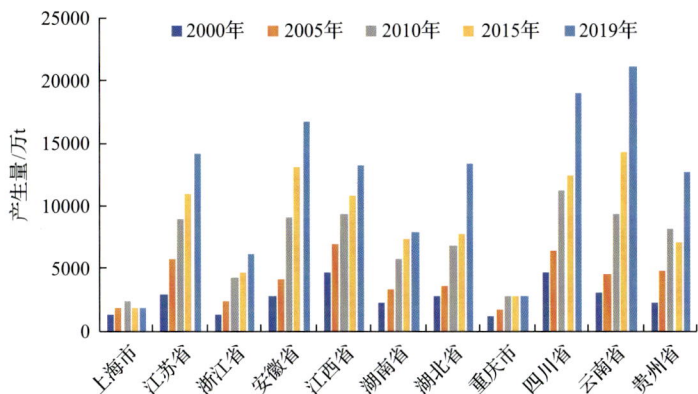

(a) 产生量

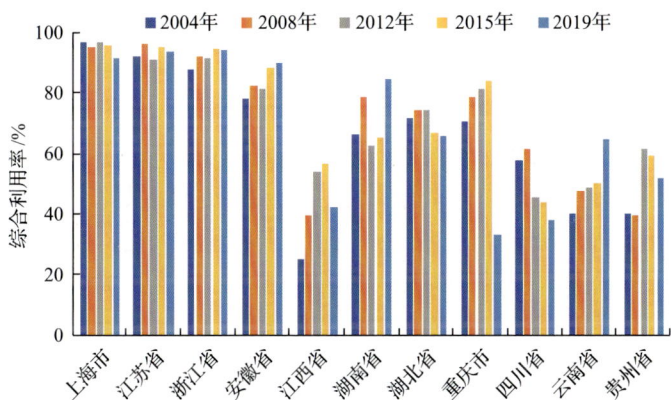

(b) 综合利用率

图 3-33 长江经济带工业固体废物产生量和固体废物综合利用率

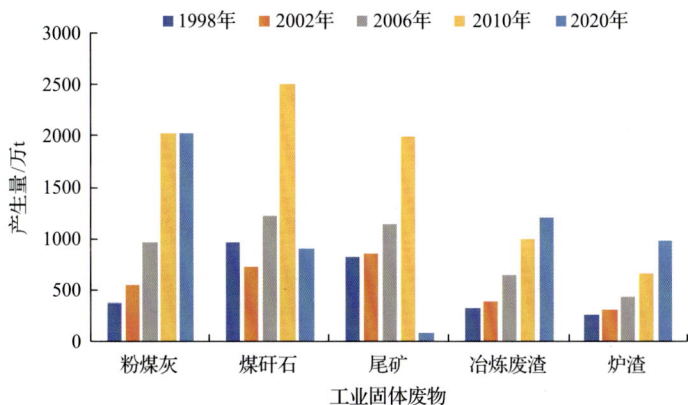

图 3-34 安徽省各种采矿相关工业固体废物产生量

和 534.03 万 t。2020 年安徽省粉煤灰产生量最大，为 2029.27 万 t，2010 年煤矸石、尾矿产生量都达到峰值，分别为 2517 万 t 和 1994 万 t。从时间变化来看，安徽省各种矿山的粉煤灰、冶炼废渣和炉渣都呈现逐年增加的趋势，煤矸石产生量在 2006～2010 年增加最多，增加 1290 万 t，增长 105.13%。2010 年之后，安徽省的煤矸石和尾矿产生量均有所下降。

3.5.5　矿产资源开发对生态的影响

长江经济带的矿业资源支持了国家的发展，但同时，长江经济带也是我国"两屏三带"为主体的生态安全战略格局的重要组成部分。长江经济带有重点生态功能区 30 个，自然保护区 1000 多个，生物多样性复杂，生态系统格局独特，然而近年来，矿业活动强度不断增大，导致长江经济带的生态压力发生变化，生态环境建设面临挑战。

长江经济带矿业的开发不仅占用大量的土地，还对土地资源造成很大程度的破坏。露天采掘、倾卸固体废石、尾矿坝和沉陷区等可使土地变成很难重新利用的不毛之地。开采过程中产生大量的粉尘或有毒物质沉积于土地表面或通过某些途径进入土壤，改变了土壤的结构和性质，从而破坏了其原有的稳定的植被，造成严重的水土流失。硫化矿床的开采会导致土壤环境酸化，矿物后期加工利用过程中，如煤炭燃烧所产生的 SO_2 等可以导致酸雨，也会造成土壤环境酸化。在开采过程中，会大面积地剥离、清理地面，搬运土、石、矿渣堆积物，破坏地表植被，这些活动都会加剧土壤侵蚀。同时，地下开采会引起地层变形、产生裂缝甚至塌陷。将矿物从地下开采出来之后形成了地下空间，导致矿区周围的应力分布发生变化，采空区上方的岩层发生变形、运动甚至被破坏。随着地下采空区的面积越来越大，应力变化超过了阈值，岩层就会产生塌陷[85]。由图 3-35 可知，长江经济带矿产资源开发总体上主要带来了崩塌、滑坡、泥石流、地面塌陷、地裂缝、地面沉降等，其中滑坡是各省(直辖市)最主要的地质环境危害，其次是崩塌和泥石流，地面沉降仅在湖南省和云南省出现。可见，长江经济带各个省(直辖市)不同矿业的土地破坏类型差异较大。

长江经济带的大量重点矿区和矿业城市毗邻长江干流、乌江流域和湘江流域。邻近长江流域的主要矿业城市有 31 个，钢铁、化工、电气、有色金属、建材等项目密集分布在长江沿线，同时，长江经济带早期矿业开采规划不合理，长江经济带矿区与自然保护区存在重叠现象，导致矿产资源的开采挤占了生态空间。例如，四川省不仅是长江经济带上游的生态安全屏障，还是天然气、页岩气、钒、钛、稀土、锂、磷等国家战略性矿产资源保障基地。由图 3-36 可知，四川省、贵州省、云南省和江西省矿区与自然保护区的重叠面积较大，而上海市和江苏省矿区与自

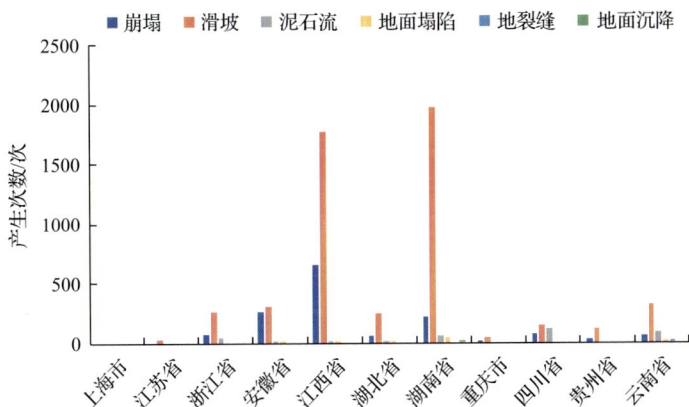

图 3-35　长江经济带矿业资源开发导致的各种生态地质问题(2016 年)

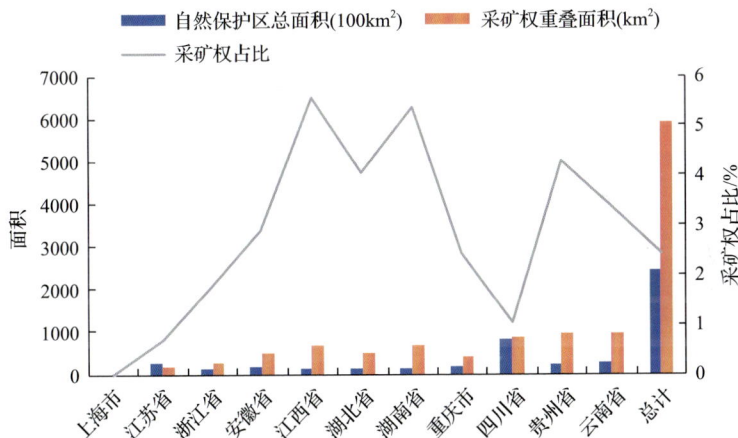

图 3-36　长江经济带矿业资源矿产权重叠面积占自然保护区面积比例(2016 年)

然保护区的重叠面积较小。从采矿权占比来看，湖南省和江西省较高，上海市和江苏省较低。矿区面积与自然保护区的面积重叠，必然使矿业开采对生态环境产生重要影响。

长江经济带各个矿区在资源开发过程中所带来的生态环境破坏问题(表 3-20)可以归纳为：①水土流失、采煤塌陷等引起山地、丘陵发生山体滑落或泥石流；②破坏土地资源和植物资源；③重金属污染土壤和地下水；④植被破坏，对土壤造成放射性污染，破坏地下水资源；⑤形成酸性土壤；⑥占用土地资源等。通过对各个矿区的生态破坏问题进行汇总也可看出，若某个省(直辖市)的矿区和矿种相对较多，其发生的生态破坏问题、破坏类型也相对较多。

表 3-20　长江经济带不同区域矿产资源开发带来的生态破坏问题简表

省（直辖市）	主要矿区	主要矿种	生态破坏问题
上海市	无	无	无
江苏省	徐州采煤塌陷区	煤炭	破坏土地资源和植物资源，加剧水土流失，采煤塌陷引起山地、丘陵发生山体滑落或泥石流
浙江省	萧山—富阳—余杭矿区	建材	破坏土地资源和植物资源
	德清—长兴—安吉矿区	建材	破坏土地资源和植物资源
	黄岩—临海—椒江矿区	建材	破坏土地资源和植物资源
	兰溪—婺城—武义矿区	建材	破坏土地资源和植物资源
安徽省	淮北煤矿区	煤炭	破坏土地资源和植物资源，加剧水土流失，采煤塌陷引起山地、丘陵发生山体滑落或泥石流
	淮南煤矿区	煤炭	破坏土地资源和植物资源，加剧水土流失，采煤塌陷引起山地、丘陵发生山体滑落或泥石流
	滁州—巢湖—安庆矿区	铜、铁、水泥建材	破坏土地资源和植物资源，加剧水土流失，重金属污染土壤和地下水
	铜陵—马鞍山—池州	铁、铜、水泥建材	破坏土地资源和植物资源，加剧水土流失，重金属污染土壤和地下水
江西省	九江城门—瑞昌码头多金属、建材矿区	金属、建材	水土流失，植被破坏，对土壤造成放射性污染，破坏地下水资源
	星子白鹿—德安吴山多金属、建材矿区	金属、建材	水土流失，植被破坏，对土壤造成放射性污染，破坏地下水资源
	乐平涌山—浯口能源、多金属、建材矿区	金属、建材	水土流失，植被破坏，对土壤造成放射性污染，破坏地下水资源
	万年珠田—大源贵金属、建材矿区	金属、建材	水土流失，植被破坏，对土壤造成放射性污染，破坏地下水资源
	东乡虎圩—王桥多金属、建材矿区	金属、建材	水土流失，植被破坏，对土壤造成放射性污染，破坏地下水资源
	安福浒坑—新余良山多金属、建材矿区	金属、建材	水土流失，植被破坏，对土壤造成放射性污染，破坏地下水资源
	永新高溪—在中黑色金属、建材矿区	铁矿、建材	水土流失，植被破坏，对土壤造成放射性污染，破坏地下水资源
	吉水乌江—白水黑色金属、建材矿区	铁矿、建材	水土流失，植被破坏，对土壤造成放射性污染，破坏地下水资源
	宁都大沽—东山坝稀土矿区	稀土	污染土壤和地下水资源

续表

省 （直辖市）	主要矿区	主要矿种	生态破坏问题
	兴国鼎龙稀土矿区	稀土	污染土壤和地下水资源
	兴国兴江—宁都青塘有色金属、稀土、建材矿区	有色金属、稀土、建材	水土流失，植被破坏，对土壤造成放射性污染，破坏地下水资源
	兴国杰村稀土、多金属矿区	稀土、金属	水土流失，植被破坏，对土壤造成放射性污染，破坏地下水资源
	于都银坑多金属、稀土矿区	金属、稀土	水土流失，植被破坏，对土壤造成放射性污染，破坏地下水资源
	南康坪市—大坪稀土、建材矿区	稀土、建材	水土流失，植被破坏，对土壤造成放射性污染，破坏地下水资源
	赣县田村—于都罗江稀土、建材矿区	稀土、建材	水土流失，植被破坏，对土壤造成放射性污染，破坏地下水资源
	上犹营前稀土、有色金属矿区	稀土、有色金属	水土流失，植被破坏，对土壤造成放射性污染，破坏地下水资源
江西省	上犹县城稀土、多金属矿区	稀土、金属	水土流失，植被破坏，对土壤造成放射性污染，破坏地下水资源
	于都黄磷稀土矿区	稀土	污染土壤和地下水资源
	南康龙回—蔡脚下稀土矿区	稀土	污染土壤和地下水资源
	大余足洞—崇义长龙多金属、稀土矿区	稀土、金属	水土流失，植被破坏，对土壤造成放射性污染，破坏地下水资源
	信丰古陂—赣县韩坊稀土矿区	稀土	污染土壤和地下水资源
	安远新龙—车头稀土矿区	稀土	污染土壤和地下水资源
	信丰安西—定南天九稀土、多金属矿区	稀土、金属	水土流失，植被破坏，对土壤造成放射性污染，破坏地下水资源
	全南陂头—龙源坝稀土矿区	稀土	污染土壤和地下水资源
	寻乌南桥稀土矿区	稀土	污染土壤和地下水资源
	全南大吉山稀土、有色金属矿区	稀土、有色金属	水土流失，植被破坏，对土壤造成放射性污染，破坏地下水资源
湖北省	鄂东南黄石、大冶、阳新、鄂州等地煤矿、铜矿、铁矿、金矿矿山	煤矿、铜矿、铁矿、金矿	滑坡、地面塌陷、占用与破坏土地、土壤污染、水均衡破坏、地表水污染、地下水污染
	鄂中应城—云梦、大悟、钟祥、荆门等地石膏、岩盐、磷矿、煤矿矿山	石膏、岩盐、磷矿、煤矿	地面塌陷、地面沉降、水均衡破坏
	鄂西、鄂西南、鄂西北宜昌、恩施、十堰、襄阳等地磷矿、煤矿、金矿、硫铁矿	磷矿、煤矿、金矿、硫铁矿	崩塌、滑坡、泥石流、地面塌陷、占用与破坏土地、土壤污染、水均衡破坏、地表水污染

续表

省 (直辖市)	主要矿区	主要矿种	生态破坏问题
湖南省	北湖区—桂阳县石墨矿区	石墨	占用土地资源、污染地下水
	冷水江锡矿山锑矿区	锑矿	破坏土地资源、污染土壤和地下水
	常宁县有色、贵金属矿区	有色金属	土壤污染，形成酸性土壤，污染地下水资源
	零陵区珠山锰矿区	锰矿	土壤污染，形成酸性土壤，污染地下水资源
	湘潭县谭家山煤矿区	煤炭	破坏土地资源和植物资源，加剧水土流失，采煤塌陷引起山地、丘陵发生山体滑落或泥石流
	湘潭县响塘锰矿区	锰矿	土壤污染，形成酸性土壤、污染地下水资源
	双清区短陂桥煤矿区	煤炭	破坏土地资源和植物资源，加剧水土流失，采煤塌陷引起山地、丘陵发生山体滑落或泥石流
	邵东市两市镇石膏矿区	石膏	土壤污染，形成酸性土壤，污染地下水资源
	花垣县民乐锰矿区	锰矿	土壤污染，形成酸性土壤，污染地下水资源
	恩口煤矿区	煤炭	破坏土地资源和植物资源，加剧水土流失，采煤塌陷引起山地、丘陵发生山体滑落或泥石流
	石门县石膏矿区	石膏	土壤污染，形成酸性土壤，污染地下水资源
	湘潭县—衡南县龙口石膏矿区	石膏	土壤污染，形成酸性土壤，污染地下水资源
	宁乡市—赫山区煤炭坝煤矿区	煤炭	破坏土地资源和植物资源，加剧水土流失，采煤塌陷引起山地、丘陵发生山体滑落或泥石流
	永兴县马田煤矿区	煤炭	破坏土地资源和植物资源，加剧水土流失，采煤塌陷引起山地、丘陵发生山体滑落或泥石流
重庆市	缙云山—青木关片区煤炭矿区	煤炭	破坏土地资源和植物资源，加剧水土流失，采煤塌陷引起山地、丘陵发生山体滑落或泥石流
	渝北区复兴—兴隆片区煤矿	煤炭	破坏土地资源和植物资源，加剧水土流失，采煤塌陷引起山地、丘陵发生山体滑落或泥石流
	秀山鸡公岭、笔架山、溶溪锰矿区	锰矿	土壤污染，形成酸性土壤，污染地下水资源
	城口锰矿区	锰矿	土壤污染，形成酸性土壤，污染地下水资源
	北碚区天府—中梁山建材矿	建材	破坏土地资源和植物资源
	永川、江津何埂、朱杨片区建材矿	建材	破坏土地资源和植物资源
	奉节煤矿区	煤炭	破坏土地资源和植物资源，加剧水土流失，采煤塌陷引起山地、丘陵发生山体滑落或泥石流
	永川黄瓜山片区煤炭	煤炭	破坏土地资源和植物资源，加剧水土流失，采煤塌陷引起山地、丘陵发生山体滑落或泥石流
	长寿明月山煤矿	煤炭	破坏土地资源和植物资源，加剧水土流失，采煤塌陷引起山地、丘陵发生山体滑落或泥石流

续表

省 （直辖市）	主要矿区	主要矿种	生态破坏问题
重庆市	开州煤矿区	煤炭	破坏土地资源和植物资源，加剧水土流失，采煤塌陷引起山地、丘陵发生山体滑落或泥石流
	歌乐山建材矿	建材	破坏土地资源和植物资源
	华岩至小南海片区建材矿	建材	破坏土地资源和植物资源
	铜梁、大足锶煤矿区	煤炭	破坏土地资源和植物资源，加剧水土流失，采煤塌陷引起山地、丘陵发生山体滑落或泥石流
	黔江城区建材矿	建材	破坏土地资源和植物资源
四川省	阿坝县四洼煤矿矿山	煤炭	破坏土地资源和植物资源，加剧水土流失，采煤塌陷引起山地、丘陵发生山体滑落或泥石流
	南江县桃园花岗石矿	建材	破坏土地资源和植物资源
	成都出江煤矿	煤炭	破坏土地资源和植物资源，加剧水土流失，采煤塌陷引起山地、丘陵发生山体滑落或泥石流
	渠江陈家沟煤矿	煤炭	破坏土地资源和植物资源，加剧水土流失，采煤塌陷引起山地、丘陵发生山体滑落或泥石流
	白玉县东达沟金矿	金矿	占用土地资源、污染地下水
	理塘县德格沟金矿	金矿	占用土地资源、污染地下水
贵州省	毕节双山区戈乐村老煤窑片区	煤炭	破坏土地资源和植物资源，加剧水土流失，采煤塌陷引起山地、丘陵发生山体滑落或泥石流
	遵义煤矿3矿井片区	煤炭	破坏土地资源和植物资源，加剧水土流失，采煤塌陷引起山地、丘陵发生山体滑落或泥石流
	大方县高原一带煤矿区水城区小河煤矿片区	煤炭	破坏土地资源和植物资源，加剧水土流失，采煤塌陷引起山地、丘陵发生山体滑落或泥石流
	六盘水水塘黑坝齿煤矿区	煤炭	破坏土地资源和植物资源，加剧水土流失，采煤塌陷引起山地、丘陵发生山体滑落或泥石流
	安顺轿子山煤矿片区	煤炭	破坏土地资源和植物资源，加剧水土流失，采煤塌陷引起山地、丘陵发生山体滑落或泥石流
	贵州盘江精煤股份有限公司金佳煤矿	煤炭	破坏土地资源和植物资源，加剧水土流失，采煤塌陷引起山地、丘陵发生山体滑落或泥石流
	瓮福磷矿	磷矿	水土流失，植被破坏，对土壤造成放射性污染，破坏地下水资源
	遵义市铜锣井—长沟锰矿区	锰矿	土壤污染，形成酸性土壤，污染地下水资源
	铜仁汞矿区	汞矿	破坏土地资源、污染土壤和地下水
	务川汞矿区	汞矿	破坏土地资源、污染土壤和地下水
	万山汞矿区	汞矿	破坏土地资源、污染土壤和地下水

续表

省 （直辖市）	主要矿区	主要矿种	生态破坏问题
贵州省	杉树林铅锌矿区	铅矿、锌矿	破坏土地资源、污染土壤和地下水
	赫章县铁、铅锌矿区	铁、铅矿、锌矿	破坏土地资源、污染土壤和地下水
云南省	香格里拉雪鸡坪矿区	铜矿	占用土地资源、污染地下水
	香格里拉市红山铜矿矿区	铜矿	占用土地资源、污染地下水
	兰坪菜籽地铅锌矿	铅矿、锌矿	占用土地资源、污染地下水
	兰坪金顶铅锌矿	铅矿、锌矿	占用土地资源、污染地下水
	华坪县煤矿区	煤炭	破坏土地资源和植物资源，加剧水土流失，采煤塌陷引起山地、丘陵发生山体滑落或泥石流
	泸水市外岩房锡铜矿区	铜矿	占用土地资源、污染地下水
	泸水市隔界河铅矿	铅矿	占用土地资源、污染地下水
	大理鹤庆北衙金	金矿	占用土地资源、污染地下水
	梁河县锡矿矿区	锡矿	占用土地资源、污染地下水
	弥渡煤炭集中开采区	煤炭	破坏土地资源和植物资源，加剧水土流失，采煤塌陷引起山地、丘陵发生山体滑落或泥石流
	保山市核桃坪铅锌矿区	铅矿、锌矿	占用土地资源、污染地下水
	潞西金矿区	金矿	占用土地资源、污染地下水
	永仁—大姚铜矿区	铜矿	占用土地资源、污染地下水
	宜良县对山歌海巴磷矿	磷矿	水土流失，植被破坏，对土壤造成放射性污染，破坏地下水资源
	寻甸县大湾磷矿及周边	磷矿	水土流失，植被破坏，对土壤造成放射性污染，破坏地下水资源
	云南楚雄白泥潭煤矿	煤炭	破坏土地资源和植物资源，加剧水土流失，采煤塌陷引起山地、丘陵发生山体滑落或泥石流
	南华县马街泼油山锌矿	锌矿	占用土地资源、污染地下水
	禄丰县一平浪星小煤矿	煤炭	破坏土地资源和植物资源，加剧水土流失，采煤塌陷引起山地、丘陵发生山体滑落或泥石流
	易门铜矿	铜矿	占用土地资源、污染地下水
	滇池流域采石场	建材	破坏土地资源和植物资源
	云南省澄江市王高庄磷矿	磷矿	水土流失，植被破坏，对土壤造成放射性污染，破坏地下水资源
	华宁县大新寨磷矿	磷矿	水土流失，植被破坏，对土壤造成放射性污染，破坏地下水资源

续表

省 (直辖市)	主要矿区	主要矿种	生态破坏问题
云南省	绥江县板栗煤矿	煤炭	破坏土地资源和植物资源，加剧水土流失，采煤塌陷引起山地、丘陵发生山体滑落或泥石流
	永善金沙铅锌矿	铅矿	占用土地资源、污染地下水
	彝良县洛泽河铅锌矿区	铅矿	占用土地资源、污染地下水
	茂租铅锌矿	铅矿、锌矿	占用土地资源、污染地下水
	盐津县煤矿区	煤炭	破坏土地资源和植物资源，加剧水土流失，采煤塌陷引起山地、丘陵发生山体滑落或泥石流
	彝良县冷沙湾煤矿	煤炭	破坏土地资源和植物资源，加剧水土流失，采煤塌陷引起山地、丘陵发生山体滑落或泥石流
	威信煤矿区	煤炭	破坏土地资源和植物资源，加剧水土流失，采煤塌陷引起山地、丘陵发生山体滑落或泥石流
	东川铜矿区	铜矿	占用土地资源、污染地下水
	会泽铅锌矿区	铅矿、锌矿	占用土地资源、污染地下水
	大理祥云煤炭集中开采区	煤炭	破坏土地资源和植物资源，加剧水土流失，采煤塌陷引起山地、丘陵发生山体滑落或泥石流
	曲靖师宗煤炭集中开采区	煤炭	破坏土地资源和植物资源，加剧水土流失，采煤塌陷引起山地、丘陵发生山体滑落或泥石流
	弥勒煤炭集中开采区	煤炭	破坏土地资源和植物资源，加剧水土流失，采煤塌陷引起山地、丘陵发生山体滑落或泥石流
	开远小龙潭煤矿区	煤炭	破坏土地资源和植物资源，加剧水土流失，采煤塌陷引起山地、丘陵发生山体滑落或泥石流
	临沧市煤矿	煤炭	破坏土地资源和植物资源，加剧水土流失，采煤塌陷引起山地、丘陵发生山体滑落或泥石流
	元江—墨江金矿	金矿	占用土地资源、污染地下水

长江经济带矿产资源开发导致的生态环境破坏问题既有空间化的差异，也有时间上的变化。由图 3-37 可知，以长江经济带矿产资源开发对土地的破坏面积和引起的沙化面积为例，各省(直辖市)累计矿山占用破坏土地面积在 2008～2009 年呈急剧下降状态，并在 2009 年达到最小值，2009 年之后又呈急剧上升，2009～2010 年增长较快，2010～2017 年增长较慢。重庆市累计矿山占用破坏土地面积从 2009 年开始增长，2010～2011 年增长最快，2010 年比 2009 年累计矿山占用破坏土地面积增长 103638hm^2。2010～2017 年上海市累计矿山占用破坏土地面积增长最为缓慢，近十年间增长 193hm^2，表明上海市土地受矿山破坏的影响较小。2004～2014 年各省(直辖市)累计沙化土地面积保持平稳状态。2015～2016 年，

四川省、江苏省和云南省累计沙化土地面积呈下降状态，安徽省累计沙化土地面积呈上升状态。2004～2019 年长江经济带各省(直辖市)中四川省累计沙化土地面积最大，表明矿山开采对四川省土地沙化影响比较大。

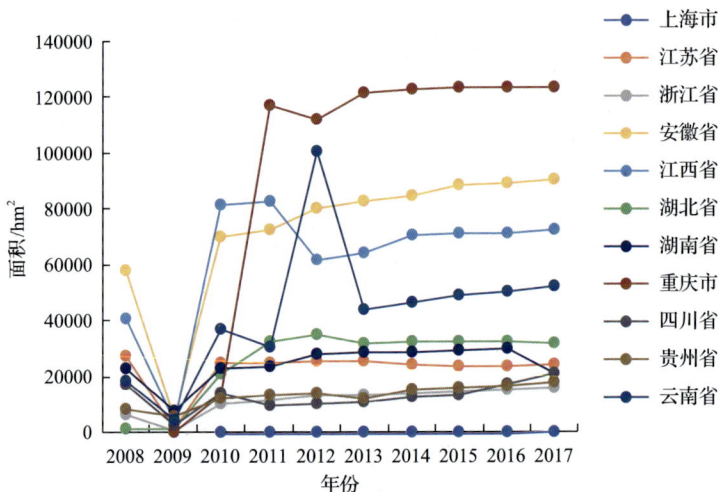

(a) 累计矿山占用破坏土地

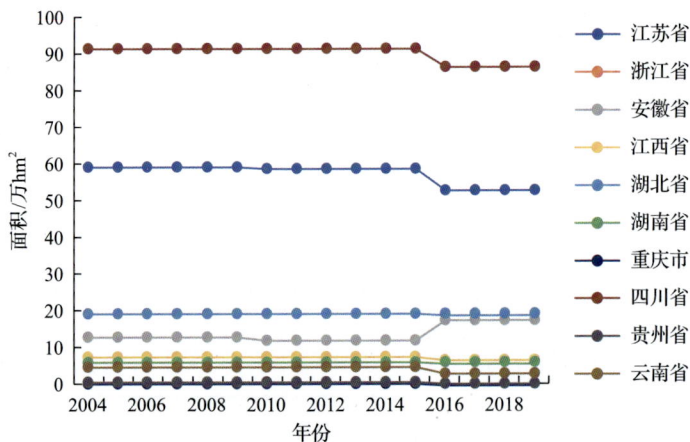

(b) 累计沙化土地

图 3-37　长江经济带矿产资源开发导致的土地破坏和沙化情况

　　通过相关研究数据进一步发现，2000～2015 年长江流域共有约 6.4 万 km^2 生态系统类型发生变化，森林增加 2.1%，农田缩减 7.5%，城镇增长 67.5%。长江经济带中游湖南省中南部及沿长江两岸城市周边区域植被覆盖度在 2000 年以来呈显著下降趋势，受威胁鱼类占总数的 40%，爬行类濒危物种占总数的 17%，两栖类濒危物种占总数的 21%，"四大家鱼"等鱼卵和鱼苗大幅减少，中华鲟等濒危物种难觅踪迹，江豚面临极危态势，白鳍豚已经灭绝。2003～2012 年与 1996～2000

年相比，长江江豚仅剩 1000 余头，长江中下游平均渔获量下降 41%，"四大家鱼"
减少 94%。《中国·岩溶地区石漠化状况公报》发现 2011～2016 年长江经济带岩
溶地区石漠化土地面积减少 1.535×10⁴km²，占岩溶地区石漠化土地面积净减少量的
79.5%。《长江流域水土保持公告 (2018 年)》和《2006～2015 年长江流域水土保持公
报》发现近些年长江流域水土流失面积有所减少，2002～2018 年长江流域水土流失
面积减少了 34.7%；2003～2018 年，长江经济带森林面积增加约 303274.6km²，森
林覆盖率从 29.9% 增至 44.6%，其中，部分省份如江西省到 2017 年的森林覆盖率
稳定在 63.1%，森林蓄积量从 373939 万 m³ 增至 628910.7 万 m³，增加了 68.2%[86]。
由此可知，长江经济带的矿产资源开发确实对周边的生态环境产生了重要的影响，
矿业开发的同时需积极关注对周边生态的影响。

3.6　部分战略性矿产资源开发对环境的影响

长江经济带矿产资源丰富，其页岩气、锰、钒、钛、钨、锡、锑、稀土、锂、
磷等矿产在中国占有重要地位，但长期对矿产资源进行开发利用，也造成了各种
环境问题。表 3-21 反映了能源矿产、金属矿产和非金属矿产共 24 种战略性矿产资
源开采可能对环境产生的影响。长江经济带战略性矿产资源主要分布在四川省、云
南省、重庆市、贵州省、江西省、湖南省、湖北省等长江经济带中上游地区，长江
经济带下游地区安徽省战略性矿产资源储量较多，含有煤炭、煤层气、石油、铁、
铜、萤石等，其他省份战略性矿产资源较少。能源矿产主要分布在贵州省、安徽省、
云南省、四川省、江苏省、重庆市等省(直辖市)，金属矿产主要分布在四川省、安
徽省、江西省、云南省、湖南省、湖北省、贵州省、重庆市等省(直辖市)，非
金属矿产主要分布在湖北省、四川省、云南省、贵州省、江西省、浙江省、湖
南省等省份。

战略性矿产资源所导致的生态环境问题主要分五个方面，分别是水、大气、
固体废物污染、土壤和生态破坏。能源矿产导致的水污染主要是地表水 COD、氨
氮、重金属、含油类污染，水资源消耗，地下水压裂液、钻井液、悬浮物污染；
大气污染主要有扬尘、粉尘、二氧化硫、氮氧化物、一氧化碳、烃类气体污染；
固体废物污染主要来自粉煤灰、煤矸石、尾矿、冶炼废渣、炉渣、含油污泥等，
其中铀矿开采还会产生放射性废渣，造成放射性污染；土壤污染主要有重金属污
染、土壤肥力下降、酸碱失衡、氮磷钾比例失调，磷酸盐含量超标等；生态破坏
类型主要有植被损坏、水土流失、生境破坏、地表沉降、泥石流、滑坡、土地荒
漠化、盐渍化、沼泽化等。金属矿产导致的水污染主要是水质恶化，重金属含量
超标、含水层破坏、地下水失衡、选矿药剂污染水体等；大气污染主要有扬尘、

表 3-21　战略性矿产资源所导致的生态环境问题

资源种类		主要分布地区	生态环境问题				
			水污染	大气污染	固体废物污染	土壤污染	生态破坏
能源矿产	煤炭	贵州省、安徽省、云南省、四川省	地表水重金属污染、水位下降、水资源流失、高氟煤污染地下水、矿山废水悬浮物、浑浊度、硫酸盐、氟超标	扬尘、粉尘、二氧化硫、氮氧化物	粉煤灰、煤矸石、尾矿、炼废渣、炉渣	重金属污染、土壤盐碱化、土壤流失、耕地污染、土地占用、土壤硫酸盐、砷超标	泥石流、滑坡、岩体坍塌、爆炸、土地荒漠化、水土流失、植被破坏/退化、土地塌陷、地表开裂、地面沉降、地石漠化、盐渍化、沼泽化
	煤层气	四川省、贵州省、安徽省	蓄水层污染、废水污染、钻井液与压裂液污染地下水	扬尘、废气	泥浆、固体废物	农作物重金属超标、土壤风化	天然植被衰退、水土流失、野生生物栖息破坏、损害生态系统
	石油	江苏省、湖北省、四川省、重庆市、安徽省	含油污水、作业废水、污染地下水和地表水	烃类气体、加热炉烟气、烟尘、粉尘、一氧化碳、二氧化碳、总烃以及氮氧化物	含油污泥	土壤肥力下降、酸碱平衡破坏	生境破坏、影响动物生存
	天然气	四川省、重庆市	地下水、地表水污染、水资源浪费、水分蒸发、压裂返排液、检修废水、气田水污染地表水	甲烷泄露、工艺废气、燃烧废气	水基岩屑、油基岩屑、废机油、废脱硫剂、含油污泥、废树脂、石棉废物、废活性炭、废过滤袋/滤芯、废催化剂	土壤肥力下降、酸碱平衡破坏	生境破坏、引发地质灾害
	页岩气	四川省、重庆市	消耗水资源、地表水和地下水污染、水体重金属污染、水压裂液污染地表水	甲烷泄露、氮氧化物、颗粒物粉尘污染	钻井岩屑、油基泥浆和污泥、钻井废液	钻井岩屑、油井废浆和污泥、裂解液土壤	生物栖息地破坏、水土流失、地表沉降、滑坡、引发地震
	铀	四川省、云南省、贵州省	地下水污染、放射性元素、溶浸液的扩散或渗漏、酸度增大、重金属和有害元素超标	粉尘	尾矿、废石和矿渣、废渣、露天采场废垃	重金属污染、放射性污染、少磷缺钾、使土壤氮磷钾比例失调	地表景观破坏、植被破坏、水土流失、剥蚀堆积导致地形地貌破坏、地面沉降、滑坡

续表

资源种类	主要分布地区	生态环境问题				
		水污染	大气污染	固体废物污染	土壤污染	生态破坏
金属矿产	铁 四川省 安徽省 江西省 云南省	水质恶化，尾矿水重金属污染	粉尘、烟尘、二氧化硫、一氧化氮以及氮氧化物污染	废石、尾矿、排堆矿	重金属超标、洗矿废水污染土壤	土地占用、损毁、破坏生境、水土流失、泥石流、滑坡
	铬铁 贵州省 湖南省 云南省 重庆市 湖北省	地表水污染	扬尘污染	尾矿、废石	土壤重金属污染、"镉大米"、"重金属蔬菜"	植被破坏、水土流失
	铜 江西省 云南省 安徽省 湖北省 四川省	水质污染、地表水及地下水污染	粉尘、颗粒物污染	尾矿、废石	重金属污染、酸碱失衡	生态环境破坏、地表植被消失、水土流失
	铝 贵州省 湖南省 云南省 湖北省 四川省	破坏地下水平衡、矿山淋溶水、地表水径流污染	扬尘	高硫铝土矿堆弃、尾矿	重金属污染	泥石流、地形地貌景观破坏、土地占用、水土流失
	金 江西省 云南省 湖南省 贵州省 四川省	含水层破坏、化学物质污染、Hg、As、Sb、氰化物超标、重金属及放射性物质	废气、扬尘	废石、废土	重金属污染	地裂缝、地面塌陷、滑坡、崩塌、泥石流和水土流失、土地占用、地貌景观破坏

续表

资源种类		主要分布地区	生态环境问题				
			水污染	大气污染	固体废物污染	土壤污染	生态破坏
金属矿产	镍	贵州省 云南省 四川省 湖南省	化学污染、地下水位下降、含水层破坏，Ni、Co、Zn、Cd、Hg、Mo超标、液体废弃物、尾矿水	扬尘	镍矿尾砂、水碎渣	废石高S、高P、高U污染土壤	崩塌、地面塌陷、泥石流、毁坏大量土地和物种多样性减少
	钨	江西省 湖南省 云南省	废水污染		废渣、钨矿尾砂	废渣、重金属污染	废石、废渣和废水污染环境、水土流失
	锡	云南省 江西省 湖南省	重金属污染、破坏酸碱平衡、地下水位下降、选矿药剂污染水体	悬浮颗粒物、尾矿库粉尘	排土场、尾矿库、煤矿石堆和废石堆	重金属污染、Sb、Hg、Cd等污染、地面板结、肥力流失	占用损毁土地资源、植被破坏、采空区沉陷、滑坡和地裂缝、泥石流
	钼	江西省 贵州省 湖南省	化学污染、地下水位下降、含水层破坏，Ni、Co、Zn、Cd、Hg、Mo超标、有害废水	粉尘、颗粒物超标	废弃土石、弃渣	废石高S、高P、高U污染土壤	崩塌、地面塌陷、泥石流、水土流失、破坏自然景观
	锑	湖南省 贵州省 云南省 江西省 四川省	砷和锑超标	扬尘、废气、有害烟尘、悬浮颗粒物	尾矿	重金属污染	崩塌、地面塌陷、沉降、滑坡、植被破坏
	钴	四川省 江西省 湖南省 云南省 湖北省	矿井水、尾矿水、水资源短缺	粉尘、废气	尾矿、废渣、废石	重金属污染、风化侵蚀	植被破坏、水土流失、山体崩塌、滑坡、泥石流、尾矿库溃坝

续表

资源种类		主要分布地区	生态环境问题				
			水污染	大气污染	固体废物污染	土壤污染	生态破坏
锂		江西省 四川省	废水污染、地下水下降	尾气、扬尘	伴生矿、尾矿	重金属污染	植被破坏、水土流失、地表自然景观破坏、农业产量减少
金属矿产	稀土	江西省 四川省	水溶氟、浸矿化学药剂、废液	含氟粉尘和氟化氢气体、扬尘	废石、尾矿、高炉渣和稀土废渣	土质疏松、泥沙堆积、放射性核素、重金属和稀土离子废渣	植被破坏、山林砍伐、鱼类死亡、绵羊长獠牙、庄稼减产、地貌和景观破坏、滑坡、放射性核素(如镉、针)造成的污染
	钴	江西省	矿井水、尾矿水、水资源短缺	粉尘、废气	尾矿、废渣、废石	重金属污染、风化侵蚀	植被破坏、水土流失、山体崩塌、滑坡、泥石流、尾矿库溃坝
非金属矿产	磷	湖北省 四川省 云南省 贵州省	总磷超标、地下水失衡、含水层破坏、硝酸盐超标、氟、pH 可能会偏高	粉尘污染	废石、矿渣	土地占用及破坏、土壤重金属、氟、硝酸盐超标、属污染	地形地貌景观破坏、植被损毁、边坡失稳、水土流失、山体开裂、滑坡、崩塌、塌陷和地裂缝
	钾盐	湖北省 四川省	废弃卤水、矿井水和选矿废水	矿井废气、粉尘、悬浮颗粒物	尾矿、废石	土壤肥力下降、重金属污染	破坏生态环境、地面塌陷
	晶质石墨	湖北省 四川省	铅、汞及重金属超标	石墨粉尘	尾矿砂、废石、废渣	水源的污染和空气的污染导致土壤污染、农作物减产	"黑芯大米"
	萤石	江西省 浙江省 湖南省 安徽省	含氟矿坑水和选矿水	粉尘、扬尘污染	剥离的表土和采矿废石、废渣、尾矿	土壤污染	生态景观的破坏、水土流失、土壤结构破坏、地面沉降、地面沉陷、滑坡

悬浮颗粒物、尾矿库粉尘污染，气体稀土金属矿还会产生含氟粉尘和氟化氢气体等有害气体；固体废物污染主要来自尾矿、废石、伴生矿、炉渣等；土壤污染主要是重金属污染，其中稀土矿产还存在放射性核素和氟污染问题；生态破坏类型主要有植被破坏、水土流失、地面塌陷、泥石流、山体崩塌、地裂缝、土地毁损等。非金属矿产导致的水污染主要是水体总磷超标，氟、硝酸盐超标，pH偏高，铅汞重金属污染等；大气污染主要有粉尘、悬浮颗粒物、矿井废气、石墨粉尘等；固体废物污染主要来自剥离的表土、采矿废石、废渣、尾矿等；土壤污染主要有土壤氟、硝酸盐超标，重金属污染，土壤肥力下降，农作物减产等；生态破坏类型主要有景观破坏、植被毁损、边坡失稳、泥石流、水土流失、地面塌陷等，其中晶质石墨还会导致"黑芯大米"问题[87,88]。

3.7　长江经济带矿产资源对水土资源及碳排放的影响

3.7.1　水资源量变化

长江经济带 2005 年、2008 年、2011 年、2014 年、2017 年和 2020 年水资源总量变化基本情况如图 3-38 和表 3-22 所示。从空间分布来看，水资源呈区域性特点。四川省水资源总量在长江经济带中始终占据主要地位，其在长江经济带水资源总量中占比为 20.85%，上海市水资源总量一直较低，在长江经济带水资源总量中占比仅 0.29%。长江经济带上游地区水资源总量占比为 38.67%，说明长江经济带上游地区水量充沛，矿产开发对水资源影响较小；长江经济带中游地区水资源总量占比为 33.74%，略低于长江经济带上游地区，说明长江经济带中游地区的矿产开发对水资源影响中等；长江经济带下游地区与其余地区相比，水资源总量明显较低，仅占 17.59%，说明长江经济带下游地区矿产开发对水资源影响较大。

时间上，长江经济带水资源总量在 2005~2011 年呈下降趋势，由 12453.7 亿 m³（2005 年）降至 9641.1 亿 m³（2011 年），后又呈逐年上升趋势，增至 15600.2 亿 m³（2020 年）。其中上海市、湖北省和安徽省的水资源量上升趋势明显，2020 年三省（直辖市）水资源量分别较 2005 年增长 139.18%、87.87%和 78.01%；长江经济带上游地区水资源总量虽在 2005~2008 年有明显上升趋势，由 6113.4 亿 m³ 增至 6522 亿 m³，但在 2008~2011 年明显下降，降至 4858.6 亿 m³，降幅达 25.50%，后又逐年上升，增至 7132 亿 m³（2020 年）；中游和下游地区水资源总量在 2005~2011 年均呈逐年下降趋势，分别由 2005 年的 4115.1 亿 m³、2225.2 亿 m³ 降至 2011 年的 2922.3 亿 m³、1860.2 亿 m³，降幅分别为 28.99%、16.40%，在 2011~2020 年上升，涨幅分别达 90.23%和 56.38%，变化趋势显著。

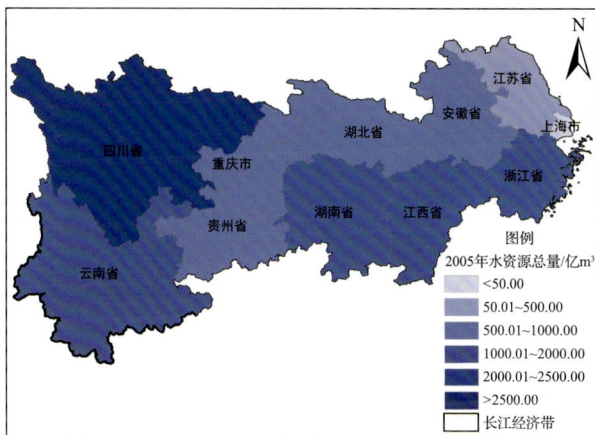

(a) 2005年

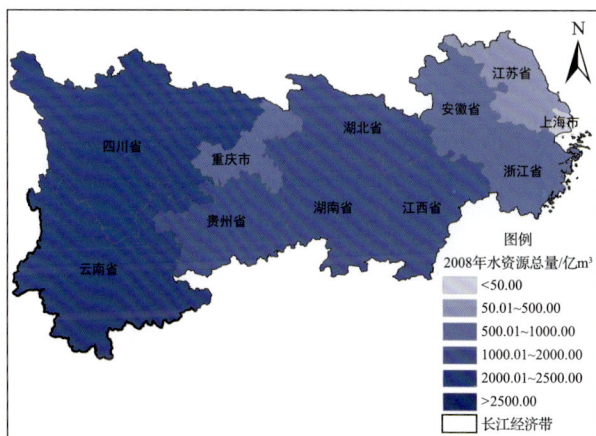

(b) 2008年

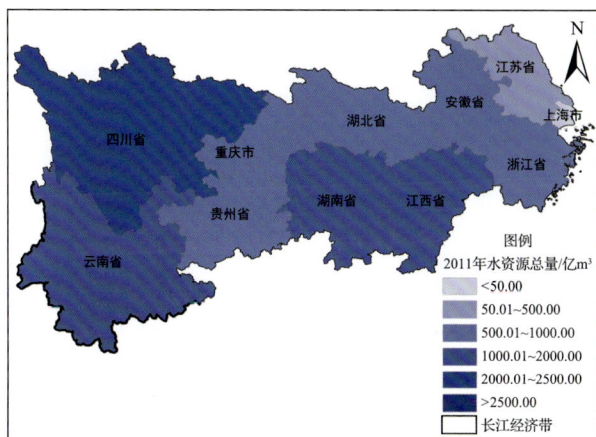

(c) 2011年

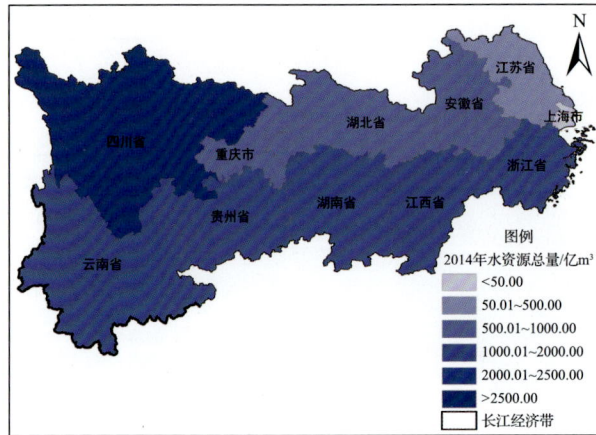

(d) 2014年

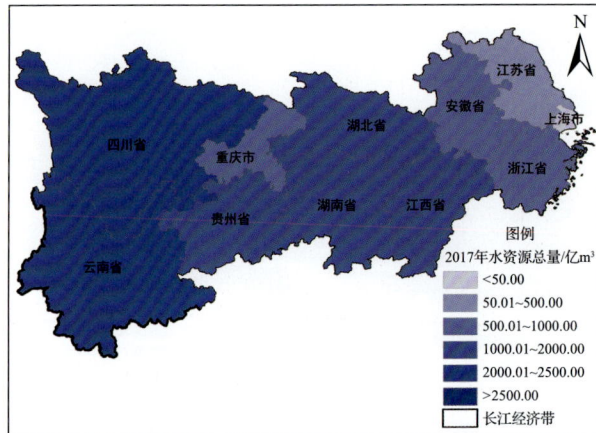

(e) 2017年

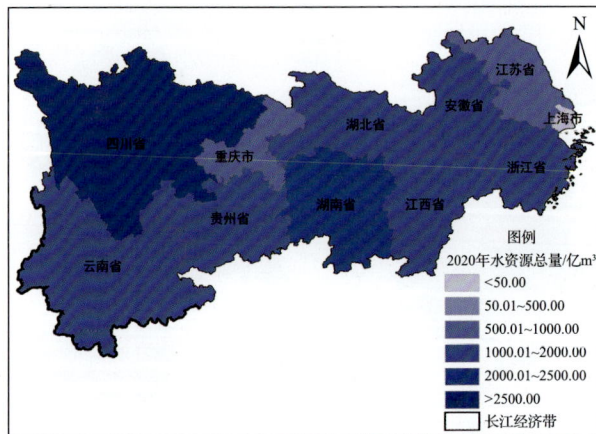

(f) 2020年

图 3-38　长江经济带 2005 年、2008 年、2011 年、2014 年、2017 年和 2020 年水资源总量变化

表 3-22　2005～2020 年长江经济带水资源总量基本情况　（单位：亿 m³）

区域	省(直辖市)	2005 年	2008 年	2011 年	2014 年	2017 年	2020 年
长江经济带上游地区	重庆市	509.8	576.9	514.6	642.6	656.1	766.9
	四川省	2922.6	2489.9	2239.5	2557.7	2467.1	3237.3
	贵州省	834.6	1140.7	624.3	1213.1	1051.5	1328.6
	云南省	1846.4	2314.5	1480.2	1726.6	2202.6	1799.2
长江经济带中游地区	江西省	1510.1	1356.2	1037.9	1631.8	1655.1	1685.6
	湖北省	934	1033.9	757.5	914.3	1248.8	1754.7
	湖南省	1671	1600	1126.9	1799.4	1912.4	2118.9
长江经济带下游地区	上海市	24.5	37	20.7	47.1	34	58.6
	江苏省	467	378	492.4	399.3	392.9	543.4
	浙江省	1014.4	855.2	745	1132.1	895.3	1026.6
	安徽省	719.3	699.3	602.1	778.5	784.9	1280.4

注：数据来源于各省(直辖市)统计年鉴。

3.7.2　土地资源变化

长江经济带土地利用类型 2000～2020 年 20 年来总体变化不太明显(图 3-39)。从空间分布来看，长江经济带中林地利用面积最大，占总利用面积的 46.02%，耕地面积次之，占总利用面积的 29.73%，未利用土地面积仅占总利用面积的 1.05%。长江经济带上游地区土地利用主要类型是林地、耕地和草地，耕地主要集中在四川省东部，林地主要集中在云南省和贵州省，草地主要集中于四川省西部。四川省草地和耕地面积最多，分别占四川省土地利用面积的 35.75% 和 25.07%。长江经济带中游地区土地利用类型以耕地和林地为主，耕地主要集中在湖北省南部、湖南省北部的小部分区域，面积占长江经济带中游地区土地利用总面积的 30.17%；林地在长江经济带中游地区城市均匀分布，面积占长江经济带中游地区土地利用总面积的 57.81%。长江经济带下游地区土地利用类型以耕地和林地为主，耕地主要分布在江苏省和上海市、安徽省中部及北部地区，面积约占长江经济带下游地区土地利用总面积的 46.78%；林地主要分布在安徽省南部和浙江省，面积占长江经济带下游地区土地利用总面积的 28.13%。

从时间分布来看，城乡、工矿、居民用地自 2010 年起有明显增加，且面积明显扩大，由 5.7437 万 km² 增长至 2020 年的 8.291 万 km²。长江经济带西部地区以草地为主，面积自 2010 年开始减少，由 33.6851 万 km² 减少至 2020 年的

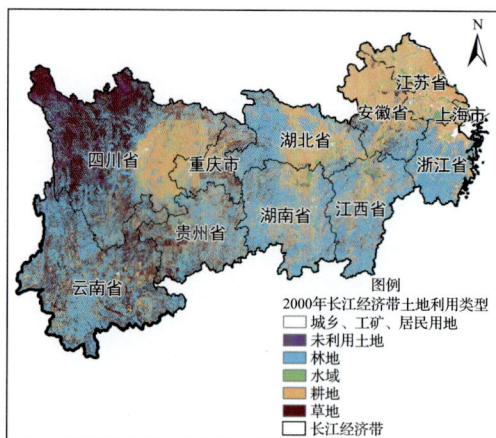

(a) 2000年

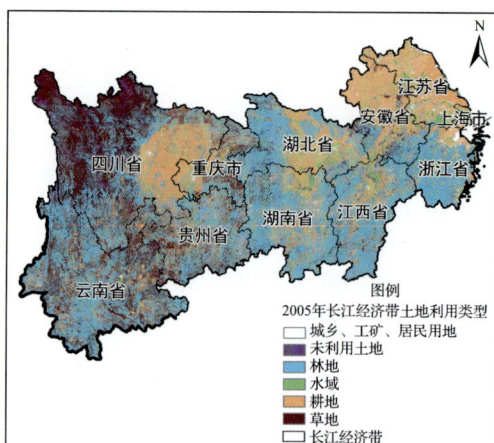

(b) 2005年

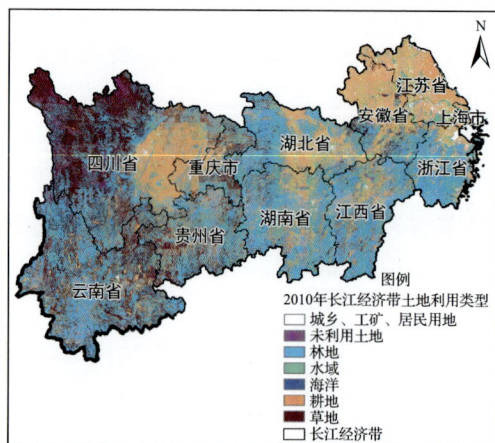

(c) 2010年

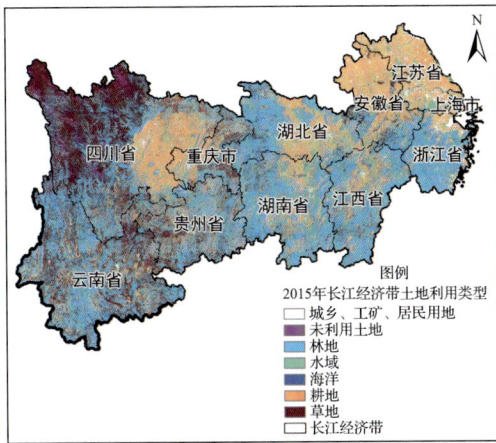

(d) 2015年

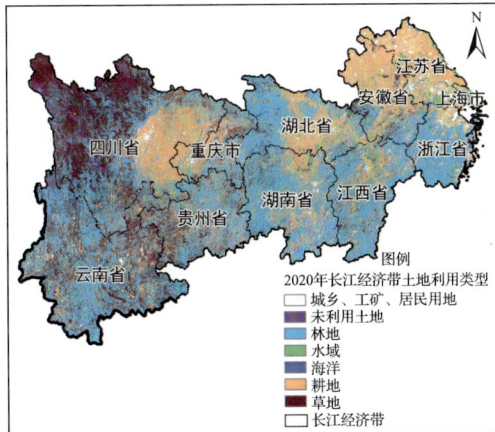

(e) 2020年

图 3-39　长江经济带 2000 年、2005 年、2010 年、2015 年和 2020 年土地利用类型及变化

32.5889 万 km^2。1980~2020 年，林地和耕地面积变化较大，2020 年林地面积较 1980 年增加了 25.1867 万 km^2。2020 年的耕地与 1980 年相比减少了 25.0139 万 km^2。截至 2020 年，由 1980 年的草地转化而来的林地面积为 10.0417 万 km^2。由 1980 年的耕地转化而来的林地和城乡、工矿、居民用地面积分别为 14.1012 万 km^2 和 5.4357 万 km^2。

3.7.3　碳排放变化

1997 年、2004 年、2011 年和 2018 年长江经济带碳排放分布图如图 3-40 所示。从空间分布来看，1997~2003 年碳排放严重区域主要集中在长江经济带下游地区，2004~2018 年碳排放严重区域主要集中在长江经济带中下游地区以及上游地区的四川省，其中江苏省和浙江省碳排放相对较多。长江经济带上游地区的重

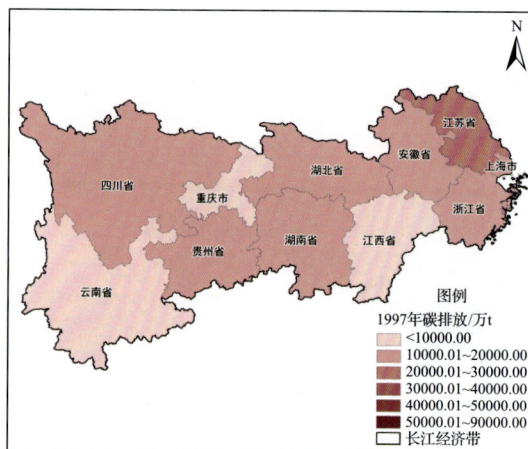

(a) 1997年

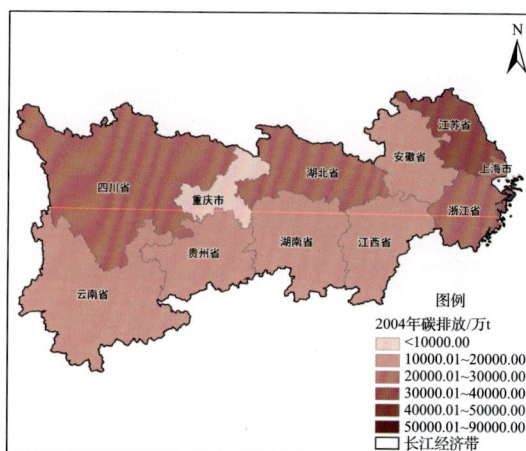

(b) 2004年

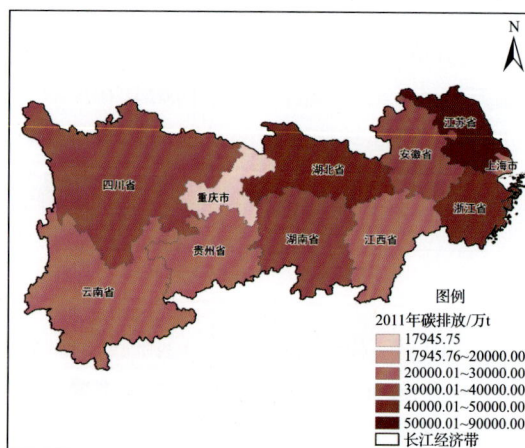

(c) 2011年

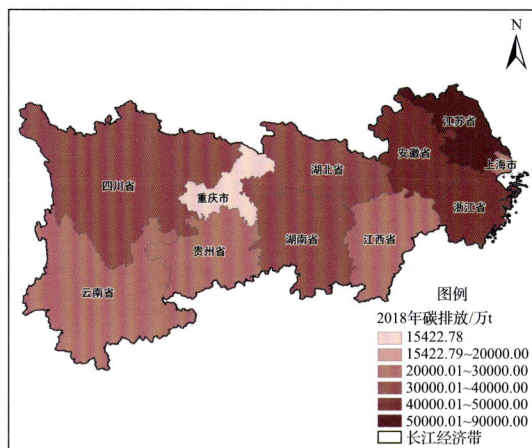

(d) 2018年

图 3-40 1997 年、2004 年、2011 年和 2018 年长江经济带碳排放分布图

庆市和中游地区的江西省碳排放相对较少，在当年长江经济带各省份碳排放总量中分别仅占 3.94%和 11.87%。

1997～2018 年长江经济带碳排放变化如图 3-41 所示，碳排放在 1997～2018 年整体上呈逐年增加趋势，2004 年涨幅最大，长江经济带碳排放总量由 184074.387 万 t（2003 年）增至 212583.902 万 t（2004 年），增幅达 15.49%；2016～2018 年趋于平稳，变动幅度相对较小。长江经济带下游地区上海市碳排放变化幅度较小，江苏省碳排放一直居于高位，且增加趋势显著，碳排放总量由 22267.293 万 t（1997 年）增长至 85537.563 万 t（2018 年），涨幅高达 284.14%。长江经济带中游地区各省份碳排放变化幅度较缓，一直呈缓慢上升趋势，但江西省和湖北省在 2011 年碳

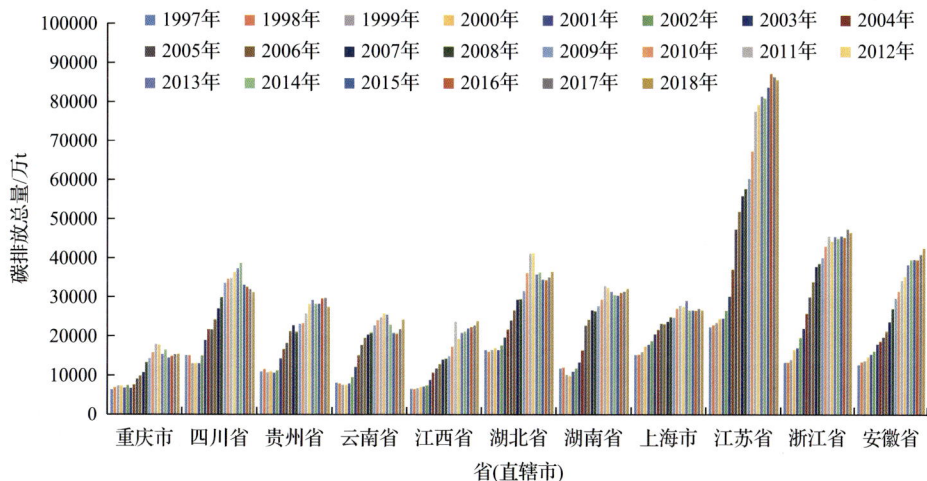

图 3-41 1997～2018 年长江经济带碳排放变化

排放总量极速变化，分别由 2010 年的 17300.321 万 t 和 36156.131 万 t 猛增至 2011 年的 23669.643 万 t 和 41145.958 万 t，后又迅速下降，但数值仍比之前年份稍高。长江经济带上游地区除重庆市外，其余三省份碳排放总量增长趋势显著。重庆市 1997～2018 年碳排放总量虽然一直处于长江经济带低位，但波动较大，1997～2003 年碳排放总量一直较低，在 6344.503 万～7386.059 万 t，2004～2012 年明显增加，增至 17713.05 万 t(2012 年)，后又下降至 14862.151 万 t(2016 年)，在 2017～2018 年变化平稳，排放总量稳定在 15300 万 t。

3.8　小　　结

　　本章介绍了长江经济带 11 个省(直辖市)的矿产资源历史开发情况，在对 2005～2020 年长江经济带矿产资源开发回顾评析的基础上，归纳了长江经济带矿产资源储量变化特征；在对长江经济带 11 个主要矿业区矿产资源开发回顾评析的基础上，进一步总结了长江经济带主要矿业区矿产特征，指出重点矿业区在长江经济带矿业开发及经济发展过程中的重要支撑作用；同时，也对长江经济带的部分战略性矿产资源状况进行了一定的分析，发现长江经济带的战略性矿产资源丰富，对我国的经济发展和未来的产业结构支撑具有重大战略意义；基于长江经济带矿产资源开发可能对周边环境中土壤、水体、大气、生态等带来的环境影响做了一定的剖析，发现近年来可能出现了一定的环境损害情况，但长江经济带总体生态环境状况在转好，特别是近几年来总体生态环境状况不错，但矿产资源开发与生态环境的矛盾可能还局部或短期存在，建议长江经济带在矿产资源开发过程中应加强生态环境的监测。

第4章 长江经济带矿产资源-社会经济-生态环境协调绿色发展评价

长江经济带实施"共抓大保护、不搞大开发"战略是我国高质量发展时代实现生态文明的重要决策。同时，长江经济带作为我国重要的矿产资源支撑区域之一，促进其矿产资源-社会经济-生态环境(mineral resources-social economy-ecological environment, REE)协调绿色发展将会成为推动"大保护"战略与区域高质量发展的有力支撑。

本章首先从矿产资源-社会经济-生态环境协调绿色发展的研究进展、研究现状、研究方法等多角度介绍长江经济带的矿产资源-社会经济-生态环境协调的基本情况。其次基于矿产资源、社会经济和生态环境三系统相互作用关系并根据区域实际情况构建出长江经济带矿产资源-社会经济-生态环境协调绿色发展的指标评价体系。最后对长江经济带整体、东中西区域和省域的矿产资源-社会经济-生态环境协调绿色发展水平进行测度和评价。以期能全面反映长江经济带矿产资源-社会经济-生态环境协调绿色发展的历史、现状与变化趋势、成效特点和瓶颈障碍。

4.1 矿产资源-社会经济-生态环境协调绿色发展研究进展

长江经济带是中国国民经济发展的重要组成部分，也是中国经济的活力所在。推动长江经济带发展，是关系国家发展全局的重大战略，对实现"两个一百年"奋斗目标、实现中华民族伟大复兴的中国梦具有重要意义。开发矿产资源一直是该区域持续稳固发展的坚实基础，矿产资源带来的经济价值逐年提升。然而，矿产资源长期开发过程中带来的问题日益突出，其中最显著的是矿产资源、社会经济与生态环境三者之间关系的严重失衡。长江经济带中上游地区部分矿场的矿业权与自然保护区重叠，开发过程中矿区生态系统遭到破坏；矿区和矿业园区环境污染问题突出，截至 2018 年，长江经济带矿区废水排放总量占全国废水排放总量的比例达到 42%，破坏土地面积已增至 7049.11km²；矿区、矿业园区和矿业城市人居安全问题较多，如开发所带来的土壤重金属污染的重点区域较多，湖南省、云南省等地重金属污染较为严重。

2016 年，习近平总书记提出的"共抓大保护、不搞大开发"战略是推动长江经济带高质量发展的重大决策。党的十九大报告指出："以共抓大保护、不搞大开发为导向推动长江经济带发展。"在新形势下长江经济带的发展，关键是要正确把握重点领域生态环境保护和经济发展的全面进步和突破，统筹规划协调发展。"共抓大保护、不搞大开发"已成为新时代推动长江经济带发展的新要求和总战略。在国家战略要求的大背景下，分析现阶段矿产资源-社会经济-生态环境协调绿色发展水平，深入探究结果背后的原因及产生的巨大影响，并落实到具体的空间单位，同时形成有利于国家整体及各省(直辖市)同步协调发展的对策建议，为长江经济带协调绿色发展提供参考依据。研究矿产资源-社会经济-生态环境协调绿色发展是落实国家重大战略的要求，也是把控中长期经济发展、明确保护路径的重要手段。

4.1.1　矿产资源-社会经济耦合协调绿色发展研究进展

矿产资源开发与社会经济发展相互作用，矿产资源为社会经济发展提供条件，经济发展的同时促进矿产资源高效开发。早期，多数学者认为资源是经济发展的重要基础。但在 20 世纪后期，有学者表明自然资源与经济增长可能存在负相关关系[89]。20 世纪 70 年代后，全球越来越多资源储量丰富的国家陷入了增长陷阱。1994 年，Auty[90]对"荷兰病效应"和"塞拉利昂资源争夺"等现象进行综合分析，并首次提出"资源诅咒"的概念，即丰富的自然资源可能是经济发展的诅咒而不是祝福，大多数自然资源丰富的国家比那些资源稀缺的国家经济增长得更慢，这一概念多被用在与矿业资源相关的经济社会问题中。之后，Sachs 和 Warner[91]也通过实证分析证明了这一结论。随后，"资源诅咒"的相关研究在经济学领域迅速发展起来，成为资源经济学相关的热门研究之一。"资源诅咒"的相关研究主题集中在两个主要方面：资源类型及丰度的测度、"资源诅咒"的产生机理及对策。

"资源诅咒"理论开始发展以来，国内学者也进行了大量的实证研究。例如，丁菊红和邓可斌[92]在理论方面进行论证，发现在控制港口与政府干预之间的距离后，"资源诅咒"的现象在中国并不明显。胡援成和肖德勇[93]论证了中国省级是否存在"资源诅咒"，并关注制约"资源诅咒"现象的因素，通过利用面板阈值回归模型分析，认为人力资本的投入水平限制了中国部分省份的发展，实证结果还揭示了财政支持作为缓解"资源诅咒"的重要途径，可以有效地解决资源约束，促进经济的可持续性增长。赵康杰和景普秋[94]认为对自然资源的依赖致使资源丰裕地区挤出了物质资本、人力资本以及创新行为。针对"资源诅咒"假说是否成立这一问题，尽管学术界还未达成共识，但不可否认的是大多数资源丰裕地区的经济发展水平往往相对滞后。

4.1.2　矿产资源–生态环境耦合协调绿色发展研究进展

生态环境是矿产资源开发的先决条件，矿产资源开发对生态环境存在极大影响。在对矿产资源开发获取社会经济增长的同时，生态环境污染对城市的影响程度引起了学者的广泛关注。在研究矿产资源与生态环境之间的相互作用关系上，国内外学者取得了一些研究成果，主要评价矿产资源开发对生态环境的影响程度以及提出相关发展的指导建议。Singh 等基于澳大利亚矿产资源开发的历史数据，系统显示其大气和水污染造成的生态环境问题，如土壤与岩体松动、土地退化、森林植被破坏、辐射破坏等，确认并发展了 Stephen E K 的理论[95]。Aigbedion[96]、Pagiola 等[97]、曹石榴[98]、郑娟尔等[99]、刘舫[100]等分别对不同国家进行研究，并指出了不同国家矿产资源开发造成的生态环境问题，如土壤侵蚀、土壤重金属污染、地下水污染、空气污染、地面沉降等。但是，相关的研究仅仅停留在经验分析上，为了进一步巩固相关研究，一些国内外学者提出评价指标体系来定量分析矿产资源开发对生态环境的影响。例如，Kang 和 Stam[101]提出生态环境因子；Griffiths[102]提出系统的综合模糊分析方法，构建矩阵；卢曦和许长新[103]利用三阶段数据包络（DEA-Malmquist）分析指数法对 2009～2014 年长江经济带 11 省（直辖市）水资源全要素生产率及其分解指数进行了测算和分析；邢文婷等[104]运用"压力–状态–响应"框架模型，建立了页岩气开发对生态环境影响的评价指标体系；陈军和成金华[105]采用面板数据模型，从产业结构、技术进步和政府管理三个维度展开理论分析与实证检验，分析矿产资源对生态环境影响的成因。因此，如何科学合理地对矿产资源开发造成的生态环境问题做出评价，是现阶段保证我国矿产资源可持续开发利用过程中亟待解决的重大问题。

4.1.3　矿产资源–社会经济–生态环境耦合协调绿色发展研究进展

关于矿产资源–社会经济–生态环境协调发展的相关文献较为丰富。初期的相关研究主要集中在建立与优化模型。例如，Grossman 和 Krueger[106]根据西蒙·库兹涅茨提出的假设提出环境库兹涅茨曲线，即揭示资源环境与社会经济的制约性，为社会经济与生态环境的协调发展关系的进一步研究提供了基础。之后，相关研究通过物理学"耦合"概念的模型对资源–环境–经济协调进行模拟与评价，同时找出耦合定律与影响耦合协调的因素。王美霞等[107]首先将物理学耦合理论应用于农业生态系统的研究。之后，生态环境与经济、生态环境与产业的区域耦合也受到学者的关注，并将研究重点放在生态系统与经济系统或社会经济系统之间的耦合。例如，吴跃明等[108]利用协同论的观点构筑了一种新型的环境经济协调度预测模型；廖重斌[109]通过对协调、发展及协调发展概念的定义和论述，推导出协调度和协调发展度的计算模型并提出评判标准，同时将发展状况划分为从简洁到详细的多个层次；李强和韦薇[110]测算了长江经济带经济增长质量与生态环境优化耦合协调度，实证研究两者耦合协调度影响因素；袁榴艳等[111]和高翔使用变异系数模型研究生态环境与城市化的耦合度；李崇明和丁烈云[112]、许振宇和贺建林[113]使用近似线性系统计算方法研究生态经济耦合的非线性趋势。现有的关于国内外矿产资源开发与社会经济、生态环境耦合协调发展的研究主要从矿业产业、空间单元、环境影响等方面建立指标体系计算出耦合协调度，考察耦合协调发展水平。例如，Wang 等[114]通过矿产资源、土地资源、水资源、环境资源的承载力，构建耦合协调模型，发现中国矿业经济区均处于不平衡的发展状态。He 等[115]从环境水平、压力、禀赋、响应等角度构建上海市城市化与环境耦合协调模型的指标体系，发现耦合协调模型的待定系数对于上海市城市化与生态环境的耦合协调发展影响较小。

4.1.4　长江经济带矿产资源-社会经济-生态环境耦合协调绿色发展研究现状

长江经济带是我国重要的矿产资源支撑区域之一，是我国经济发展的活力所在，是重要的生态屏障之一[116]。但随着城市化与工业化的快速发展，在矿产资源可采和能源消耗持续增长的同时，长江经济带面临着愈加严重的环境污染和生态破坏[117]。因此，长江经济带在社会生产和人民生活中必须注重经济发展与环境保护间的协调，探索矿产资源—社会经济—生态环境协调发展模式是长江经济带实现绿色、高质量发展的必由之路。在长江经济带如何统筹协调发展上，吴传清等使用耦合协调度模型衡量 2011～2015 年长江经济带工业发展水平和工业发展效率的协同效应，发现两者协调度处于中高级协调阶段，并建议通过加大工业绿色创新投入，推动产业结构转型升级，建立绿色制造体系等措施来进一步提升长江经济带工业绿色发展绩效[118]。钟茂初[119]、常纪文[120]研究后均认为长江经济带实现绿色、协调发展必须要将开发活动控制在环境承载力以内，并建立上、中、下游地区的产业联动与补偿机制。在长江经济带协调发展的影响因素上，Xu 等[121]认为生态系统服务是维持长江经济带环境质量并促进协调发展的重要因素，而气候因素是影响生态系统服务变化的主导力量；Huang 等[122]从生态效率的角度研究协调发展，发现与非城市群相比，更高的空间集聚度促进了长江经济带城市群的协调发展；成金华和王然[123]从"共抓大保护、不搞大开发"的视角出发，认为环境规制对协调发展起到了较好的推进作用。在长江经济带协调发展的情景预测中，方传棣等[124]将实行"大保护"战略和"经济优先"情境下，长江经济带 11 省(直辖市)的矿产资源-社会经济-生态环境耦合协调度结果相互对比，发现实施"大保护"战略虽然短期会带来长江经济带耦合协调度的下降，但是长期能够加速长江经济带的协调发展。

4.1.5 绿色发展研究方法进展

目前研究协调绿色发展所使用的定量分析方法主要有向量自回归(VAR)模型、耦合协调度分析方法、空间自回归与空间误差分析方法。

1. 向量自回归模型

向量自回归模型是一种常用的计量经济模型，由克里斯托弗·西姆斯(Christopher Sims)提出。向量自回归模型是基于数据的统计性质建立的模型，是把系统中每一个内生变量作为系统中所有内生变量的滞后值的函数来构造模型，从而将单变量自回归模型推广到由多元时间序列变量组成的向量自回归模型。一般模型的数学表达式为[125]

$$y_t = v + A_1 y_{t-1} + \cdots + A_p y_{t-p} + B_0 x_t + B_1 x_{t-1} + \cdots + B_q x_{t-q} + \mu_t$$
$$y_t = \left(y_{1t}, y_{2t}, \cdots, y_{kt} \right) \quad t \in \left(-\infty, +\infty \right) \tag{4-1}$$

式中，v 为常量；$y_t = \left(y_{1t}, y_{2t}, \cdots, y_{kt} \right)$ 为 $k \times 1$ 的随机变量；$A_1 \sim A_p$ 为 $k \times k$ 的参数矩阵；x_t 为 $M \times 1$ 的内生变量向量；$B_0 \sim B_q$ 为 $K \times M$ 的估计系数矩阵；μ_t 为误差向量，假定 μ_t 是白噪声序列。

2. 耦合协调度分析方法

耦合包括发展与协调。发展体现在系统从低到高，从简单到复杂的演变；而协调则强调系统之间和系统内部的协调及其发展程度。因此，由发展与协调组成的系统之间的耦合关系意味着发展的"数量扩展"和协调的"质量提升"两个不可或缺的部分。耦合表征了系统之间协调和发展的整体情况。一方面，只强调发展的耦合可能导致系统协调性低；另一方面，只关注协调可能会导致"低发展陷阱"的错误协调。系统耦合度的测量必须综合考虑系统的"发展"与"协调"两个维度，由此定义的一般耦合协调度计算公式为

$$D = \sqrt{C \times T} \tag{4-2}$$

式中，D 为耦合协调度；C 为发展度；T 为系统综合协调指数。

3. 空间自回归与空间误差分析方法

多数经济数据都会附带一定的空间属性。对于时间序列上的数据，最常见的建模方法是一阶自回归。但空间自回归的形式更复杂，因为空间滞后可能来自不

同的方向，可以是双向的。对于空间序列，矩阵 W 则为空间权重矩阵，其元素排列方式表现出多样性（因为空间自相关可以多方向）[126]。空间自回归模型公式：

$$Y = \lambda W_y + \varepsilon \qquad (4\text{-}3)$$

式中，Y 为因变量；W_y 为已知的空间权重矩阵；λ 为空间自回归系数，是空间滞后项的 W_y 参数，衡量观测值之间的相互作用程度；ε 为随机误差向量。

　　空间依赖还可以通过误差项来表达。空间误差模型如下：

$$Y = Xb + u \qquad (4\text{-}4)$$

式中，X 为关于模型自变量的观察值矩阵；b 为参数向量；u 为扰动项目，u 的公式具体为

$$u = Wv + \psi \qquad (4\text{-}5)$$

式中，W 为权重矩阵；v 为包含相邻溢出的 $N \times 1$ 的向量；ψ 为局部扰动项。

4.2　矿产资源-社会经济-生态环境协调绿色发展模型

　　针对矿产资源-社会经济-生态环境协调发展的研究方法众多，不同学者的研究重心不同，对指标的选取类型和数量也多种多样。矿产资源-社会经济-生态环境协调绿色发展评估即是对矿产资源、社会经济、生态环境协调发展的各个子系统的实际观测和其协调接近程度的定量化描述。协调绿色发展是一种内涵明确、外延不甚明确的模糊概念，所以应当运用模糊集合理论来进行研究，才能更好地反映矿产资源-社会经济-生态环境的协调发展情况。在模糊数学中，耦合协调度模型不同于传统经验方法，主要分析基于系统科学思想的不同变量之间的协调变化，而不考虑变量之间的因果关系。近年来，部分学者将其引入经济学的研究中并不断创新应用，结果显示了一个新的视角。在总结前人研究方法的基础上，本章在研究方法上紧跟国际前沿研究方法，首先使用熵权法量化指标层权重，其次通过耦合度模型量化系统层指标，最后通过耦合协调度模型量化目标层结果。从而将复杂问题归结为底层若干个具体指标的描述，具体构建流程如图 4-1 所示。

4.2.1　熵权法

　　熵权法是一种客观赋权法，TOPSIS（technique for order preference by similarity to an ideal solution）法又称为"逼近理想解排序法"，该评估方法根据评估对象与

确定评价体系层次框架

确定评价体系层次、数据、模型

评价体系层次　　　　　　　　拟定数据指标　　　　　　　确定评价模型

| 指标层 | M_{11}能源… | M_{21}利润总额… | S_{11}工业总产值… | S_{21}人均GDP | S_{31}人均年收入… | E_{11}单位GDP废水排放量… | E_{21}废水达标率… | 熵权法 |

| 子系统层 | 矿业规模 | 矿业效益 | 经济发展结构 | 经济发展质量 | 社会发展 | 污染破坏 | 治理建设 | 耦合度模型 |

| 系统层 | 矿产资源 | | 社会经济 | | 生态系统 | | | |

| 目标层 | 矿产资源–社会经济–生态环境协调绿色发展 | | | | | | | 耦合协调度模型 |

数据收集和计算

| 数据收集 | 数据处理 | 计算指标权重 | 计算指标耦合度 | 计算指标耦合协调度 |

结果评估

| 全经济带评价 | 上、中、下游评价 | 各省(直辖市)评价 |

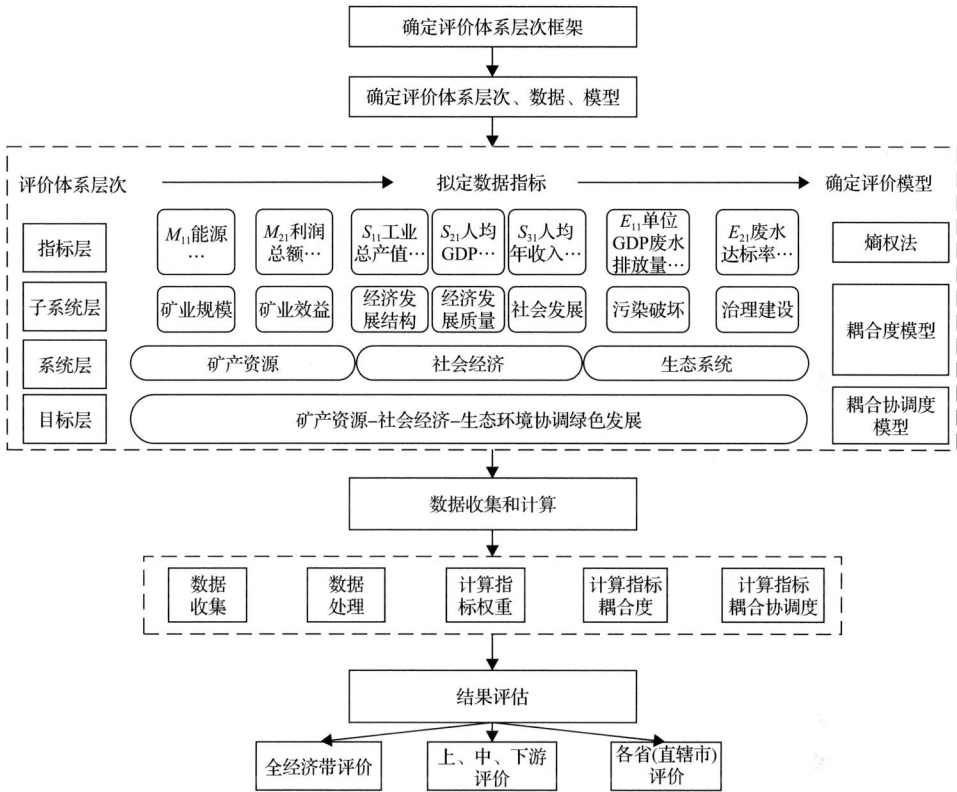

图 4-1　矿产资源–社会经济–生态环境协调绿色发展实施流程

理想方案之间的相对接近度将众多评估对象整体排序进而确定相对优劣，它具有计算过程灵活、评估结果准确合理的优点，对本书的研究对象具有良好的适用性，该方法具体计算步骤如下。

1. 列出初始评价指标矩阵

$$\boldsymbol{X} = \begin{bmatrix} x_{11} & x_{12} & \cdots & x_{1m} \\ x_{21} & x_{22} & \cdots & x_{2m} \\ \vdots & \vdots & & \vdots \\ x_{n1} & x_{n2} & \cdots & x_{nm} \end{bmatrix} \tag{4-6}$$

2. 建立标准化评价矩阵

运用极差法对初始数据进行无量纲化处理，以实现指标正向化。式(4-7)、式(4-8)分别为正向指标和负向指标标准化公式。其中：x_{ij} 为第 i 年(地区)第 j 项指标的原始数据；$\mathrm{Max}(x_{ij})$ 和 $\mathrm{Min}(x_{ij})$ 分别为第 i 年(地区)第 j 项指标的最大值和最小值。

$$r_{ij} = \frac{x_{ij} - \mathrm{Min}(x_{ij})}{\mathrm{Max}(x_{ij}) - \mathrm{Min}(x_{ij})} \tag{4-7}$$

$$r_{ij} = \frac{\mathrm{Max}(x_{ij}) - x_{ij}}{\mathrm{Max}(x_{ij}) - \mathrm{Min}(x_{ij})} \tag{4-8}$$

将各项数据指标进行标准化处理之后，得到标准化评价矩阵，如式(4-9)所示。其中，$\boldsymbol{R}$ 为标准化矩阵，r_{ij} ($i=1,2,\cdots,n$；$j=1,2,\cdots,m$) 表示第 i 年(地区)第 j 项指标的标准化值，n 和 m 分别代表评价对象和评价指标总数。

$$\boldsymbol{R} = \begin{bmatrix} r_{11} & r_{12} & \cdots & r_{1m} \\ r_{21} & r_{22} & \cdots & r_{2m} \\ \vdots & \vdots & & \vdots \\ r_{n1} & r_{n2} & \cdots & r_{nm} \end{bmatrix} \tag{4-9}$$

3. 计算第 i 年(地区)第 j 项指标的熵值

$$E_j = -t\sum_{i=1}^{n} P_{ij}\ln(P_{ij}) \quad j=1,2,\cdots,m \tag{4-10}$$

$$P_{ij} = \frac{x_{ij}}{\sqrt{\sum_{i=1}^{n} x_{ij}^2}} \tag{4-11}$$

式中，t 与样本数量有关，常取 $t=1/\ln n$；P_{ij} 为第 i 年第 j 项指标的比例。此外，若 $P_{ij}=0$，则令 $P_{ij}\ln P_{ij}=0$。

4. 计算各项指标的熵权

$$W_j = \frac{1-E_j}{\sum_{j=1}^{m}(1-E_j)} \quad j=1,2,\cdots,m \tag{4-12}$$

式中，E_j 为(地区)第 j 项指标的熵值；W_j 的取值范围是 $[0,1]$，$\sum_{j=1}^{m} W_j = 1$。熵权

系数 W_j 越大，说明该项指标所包含的信息量越多，那么其对水资源承载力综合评价的作用就越大。

5. 构建加权标准化评价矩阵

$$\boldsymbol{Z} = W_j \boldsymbol{R}_{ij} = \begin{bmatrix} r_{11}w_1 & r_{12}w_1 & \cdots & r_{1m}w_1 \\ r_{21}w_2 & r_{22}w_2 & \cdots & r_{2m}w_2 \\ \vdots & \vdots & & \vdots \\ r_{n1}w_m & r_{n2}w_m & \cdots & r_{nm}w_m \end{bmatrix} \tag{4-13}$$

式中，W_j 为指标权重；$\boldsymbol{R}_{ij}$ 为指标标准化矩阵。

6. 确定正、负理想解

令 Z^+ 表示最优方案（正理想解），Z^- 表示最劣方案（负理想解），分别代表加权规范化评价矩阵的最大值和最小值：

$$Z^+ = \left\{ \max z_{ij} \middle| i = 1, 2, \cdots, m \middle| \right\} = \left\{ z_1^+, z_2^+, \cdots, z_m^+ \right\} \tag{4-14}$$

$$Z^- = \left\{ \min z_{ij} \middle| i = 1, 2, \cdots, m \middle| \right\} = \left\{ z_1^-, z_2^-, \cdots, z_m^- \right\} \tag{4-15}$$

7. 计算欧氏距离

确定正、负理想解之后，计算各评价对象与正理想解和负理想解之间的距离。

$$D_i^+ = \sqrt{\sum_{j=1}^{m} (z_j^+ - z_{ij})^2} \quad i = 1, 2, \cdots, n \tag{4-16}$$

$$D_i^- = \sqrt{\sum_{j=1}^{m} (z_j^- - z_{ij})^2} \quad i = 1, 2, \cdots, n \tag{4-17}$$

式中，D_i^+ 和 D_i^- 分别为每个年份评价指标到正理想解和负理想解的距离；z^+ 和 z^- 分别为历年评价中的最偏好值和最不偏好值。其中，D_i^+ 值越小，表示评价对象与正理想解的距离越近，即水资源承载力的水平越高；D_i^- 值越小，表示评价对象与负理想解的距离越近，即水资源承载力的水平越低。

8. 计算各评价对象与正理想解的耦合度（评价值）

$$B_i = \frac{D_i^-}{D_i^+ + D_i^-} \tag{4-18}$$

根据计算所得的 B_i ($0 \leqslant B_i \leqslant 1$) 值的大小进行排序，$B_i$ 的值越大即离 1 越近，表明评价对象越接近理想状态，评价结果越优，反之越劣。

4.2.2　耦合度模型

耦合是指两个或两个以上的系统或运动方式之间通过各种相互关系而彼此影响以致联合起来的现象，是在各子系统间的良性互动下，相互依赖、协调、促进的动态关联关系。根据物理学相关容量耦合概念及系数模型，得到矿产资源、社会经济、生态环境三者相互作用的耦合度函数：

$$B_i = \left\{ \frac{M_i \times S_i \times E_i}{[(M_i + S_i + E_i)/k]^k} \right\}^{1/k} \tag{4-19}$$

式中，B_i 为耦合度，$0 \leqslant B_i \leqslant 1$；$M_i$、$S_i$、$E_i$ 分别为加权法所得的矿产资源、社会经济、生态环境评价值；k 为耦合的系统数量。当 B_i 趋于 0 时，耦合度较小，系统间处于失谐状态，并朝向无序发展；当 B_i 趋于 1 时，耦合度极大，系统间达到良性共振耦合，将趋向于新的有序结构。

4.2.3　耦合协调度模型

耦合度只是反映了矿产资源、社会经济、生态环境之间的作用强度，并不能反映系统之间的协调程度，耦合协调度模型能够更好地判断地区矿产资源、社会经济及生态环境三者之间交互耦合的协调发展程度。构建耦合协调度函数为

$$\begin{cases} D^i = \sqrt{B_i \times T_i} \\ T_i = aM_i + bS_i + rE_i \end{cases} \tag{4-20}$$

式中，D 为耦合协调度，根据耦合协调度 Q 的大小将其划分为五个等级，判别标准详见表 4-1；T 为系统综合协调指数，反映矿产资源、社会经济及生态环境间整体协同效应或贡献；a、b、r 为待定系数，表示三系统的重要程度，可以体现战略或政策的偏向程度。a、b、r 的确定考虑到 2016 年所提出的长江经济带"共抓大保护、不搞大开发"战略后，环保督察、环境保护"一票否决"与环境生态审计等政策陆续在长江经济带各省（直辖市）实施。在中国独特的政治晋升制度[127]与国家"三大攻坚战"战略的影响下，2016 年后长江经济带各省（直辖市）必然将环境保护工作放在压倒性位置。因此，耦合协调度待定系数通过专家评分法和方传棣等[124]的研究，并参考长江经济带上、中、下游的矿产水平、经济水平、环境水平的差异性选取，不同时间段内 a、b、r 如表 4-2 所示。

表 4-1　协调发展水平的判别标准

耦合协调度 D	0～0.19	0.20～0.39	0.40～0.59	0.60～0.79	0.80～1.00
协调等级	极不协调	不协调	勉强协调	协调	极其协调

表 4-2　长江经济带上、中、下游不同时间段内三系统重要程度

区域	2016 年以前			2016 年以后		
	a	b	r	a	b	r
长江经济带上游	0.3	0.5	0.2	0.3	0.2	0.5
长江经济带中游	0.25	0.5	0.25	0.25	0.25	0.5
长江经济带下游	0.2	0.5	0.3	0.2	0.3	0.5

4.3　矿产资源-社会经济-生态环境协调绿色发展评价指标选取

4.3.1　评价指标体系设计思路

1. 评价目的与作用

长江经济带矿产资源-社会经济-生态环境协调绿色发展，是要求正确把握好生态环境保护和经济发展、自身发展与协调发展的关系。一方面，正确把握生态环境保护与经济发展的关系，探索促进生态优先发展和绿色发展的新途径。生态环境保护与经济发展不是矛盾的关系，而是辩证统一的关系。生态环境保护的成败取决于经济结构和经济发展方式是否合理，经济结构和经济发展方式的绿色协调发展将产生巨大的生态、经济和社会效益。另一方面，要正确把握自身发展与协调发展的关系，努力把长江经济带建设成为一个有机结合、高效的经济体。因此，通过构建长江经济带矿产资源-社会经济-生态环境协调绿色发展评价体系，定量研究长江经济带总体、上中下游地区和省域的矿产资源、社会经济、生态环境及其耦合协调发展的特征和演变趋势，识别不同尺度下发展过程中的主要问题和短板所在，提出针对推进长江经济带矿产资源-社会经济-生态环境协调绿色发展的对策建议，也为完善长江经济带协商合作机制和流域管理协调等重大问题提供参考依据。

2. 评价体系设计依据

长江经济带是中国国民经济发展的优势所在，也是中国经济发展的活力所在，并且其区域内矿产资源十分丰富，主要矿产资源优势明显，是我国矿产资源支撑区域之一。自 1949 年以来，长江经济带通过对矿产资源的开发利用为国家和地区经济社会发展提供了重要的原材料，区域矿业产值及经济总量也不断提高，但是，长期不规范、过量的矿产开发导致矿区周边污染排放问题突出、地质灾害频发，致使全国近一半的重金属重点防控区均位于长江经济带内，区域内生态退化与环境污染等问题日益恶化。2013 年 7 月，习近平总书记提出要把长江全流域打造成黄金水道；2014 年 9 月，国务院发布《关于依托黄金水道推动长江经济带发展的指导意见》，标志着长江经济带发展上升为国家战略。2016 年 1 月，习近平总书记在重庆考察时再次强调了"共抓大保护、不搞大开发"战略对于长江经济带的发展至关重要。随着党的十九大报告、《中华人民共和国国民经济和社会发展第十三个五年规划纲要》《长江经济带发展规划纲要》《长江经济带生态环境保护规划》等一系列文件的出台，"共抓大保护、不搞大开发"已成为新时代推动长江经济带发展的新要求和总战略。推动长江经济带矿产资源开发与经济、环境相协调，是深入贯彻落实"共抓大保护、不搞大开发"战略的要求。上面提及文件的指导思想、基本原则、发展目标等为本书长江经济带矿产资源-社会经济-生态环境协调绿色发展综合评价指标体系的设计提供了方向和指引。

3. 评价体系分析框架

绿色发展是指区域增长方式、发展动力及资源配置方式的全方面转变。绿色发展具有系统性和多维度性，更加注重要素供给质量与发展效益、经济结构优化与效率提升，最终实现社会经济可持续发展、生态环境更加绿色发展。根据对绿色发展理念和内涵的理解及长江经济带矿产资源的禀赋特征、社会经济发展态势和生态环境状态，本书构建长江经济带矿产资源-社会经济-生态环境协调绿色发展的分析框架，该框架由矿产资源系统、社会经济系统和生态环境系统三个系统组成(图 4-2)。

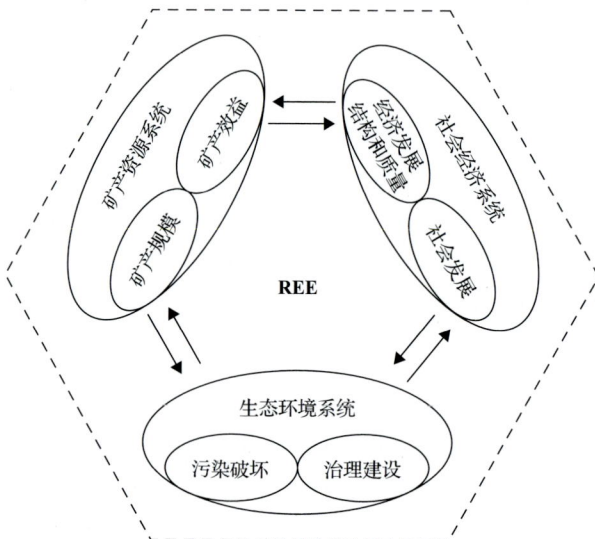

图 4-2　长江经济带绿色发展的分析框架

1) 矿产资源系统

经济发展所需要的生活资料和生产资料主要来自于自然资源，而矿产资源作为自然资源重要的组成部分，经济系统的有效运行离不开矿产资源提供的物质基础。长江经济带区域内矿产资源十分丰富，主要矿产资源优势明显，矿业经济对区域发展提供了重要的支撑作用。矿产资源的开发利用不可避免地会造成一定程度的生态破坏，但其对区域经济发展起着重要的推动作用，因此，矿产资源系统主要从矿产规模和矿产效益两方面综合考虑。

2) 社会经济系统

经济发展的最终目标是生产力发展，区域发展过程中，生产规模不断扩大，经济结构得以改善，生产效率逐渐提高，不断满足人类的物质文明需要，最终实现可持续发展。在不同的发展时期，社会经济系统由起初的追求经济高速增长，忽视矿产资源耗竭和环境破坏等问题，到随着经济水平、技术水平、生活水平等方面的提高，越来越多的人认识到矿产资源、社会经济和生态环境协调的重要性。因此，社会经济系统从经济发展结构、经济发展质量和社会发展三方面进行考虑。

3) 生态环境系统

生态环境是区域持续发展的载体，生态环境污染破坏少、治理保护水平高时，对经济社会发展的保障力度较大，反之，生态环境破坏严重时，将会严重制约资源的开发与经济发展，因此，生态环境系统从污染破坏和治理建设两方面考虑。

4. 评价体系指标筛选原则

评价指标的选取要满足科学性、独立性、可操作性、前瞻性、静态与动态结合等基本要求。本书在满足基本要求的前提下，充分考虑绿色发展和长江经济带的特色来筛选具体指标。

1) 评价体系应体现长江经济带区域特征

对于矿产资源系统、社会经济系统和生态环境系统内具体指标的选取应体现矿产资源-社会经济-生态环境协调绿色发展的真实内涵，立足于三系统发展现状，选取最能代表各子系统发展特点的指标。

2) 评价体系应考虑省份发展的不均衡性

考虑到区域发展的不均衡性，在指标的设计上采用均量类指标为主、总量类指标为辅，比率类指标为主、速率类指标为辅的方式减少区域背景值差异对评价结果的干扰，更多地体现各省份在努力实现矿产资源-社会经济-生态环境协调绿色发展所获得的绩效变动。

3) 评价体系应注重指标稳定性和可操作性

考虑到指标数据的可获得性、稳定性和权威性，筛选具体评价指标时，主要以正式出版或公开发布的区域/部门统计年鉴、部门公报、实地考察等官方可靠的渠道为数据获取或核算来源，同时在权重设计时纳入不同学科专家的主观判断，切忌对数据进行编造。在数据来源可靠的基础之上，选用便于量化、能体现三大系统的动态发展趋势的客观指标。

4.3.2　评价指标体系及指标解释

1. 评价指标体系

按照上述设计思路，本书长江经济带矿产资源-社会经济-生态环境协调绿色发展综合评价指标体系由"3-7-29"的层次结构构成，如表 4-3 所示。

表 4-3　长江经济带矿产资源-社会经济-生态环境协调绿色发展评价指标体系

目标层	系统层	子系统层	指标层	单位	指标性质
矿产资源-社会经济-生态环境协调绿色发展综合评价体系	矿产资源系统（M）	矿产规模（M_1）	M_{11} 能源	万 t	+
			M_{12} 黑色金属	万 t	+
			M_{13} 有色金属	万 t	+
			M_{14} 建筑材料	万 t	+
			M_{15} 矿业总产值	亿元	+
			M_{16} 矿山企业数量	个	+
			M_{17} 从业人员	万人	+
		矿产效益（M_2）	M_{21} 利润总额	亿元	+
			M_{22} 矿业产值占地区总工业产值比例	%	+
	社会经济系统（S）	经济发展结构（S_1）	S_{11} 工业总产值	亿元	+
			S_{12} 第二产业比例	%	+
			S_{13} 第三产业比例	%	+
		经济发展质量（S_2）	S_{21} 人均 GDP	元	+
			S_{22} 固定资产投资总额	亿元	+
			S_{23} 全社会劳动生产率	元/人	+
			S_{24} 科技投入占 GDP 比例	%	+
		社会发展（S_3）	S_{31} 人均年收入	元	+
			S_{32} 人口密度	人/km²	－
			S_{33} 城镇化率	%	+

目标层	系统层	子系统层	指标层	单位	指标性质
矿产资源-社会经济-生态环境协调绿色发展综合评价体系	生态环境系统（E）	污染破坏（E_1）	E_{11} 单位 GDP 废水排放量	t	−
			E_{12} 单位 GDP SO_2 排放量	t	−
			E_{13} 单位 GDP CO_2 排放量	t	−
			E_{14} 破坏土地面积	hm^2	−
			E_{15} 矿业地质灾害直接损失	万元	−
		治理建设（E_2）	E_{21} 废水达标率	%	+
			E_{22} 工业固体废物利用率	%	+
			E_{23} 矿区土地复垦率	%	+
			E_{24} 矿区环境治理投资总额占矿业产值的比例	%	+
			E_{25} 矿山环境恢复治理面积	hm^2	+

2. 评价指标具体解释

指标层的指标解释和数据来源如表 4-4 所示。

表 4-4　评价体系指标层的指标解释及数据来源

目标层	系统层	子系统层	指标层	指标解释	数据来源
矿产资源-社会经济-生态环境协调绿色发展综合评价体系	矿产资源系统（M）	矿产规模（M_1）	M_{11} 能源	反映区域能源禀赋	中国矿业年鉴[128]
			M_{12} 黑色金属	反映区域黑色金属禀赋	
			M_{13} 有色金属	反映区域有色金属禀赋	
			M_{14} 建筑材料	反映区域建筑材料禀赋	
			M_{15} 矿业总产值	反映区域矿业发展总体水平	
			M_{16} 矿山企业数量	反映区域矿业发展的市场前景	
			M_{17} 从业人员	反映区域矿业发展的劳动力基础	
		矿产效益（M_2）	M_{21} 利润总额	反映区域矿业活力程度	
			M_{22} 矿业产值占地区总工业产值比例	反映矿业在区域经济发展中的地位	
	社会经济系统（S）	经济发展结构（S_1）	S_{11} 工业总产值	反映区域工业发展总体水平	各省统计年鉴[129]（与前瞻数据库[130]相互补充）
			S_{12} 第二产业比例	反映第二产业在区域经济发展中的地位	
			S_{13} 第三产业比例	反映第三产业在区域经济发展中的地位	

续表

目标层	系统层	子系统层	指标层	指标解释	数据来源
矿产资源-社会经济-生态环境协调绿色发展综合评价体系	社会经济系统 (S)	经济发展质量 (S_2)	S_{21} 人均 GDP	反映区域宏观经济发展水平	各省统计年鉴[129](与前瞻数据库[130]相互补充)
			S_{22} 固定资产投资总额	反映政府投资强度	
			S_{23} 全社会劳动生产率	反映社会从业人员的平均生产效率	
			S_{24} 科技投入占 GDP 比例	反映区域的科技投入整体水平	
		社会发展 (S_3)	S_{31} 人均年收入	反映区域人民经济生活水平	
			S_{32} 人口密度	反映区域人口状况	
			S_{33} 城镇化率	反映区域城乡经济结构变化	
	生态环境系统 (E)	污染破坏 (E_1)	E_{11} 单位 GDP 废水排放量	反映区域废水排放水平	环境专业知识服务系统[131]，中国环境统计年鉴[132]，各省(直辖市)统计年鉴[129]及生态环境公报
			E_{12} 单位 GDP SO_2 排放量	反映区域 SO_2 排放水平	
			E_{13} 单位 GDP CO_2 排放量	反映区域 CO_2 排放水平	
			E_{14} 破坏土地面积	反映资源开发导致的土地破坏程度	
			E_{15} 矿业地质灾害直接损失	反映因环境破坏需付出的经济代价	
		治理建设 (E_2)	E_{21} 废水达标率	反映水环境污染治理水平	
			E_{22} 工业固体废物利用率	反映工业固体废物总利用水平	
			E_{23} 矿区土地复垦率	反映土地系统恢复的治理水平	
			E_{24} 矿区环境治理投资总额占矿业产值的比例	反映区域在环境保护与治理方面的投入力度	
			E_{25} 矿山环境恢复治理面积	反映生态环境整体恢复治理水平	

4.4 长江经济带总体矿产资源-社会经济-生态环境协调绿色发展评价

4.4.1 长江经济带系统层评价结果与分析

长江经济带系统层评价结果如图 4-3 所示，各省(直辖市)各指标权重详见附

表 1。从时间尺度上看，2001～2019 年长江经济带矿产资源系统绿色发展评价值呈现 "N" 形变化趋势，社会经济和生态环境系统绿色发展评价值均呈现持续上升趋势。其中，矿产资源评价值 2001～2010 年由 0.420 增长至 0.522，2010～2015 年评价值骤然下降至 0.417，2015～2019 年评价值有所回升，由 0.417 增加至 0.519。2010～2015 年长江经济带矿产资源评价值突然下降主要是由于当年矿业经营状况不佳，长江经济带内矿业利润总额迅速下降。社会经济评价值 2001～2019 年由 0.317 增长至 0.654，涨幅达 106.31%。生态环境评价值由 2001 年的 0.360 增长至 2019 年的 0.581，增幅为 61.39%，但是值得注意的是，2010 年后生态环境评价值年增长速度明显放缓。从三个系统的五年评价均值来看，生态环境评价值（0.503）＞社会经济评价值（0.473）＞矿产资源评价值（0.466）。生态环境评价值居于三系统首位，对长江经济带矿产资源-社会经济-生态环境协调绿色发展发挥了重要的支撑作用，证明长江经济带生态环境保护取得显著成效，未来仍要在 "共抓大保护、不搞大开发" 战略的指引下，积极推动长江经济带生态环境保护修复和污染治理。社会经济评价值居于第二位，并且 2001～2019 年其增长速度较快，说明长江经济带保持强劲的发展动力，经济系统持续健康发展。相比而言，矿产资源系统评价值排在末位，对长江经济带矿产资源-社会经济-生态环境协调绿色发展的贡献较低，由此可见，进一步推动矿业转型绿色发展、综合利用，促进矿业高质量发展是长江经济带矿产资源-社会经济-生态环境协调绿色发展亟须努力的方向。

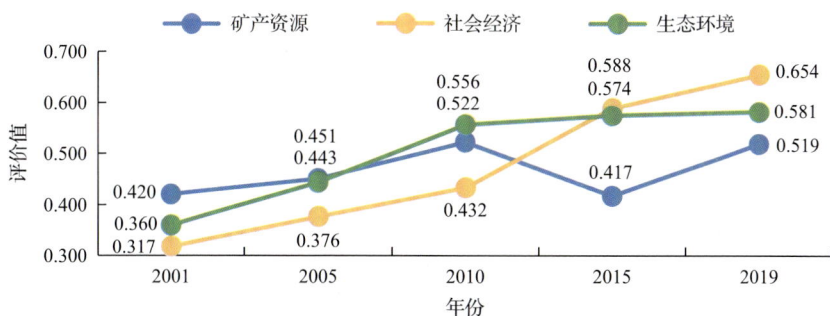

图 4-3　2001～2019 年长江经济带矿产资源、社会经济和
生态环境三系统绿色发展评价值

4.4.2　长江经济带目标层耦合协调度评价结果与分析

2001～2019 年长江经济带矿产资源-社会经济、矿产资源-生态环境和矿产资源-社会经济-生态环境耦合协调度评价结果如图 4-4 所示。研究期间长江经济带矿产资源-社会经济、矿产资源-生态环境和矿产资源-社会经济-生态环境耦合协

调度变化趋势有明显差异。其中，2001～2019 年长江经济带矿产资源-社会经济耦合协调度评价值呈持续上升态势，由 2001 年的 0.611 增长至 2019 年的 0.762，增幅为 24.71%。长江经济带矿产资源-生态环境耦合协调度评价值呈现"上升-下降-再上升"，即"N"形变化趋势。2001～2010 年耦合协调度评价值持续上升，由 0.618 增长至 0.724，2010～2015 年耦合协调度评价值出现短暂下降，矿产资源-生态环境耦合协调度评价值下降至 0.685，2015～2019 年，耦合协调度评价值迅速增加至 0.740。2015 年长江经济带矿产资源-生态环境耦合协调度出现下降的原因是矿产资源评价值突然下降，而生态环境评价值仍持续上升，两系统发展差距扩大，对其耦合协调发展产生了负面作用。长江经济带矿产资源-社会经济-生态环境耦合协调度评价值也呈现持续上升态势，耦合协调度评价值由 2001 年的 0.592 增长至 2019 年的 0.757，增幅为 27.87%，并且上升速度明显快于矿产资源-社会经济耦合协调度评价值的上升速度。值得一提的是，2015 年后长江经济带矿产资源-社会经济、矿产资源-生态环境和矿产资源-社会经济-生态环境耦合协调度评价值均呈现快速上升的发展趋势，这也证明长江经济带三系统在协调发展过程中虽然出现波折，但是协调发展动力充足，未来发展态势良好。

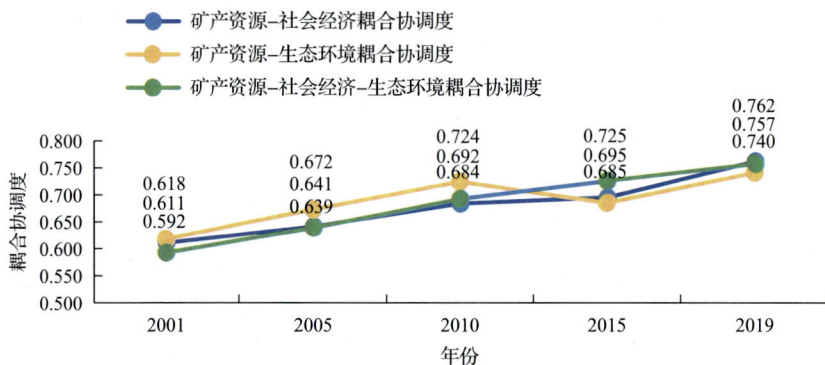

图 4-4　2001～2019 年长江经济带矿产资源-社会经济、矿产资源-生态环境和
矿产资源-社会经济-生态环境耦合协调度

从耦合协调度等级来看，2001～2019 年长江经济带矿产资源-社会经济和矿产资源-生态环境均处于协调发展等级。长江经济带矿产资源-社会经济-生态环境耦合协调度在 2001 年处于勉强协调等级，在其余年份也均处于协调发展等级。这表明长江经济带在积极推动"生态优先、绿色发展"这一战略的全面实施，也取得了实际上的成效。长江经济带矿产资源的开采技术和资源利用效率不断提高，能更有力地支持区域经济发展，同时降低对生态环境的污染与破坏；区域经济结构、增长质量和人民生活水平明显提升，经济社会高质量发展为资源的开采利用和

环境政策、环境规制的实施提供了有力保障；生态环境治理、保护水平明显提升，矿产资源-社会经济、矿产资源-生态环境和矿产资源-社会经济-生态环境的协调发展态势均较为良好，长江经济带人与自然和谐发展、经济发展与生态建设共同推进的现代化建设新格局正在形成。

4.5　长江经济带上、中、下游矿产资源-社会经济-生态环境协调绿色发展评价与比较

4.5.1　长江经济带上、中、下游地区划分

根据《长江经济带发展规划纲要》并结合研究实际，长江经济带上、中、下游三大区域分别包含如下省（直辖市）：上游地区包含重庆市、四川省、贵州省和云南省；中游地区包含江西省、湖北省和湖南省；下游地区则包含安徽省、江苏省、浙江省和上海市。

4.5.2　长江经济带上、中、下游系统层评价结果分析与比较

研究期间长江经济带上游地区矿产资源、社会经济和生态环境系统评价值的变化趋势差异显著，如图 4-5（a）所示。矿产资源系统评价值呈现出与长江经济带总体矿产资源系统评价值相同的变化趋势，即"N"形变化趋势。2001～2010 年长江经济带上游地区矿产资源评价值由 0.415 增长至 0.528，增幅为 27.23%；2010～2015 年其评价值下降至 0.431，降幅为 18.37%；至 2019 年其评价值又回升为 0.549。社会经济评价值呈现迅速上升态势，由 2001 年的 0.320 增长至 2019 年的 0.657，增幅达 105.31%。生态环境评价值变化趋势大致可分为两个阶段：2001～2010 年生态环境评价值迅速上升，由 0.356 增长至 0.579，增幅为 62.64%；2010～2019 年

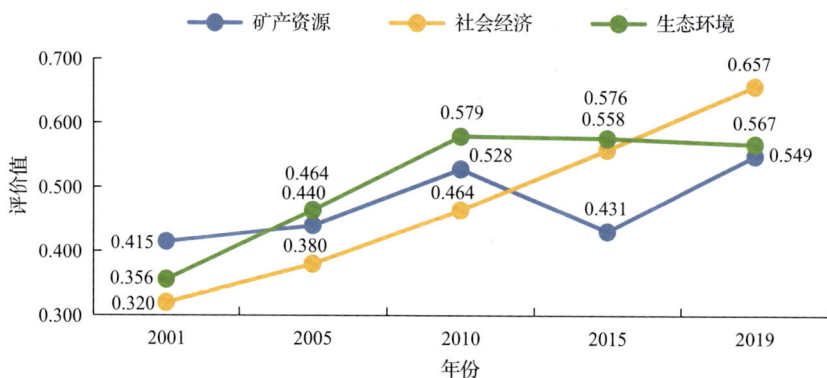

(a) 上游地区矿产资源、社会经济和生态环境系统评价值

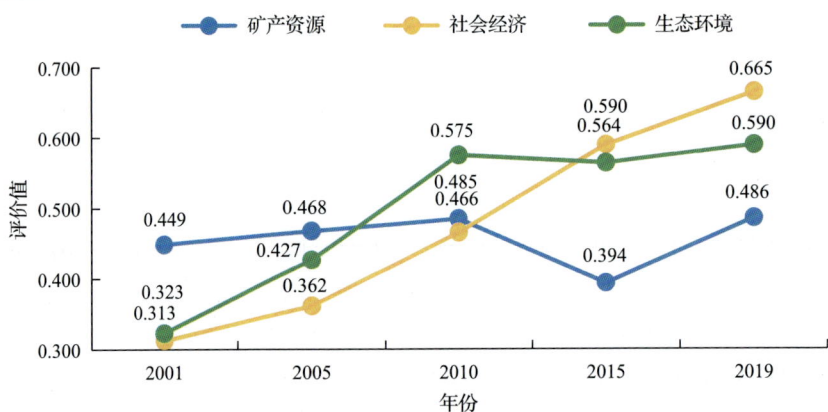

(b) 中游地区矿产资源、社会经济和生态环境系统评价值

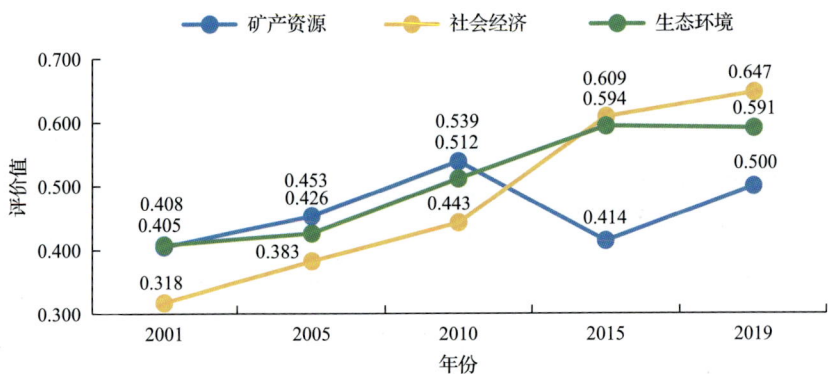

(c) 下游地区矿产资源、社会经济和生态环境系统评价值

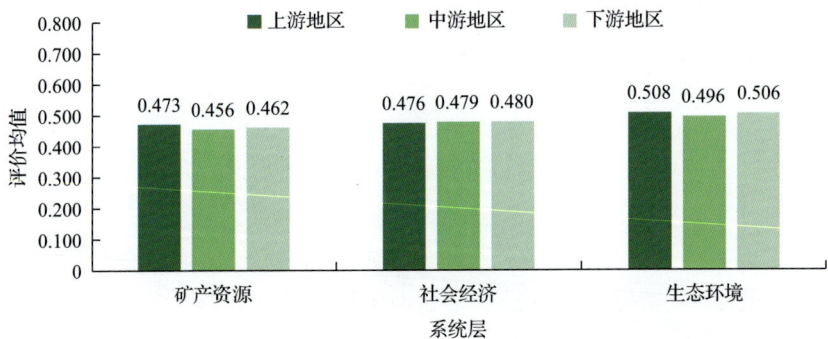

(d) 上、中、下游地区矿产资源、社会经济和生态环境系统评价均值

图 4-5　2001～2019 年长江经济带上、中、下游系统层评价值

生态环境评价值小幅下降，由 0.579 降至 0.567。由此可见，对于长江经济带上游地区生态环境保护力度仍需加强，并且时刻警惕避免生态环境质量持续下降。

　　长江经济带中游地区矿产资源、社会经济和生态环境系统评价值的变化趋势如图 4-5(b)所示。矿产资源系统评价值也呈现"N"形变化趋势。2001～2010年评价值由 0.449 增长至 0.485，增幅为 8.02%；2010～2015 年其评价值出现大幅度下降，降至 0.394，降幅为 18.76%；2015～2019 年其评价值再度回升，升至 0.486。社会经济评价值始终保持上升趋势，由 2001 年的 0.313，增长至 2019 年的 0.665，增幅达 112.46%，并且 2010 年后社会经济评价值增长迅速，2015～2019 年社会经济评价值已超过矿产资源和生态环境评价值，排在三系统首位。生态环境评价值变化趋势可分为两个阶段：2001～2010 年其评价值迅速上升，由 0.323 增至 0.575，增幅为 78.02%；2010～2019 年其评价值波动上升，至 2019 年其评价值为 0.590。

　　长江经济带下游地区矿产资源、社会经济和生态环境系统评价值的变化趋势与长江经济带上、中游地区相似[图 4-5(c)]。矿产资源评价值同样呈现"N"形变化趋势，但是其变化幅度要高于其他两个地区。2001～2010 年其评价值由 0.405 上升至 0.539，增幅 33.09%；2010～2015 年其评价值下降至 0.414，降幅达 23.19%；2015～2019 年其评价值小幅回升至 0.500。社会经济评价值始终保持上升趋势，由 2001 年的 0.318 增长至 2019 年的 0.647，增幅达 103.46%。生态环境评价值的变化趋势也可大致分为两个阶段：2001～2015 年其评价值波动上升，由 0.408 增长至 0.594，增幅 45.59%；2015～2019 年其评价值出现小幅下降，降至 0.591，降幅 0.51%。

　　进一步计算出长江经济带上、中、下游矿产资源、社会经济和生态环境系统评价均值，对比不同区域三系统发展情况[图 4-5(d)]。研究期间，长江经济带上、中、下游区域在矿产资源、社会经济、生态环境三系统绿色发展存在显著差异。矿产资源评价值中，长江经济带上游地区矿产资源禀赋独厚，富集了长江经济带大部分矿石储量，因此其评价值也是三区域中最高的，为 0.473；长江经济带下游地区次之，为 0.462；长江经济带中游地区最低，为 0.456。社会经济评价值中，长江经济带下游地区居于首位，评价值为 0.480；长江经济带中游地区次之，为 0.479；长江经济带上游地区位于末位，为 0.476，这与长江经济带发展的实际情况相符。生态环境评价值中，长江经济带上游(0.508)＞长江经济带下游(0.506)＞长江经济带中游(0.496)。长江经济带上游地区包含我国多个重点生态功能区，其将生态环境保护摆在压倒性的位置上，环境质量迅速提升，生态环境明显优于长江经济带中下游地区。由此可见，长江经济带要进一步推动上、中、下游协同发展，上游地区则要发挥自然资源、劳动力丰富等优势，促进与中、下游生态产品供需对接，将生态优势转化为发展优势；中游地区要发挥区位条件优越、产业基础扎实等优势，积极承接新兴产业布局和转移，提升对长江经济带发展的重要支撑作用；下游地区科技创新水平高，高端要素齐聚，经济发展动力、活力充足，要充分发挥下游地区高质量发展的辐射带动能力。通过上、中、下游区域协同与合作，共同推进长江经济带矿产资源-社会经济-生态环境协调绿色发展。

4.5.3　长江经济带上、中、下游目标层评价结果分析与比较

长江经济带上游地区目标层耦合协调度的变化趋势如图 4-6(a)所示。矿产资源-社会经济和矿产资源-社会经济-生态环境的耦合协调度变化趋势基本一致，相比而言，矿产资源-生态环境耦合协调度变化趋势波动较大。具体来说，矿产资源-社会经济耦合协调度持续上升，2001～2019 年由 0.608 上升至 0.771，增幅 26.81%。矿产资源-社会经济-生态环境耦合协调度也呈现持续上升态势，由 2001 年的 0.599 上升至 2019 年的 0.746，增幅 24.54%。矿产资源-生态环境耦合协调度变化可分为三个阶段：2001～2010 年耦合协调度迅速上升，由 0.583 上升至 0.741；2010～2015 年耦合协调度出现小幅下降，降至 0.702；2015～2019 年耦合协调度再次上升至 0.743。从耦合协调度等级来看，长江经济带上游地区矿产资源-社会经济和矿产资源-社会经济-生态环境始终处于协调等级，而矿产资源-生态环境在 2001 年处于勉强协调等级，2005～2019 年处于协调等级。

长江经济带中游地区目标层耦合协调度的变化趋势如图 4-6(b)所示。其矿产资源-社会经济、矿产资源-生态环境和矿产资源-社会经济-生态环境的耦合协调度变化趋势与长江经济带上游相似。其中，矿产资源-社会经济耦合协调度呈现持续上升的变化趋势，由 2001 年的 0.622 增长至 2019 年的 0.748，增幅 20.26%，并且 2010 年后其耦合协调度年增长速度愈发加快。矿产资源-社会经济-生态环境耦合协调度也始终保持上升趋势，2001～2019 年由 0.582 增加至 0.764，增幅 31.27%。矿产资源-生态环境耦合协调度波动较大：2001～2010 年耦合协调度迅速上升，由 0.589 增长到 0.726；2010～2015 年耦合协调度出现小幅度下降，降至 0.683；2015～2019 年耦合协调度再次上升，增长到 0.738。从耦合协调度等级来看，长江经济带中游地区除 2001 年矿产资源-生态环境和矿产资源-社会经济-生态环境处于勉强协调等级外，其余年份矿产资源-社会经济、矿产资源-生态环境和矿产资源-社会经济-生态环境均处于协调等级。

长江经济带下游地区目标层耦合协调度明显区别于上、中游地区，如图 4-6(c)所示。矿产资源-社会经济和矿产资源-生态环境耦合协调度均呈现"上升-下降-再上升"的变化趋势。其中矿产资源-社会经济耦合协调度于 2001～2010 年迅速上升，从 0.605 增长至 0.695；2010～2015 年出现小幅下降，降至 0.665；2015～2019 年再次上升，升至 0.758。矿产资源-生态环境耦合协调度于 2001～2010 年小幅上升，从 0.663 升至 0.700；2010～2015 年小幅下降，下降至 0.663；2015～

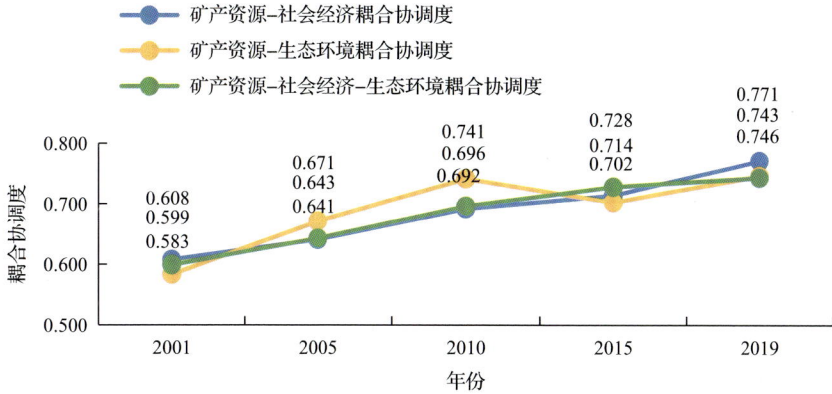

(a) 上游地区矿产资源–社会经济、矿产资源–生态环境和矿产资源–
社会经济–生态环境耦合协调度

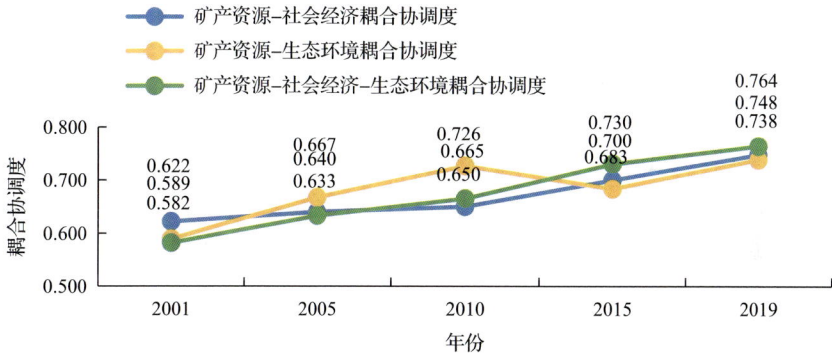

(b) 中游地区矿产资源–社会经济、矿产资源–生态环境和矿产资源–
社会经济–生态环境耦合协调度

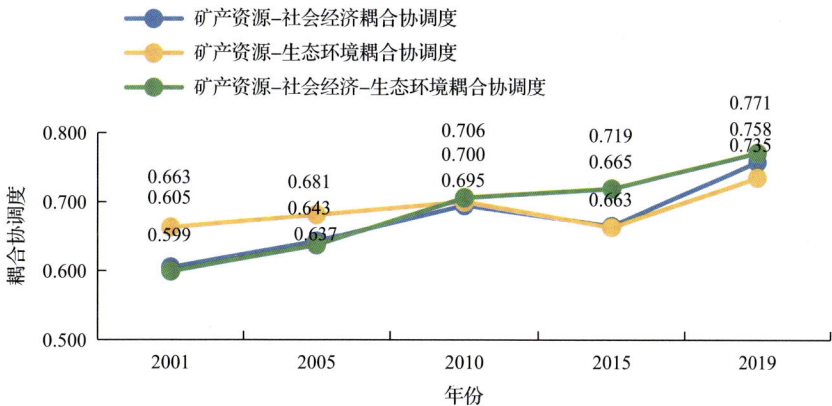

(c) 下游地区矿产资源–社会经济、矿产资源–生态环境和矿产资源–
社会经济–生态环境耦合协调度

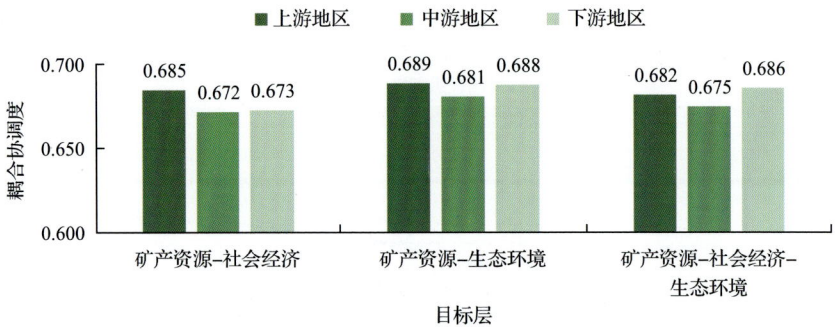

(d) 上、中、下游地区矿产资源–社会经济、矿产资源–生态环境和矿产资源–
社会经济–生态环境耦合协调度均值

图 4-6　2001～2019 年长江经济带上、中、下游目标层耦合协调度

2019 年再次上升，升至 0.735。矿产资源-社会经济-生态环境耦合协调度则呈现持续上升态势，由 2001 年的 0.599 增长至 2019 年的 0.771，增幅为 28.71%。从耦合协调度等级来看，2001～2019 年长江经济带下游地区矿产资源-社会经济、矿产资源-生态环境和矿产资源-社会经济-生态环境始终处于协调等级。

进一步计算出长江经济带上、中、下游目标层耦合协调度均值，如图 4-6(d)所示。长江经济带上、中、下游目标层耦合协调度均值差距并不明显，其中上游地区矿产资源-社会经济和矿产资源-生态环境耦合协调度略高于中、下游地区，下游地区矿产资源-社会经济-生态环境耦合协调度则略高于上、中游地区。值得注意的是，长江经济带中游地区无论是矿产资源-社会经济、矿产资源-生态环境耦合协调度均值，还是矿产资源-社会经济-生态环境耦合协调度均值都排在三区域的末位，需要积极向上、下游地区学习有益经验，提高矿产资源、社会经济和生态环境三者之间的协调发展水平。

4.6　长江经济带省域矿产资源-社会经济-生态环境协调绿色发展评价

4.6.1　省域指标层与系统层评价结果

1. 江苏省指标层与系统层评价结果分析

江苏省各指标的权重值如图 4-7(a)所示，均在 3.14%～4.04% 范围内，其中权重值排在前三的指标为黑色金属(4.04%)、矿业地质灾害直接损失(4.01%)和单位GDP SO_2 排放量(3.93%)，权重值最低的为利润总额和第二产业比例(均为 3.14%)。

从系统层评价结果来看，矿产资源和生态环境的评价值均呈现"上升-下降-

上升",即"N"形变化趋势,且矿产资源评价值的变化幅度远高于生态环境,而社会经济的评价值则保持持续升高态势[图 4-7(b)]。具体来说,矿产资源评价值 2001～2005 年由 0.514 上升到 0.520,2005～2015 年其评价值大幅下降,降为 0.284,下降幅度达 45.38%,2019 年其评价值又小幅回升,升至 0.464。矿产资源

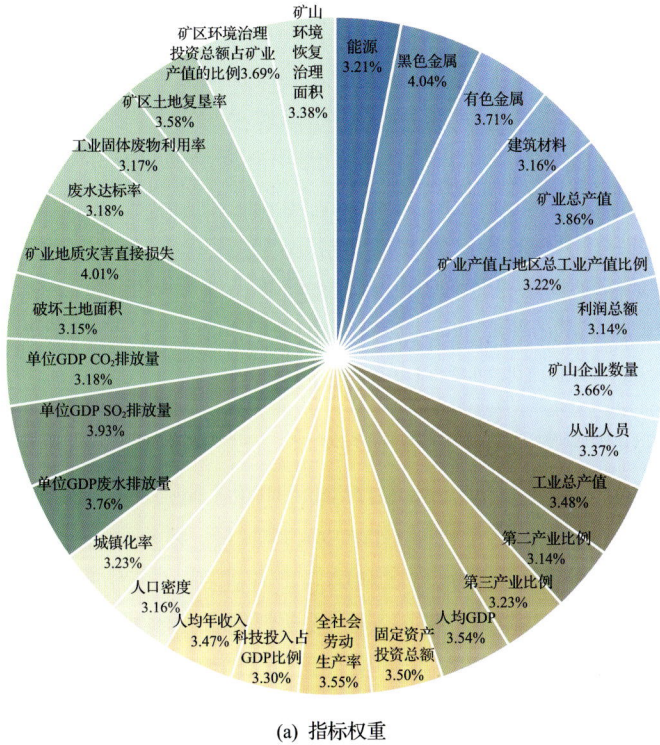

(a) 指标权重

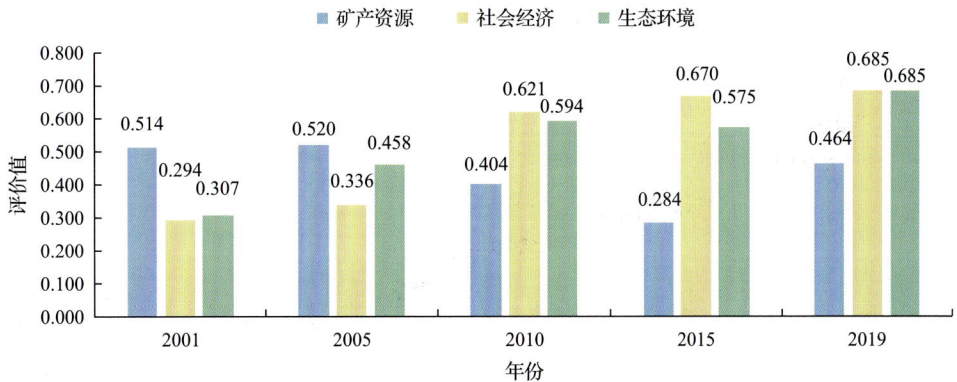

(b) 矿产资源、社会经济和生态环境评价值

图 4-7　江苏省指标层、系统层评价结果

系统评价值呈现如此变化的主要原因是 2005～2015 年江苏省矿业利润总额和矿业产值占地区总工业产值比例迅速降低，尤其是矿业利润总额，由 34.63 亿元下降到 –8.78 亿元，区域矿业经营已处于亏损状态，而到 2019 年江苏省矿业利润总额增长至 16.61 亿元，经营状况有所改善，因此江苏省未来要重视矿产资源的综合利用，鼓励发展精深加工，延长产业链条，不断提升经营利润。生态环境评价值 2001～2010 年由 0.307 提升至 0.594，2010 年后其评价值出现小幅下降，至 2015 年其评价值下降为 0.575，下降幅度为 3.20%，至 2019 年其评价值提升至 0.685。总体上看，生态环境评价值虽有波动但呈现良好的发展态势，2001～2019 年江苏省单位 GDP 废水排放量、单位 GDP SO_2 排放量和矿业地质灾害直接损失分别由 2518.88t、1.11t、3950 万元下降至 130.04t、0.02t、22 万元，矿区土地复垦率和矿山环境恢复治理面积则分别由 2.50%、937hm^2 提升至 7.65%、1849hm^2，这也表明江苏省生态环境保护措施依然取得实际成效，矿山地质环境正在逐渐恢复。社会经济评价值由 2001 年的 0.294 持续提升至 2019 年的 0.685，增幅达 132.99%，说明江苏省经济状况整体向好。

2. 浙江省指标层与系统层评价结果分析

浙江省各指标的权重值如图 4-8(a) 所示，均在 3.14%～4.07%，其中权重值排前三位的是能源、矿业总产值和单位 GDP SO_2 排放量，权重值分别为 4.07%、3.98% 和 3.98%，权重值最低的为有色金属和第二产业比例，均为 3.14%。

从系统层评价值结果 [图 4-8(b)] 来看，浙江省矿产资源评价值出现小幅波动，社会经济评价值持续升高，而生态环境评价值则呈现平稳波动态势。具体来看，矿产资源系统评价值除 2015 年下跌为 0.317 外，其余年份评价值基本在 0.450 上下浮动，说明浙江省矿产资源系统发展较为平稳，整体良好。其中 2015 年矿山企业数量和从业人员降低均接近 50%。社会经济评价值逐年升高，由 2001 年的 0.308 增长到 2019 年的 0.655，涨幅为 112.66%，说明浙江省经济发展实力正在逐步增强。而生态环境评价值除 2015 年较高维持在 0.635 外，其他年份均维持在 0.490 左右。2001～2019 年浙江省由矿产资源开发导致的环境破坏愈发严重，至 2019 年，浙江省破坏土地面积达 15881hm^2，矿业地质灾害直接损失为 9044 万元，2001～2019 年矿区环境治理投资总额占矿业产值的比例由 4.46% 下降到 1.03%，矿区土地复垦率也由 6.94% 下降到 4.22%。但是污染物排放量有所控制，单位 GDP 废水排放量、SO_2、CO_2 排放量分别由 3398.02t、1.12t、5.37t 下降到 245.64t、0.01t、2.04t，而且工业固体废物利用率从 86.71% 增加到 96.32%。目前浙江省两极分化情况严重，固、气体废料的排放大幅度降低，而且得到很好利用，但矿产资源开采导致的土地破坏以及经济损失仍然较高。未来必须把生态环境保护放在更加突出的位置上，加大矿山土地复垦力度并将其与矿山复绿、景观再造相结合，给予足够的资金支持，

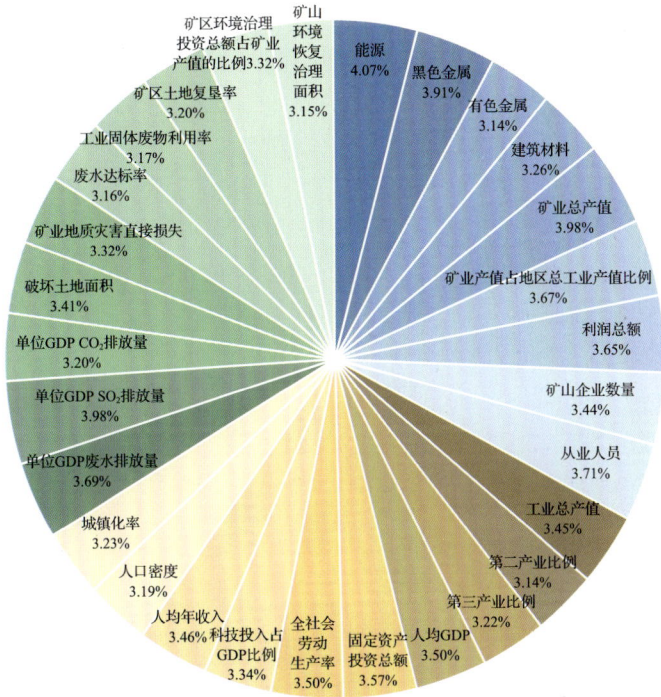

(a) 指标层权重

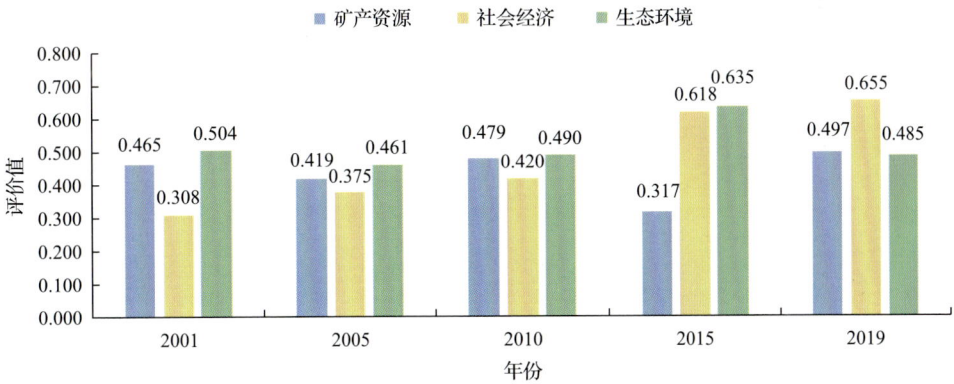

(b) 矿产资源、社会经济和生态环境评价值

图 4-8　浙江省指标层、系统层评价结果

(a)中由于四舍五入，加和可能存在一定误差

推进绿色矿山建设，从源头上将因矿产资源开发对周边环境的破坏降到最低。

3. 安徽省指标层与系统层评价结果分析

安徽省各指标的权重值如图 4-9(a)所示，均在 3.17%～4.11%，其中权重值排前三位的是破坏土地面积、矿业地质灾害直接损失和矿山环境恢复治理面积，权重值分别为 4.11%、3.90% 和 3.88%，权重值最低的是从业人员，为 3.17%。

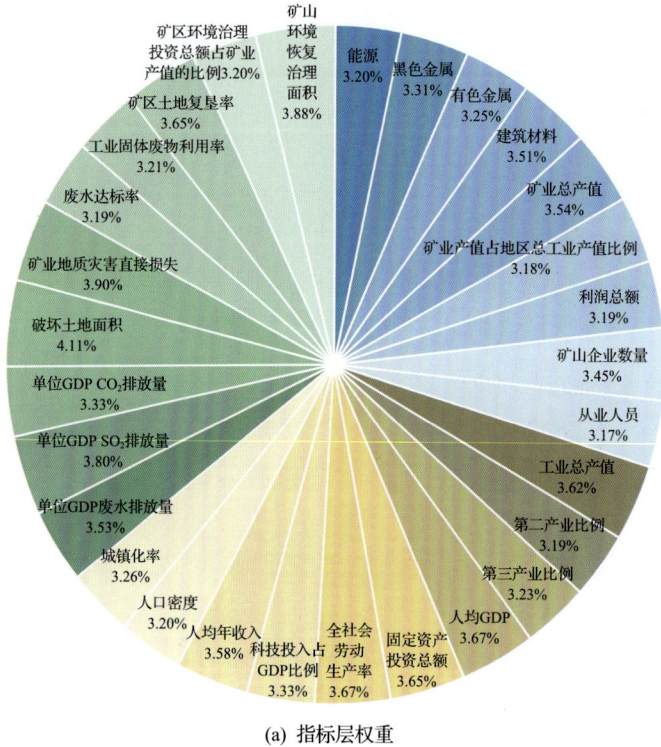

(a) 指标层权重

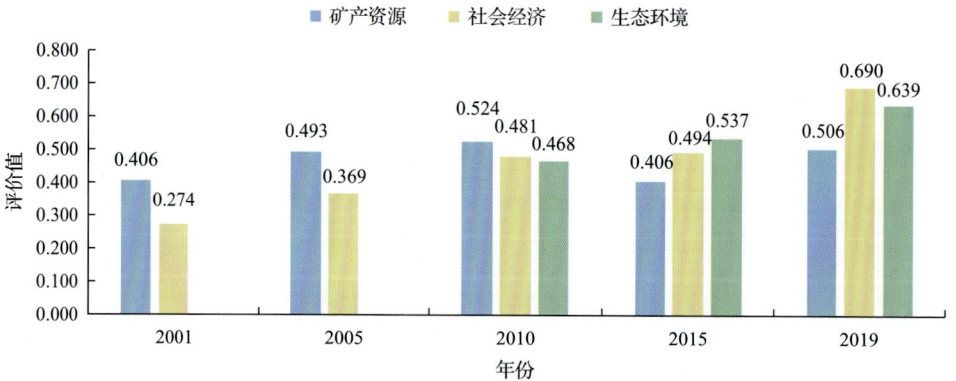

(b) 矿产资源、社会经济和生态环境评价值

图 4-9　安徽省指标层、系统层评价结果

从系统层评价结果来看，安徽省矿产资源、社会经济和生态环境评价值总体上均呈现增长趋势［图 4-9(b)］。具体来看，矿产资源评价值在 2001～2010 年持续

增长，由 0.406 增长到 0.524，2015 年评价值下降到 0.406，至 2019 年又回升至 0.506。2015 年矿产资源评价值较低的主要原因是当年矿业市场较为低迷，利润总额为–70.04 亿元，矿山企业数量和从业人员也大幅下降。社会经济评价值逐年升高，由 2001 年的 0.274 增长到 2019 年的 0.690，涨幅达 151.82%，经济发展态势较为良好。生态环境评价值在 2001 年和 2005 年无数据，2010 年后生态环境评价值也呈现逐年增长的变化趋势，至 2019 年增长至 0.639。2010～2019 年，安徽省单位 GDP 废水、废气排放量均有大规模降低，且矿区土地复垦率与矿山环境恢复治理面积均出现大幅度增长。总体上看，安徽省矿产资源、社会经济和生态环境三系统发展前景比较良好，生态环境保护和治理措施取得了不错的成效。

4. 江西省指标层与系统层评价结果分析

江西省矿产资源的相关数据缺失严重。如图 4-10（a）所示，矿区环境治理投资总额占矿业产值的比例的权重为 3.89%。从江西省系统层评价值结果[图 4-10（b）]来看，2001～2019 年江西省社会经济评价值迅速升高，由 2001 年的 0.273 增长到 2019 年的 0.691，涨幅达 153.11%，且年均增速维持在 5.29%，经济发展实力强劲。生态环境评价值呈现先上升后小幅度下降的变化趋势，2001～2015 年由

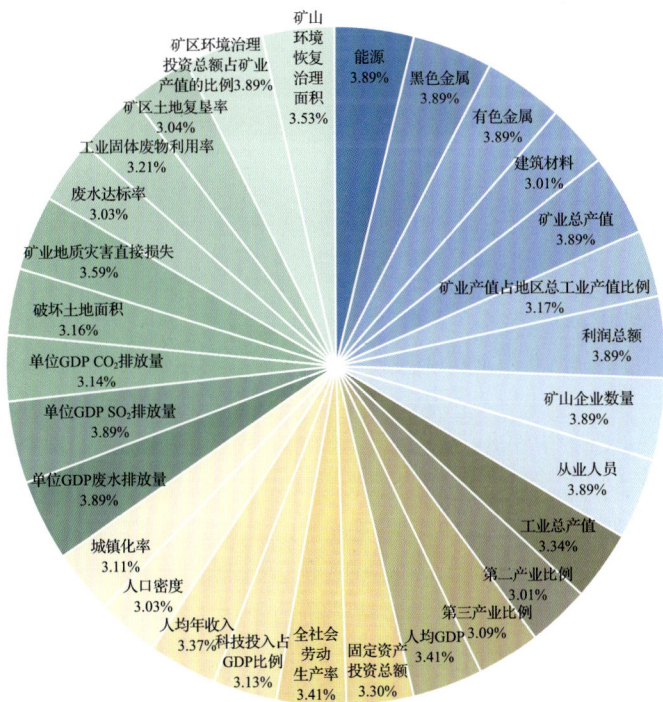

(a) 指标层权重

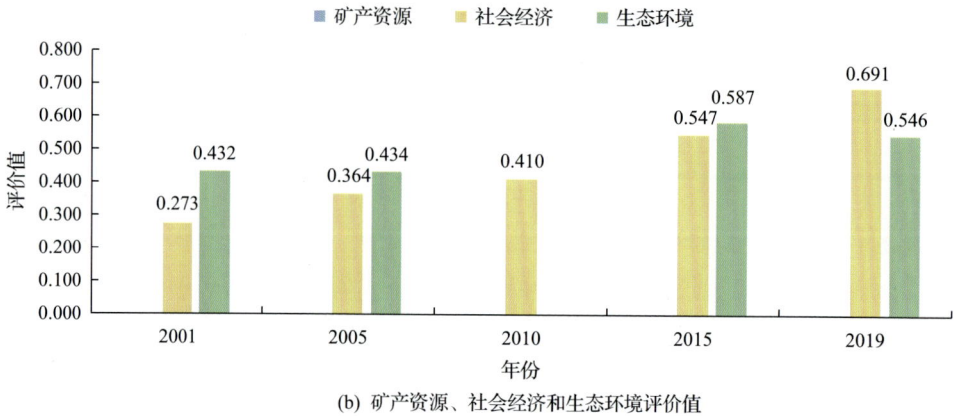

(b) 矿产资源、社会经济和生态环境评价值

图 4-10　江西省指标层、系统层评价结果

(a)中由于四舍五入，加和可能存在一定误差

0.432 增长到 0.587，至 2019 年下降至 0.546，下降幅度为 6.98%。从调查数据上看，2001~2019 年江西省工业固体废物利用率、矿区土地复垦率及矿山环境恢复治理面积持续增长，单位 GDP 废水、SO_2、CO_2 排放量持续降低，这都表明江西省生态环境治理颇有成效。但调查显示江西省仍存在一些问题，破坏土地面积、矿业地质灾害直接损失等指标持续增长，相关人员仍需加大对生态环境问题的排查整治力度。

5. 湖北省指标层与系统层评价结果分析

湖北省各指标的权重值如图 4-11(a)所示，均在 3.12%~3.99%，其中权重值排前三位的是矿业总产值、单位 GDP SO_2 排放量和矿业地质灾害直接损失，其权重值分别为 3.99%、3.97% 和 3.82%，权重值最低的是科技投入占 GDP 比例和第二产业比例，均为 3.12%。

从系统层评价结果来看，湖北省矿产资源、社会经济和生态环境三系统评价值变化差异明显[图 4-11(b)]。2001~2019 年矿产资源评价值在 0.450 左右波动，于 2019 年达到最高值 0.498。社会经济评价值变化大致可分为两个阶段：2001~2005 年其评价值小幅下降，由 0.333 降至 0.326，2010~2019 年其评价值波动上升，由 0.445 上升至 0.632。生态环境评价值变化趋势则与社会经济相反，其在 2001~2010 年由 0.266 增长到 0.620，2010 年后出现下降，至 2019 年稳定在 0.587。湖北省三系统整体情况良好，社会经济评价值整体上呈上升趋势，矿产资源评价值维持稳定，生态环境评价值波动上升。因此，进一步加大生态环境保护治理水平，提升生态环境质量仍是湖北省未来重点努力的方向。

(a) 指标层权重

(b) 矿产资源、社会经济和生态环境评价值

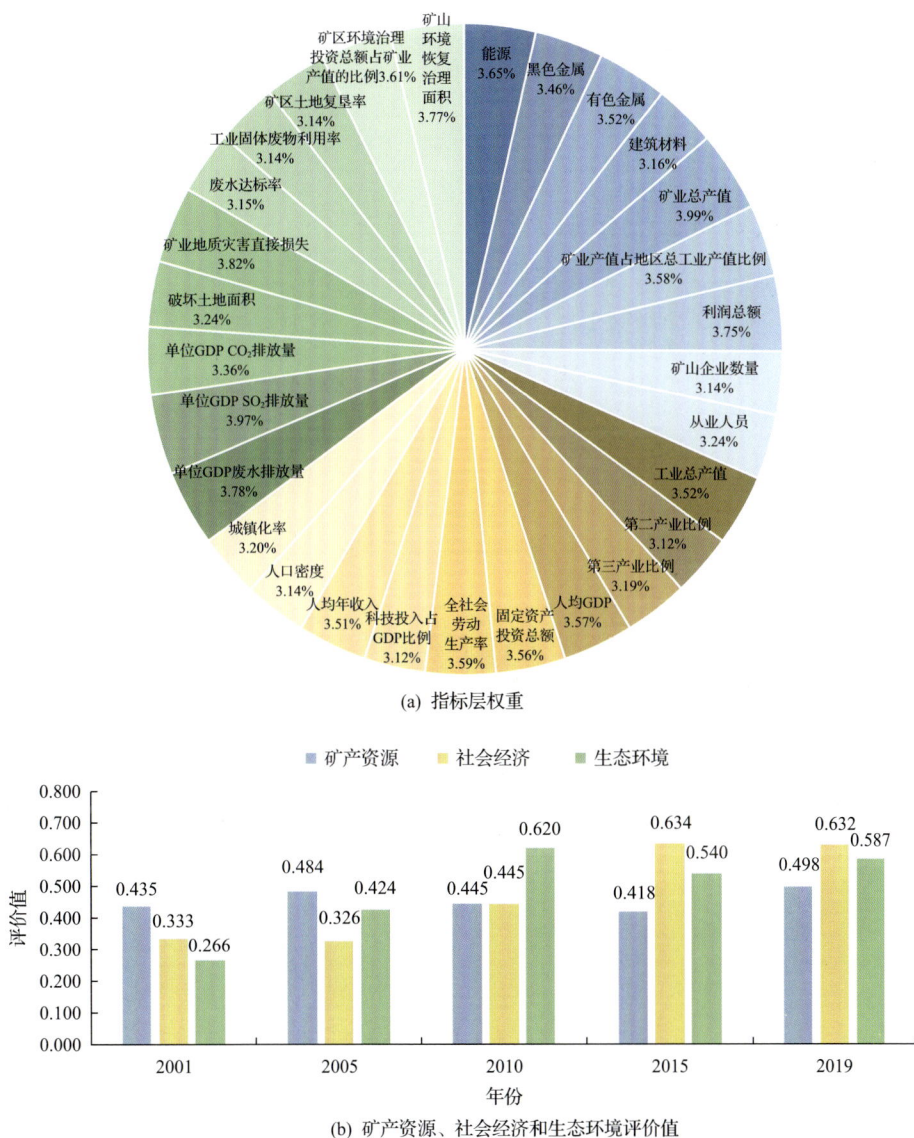

图 4-11　湖北省指标层、系统层评价结果

(a)中由于四舍五入，加和可能存在一定误差

6. 湖南省指标层与系统层评价结果分析

　　湖南省各指标的权重值相差不大，均在 3.14%～4.00%，其中权重值排前三位的是矿业总产值、单位 GDP SO_2 排放量和利润总额(矿区环境治理投资总额占矿业产值的比例)，其权重值分别为 4.00%、3.94% 和 3.87%，权重值最低的是工业固体废物利用率[图 4-12(a)]。

(a) 指标层权重

(b) 矿产资源、社会经济和生态环境评价值

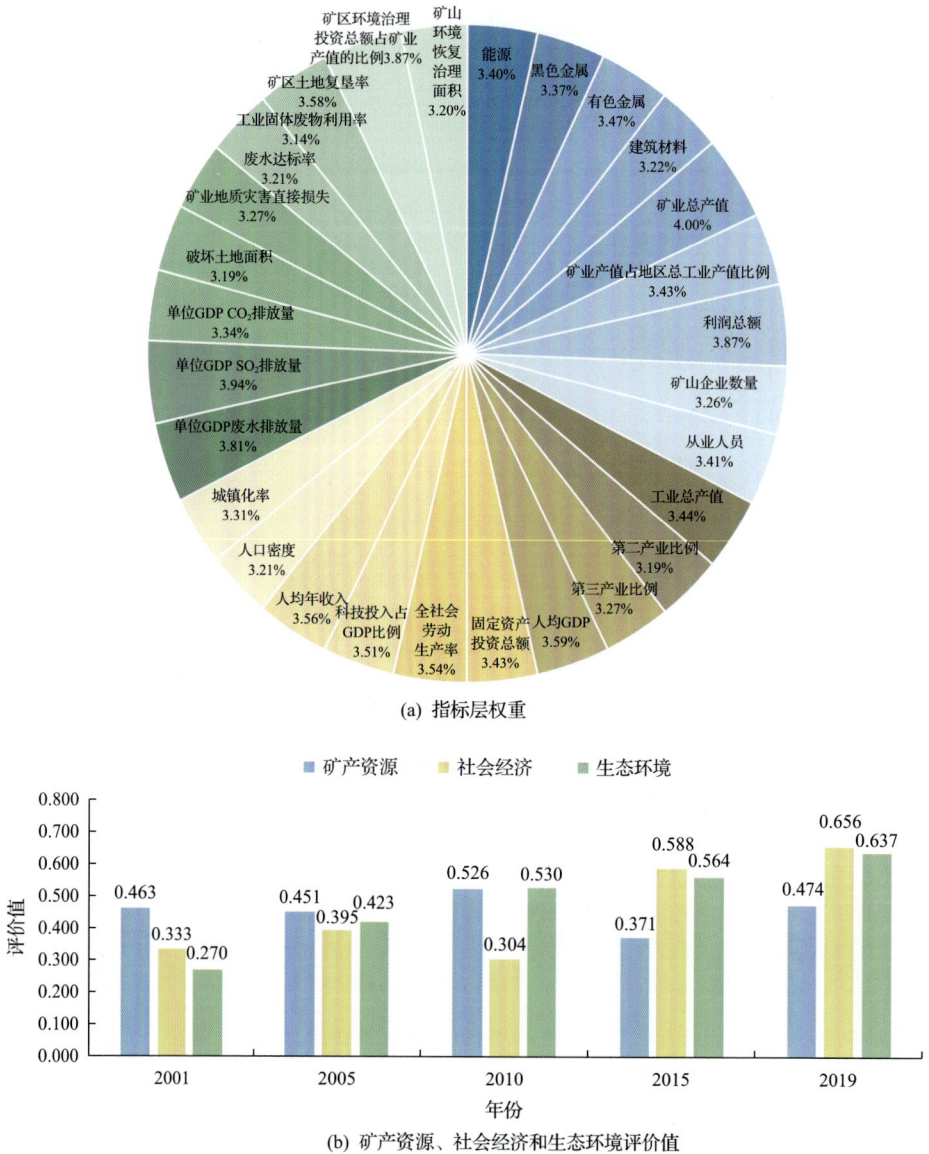

图 4-12 湖南省指标层、系统层评价结果

(a)中由于四舍五入，加和可能存在一定误差

从系统层评价结果[图 4-12(b)]来看，湖南省矿产资源评价值整体上较为稳定，生态环境、社会经济评价值变化显著。2001~2019 年矿产资源评价值波动变化，整体呈下降趋势，除 2015 年为矿产资源评价值最低值(0.371)外，其他年份矿产资源评价值在 0.460 上下波动。生态环境评价值在整个研究时段持续增加，从 2001 年的 0.270 增加到 2019 年的 0.637，增长幅度为 135.93%。区域社会经济

评价值在 2001～2010 年呈现先升高后降低的变化趋势，且 2010 年社会经济评价值为三系统最低，仅为 0.304，而在 2015 年后出现大幅度提升，至 2019 年达 0.656，增幅为 115.79%。2015 年后湖南省社会经济评价值稳居三系统之首，社会经济评价值和生态环境评价值大致相当。湖南省要进一步提高矿产资源开发利用效率，增加产品附加值，促进绿色矿业和循环经济的发展，同时坚持"在保护中开发、在开发中保护"的方针，实现资源效益、经济效益、社会效益、环境效益协调发展。

7. 重庆市指标层与系统层评价结果分析

重庆市各指标的权重值如图 4-13(a)所示，均在 3.16%～4.09%，其中权重值排前三位的是破坏土地面积、单位 GDPSO$_2$ 排放量和利润总额，其权重值分别为 4.09%、3.91% 和 3.82%，权重值最低的是科技投入占 GDP 比例，为 3.16%。

从系统层评价结果来看，重庆市矿产资源评价值变化比较平稳，社会经济、生态环境评价值变化显著[图 4-13(b)]。具体来看，2001～2019 年矿产资源评价值波动变化较小，整体上呈轻微上升趋势，于 2019 年达到最高值 0.553。社会经济评价值 2001～2010 年均在三系统中排于末位，评价值分别为 0.293、0.411、0.367，

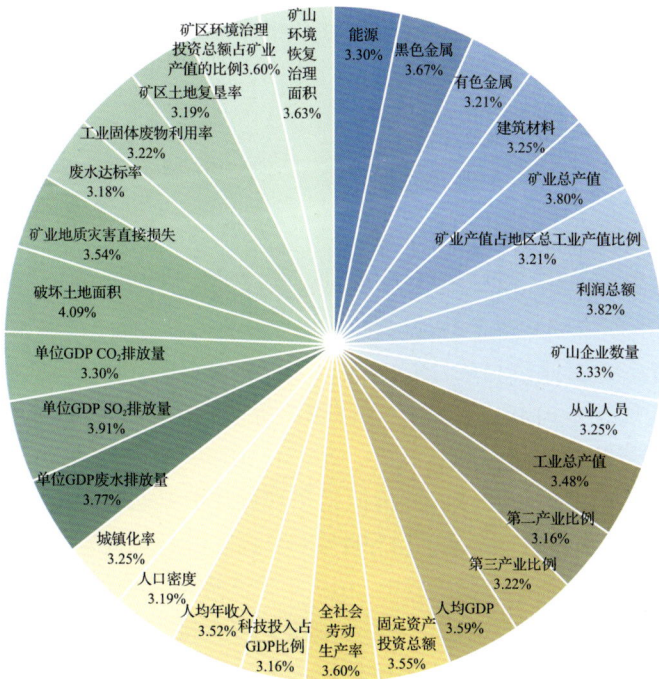

(a) 指标层权重

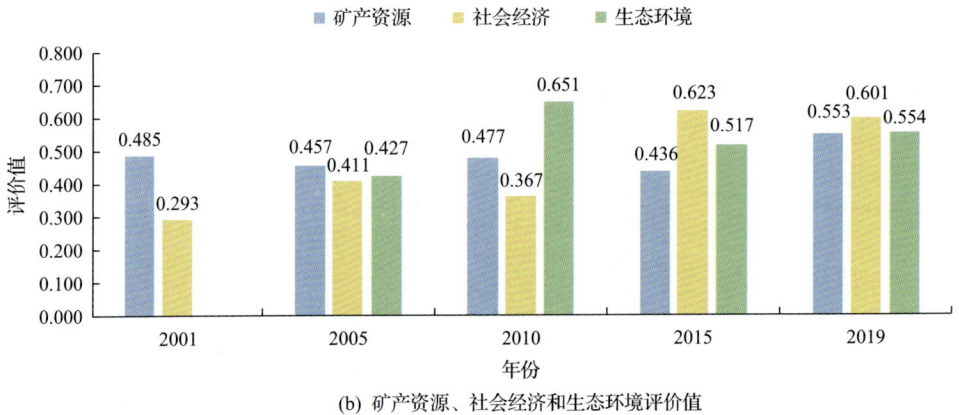

(b) 矿产资源、社会经济和生态环境评价值

图 4-13　重庆市指标层、系统层评价结果

(a) 中由于四舍五入，加和可能存在一定误差

于 2015 年后迅速提升，跃至三系统首位，稳定在 0.600 以上水平。生态环境评价值变化趋势则与社会经济相反，除 2001 年数据缺失外，2005～2010 年生态环境评价值持续上升，2010 年达 0.651，远高于矿产资源和社会经济评价值，而 2010 年后生态环境评价值小幅下降，2015 年、2019 年评价值分别为 0.517、0.554。可见，2010 年后重庆市在推动经济快速发展的过程中，在一定程度上放松了对生态环境的保护，使得生态环境未得到良好的维持。

8. 四川省指标层与系统层评价结果分析

四川省各指标的权重值如图 4-14(a) 所示，均在 3.07%～3.98%，其中权重值排前三位的是黑色金属、能源和有色金属，其权重值均为 3.98%，权重值最低的是第二产业比例，为 3.07%。

从四川省系统层评价结果 [图 4-14(b)] 来看，四川省生态环境和社会经济评价值整体上均属于上升状态，而矿产资源评价值则处于相对稳定状态。具体来看，2001 年矿产资源评价值数据缺失，2005～2019 年矿产资源评价值波动上升，从 0.412 增长到 0.537。社会经济评价值则呈现逐年上升态势，由 2001 年的 0.283 增长到 2019 年的 0.696，增幅为 145.94%，经济发展态势较好。生态环境评价值整体上则处于小幅度上升状态，但至 2019 年生态环境评价值仅为 0.495，这一年四川省破坏土地面积为 21171hm^2，矿业地质灾害直接损失达 136003 万元，而矿区环境治理投资总额占矿业产值的比例仅为 0.06%，表明四川省生态环境问题仍较突出，必须加大生态环境修复、治理和保护力度，才能促进矿产资源-社会经济-生态环境协调发展。

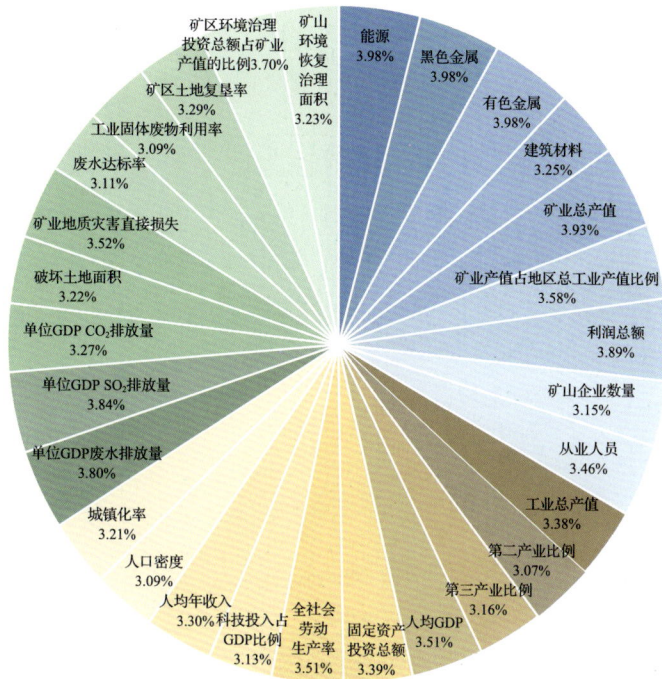

(a) 指标层权重

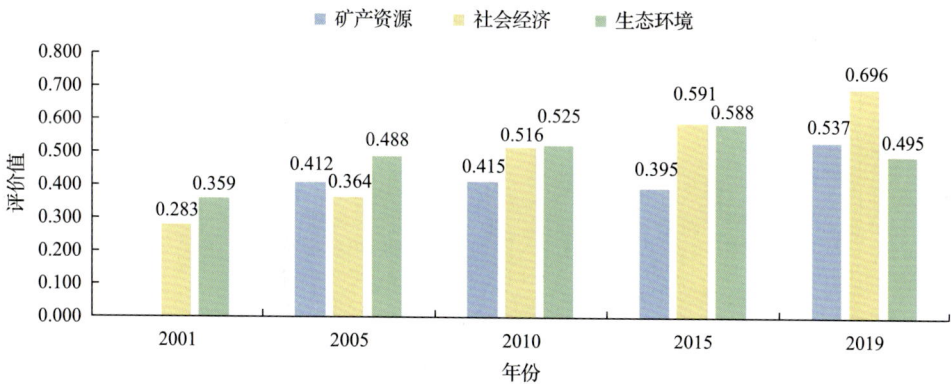

(b) 矿产资源、社会经济和生态环境评价值

图 4-14　四川省指标层、系统层评价结果

(a)中由于四舍五入，加和可能存在一定误差

9. 贵州省指标层与系统层评价结果分析

贵州省各指标的权重值如图 4-15(a)所示，均在 3.13%～4.05%，其中权重值排前三的是黑色金属、能源和有色金属，其权重值均为 4.05%，权重值最低的是矿山企业数量、第二产业比例和科技投入占 GDP 比例，均为 3.13%。

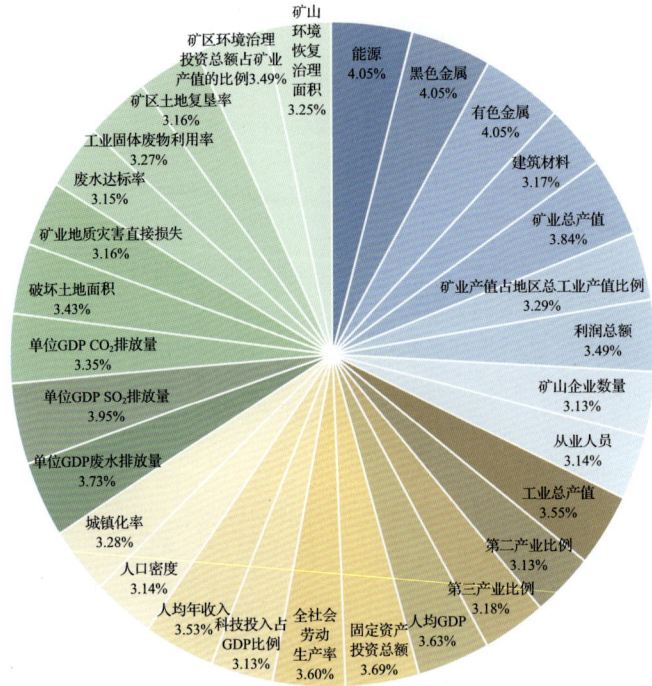

(a) 指标层权重

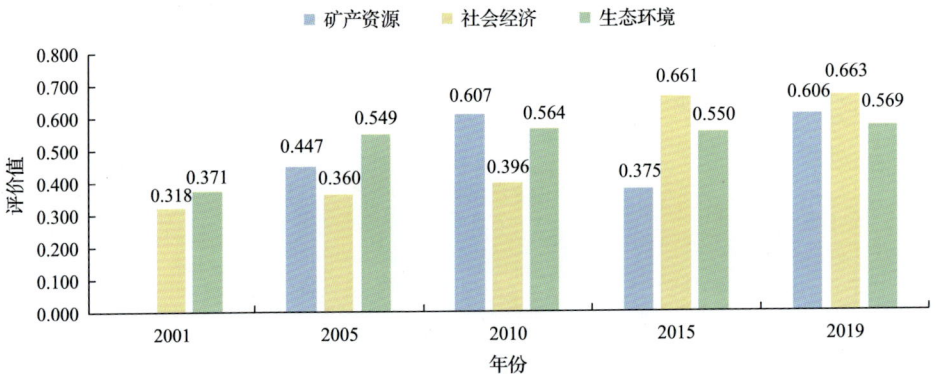

(b) 矿产资源、社会经济和生态环境评价值

图 4-15　贵州省指标层、系统层评价结果

(a)中由于四舍五入，加和可能存在一定误差

　　从系统层评价结果来看，贵州省矿产资源评价值波动较大，社会经济评价值呈现持续增长趋势，生态环境评价值则呈现先增长后稳定态势[图 4-15(b)]。具体来说，矿产资源评价值除 2001 年数据缺失外，其余年份波动较大，这与当年矿业总产值和利润总额高低有关。社会经济评价值逐年上升，由 2001 年的 0.318 增长至 2019 年的 0.663，增幅 108.49%，经济发展态势强劲。生态环境评价值在 2001～

2005 年上升，2005～2019 年则维持稳定在 0.500 左右，环境维持较好。单位 GDPSO$_2$、CO$_2$ 排放量连续下降，而且工业固体废物利用率不断增长。但也存在一些问题，单位 GDP 废水排放量、破坏土地面积和矿业地质灾害直接损失均出现大幅增加，从而导致生态质量下降，因此贵州省要加大污染物排放控制力度，促进土地复垦和复绿，并完善生态环境保护督察制度，充分发挥监督检查作用，持续打好污染防治攻坚战。

10. 云南省指标层与系统层评价结果分析

云南省各指标的权重值均在 3.21%～3.79%，其中权重值排前三位的是固定资产投资总额、人均 GDP 和有色金属（全社会劳动生产率），其权重值分别为 3.79%、3.69% 和 3.68%，权重值最低的是第二产业比例，为 3.21%[图 4-16(a)]。

从云南省系统层评价结果[图 4-16(b)]来看，云南省矿产资源评价值呈现先上升后下降，即倒"U"形变化趋势，社会经济、生态环境评价值持续增加。具体来说，矿产资源评价值在 2001～2010 年由 0.344 增长到 0.613，2010 年达到最高值后持续下降，至 2019 年降为 0.498。2010 年是云南省矿产资源系统发展的转折点，这一年后云南省矿业利润总额、矿山企业数量和从业人员均持续降低，矿产资源系统的发展动力和活力不足。社会经济评价值逐年增长，由 2001 年的 0.378

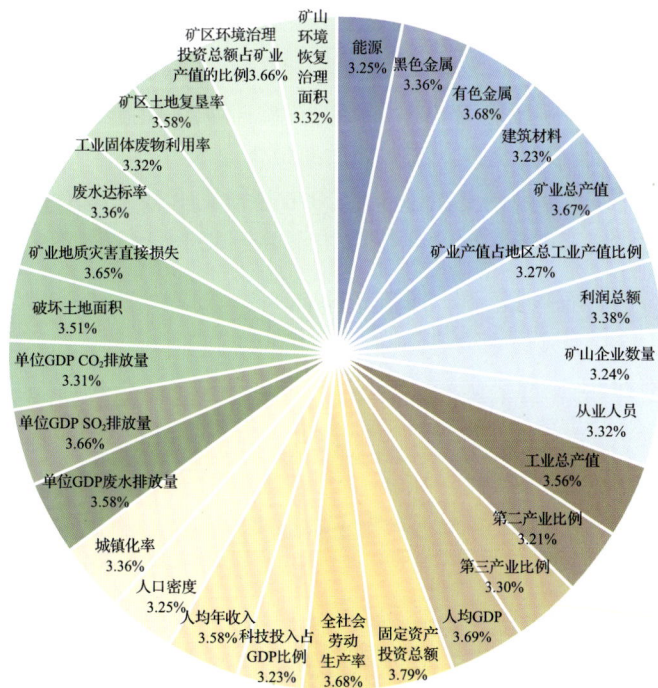

(a) 指标层权重

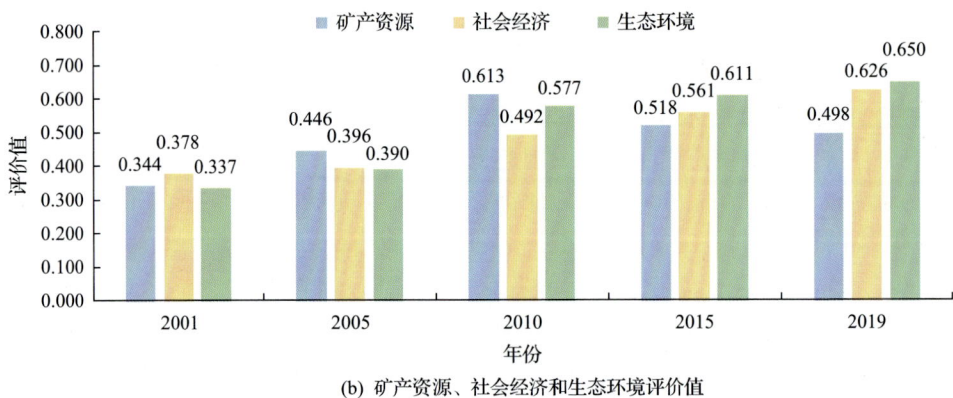

(b) 矿产资源、社会经济和生态环境评价值

图 4-16　云南省指标层、系统层评价结果

上升至 2019 年的 0.626，增幅 65.61%，区域经济发展的规模、质量不断提升。2001～2019 年生态环境评价值持续增长，增长率逐渐降低。因此，云南省要重点提升自主创新能力来促进矿业产业转型升级，并不断延长、完善矿业产业链，为矿业发展注入新动力、新活力。同时，继续保持对污染的控制和环境治理，从而实现矿产资源-社会经济-生态环境协调发展。

4.6.2　省域目标层耦合协调度结果

1. 矿产资源-社会经济耦合协调度结果与分析

长江经济带 2001～2019 年各省（直辖市）矿产资源-社会经济耦合协调度变化趋势（图 4-17）可分为三种类型：第一种类型包含江苏省、浙江省、安徽省和云南省，此四个省份的耦合协调度在 2001～2010 年持续上升，2010～2015 年耦合协调度出现小幅下降，2015～2019 年耦合协调度迅速上升；第二种类型包括湖南

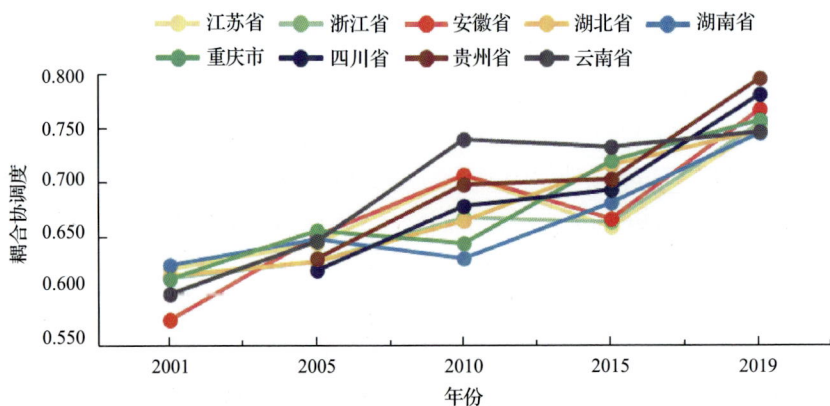

图 4-17　2001～2019 年各省（直辖市）矿产资源-社会经济耦合协调度变化趋势

省和重庆市，其耦合协调度在 2001～2010 年呈现先升后降的变化趋势，2010 年后耦合协调度持续上升；第三种类型包括湖北省、四川省和贵州省，2001～2019年其耦合协调度呈现持续上升的变化趋势。总体而言，长江经济带各省份矿产资源-社会经济-生态环境耦合协调度呈上升趋势，并于 2015 年后迅速升高。从增长幅度上看（表 4-5），安徽省矿产资源-社会经济耦合协调度增幅最大，由 0.577 增长到 0.769，增幅为 33.28%；湖南省矿产资源-社会经济耦合协调度增幅最小，由0.627 增长到 0.747，增幅为 19.14%；其余省份矿产资源-社会经济耦合协调度增幅基本稳定在 25%左右。但值得注意的是，2010 年湖南省、重庆市耦合协调度出现小幅下跌现象，下跌幅度分别为 2.62%和 1.67%；2015 年江苏省、浙江省、安徽省和云南省耦合协调度出现大幅度下跌的现象，下跌幅度分别为 6.64%、0.75%、5.64%和 0.94%。

表 4-5　各省（直辖市）的矿产资源-社会经济耦合协调度

省（直辖市）	江苏省	浙江省	安徽省	湖北省	湖南省	重庆市	四川省	贵州省	云南省
2001 年	0.623	0.615	0.577	0.617	0.627	0.614	—	—	0.601
2005 年	0.647	0.629	0.653	0.630	0.650	0.658	0.622	0.633	0.648
2010 年	0.708	0.670	0.709	0.667	0.633	0.647	0.680	0.700	0.741
2015 年	0.661	0.665	0.669	0.717	0.683	0.722	0.695	0.705	0.734
2019 年	0.751	0.755	0.769	0.749	0.747	0.759	0.782	0.796	0.747
增幅/%	20.55	22.76	33.28	21.39	19.14	23.62	25.72	25.75	24.29

注：— 表示数据缺失。

从耦合协调度等级上看（图 4-18），2001～2019 年，江苏省、浙江省、湖北省、湖南省、重庆市、四川省和云南省共 7 个省（直辖市）的矿产资源-社会经济始终处于协调等级；安徽省矿产资源-社会经济耦合协调度除了在 2001 年处于勉强协调等级外，其余年份其耦合协调度均处于协调等级；贵州省矿产资源-社会经济耦合协调度在 2001～2015 年处于协调等级，其耦合协调度于 2019 年突破 0.79，发展至极其协调状态。这也表明长江经济带各省（直辖市）在提高矿产资源综合利用率，推动矿业产业和区域经济持续、健康发展等方面取得了不错的成效，尤其是贵州省，其矿产资源-社会经济耦合协调度是长江经济带中唯一一个达到极其协调等级的省份。未来各省（直辖市）仍要坚定不移地推进矿业转型升级和经济高质量发展，不断提高矿产资源-社会经济的协调发展水平。

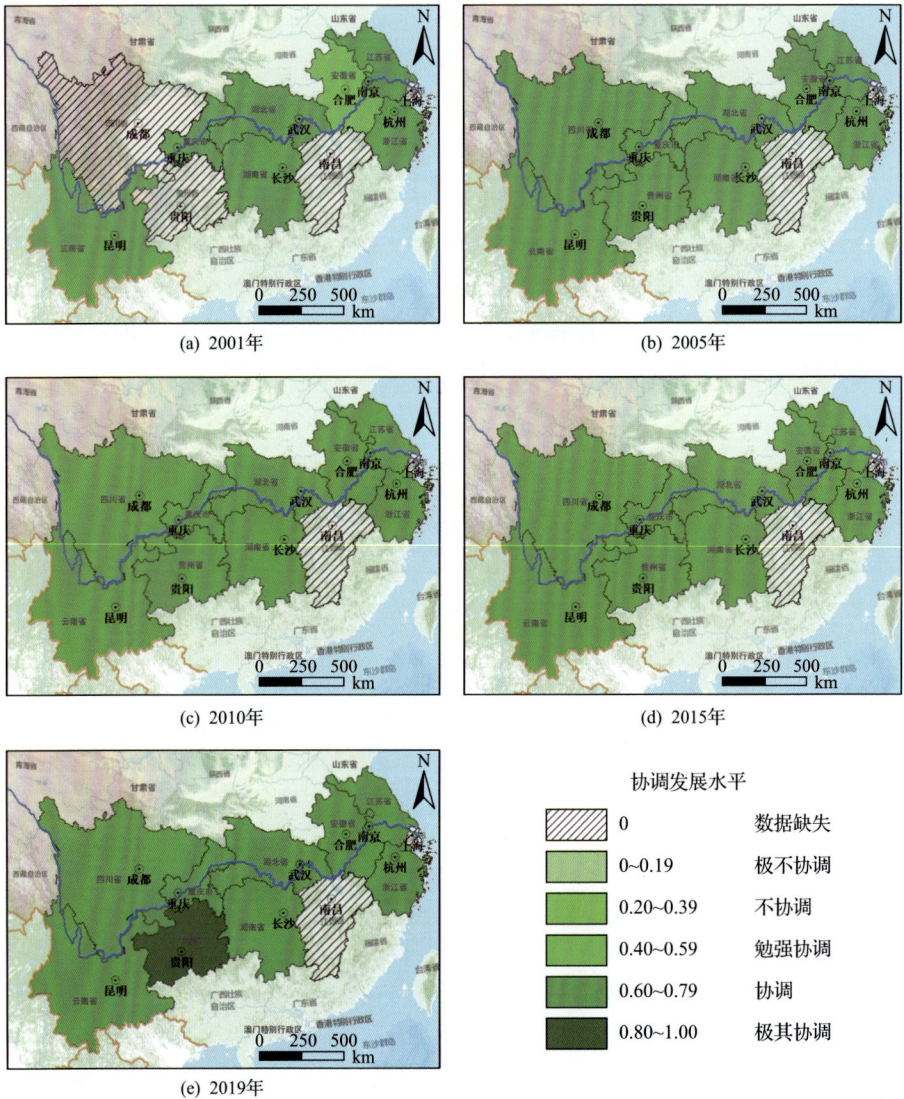

图 4-18　2001～2019 年各省(直辖市)矿产资源-社会经济耦合协调度等级

2. 矿产资源-生态环境耦合协调度结果与分析

除浙江省和四川省外，2001～2019 年江苏省、安徽省、湖北省、湖南省、重庆市、贵州省和云南省的矿产资源-生态环境耦合协调度变化趋势基本保持一致，如图 4-19 所示，大致可分为三个阶段：2001～2010 年，矿产资源-生态环境耦合协调度均持续提升；2010～2015 年，耦合协调度均出现较大幅度降低的现象，这主要与 2015 年矿业发展不佳有关；2015～2019 年，耦合协调度再一次提升。2001～

2019 年浙江省矿产资源-生态环境耦合协调度处于较为波动状态,耦合协调度在 0.663～0.701 范围内变化。四川省矿产资源-生态环境耦合协调度在研究期间则保持持续上升态势。从变化幅度来看(表 4-6),云南省、湖北省和湖南省耦合协调度变化幅度最大,增幅分别为 29.33%、25.86%和 24.54%;江苏省和重庆市耦合协调度增幅次之,增幅分别为 19.21%和 11.88%;相比而言,贵州省、四川省和安徽省耦合协调度增幅较小,分别为 8.95%、7.16%、7.10%;最后是浙江省,其耦合协调度增幅最小,仅为 0.72%。

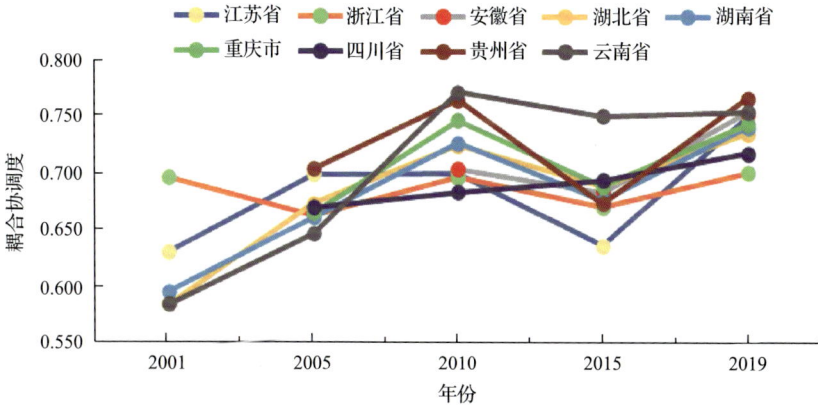

图 4-19　2001～2019 年各省(直辖市)矿产资源-生态环境耦合协调度变化趋势

表 4-6　2001～2019 年各省(直辖市)的矿产资源-生态环境耦合协调度

省(直辖市)	江苏省	浙江省	安徽省	湖北省	湖南省	重庆市	四川省	贵州省	云南省
2001 年	0.630	0.696	—	0.584	0.595	—	—	—	0.583
2005 年	0.699	0.663	—	0.673	0.661	0.665	0.670	0.704	0.646
2010 年	0.700	0.696	0.704	0.725	0.727	0.747	0.683	0.765	0.771
2015 年	0.636	0.670	0.683	0.689	0.676	0.689	0.694	0.674	0.750
2019 年	0.751	0.701	0.754	0.735	0.741	0.744	0.718	0.767	0.754
增幅/%	19.21	0.72	7.10	25.86	24.54	11.88	7.16	8.95	29.33

注:—表示数据缺失。

　　从耦合协调度等级上看(图 4-20),除 2001 年湖北省和云南省矿产资源-生态环境耦合协调度处于勉强协调状态,其余年份长江经济带所有省(直辖市)的矿产资源-生态环境均处于协调状态。这也证明矿产资源的开发利用对生态环境造成的污染破坏得到了有效控制,生态环境保护政策成效显著。由此可见,各省(直辖市)坚持实施“共抓大保护、不搞大开发”战略,大力推动矿业绿色发展,有效控制矿业污染物排放,提高环境治理水平,不断增加生态保护投入等是实现矿产资源-

生态环境协调发展的有力措施。

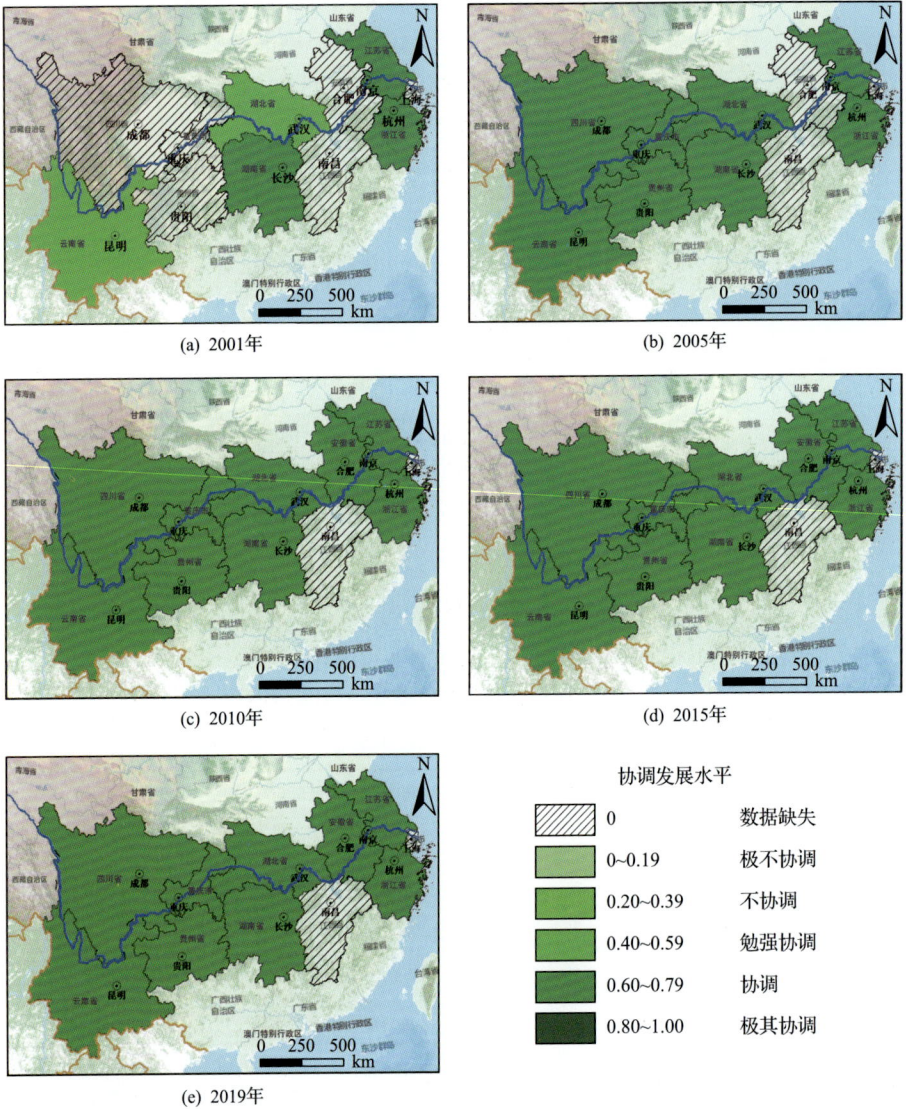

(a) 2001年

(b) 2005年

(c) 2010年

(d) 2015年

(e) 2019年

图4-20　2001~2019年各省(直辖市)矿产资源-生态环境耦合协调度等级

3. 矿产资源-社会经济-生态环境耦合协调度

长江经济带各省(直辖市)矿产资源-社会经济-生态环境耦合协调度变化趋势较为相似,如图4-21所示。2001~2015年各省(直辖市)矿产资源-社会经济-生态环境耦合协调度虽有波动,但整体上各省(直辖市)的耦合协调度水平提升明显；2015～2019 年，除浙江省耦合协调度小幅下降外，其他省（直辖市）耦合协调度持续上升，尤其是江苏省、安徽省和湖南省耦合协调度提升速度远高于其他省（直辖市）。从变化幅度来看（表 4-7），2001～2019 年江苏省矿产资源-社会经济-生态环境耦合协调度增幅最大，耦合协调度由 0.575 增长至 0.796，增幅为 38.43%；湖南省、湖北省和云南省矿产资源-社会经济-生态环境耦合协调度增幅次之，分别为 32.02%、30.74% 和 28.88%；其余省（直辖市）矿产资源-社会经济-生态环境耦合协调度增幅相似，分别为 16.99%（浙江省）、16.27%（四川省）、14.68%（重庆市）、13.20%（安徽省）和 10.54%（贵州省）。

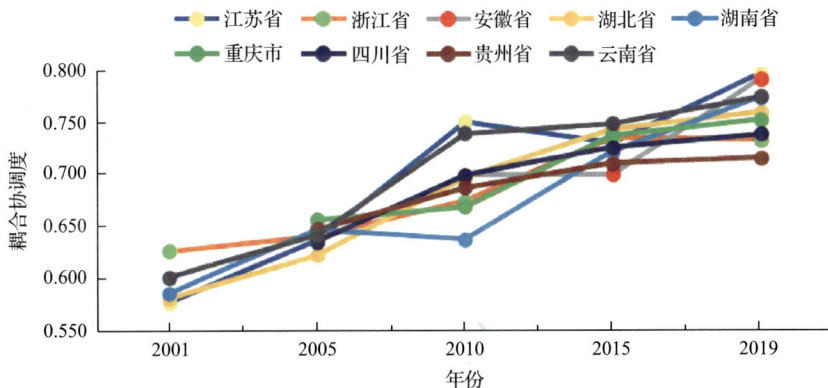

图 4-21 2001～2019 年各省（直辖市）矿产资源-社会经济-生态环境耦合协调度变化趋势

表 4-7 2001～2019 各省（直辖市）的矿产资源-社会经济-生态环境耦合协调度

省（直辖市）	江苏省	浙江省	安徽省	湖北省	湖南省	重庆市	四川省	贵州省	云南省
2001 年	0.575	0.624	—	0.579	0.584	—	—	—	0.599
2005 年	0.655	0.639	—	0.620	0.645	0.654	0.633	0.645	0.640
2010 年	0.748	0.672	0.697	0.695	0.635	0.667	0.696	0.685	0.737
2015 年	0.728	0.733	0.697	0.741	0.719	0.735	0.723	0.708	0.746
2019 年	0.796	0.730	0.789	0.757	0.771	0.750	0.736	0.713	0.772
增幅/%	38.43	16.99	13.20	30.74	32.02	14.68	16.27	10.54	28.88

注：— 表示数据缺失。

从耦合协调度等级上看（图 4-22），江苏省矿产资源-社会经济-生态环境耦合协调度在 2001 年处于勉强协调等级，2005～2015 年其耦合协调度突破勉强协调，发展并保持在协调等级，2019 年突破协调等级，发展至极其协调等级。湖北省和湖南省矿产资源-社会经济-生态环境耦合协调度在 2001 年处于勉强协调等级，

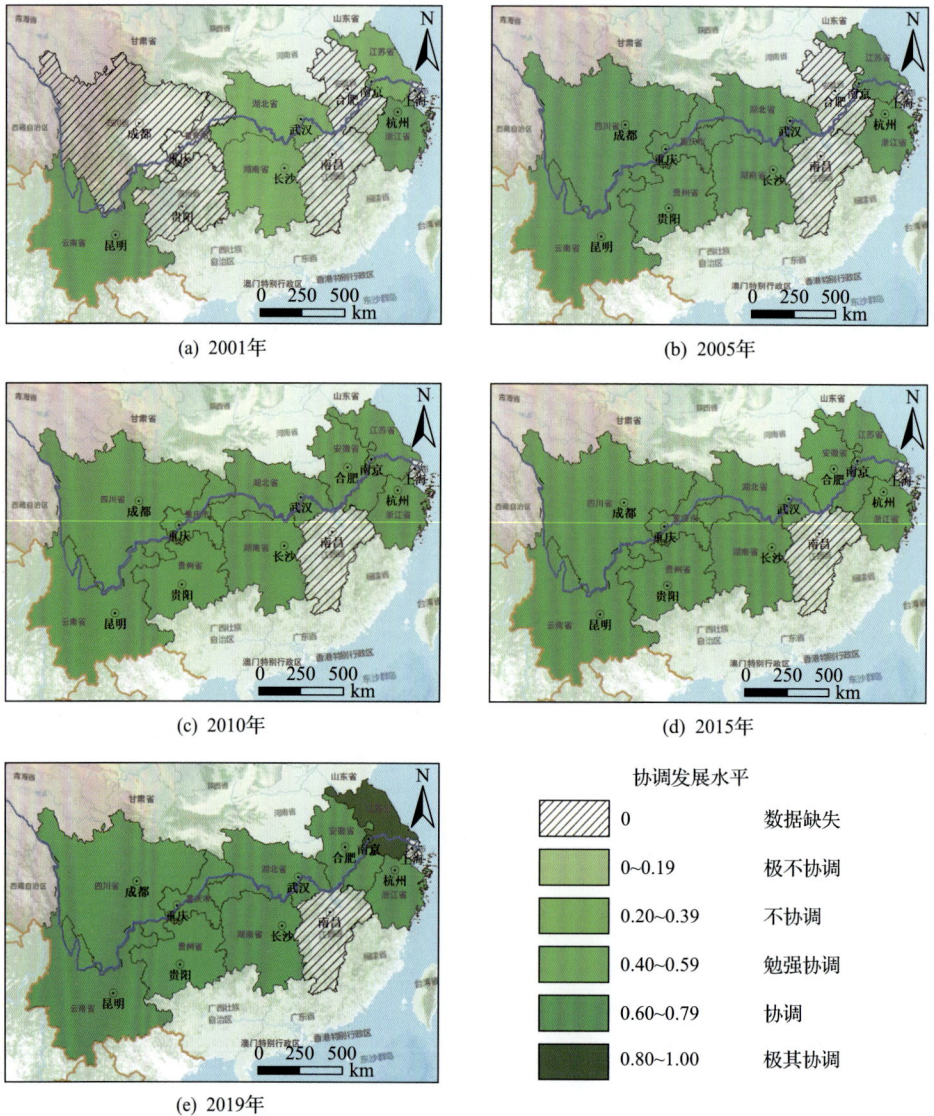

(a) 2001年

(b) 2005年

(c) 2010年

(d) 2015年

(e) 2019年

协调发展水平	
0	数据缺失
0~0.19	极不协调
0.20~0.39	不协调
0.40~0.59	勉强协调
0.60~0.79	协调
0.80~1.00	极其协调

图 4-22 2001～2019 年各省(直辖市)矿产资源-社会经济-生态环境耦合协调度等级

2005～2019 年两省矿产资源-社会经济-生态环境耦合协调度突破勉强协调，保持在协调等级。浙江省、安徽省、重庆市、四川省和贵州省矿产资源-社会经济-生态环境耦合协调度在 2001～2019 年始终处于协调等级。由此可见，长江经济带各省(直辖市)矿产资源-社会经济-生态环境协调发展态势良好，发展动力、活力充足，各省(直辖市)更要坚持协同发展，加强合作与交流，加快实现矿产资源-社会经济-生态环境极其协调的步伐，共同打造高质量发展经济带。

4.7　小　　结

　　本章首先从矿产资源-社会经济-生态环境协调绿色发展的背景、研究现状、研究方法等方面介绍长江经济带矿产资源-社会经济-生态环境协调的发展情况。其次介绍模型的实施框架流程，其中包括指标层、系统层、目标层的分析拆解，对应模型的选取，数据的寻找处理，以及结果分析。完整展现本章所使用的三个评价模型(熵权法、耦合度模型、耦合协调度模型)的整体步骤、各公式参数的具体含义以及结果的度量标准，得到长江经济带不同区域与时段的系统重要性程度。明晰矿产资源-社会经济-生态环境协调绿色发展评价体系的目的和作用，并详细说明了评价体系的指标筛选原则，构建了长江经济带矿产资源-区域经济-生态环境协调绿色发展评价指标体系。又从系统层和目标层两个层面分析长江经济带总体矿产资源-社会经济-生态环境协调绿色发展历史现状特征、识别主要发展问题和未来发展趋势。再次从系统层和目标层两个层面分别研究长江经济带上、中、下游地区矿产资源-社会经济-生态环境协调绿色发展水平和演变特征，并对三大区域的评价结果加以比较，识别三大区域的发展短板和差距，提出促进区域矿产资源-社会经济-生态环境协调绿色发展、缩小发展差距的具体措施和努力方向，推动长江经济带上、中、下游区域协同发展。最后从指标层、系统层和目标层三个层面开展长江经济带省域矿产资源-社会经济-生态环境协调绿色发展评价。可以精准把握各省(直辖市)的发展状态，总结发展过程中存在的突出问题，形成针对性推动矿产资源开发-社会经济-生态环境协调发展的对策建议，也能为省级政府制定发展政策提供实证支撑。

第5章 典型矿业区矿产资源-社会经济-生态环境协调绿色发展评价

本章首先介绍矿产资源集中区及较大可能出现矿产集中分布的成矿带的定义，着重分析了研究区长江经济带典型矿产集中区空间分布及其与生态敏感脆弱区和特殊保护区的重叠情况，从矿产特征、社会经济贡献、主要环境问题三个方面分别分析安徽省淮南煤-煤化工矿业重点发展区域和江西省赣南稀土有色金属矿产资源集中区两个待评价矿产集中分布区。其次对评价算法、评价指标选取、数据来源及预处理做了分析。最后对江西省赣南稀土有色金属矿产资源集中区开发协调度评价的指标层权重评价结果和系统层评价值，以及安徽省淮南煤-煤化工矿业发展协调度的指标层权重、系统层评价值以及矿产资源集中区矿产资源-社会经济-生态环境耦合协调度结果做了讨论分析。

本章研究成果具体表现如下：矿产资源集中区尺度下长江经济带典型矿产资源集中区矿产资源-社会经济-生态环境协调绿色发展评价结果真实地反映了基于矿区本身的矿产资源-社会经济-生态环境协调发展水平，评价指标体系的构建以矿产资源集中区为基准，更为精确地反映了由矿产开发带来的社会经济贡献和对环境的影响，即评价体系突破了传统矿产评价行政边界的限制。考虑到不同的矿产资源集中区，其成矿条件、地区政策、管理方针均不同，每个矿产资源集中区都拥有独特的发展模式，我们为不同的矿产资源集中区构建了具有一定差异的指标体系，从而针对性地揭示不同矿产资源集中区的独特性。以往对矿产资源集中区的尺度研究在于成矿特征、找矿、勘探或者整体上的矿山发展政策规划，所以基于矿产资源集中区尺度的矿产资源-社会经济-生态环境协调绿色发展评价工作本身就是一种创新。本章研究也存在一些问题：不同评价方法考虑的因素不同，侧重点不同，会导致指标权重出现偏差。例如，常用的专家打分赋权法，会导致评价体系掺杂主观因素；熵权法赋权往往从数据本身出发，理论性比较强，对数据质量的依赖比较强。数据不足会导致某些评价值、耦合协调系数无法计算，从而不能得到最终结果。时间截面不够会使得评价的年限不够长，对长江经济带矿产资源-社会经济-生态环境绿色协调发展的整体把握不够全面，趋势分析有限，无法找到长期的变化规律。

基于矿产资源集中区尺度视角的相关工作有待进一步发展、创新和完善。因为矿产资源集中区的划分没有绝对统一的标准，所以一方面要加快划分体系的建立，另一方面要针对不同目标主题合理选择待评价矿产资源集中区；回归"成矿"本质，跳出人为划定的行政边界，建立基于矿产资源集中区的数据库，服务于国民经济建设、矿产开发规划管理等。

5.1　长江经济带主要矿产资源集中区与典型矿业经济区

5.1.1　矿产资源集中区概况

矿产资源集中区是矿产资源在空间分布上相对密集的区域，成矿带系指在地质构造、地质发展历史以及在成矿作用与矿床特征等方面具有共性的地区[133]，可见成矿带所在区域很可能存在矿产资源集中分布区，因此了解成矿带的划分及分布情况，对寻找矿产资源集中区具有重要意义。在成矿规律研究中，划分成矿区（带）不仅是至关紧要的一项综合性的矿产地质基础工作，而且还具有明显的实用价值。在区域矿产资源潜力调查评价工作中应用成矿区（带）的基本概念和级次的划定，将调查评价工作集中到面积最小、成矿远景最好、发现矿床的可能性最大的成矿有利空间，是将基础地质调查转化为矿产勘查的有效方法。由此可知，划分成矿区（带）既有成矿学研究的理论意义，又有矿产勘查的实用价值。回顾成矿区（带）的研究历史，大致经历了概念形成、研究和实践结合、多元地学信息化三个发展时期[134]。

成矿区（带）自提出至今，已进行了 100 多年不间断的研究，并在实践中不断深化和发展，时至今日，在理论上和勘查实践应用中都到达了新的高度。目前，无论是成矿区（带）的研究，还是成矿区（带）的划分技术和方法，都被公认为是研究成矿规律的基本途径及部署矿产勘查工作的科学依据。由于成矿区（带）具有理论和实用上的双重属性，其研究已经成为全球热点，除了达成了多方面的共识外，尚有众多的问题有待讨论，如对成矿区（带）的讨论、理解和边界线的标定各持己见，已成为现下流行的论题。

1905 年，法国地质学家 Launay 提出："成矿区（带）是研究金属（和某些其他物质）的自然富集作用。"该概念提出后，成矿区（带）便被归结为成矿规律研究的关键内容。这一认识立刻受到了关注，矿床学家从多方面开展了专题探索研究。所以成矿区（带）的内涵从提出的那一天起就属于区域的、成因的研究范畴[1]。1913 年，Launay 把成矿区（带）概念的雏形扩展为把一些特别富含某些金属的地区看作"成矿省"，每个"成矿省"产出特定的、受地质构造控制的各类矿床，根据构造特征在一定程度上预测矿产。该新概念确立了成矿区（带）在矿产勘查工作中的地位，导致成矿区（带）的研究从区域矿产成因研究的范畴中脱颖而出，将区域大地构造特征、矿床类型和预测评价有机联系起来，组成了区域矿产和预测的研究体系，开拓了成矿区(带)研究与矿产勘查相结合的新领域。20 世纪 20～40 年代初,中国地质学家翁文灏提出矿床呈带状分布的论述,紧接着中国矿床学巨匠谢家荣在 1923 年和 1935 年先后发表了"中国的矿产时代和矿产区域论""扬子江下游铁矿志",都是用成矿区(带)的概念解释了矿产区域分布的规律。因此,在 50 年代前,中国已建立了成矿区(带)的基本概念,在一些地区进行探索的基础上,总结了成矿规律,所以中国在成矿区(带)概念形成时期对中国的成矿区(带)已做了粗略划分,对全国矿产分布的规律已有一些认识。50 年代以来,中国成矿区(带)的研究工作逐步得到加强,60 年代初以郭文魁为首编制了 1:300 万金属矿床成矿规律图(未出版),并开展南岭地区湖南省彬县幅 1:20 万区域成矿规律研究;张炳熹率领地质学院师生对南岭地区区域矿产进行研究,编制了矿产与成矿区划分图。70 年代以陈毓川、李文达为首的研究团队开展了宁芜火山岩地区成矿的系统研究,首次建立了区域矿床成矿模式——宁芜玢岩铁矿成矿模式。80 年代以来,国内先后组织开展重要成矿区(带)的系统研究与勘查宏观部署的研究,如南岭、秦岭、三江、华北陆块北缘、大兴安岭、长江中下游、得尔布干等成矿区(带),取得了丰富的研究成果与勘查效益。对全国性成矿区(带)的研究成果:推出以郭文魁为首研究编制的 "中国内生金属成矿图"(1:400 万,1987 年),将全国划分为 66 个成矿区(带);"中国矿床成矿系列图"(陈毓川等,1989 年,内部),将全国划分为五大成矿域、19 个成矿区(带);在全国 29 个跨省成矿区划项目实施后,1999 年又在全国资料统一平台上将全国统一划分出五个成矿区(古亚洲、秦祁昆、特提斯、滨西大洋和前寒武纪)、17 个Ⅱ级区(带)、73 个Ⅲ级区(带),形成了覆盖全国的Ⅰ、Ⅱ、Ⅲ级成矿区(带)的整体划分成果[135];2000～2003 年,以陈毓川为首的一批区域矿产地质学家,对全国成矿区(带)作了整体研究,运用五级划分方法将成矿区(带)正式命名为成矿域(Ⅰ级)、成矿省(Ⅱ级)、成矿区(带)(Ⅲ级)、成矿亚带(Ⅳ级)和矿田(Ⅴ级),全国范围内划分出 5 个成矿域、16 个成矿省、80 个成矿区(带)[135],提出了中国大陆成矿区(带)划分的最新成果,其是中国大陆成矿体系的关键内容之一。要特别指出的是 1980 年地质部向全国发布了"成矿远景区划基本要求",规定了Ⅰ级(成矿域)、Ⅱ级(成矿带)、Ⅲ级(成矿亚带)、Ⅳ级(矿田分布区)、Ⅴ级(矿田)的五级划分法和划分要求,开拓了成矿区(带)研究的整体概念。由上可知,中国成矿区(带)研究,已与矿产勘查、矿产预测的宏观部署决策相结合,获得较好的勘查效果和社会效益。

5.1.2　长江经济带主要矿产资源集中区和空间分布

1. 典型矿产类型及空间分布

长江经济带典型矿产类型及空间分布见图 5-1,长江经济带上游矿产集中区矿种主要是铅锌矿、钒钛铁矿、石墨、煤炭、锡矿、金矿和天然气等，云南省西北、西南、东北地区分布着 3 个矿产集中区，分别是铅锌矿矿产集中区，煤炭、锡矿、铅锌矿矿产集中区和煤炭、铅锌矿矿产集中区，其中铅锌矿矿产集中区位于云南省迪庆怒江矿业区，分布范围跨迪庆藏族自治州和怒江傈僳族自治州；煤炭、锡矿、铅锌矿矿产集中区位于云南省红河文山矿业区，矿区分布在红河哈尼族彝族自治州和文山壮族苗族自治州；煤炭、铅锌矿矿产集中区位于云南省昭通曲靖矿业区，矿产集中区跨曲靖市和昭通市。四川省南部和东北地区有两个矿产集中区，分别是钒钛铁矿、石墨矿产集中区和天然气矿产集中区，其中钒钛铁矿、石墨矿产集中区位于四川省攀枝花矿业区，分布在攀枝花市；天然气矿产集中区位于四川盆地油气矿业区，分布范围跨巴中市、达州市、广元市和遂宁市。贵州省西南部有金矿、煤矿矿产集中区，属于贵州省西南矿业区，分布在六盘水市和黔西南布依族苗族自治州。长江经济带上游典型矿产集中区面积及比例见表 5-1、图 5-2，云南省红河文山矿业区的煤炭、锡矿、铅锌矿矿产集中区的面积在长江经济带上游最大，达到 63586.8km^2，占典型矿产集中区面积比例的 26.79%。四川省分布着大型天然气矿产集中区，矿区面积 50527.38km^2，钒钛铁矿、石墨矿产

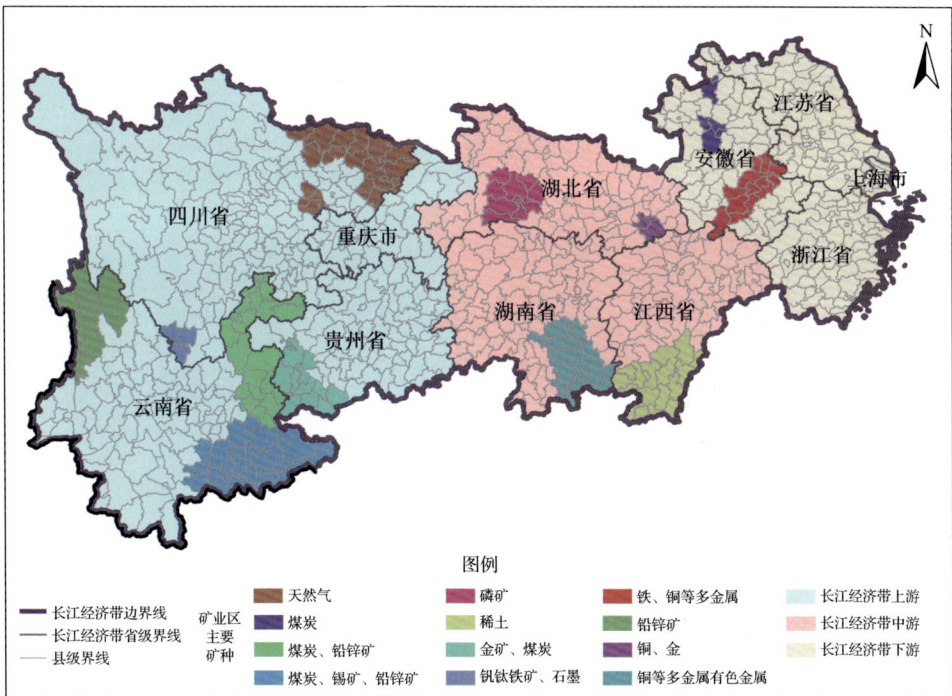

图 5-1　长江经济带典型矿产类型及空间分布

表 5-1　长江经济带上游典型矿产集中区面积

省	市、州	矿业区	主要矿种	面积/km²	矿产集中区面积/km²
云南省	迪庆藏族自治州	云南省迪庆怒江矿业区	铅锌矿	23192.6	37789.1
	怒江傈僳族自治州			14596.5	
	红河哈尼族彝族自治州	云南省红河文山矿业区	煤炭、锡矿、铅锌矿	32167.8	63586.8
	文山壮族苗族自治州			31419	
	曲靖市	云南省昭通曲靖矿业区	煤炭、铅锌矿	28912.6	51353
	昭通市			22440.4	
四川省	攀枝花市	四川省攀枝花矿业区	钒钛铁矿、石墨	7400.18	7400.18
	巴中市	四川盆地油气矿业区	天然气	12293.2	50527.38
	达州市			16588.3	
	广元市			16318.6	
	遂宁市			5327.28	
贵州省	六盘水市	贵州省西南矿业区	金矿、煤炭	9908.69	26728.89
	黔西南布依族苗族自治州			16820.2	

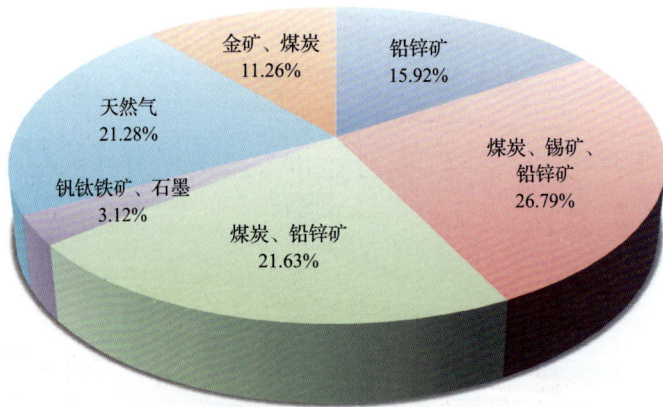

图 5-2　长江经济带上游典型矿产集中区面积比例

集中区分布范围最小，占典型矿产集中区面积比例仅有 3.12%。总的来说，长江经济带上游矿产集中区总面积 237385.35km²，矿种多样性、复杂性、集中性及大型、超大型矿床较多，煤炭是优势矿种。

　　长江经济带中游矿产集中区主要是磷矿，稀土，铜、金，铜等多金属有色金属，见表 5-2。湖南省东南地区分布着铜等多金属有色金属，位于湖南省南部矿业区，矿产集中区跨郴州市和衡阳市。湖北省南部地区有磷矿矿产集中区和铜、金矿产集中区，磷矿矿产集中区位于湖北省宜昌矿业区，整个矿产集中区分布在宜昌市内，未跨市，但是跨了远安县、兴山县、秭归县、长阳土家族自治县、五峰土家族自治县等，铜、金矿产集中区位于湖北省黄石矿业区，位于黄石市，跨阳新县和大冶市。江西省发育有稀土矿产集中区，该矿产集中区位于江西省南部，处在江西省赣州矿业区，跨安远县、信丰县、全南县、寻乌县等。典型矿产集中区面积占比情况如图 5-3 所示，稀土矿产集中区面积占比最大，达到 39.44%，其次是铜等多金属有色金属矿产集中区，面积最少的是位于湖北省黄石市的铜、金矿产集中区，占比仅有 4.58%。虽然长江经济带中游典型矿产集中区面积为 99782.97km^2，比上游矿产集中区面积少了 137602.38km^2，但是，中游矿种丰富，有铜有色金属矿产、金贵金属矿产，还有磷矿非金属矿产和在军事、新材料、新能源和信息技术等方面应用广泛的稀土。

表 5-2　长江经济带中游典型矿产集中区面积

省	市	矿业区	主要矿种	矿产集中区面积/km^2
湖南省	郴州市	湖南省南部矿业区	铜等多金属有色金属	19336.4
	衡阳市			15301.1
湖北省	宜昌市	湖北省宜昌矿业区	磷矿	21222.1
	黄石市	湖北省黄石矿业区	铜、金	4565.37
江西省	赣州市	江西省赣州矿业区	稀土	39358

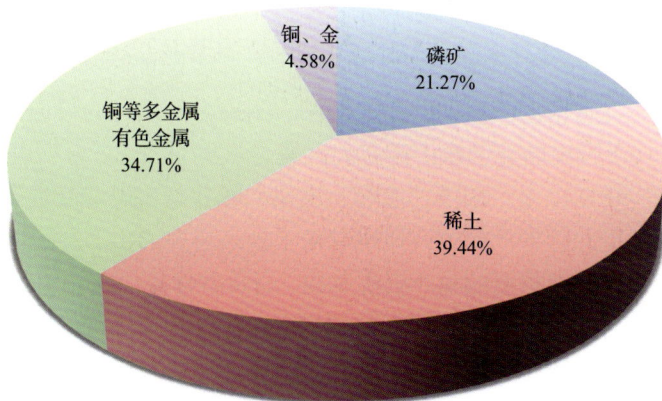

图 5-3　长江经济带中游典型矿产集中区面积比例

　　长江经济带下游典型矿产集中区矿种主要是煤炭和铁、铜等多金属，集中分布在安徽省，其中煤炭矿产集中区面积 8278.26km^2，属于安徽省两淮矿业区，矿产集中区跨凤台县、濉溪县、寿县等。铁、铜等多金属矿产集中区分布范围较大，面积达到 21436.24km^2，属于长江经济带中下游矿业区，跨池州市、马鞍山市、铜陵市和芜湖市(表 5-3)。相比长江经济带上、中游典型矿产集中区而言，下游矿产集中区数量少、规模小、矿种单一。

表 5-3　长江经济带下游典型矿产集中区面积及面积比例

省	市	矿业区	主要矿种	面积/km^2	矿产集中区面积/km^2	矿产集中区面积比例/%
安徽省	淮北市	安徽省两淮矿业区	煤炭	2747.22	8278.26	27.86
	淮南市			5531.04		
	池州市	长江经济带中、下游矿业区	铁、铜等多金属	8396.89	21436.24	72.14
	马鞍山市			4047.54		
	铜陵市			2982.02		
	芜湖市			6009.79		

　　总的来说，长江经济带横跨东中西三大地势阶梯，地貌单元多样，地质条件复杂，矿产资源种类多、储量大，成矿条件较好，是我国重要的矿产资源基地，肩负着保障国家资源供给安全的重任[135]，但矿产资源丰富度空间分布不均，相比长江经济带下游地区，上游和中游地区拥有丰富的矿产资源，以及更多样的矿种、更大的成矿区规模，贵州省煤炭资源、四川省有色金属资源丰裕度高，下游地区更多地承担矿产加工处理工作。

　　2. 典型矿产集中区与生态敏感脆弱区空间分布特征

　　党的十九大报告指出，以"共抓大保护、不搞大开发"为导向推动长江经济带发展。长江经济带横跨我国东中西三大区域，涉及 11 个省(直辖市)，资源环境条件总体优越。长期以来，矿产、水利、农业、林业、水电和交通等开发活动对长江经济带的发展起到推动作用，但也带来了越来越多的生态环境问题[135]。

　　长江经济带是我国重要的矿产资源基地，肩负着保障资源供给的重任。但是，一方面，长江经济带区域生态功能区与矿产资源矿产集中区在空间上高度重叠，导致矿产资源开发过程中生态系统遭到严重破坏，矿山开发导致的重金属污染和矿区的地质灾害风险带来的人居安全问题十分突出[136]。另一方面，我国对矿产资源的需求不断提高，随着对矿区资源的不断开发，引发的生态环境问题十分突出，部分支流和湖泊水生态环境遭到破坏，长江经济带矿区、矿业园区和矿业城市生态安全、环境安全和人居安全受到威胁[135,137,138]。

　　长江经济带生态敏感脆弱区与矿产资源矿产集中区在空间上高度重叠,尤其是长江经济带中上游地区。长江经济带典型矿产集中区和珍稀动植物分布区重叠情况如图 5-4、表 5-4 所示。长江经济带上游典型矿产集中区分布范围均和珍稀动植物分布区重合,其中位于云南省的 3 个矿产集中区就与 14 个珍稀动物栖息地重合,受保护对象有黑颈鹤、白腰雨燕等动物和南方红豆杉、黄杉、董棕林等植物。更有位于四川省东北部地区的四川盆地油气矿业区,仅一个矿区就有 12 个珍稀动植物分布区,受保护对象有金丝猴、大熊猫、大鲵、白鹭、古柏、银杏、水杉、柳杉等。

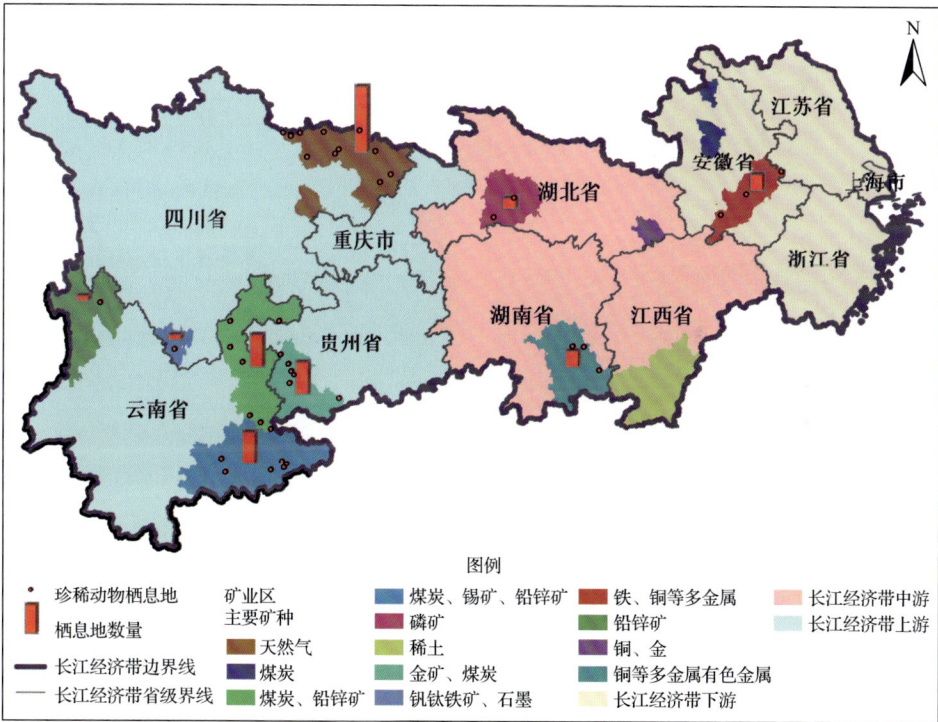

图 5-4　长江经济带典型矿产集中区和珍稀动物栖息地分布

表 5-4　长江经济带典型矿产集中区的珍稀动植物

省	市、州	市、区、县	矿产集中区矿种	受保护对象
四川省	广元市	青川县	天然气	野生动物及其生境
	广元市	青川县	天然气	金丝猴及森林生态系统
	广元市	青川县	天然气	大熊猫及森林生态系统
	巴中市	通江县	天然气	大鲵及其生境

续表

省	市、州	市、区、县	矿产集中区矿种	受保护对象
四川省	广元市	剑阁县	天然气	古柏及森林生态系统
	广元市	苍溪县	天然气	银杏、水杉、柳杉
	达州市	宣汉县	天然气	水生野生动物
	巴中市	南江县	天然气	巴山水青冈及其生境
	广元市	苍溪县	天然气	白鹭及其生境
	达州市	达州市市辖区	天然气	白鹭及其生境
	攀枝花市	攀枝花市市辖区	钒钛铁矿、石墨	攀枝花苏铁
云南省	昭通市	昭通市所在区域	煤炭、铅锌矿	黑颈鹤等珍禽及其生境
	曲靖市	师宗县	煤炭、铅锌矿	动植物资源
	迪庆藏族自治州	香格里拉市	铅锌矿	黑颈鹤等珍禽栖息地
	曲靖市	师宗县	煤炭、铅锌矿	亚热带常绿阔叶林、珍稀野生动植物
	红河哈尼族彝族自治州	建水县	煤炭、锡矿、铅锌矿	白腰雨燕繁殖种群及其生境、溶洞景观
	红河哈尼族彝族自治州	个旧市	煤炭、锡矿、铅锌矿	董棕林
	文山壮族苗族自治州	西畴县	煤炭、锡矿、铅锌矿	珍稀动植物
	文山壮族苗族自治州	西畴县	煤炭、锡矿、铅锌矿	野生动物
	文山壮族苗族自治州	西畴县	煤炭、锡矿、铅锌矿	珍稀动植物
	昭通市	镇雄县	煤炭、铅锌矿	南方红豆杉及其生境
	曲靖市	会泽县	煤炭、铅锌矿	黄杉及其生境
	曲靖市	会泽县	煤炭、铅锌矿	黑颈鹤及其他水禽
贵州省	黔西南布依族苗族自治州	普安县	金矿、煤炭	鹅掌楸及其生境
	黔西南布依族苗族自治州	普安县	金矿、煤炭	恒河猴及其生境
	黔西南布依族苗族自治州	普安县	金矿、煤炭	杜鹃林
	黔西南布依族苗族自治州	望谟县	金矿、煤炭	苏铁及森林生态系统
	六盘水市	水城区	金矿、煤炭	黑叶猴及森林生态系统
	六盘水市	水城区	金矿、煤炭	光叶珙桐、水青树等野生植物
湖南省	郴州市	安仁县	铜等多金属有色金属	古榕树、白鹭等珍稀动植物
	郴州市	资兴市	铜等多金属有色金属	银杉群落及其生境
	衡阳市	衡南县	铜等多金属有色金属	鸟类及栖息环境

续表

省	市、州	市、区、县	矿产集中区矿种	受保护对象
湖北省	宜昌市	宜昌市市辖区	磷矿	中华鲟及其生境
	宜昌市	长阳土家族 自治县	磷矿	珍稀植物及其生境
安徽省	铜陵市	铜陵市市辖区	铁、铜等多金属	白鱀豚、江豚等 珍稀水生生物
	池州市	东至县	铁、铜等多金属	白鹳等珍稀鸟类及 湿地生态系统
	马鞍山市	当涂县	铁、铜等多金属	珍稀水禽及其生境

　　相比长江经济带上游典型矿产集中区的珍稀动植物分布区，长江经济带中下游矿产集中区的珍稀动植物分布区较少，但是种类繁多，矿区开发对生态敏感脆弱区的珍稀动物栖息地的破坏不容小觑。如表 5-5 所示，位于长江经济带中下游典型矿产集中区的珍稀动植物分布区共 8 个，其中湖南省东南地区湖南省南部矿业区有 3 个，受保护对象是古榕树、白鹭等珍稀动植物和银杉群落及其生境与鸟类及栖息环境；安徽省南部长江中下游矿业区有 3 个，受保护对象是白鱀豚、江豚等珍稀水生生物，白鹳等珍稀鸟类及湿地生态系统和珍稀水禽及其生境；湖北省西南地区宜昌矿业区有 2 个，受保护对象是中华鲟及其生境和珍稀植物及其生境。

表 5-5　长江经济带中下游典型矿产集中区的珍稀动植物

省	市	市、区、县	矿产集中区矿种	受保护对象
安徽省	铜陵市	铜陵市		白鱀豚、江豚等珍稀水生生物
	池州市	东至县	铁、铜等多金属	白鹳等珍稀鸟类及湿地生态系统
	马鞍山市	当涂县		珍稀水禽及其生境
湖南省	郴州市	安仁县		古榕树、白鹭等珍稀动植物
	郴州市	资兴市	铜等多金属有色金属	银杉群落及其生境
	衡阳市	衡南县		鸟类及栖息环境
湖北省	宜昌市	点军区	磷矿	中华鲟及其生境
	宜昌市	长阳土家族自治县		珍稀植物及其生境

　　长江经济带的湿地资源极为丰富，是我国河流、湖泊、沼泽等湿地资源类型集中区，长江经济带湿地面积 1154 万 hm²，占全国湿地总面积的 21.5%，共建有168 处国家级与省级湿地自然保护区，其中 17 块湿地(全国共 82 块)被列入《国

际重要湿地名录》。这些珍贵的湿地资源具有涵养水源、调节气候、航运发电、维持生物多样性等生态功能，是长江经济带社会经济发展的生态基础，是维持长江流域生态安全的保障[139]。

长江经济带典型矿产集中区和重要湿地分布见图 5-5，湿地整体上分布在长江经济带中下游，其中，河流湿地主要分布在上海市、江苏省、浙江省、安徽省、江西省、湖北省、湖南省、重庆市、四川省东部平原区域以及云南省西南部；湖泊湿地主要分布在江苏省、安徽省、江西省、湖北省和云南省，即我国六大淡水湖分布区；水库/池塘湿地主要沿河流和湖泊分布，在长江经济带中下游平原区域分布较集中，密度大，而在西部高原区则分布较分散，密度小；沼泽湿地主要分布在四川省若尔盖高原、鄱阳湖和湖南省洞庭湖周围以及湖北南部汉江与长江交汇处。

图 5-5　长江经济带典型矿产集中区和重要湿地分布

然而，由国家林业局湿地保护管理中心、世界自然基金会(WWF)等共同主办的长江湿地保护网络年会上，与会的湿地保护领域的专家学者表示，长江流域湿地的生态环境令人担忧，长江经济带中游地区 70%的湿地已经消失，在过去的十

多年间，长江流域湿地整体面临着面积较少、生态功能退化、生物多样性减少等
严峻问题，长江流域湿地保护现状不容乐观[140-142]。矿产开采过程中严重破坏
湿地并使其退化成残存斑块[143]。位于长江经济带典型矿产集中区的重要湿地面
积见表 5-6，人工湿地面积共 25.17hm^2 左右，内陆湿地面积共 17.86hm^2 左右，对
湿地进一步细分，其中水库/池塘面积为 13.59hm^2 左右，占长江经济带典型矿产集
中区湿地面积的 31.58%(图 5-6)，其次是湖泊，面积为 13.52hm^2 左右，面积占比
达到 31.41%，此外人工河渠面积达到 11.58hm^2 左右，面积占比 26.92%，侧面反
映了人类活动对长江经济带典型矿产集中区内湿地的影响。长江经济带下游典型
矿产集中区内湿地面积有 23.78hm^2，几乎占据整个长江经济带典型矿产集中区内

表 5-6　位于长江经济带典型矿产集中区的重要湿地面积

湿地主分类	湿地次级分类	类型	次分类面积/hm^2	主分类面积/hm^2
人工湿地	人工河渠	重要湿地	11.5824	25.1692
	水库/池塘		13.5868	
内陆湿地	湖泊	重要湿地	13.5152	17.8576
	洪泛湿地(河漫滩/冲积扇等)		3.0807	
	内陆沼泽		1.2617	

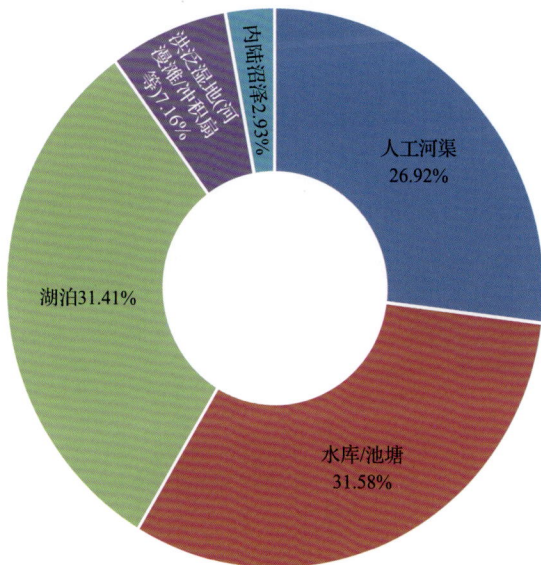

图 5-6　位于长江经济带典型矿产集中区的重要湿地面积百分比

湿地面积的一半以上，进一步用数据证实了湿地整体上分布在长江经济带中下游。

3. 典型矿产集中区与特殊保护区空间分布

自然保护区作为最重要的"绿色生态工程"，对合理利用自然资源、保存自然历史产物、改善人类环境、促进生态文明建设均有重要意义。长江经济带作为我国人口最为集中、经济最为发达的地区之一，密集的人口分布和高强度的开发建设对区域自然保护区的影响越来越大。矿山生态破坏与环境污染被认为是影响区域生态安全的一大诱因。对长江经济带而言，矿产资源开发为部分地区经济社会发展做出了巨大的贡献，但也直接或间接导致了许多生态环境问题，特别是在部分重要的自然保护区仍存在矿山开采活动。故摸清长江经济带和矿产集中区内自然保护区空间分布情况、保护等级、区内重要物种对尽可能减少采矿活动对生态环境的破坏具有重要意义。

长江经济带典型矿产集中区和自然保护区分布如图 5-7 所示，就长江经济带分布的自然保护区而言，各个级别自然保护区数量和面积均按照由下游、中游至上游逐渐增多的趋势。分布在长江经济带典型矿产集中区的自然保护区共 207 个，其中国家级、省级、市县级自然保护区数量分别为 21 个、47 个、139 个。矿产集

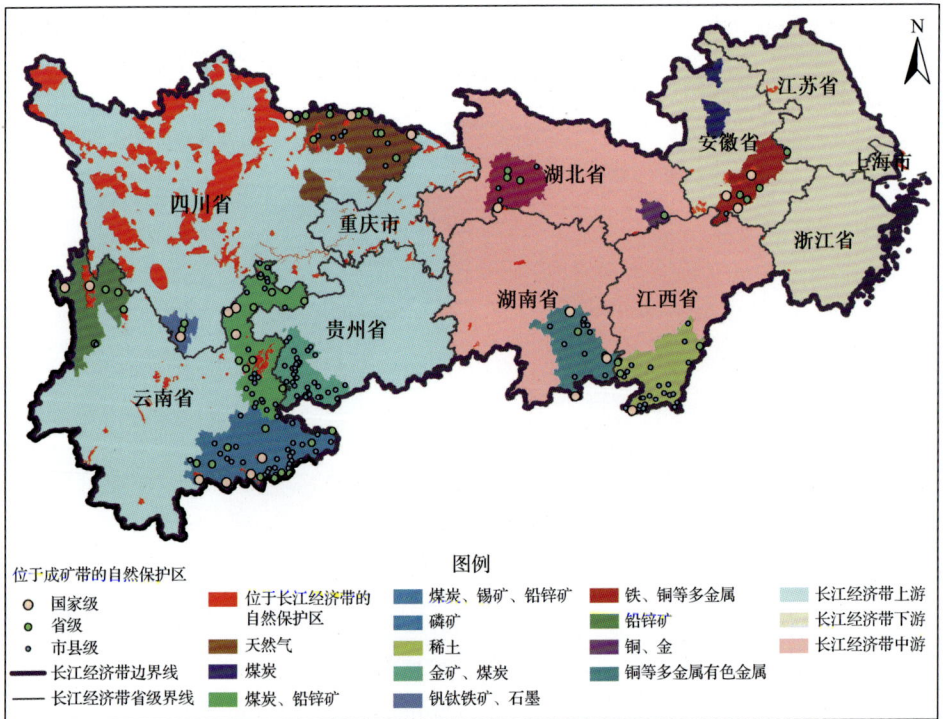

图 5-7　长江经济带典型矿产集中区和自然保护区分布

中区内的国家级自然保护区主要保护对象有大熊猫、白鹳、白鱀豚、江豚、原始阔叶林、南亚热带常绿阔叶林、高山针叶林、滇金丝猴、黑颈鹤、高山水源林、南亚热带山地苔藓常绿阔叶林、华南虎、金钱豹、攀枝花苏铁等；省级自然保护区保护对象有金丝猴、巴山水青冈、自然地质地貌、大鲵、古柏及森林生态系统、水生野生动物、金钱松、云豹、珍稀鸟类、森林植被及岩溶地貌、震旦系地质剖面、中华鲟及其生境等；市县级自然保护区主要保护对象有嘉陵江水源湿地、银杏、水杉、柳杉、白鹭及其生境、董棕林、天然林、黑叶猴及森林生态系统、鹅掌楸及其生境、恒河猴及其生境、喀斯特森林植被、马尾松林生态系统、古榕树等。

5.1.3　长江经济带典型矿业经济区

1. 安徽省淮南煤-煤化工矿业重点发展区域

1）矿产特征

淮南市缘煤而建、因煤而兴，是全国首个投产的亿吨煤基地。长江三角洲地区 25%的煤炭来自淮南市，至 2020 年已建成投产的安全高效矿井 16 对。淮南市真正的煤炭规模开采是在中华人民共和国成立以后，因此，根据 1949～2008 年淮南市原煤产量判断煤炭资源的开发周期，可以看出，淮南市的煤炭开采已经呈现出了两个阶段的基本特征：第一，1949～1958 年为勘探开采期，基本探明了淮南市的煤炭储量，原煤产量在 1000 万 t 以下；第二，1959～2010 年为扩大生产期，原煤产量突破 1000 万 t 大关，且进入 21 世纪以后，随着一些新兴大矿的开采，以及采取规模化生产，生产规模迅速扩大，到 2009 年原煤产量已经发展到了 8000 万 t[144]。

淮南煤田地处华北地台东南一隅，东面为郯庐断裂带，南面与秦岭—大别山构造带相距不远[145]（图 5-8）。该煤田是我国重要的煤炭生产基地，也是华东地区最大的能源供应地。从王竹泉的早期调查开始，淮南煤田现代地质学研究最为重要的进展是在 20 世纪 80 年代中期发现的阜凤推覆构造。这一发现确定了淮南煤田的基本构造样式，并在由早古生代和前寒武纪结晶岩系构成的推覆岩席之下找到了可观的晚古生代煤炭资源，推动了华北地台南部推覆构造研究与推覆体下的找煤工作[146-148]。近年完成的煤田勘探、井巷工程和地球物理勘探成果表明阜凤推覆构造之下存在主要由走向正断层构成的伸展构造[145]。

2）社会经济贡献

淮南煤矿地处华东经济区腹地，煤炭产品市场广阔。华东地区经济发达，对淮南煤的需求量一直很大。加快淮南矿区开发建设，对减轻铁路运输压力、支持华东经济发展具有重要意义。

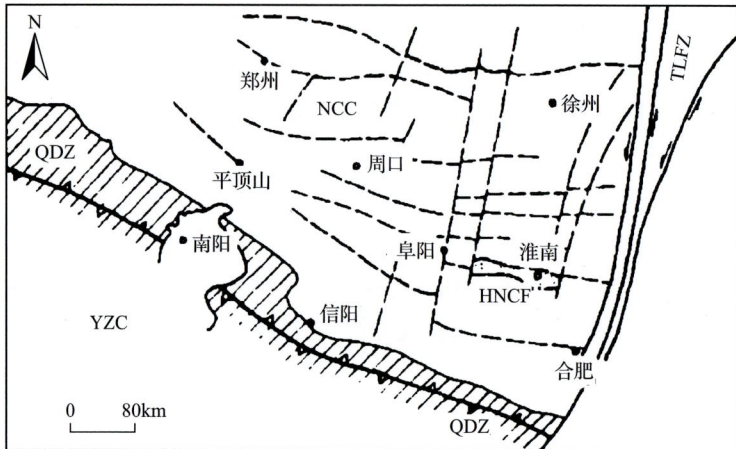

图 5-8　华北地台东南部构造简图与淮南煤田的位置

QDZ-秦岭—大别山造山带；TLFZ-郯庐断裂带；NCC-华北克拉通；YZC-扬子克拉通；HNCF-淮南煤田

从中华人民共和国成立到 2010 年，淮南矿业(集团)有限责任公司已累计生产原煤 6 亿多 t，上缴利税 50 多亿元，为我国国民经济发展做出了重大贡献。淮南矿业集团有限责任公司 2010 年有 13 对生产矿井，煤矸石综合利用电厂 2 座。2008 年原煤产量 6043 万 t，在岗职工 7 万多人[149,150]。

铁路有水张线、合阜线贯穿矿区并与淮南线、京沪线相接，水路可由裕溪口进入长江，也可沿淮河向下经洪泽湖进入长江，公路四通八达，外运十分方便。随着产品的调整，淮南煤向以上海为中心的华东经济发达地区拓展市场，国家在宏观上不增加运力，能够较好地实现合理配置资源。淮南矿区具备建设现代化特大型煤炭生产基地的优势和条件，具有很大的发展后劲和广阔的发展前景。老区调整布局和新区建设煤炭产量逐年上升，投资效益越来越好，今后将成为全局生产持续发展的主战场。

3) 主要环境问题

A. "陷落柱"问题

淮南煤矿位于华北煤田南缘，近 10 多年来矿山探测开采揭露发现 "陷落柱"较为发育，其中隐伏于煤层底板下部的岩溶陷落柱，对深部煤炭资源的安全开采构成重大威胁。

依淮南煤矿水文地质单元划分[151]，以阜凤逆断层为界，分为南部水文地质单元和中部水文地质单元。其中，南部水文地质单元浅部以岩溶塌陷为主，分布在九龙岗—大通、李郢孜、谢家集、新庄孜以及孔集与新集三矿一带，还有凤台县大山。自 20 世纪 60 年代以来，因煤矿开采，该地区浅部灰岩地下水位下降，诱发李郢孜至孔集山前岩溶覆盖区塌陷，岩溶分布与构造有着密切的关系[152]。凤台县新城区荷载增加诱发寒武系灰岩含水层中岩溶塌陷，从而波及地表松散层。

由于浅部灰岩裂隙与溶洞发育，长期接受露头区大气降水入渗补给，同时也受到浅部地表水与地下径流作用，其径流量随着深度增加、裂隙发育程度减弱而出现减弱趋势。多年来对南部及中部水文地质的补充勘探及井下揭露，相继发现了大小不一的陷落柱。截至 2015 年，共发现 13 个(含疑似 4 个)陷落柱，其分布见表 5-7 与图 5-9[153]。

表 5-7　淮南煤田陷落柱分布

水文地质单元分区	煤矿名称	分布情况	出水情况
中部	潘三矿	实见 1 个，疑似 3 个	12318 工作面实际揭露，未出水
	谢桥矿	实见 2 个	实际揭露一个，未出水
	张集矿	探测 1 个	尚未揭露
	朱集矿	疑似 1 个	尚未揭露
	顾桥矿	实见 2 个，带状构造体异常	揭露，未出水
	刘庄矿	实见 1 个	井下揭露
南部	新集三矿	1 个	钻孔揭露
	孔集矿	1 个	实际揭露
	从李郢孜至孔集	岩溶塌陷若干	地表揭露

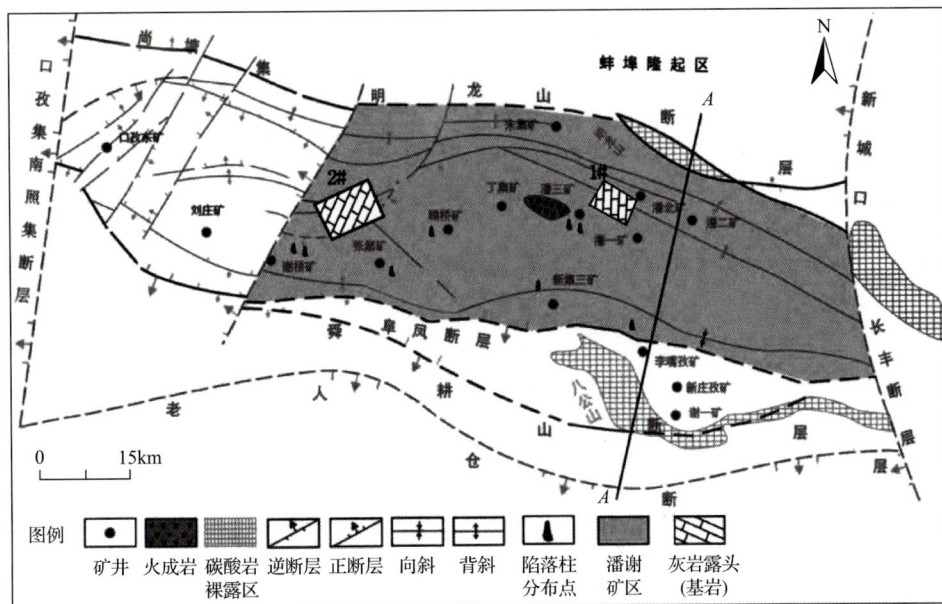

图 5-9　淮南煤田陷落柱分布示意图

B. 固体废物问题

在煤炭的开采和消耗过程中，产生的固体废物主要是煤矿开采和选洗的煤矸石，过去老区由于煤矸石量大，利用率低，加之没有合理选择存放场地一般就近露天堆放，从而产生了较大的环境效应：①占有了大量土地。据统计，老区煤矸石堆放占用地近 4000 亩①，其中占用农田 1000 亩左右。②污染土壤和地下水。煤矸石露天堆放，经日晒、雨淋，有毒有害成分不断向地下渗透，既破坏了土壤环境，也污染了附近的地表、地下水源。1991 年对淮南市浅地下水水质的评价结果显示，矸石山附近的地下水水质明显下降，矿化度、硬度增高，且检验出一些有害离子。③有碍城市风光和规划建设。目前，老区矸石山有 10 多座，"光秃"耸立地面，有煞城市风景[154]。

C. 水环境问题

区内水资源较为丰富，特别是地下水。但是水环境演变经历告诉我们如不对水环境问题给予足够的重视，潜在的水源危机将为时不远。地下水污染机制研究表明，矿井水的大量排放入渗、煤矸石的淋滤浸渗是一个重要原因，而地面塌陷导致地下水动力条件变化加速了污染的形成和扩散。地表水与地下水是一个有机整体。地表水污染，地下水水质必然下降，而水质恶化就意味着可用水资源量的减少。

以新区潘一矿为例，该矿自 1983 年投产以来，矿井水排放量逐年增加。1991 年总量已达 234.2 万 m^3。建立污水处理站(1989 年)以前，矿井水大部分由副井排出进入泥河(部分用于洗煤)，不仅污染了泥河水质，也使淮河的纳污量大增，附近浅层地下水水质因此也受到牵连。自 1990 年该矿污水处理站建成投入使用后，矿井水利用率提高到 90%，处理后的矿井水可用于工业、农业及矿区生活用水。这不仅缓和了矿区供水的紧张状况，而且泥河的水质也逐年得到改善[154]。

2. 江西省赣南有色金属矿业重点发展区域

1)矿产特征

赣州市主要矿山与企业分布如图 5-10 所示，其中，稀土主要分布在赣州市南部，稀有金属在赣州市北部和南部都有分布，新能源矿产在赣州市南部和西部均有大量分布，有色金属主要分布在赣州市西部和中部，贵金属零散分布在赣州市，黑金属沿赣州市南部边界分布。

2010 年，根据美国能源政策分析家马克·亨弗里斯向国会提交的"稀土元素：全球供应链"报告，中国、美国、俄罗斯、澳大利亚的稀土储量分别占世界稀土总储量的 36%、13%、19%、5.5%。而中国江西省赣南地区被誉为"稀土王国"，因为当地红土壤中富含离子型重稀土元素，这些元素是最稀缺的，价值也最高。被誉为"工业味精"的重稀土，几乎全部分布在中国南方的江西省、广东省、

———————
① 1 亩≈666.7m²。

广西壮族自治区、福建省等地区。赣南市 2017 年已探明的重稀土储量约 47 万 t，约占全国重稀土储量的三分之一。相关部门调查预测，赣南地区潜在重稀土储量约 213 万 t。至 2017 年，赣南市稀土矿区规划面积约 2434km²，其集中分布在定南县、龙南市、信丰县、寻乌县、全南县、安远县、宁都县和赣县区等地区[155]（表 5-8）。其中，寻乌县以低钇轻稀土为主，龙南市以高钇重稀土为主，其余六县（区）则以中钇富铕型稀土为主。

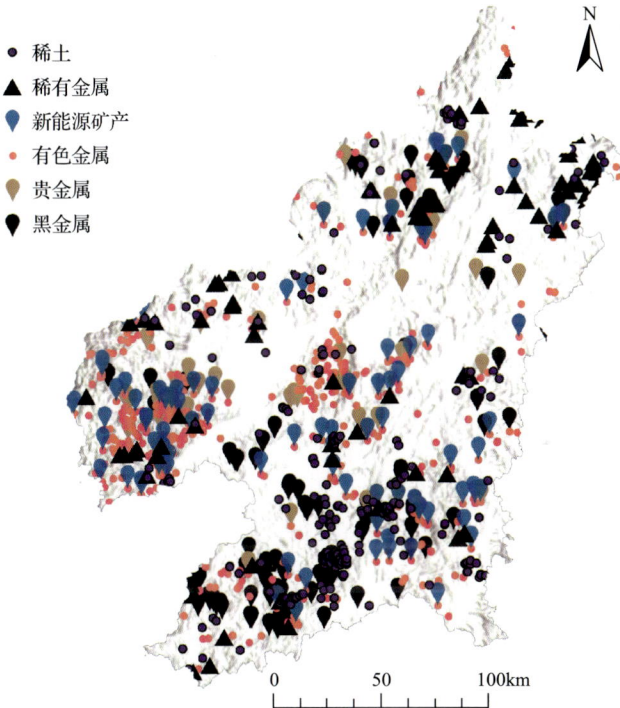

图 5-10　赣州市主要矿山与企业分布

表 5-8　赣南市典型稀土矿区分布

稀土矿区	矿区 REO 储量/万 t	矿区面积/km²
龙南市	10	34.7
寻乌县河岭	50	66.75
安远县涂屋	5~8	30.69
信丰县	36	34.28
定南县岭北	7.88	49.683
兴国县	2.18	12.38

注：REO 表示稀土元素氧化物。

据相关资料统计，至 2017 年，赣南地区离子吸附型稀土矿床总共大约有 184 处，其中产在燕山期岩体内的就有约 139 处，占到本地区矿床总数的四分之三左右；然而产于加里东期岩体内的只有 30 处，约占该区矿床总数的 16.3%；而产于印支期、海西期岩体的矿床数量都非常少，所占有的比例更是很小。在岩浆岩演化过程中，燕山早期或燕山中期稀土元素得到了最大程度的富集，形成的稀土矿床规模巨大，如大田稀土矿、赣县区下汶滩稀土矿。一般情况下，离子相稀土的富集在风化壳垂直方向上具有明显的分层结构，其在残坡积层中品位低，全风化层中品位高，然而进入半风化层后品位就显著降低，基岩中品位为 0。残坡积层中，由于有植物残骸产生的酸性物质，随着雨水向下渗透，部分稀土离子被解吸并随之往深部渗移，或者随地表径流而转移分散，从而使残坡积层中稀土急剧贫化。江西省赣南地区的离子吸附型稀土矿在形成过程中，经历了内生成矿作用和外生成矿作用两个阶段。在内生成矿作用阶段，涉及多种成矿作用方式，其中包括结晶作用和交代作用。在外生成矿作用阶段，主要涉及的成矿作用方式为吸附作用。

2) 社会经济贡献

赣南地区拥有江西省乃至全国十分重要的特有离子吸附型重稀土资源，是国家重要的重稀土生产、分离和冶炼基地。据 2016 年中国稀土行业调查报告相关数据统计，截至 2015 年底，赣南市稀土产业主营业务收入约 500 亿元，占全国同行业约 35%。稀土矿山生产能力约占全国同类矿山的 80%。稀土分离规模达 4.16 万 t/a，金属生产能力达 2.4 万 t/a，约占全国 60%。稀土产销量均占全国同类矿产品的 70% 以上。赣南市是我国重要的稀土产业聚集地，其陶瓷材料、钕铁硼磁材料、发光等稀土产品的生产能力分别约占全国的 50%、40%、20%；稀土废料处理能力约占全国 70%。赣州稀土矿业有限公司作为赣南市稀土矿山唯一的采矿权人，年产能达 1.6 万 t 左右。赣南市稀土分离企业有 17 家，分离能力约 4 万 t/a；稀土金属冶炼企业 9 家，金属生产能力 2 万 t/a。近年来，赣南市已成为我国最大的稀土氧化物、稀土金属生产和资源综合利用基地，初步形成了上下游配套的产业链，在全国乃至世界都有举足轻重的地位，不仅满足了国内经济社会发展的需要，而且为全球稀土供应做出了重要贡献。

3) 主要环境问题

赣南稀土在历经 40 多年的开发利用过程中，由于科技水平和管理水平有限等，存在资源消耗过大、私采滥挖、利用率低、浪费破坏严重以及产业结构重叠等方面的问题。赣南市稀土产品大多停留在产业链前端的初级加工阶段(采选—分离—冶炼)，产业链后端阶段(深加工—新材料—应用)较为滞后。稀土产量大，却不具有定价权，资源优势尚未转化为经济优势。不仅影响了经济发展的速度和质量，同时也制约了经济发展方式的转变，严重制约了赣南市稀土产业的可持续发展[156]。

A. 地质灾害

赣南稀土矿山历经 40 多年的开采,特别是早期大规模采用池浸和堆浸等传统生产工艺,对矿山生态环境造成了严重破坏,矿区内水土大面积流失、所涉山地和土壤严重酸化与沙化、矿区水质恶化,严重威胁矿区及流域水源安全,矿地矛盾突出

B. 水环境污染

赣南地区集中了大量的稀土相关工业企业,且大部分处于稀土产业链的中低端,其生产的特点是高耗能、高污染。有关机构统计,以现有稀土开采技术,赣南市矿产企业每开采 1t 稀土精矿产生废水 350m³。近年来,赣南市稀土相关工业废水排放量持续增长、居高不下[155](图 5-11),给当地水环境造成了严重影响。

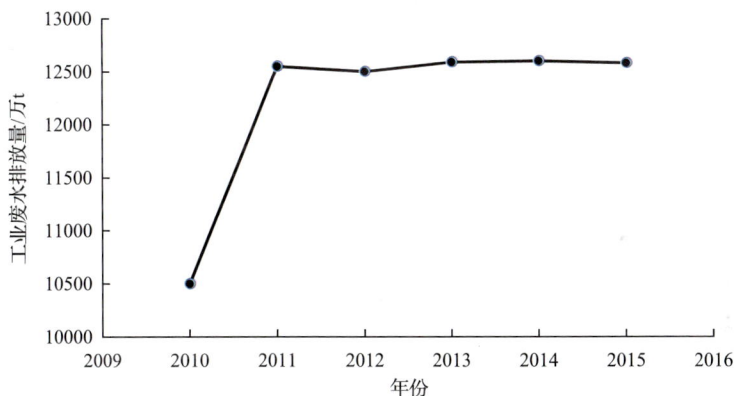

图 5-11　赣南地区稀土相关工业废水排放量情况

赣南稀土资源开发不仅造成地表及地下水系的破坏,而且在稀土开采过程中加入一些药剂而导致大量有害废污水排放。在冶炼过程中,稀土矿石需经过浸出、沉淀、溶解和分离等程序提取稀土氧化物,该过程需用到大量的碳铵、草酸、皂化 P507、环烷酸、氨水、氨氮等化学药剂,产生大量的废污水,其中很大一部分废污水未经处理就对外直接排放,从而对矿区地表水及地下水造成严重污染。此外,稀土开采过程中丢弃的尾砂中含有一些重金属有害物等,在雨水淋滤及冲刷作用下,也会造成地下水污染。这些废污水不仅影响矿区居民的饮水安全和植物的正常生长等,而且通过地表水系或地下水层的迁移作用造成的水污染会进一步扩大到周边地区。

C. 大气环境污染

稀土开采过程中会产生大量的有害气体、废气和飘尘等大气污染物。在一定条件下,这些大气污染物会形成酸雨,从而影响生物的生存环境。近年来,赣南市稀土相关工业废气排放量快速增长(图 5-12),对当地造成了严重的大气污染。

稀土生产过程中产生的大气污染物主要包括飘尘、烟尘、二氧化硫和废气等。此外，离子吸附型重稀土矿经化学试剂浓盐酸分解时，会排出大量超标的 HCl 废气。这些大气污染物严重影响到当地居民的身体健康以及生活环境。

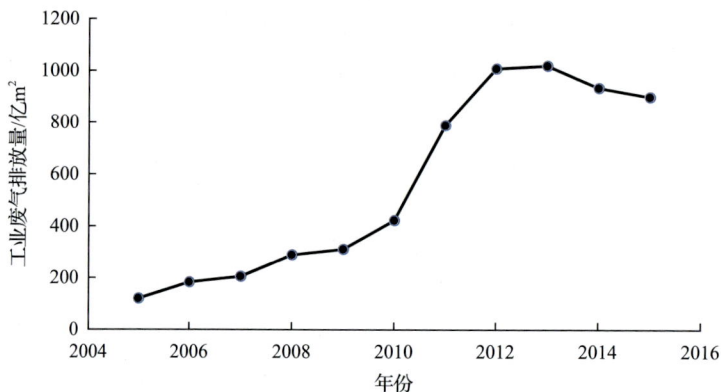

图 5-12　赣南地区稀土相关工业废气排放量

D. 生物圈破坏

稀土资源开采极易造成植被和土地资源的破坏并诱发地质灾害，由此造成对生物圈的破坏。一直以来，赣南市很大一部分矿山采用池浸或堆浸工艺开采稀土，这两种稀土开采工艺需对矿区地表土壤开挖 10m 以上，植被和土层遭到严重破坏。生态环境部卫星环境应用中心遥感调查结果显示，10 余年来，龙南市、定南县、寻乌县、信丰县、安远县、赣县区、全南县、宁都县 8 个县、市的生态功能区域因稀土开采造成植被破坏的总面积约 1500 万亩，每年植被破坏的面积以约 95km 的速度递增 (图 5-13)[155]。大量植被的破坏使植物生长条件严重恶化，许多植物种类正遭受灭绝的危险，造成了当地局部土地沙漠化与严重的水土流失，从而对当地生物圈环境造成了严重破坏。

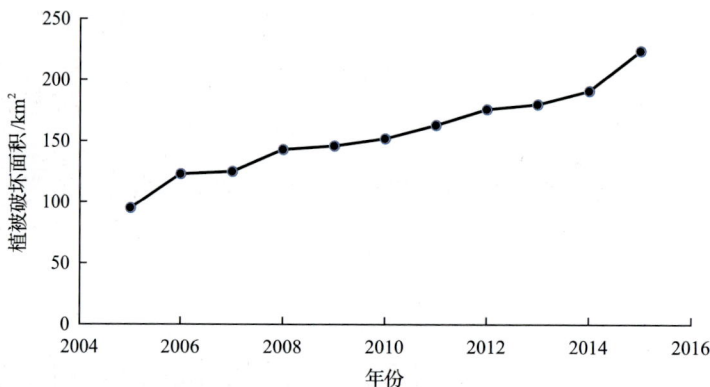

图 5-13　赣南国家级稀土规划区每年植被破坏面积

5.1.4　成矿带尺度矿产可持续发展面临的问题

1. 成矿带尺度特点

成矿带往往发育多样的矿床类型和相应的优势矿种，其资源储量也十分集中，是良好的矿产资源基地。成矿带尺度具体可以地级市尺度来衡量，典型矿区的所属地区一般拥有较多的矿业企业，该地区也更加依赖矿业的产出。同时，成矿带开采也伴随着水土严重流失、地质灾害频发、自然环境被破坏、"三废"污染等问题更加集中地发生。

成矿带是矿产形成的自然体系和边界，与人为划分的省级行政尺度(边界)难以完全重合。且不同的成矿带，成矿条件、地区政策、管理方针均不同，每个成矿带都拥有其独特的发展模式。省级尺度上所采用的统一、固定、全面的评价指标体系，难以完全反映成矿带尺度上矿产资源赋存和开发所面临的具体化问题，因此，选择典型矿业集中区，针对成矿带尺度矿产资源的特征建立相应的指标体系开展创新评估探索十分必要。

2. 成矿带尺度评价的必要性

成矿带拥有丰富的自然资源，是国家重要的战略资源。在成矿带地区，矿产资源密度大，矿业行业发展状况复杂、建设时间长、经济贡献大，但大多数地区存在资源利用率低、发展缓慢、矿山规模小而分散、管理混乱、技术装备落后、当地生态环境破坏严重等问题。大多数学者对成矿带的尺度研究在于成矿特征、找矿、勘探或者整体上的矿山发展政策规划，至今仍未建立成矿带尺度上的评价指标体系，很少涉及成矿带的具体评估与社会经济、生态环境之间的定量分析，导致无法厘清矿区绿色协调发展的规律。

因此，在该尺度上建设矿产资源大数据，建立矿产资源-社会经济-生态环境协调绿色发展评价体系，提出矿产资源绿色发展监测体系与预警机制、发展规划与优化建议，对于系统认知矿产资源开发过程及关键问题、成矿带地区的区域发展规划、统筹布局十分有必要。

5.2　主要矿产资源集中区矿产资源-社会经济-生态环境协调绿色发展评价方法

5.2.1　主要方法类型

目前的评价方法众多，主要分为两类：一类采用主观方法确定指标权重，如德尔菲法、主观评分法、综合指数法等，该类方法简便好用，但主观性较强，差异较大；另一类依靠指标的变异程度确定权重，客观性较强，也比较容易操作，有主成分分析法、因子分析法、熵值法等方法[157]。在信息论中，熵是对不确定性的一种度量。信息量越大，不确定性就越小，熵也就越小。根据熵的特性，我们可以通过计算熵值来判断一个事件的随机性及无序程度，也可以用熵值来判断某个指标的离散程度，指标的离散程度越大，该指标对综合评价的影响越大[158]。因此，可根据各项指标的变异程度，利用信息熵这个工具，计算出各个指标的权重，为多指标综合评价提供依据。由此可见，熵值法作为一种较为客观的评价方法，对收集到的数据进行分析计算，根据异变程度来确定权数，不会因为人为因素而给最后的结果带来不可控性。本节采用熵值法对长江经济带典型矿业经济区的矿产资源-社会经济-生态环境协调绿色发展指标进行权重确定，具体操作步骤如下。

计算第 i 年（地区）第 j 项指标值的比例：

$$y_{ij} = \frac{x_{ij}}{\sum\limits_{i=1}^{m} x_{ij}} \quad j = 1, 2, \cdots, n \tag{5-1}$$

式中，x_{ij} 为第 i 年（地区）第 j 项指标的原始数据；y_{ij} 为第 i 年（地区）第 j 项指标值的比例。

计算指标信息熵：

$$e_j = -k \sum\limits_{i=1}^{m} y_{ij} \ln y_{ij} \tag{5-2}$$

式中，$k = 1/\ln m > 0$，且 $0 \leq e_j \leq 1$，规定当 $y_{ij} = 0$ 时，$y_{ij} \ln y = 0$。

计算信息熵冗余度，即差异系数：

$$d_j = 1 - e_j \quad j = 1, 2, \cdots, n \tag{5-3}$$

式中，e_j 为 j 项指标的信息熵；d_j 为 j 项指标的信息熵冗余度。

计算指标权重：

$$w_j = \frac{d_j}{\sum\limits_{j=1}^{n} d_j} \quad j = 1, 2, \cdots, n \tag{5-4}$$

1. 耦合度

耦合度是刻画子系统之间相互作用影响程度强弱的度量。若耦合度越大，则表明子系统间协调程度高；反之，则表明子系统间协调程度低[159]。耦合度计算过程如下。

将原始数据采用极差法进行同趋化处理，求得规范矩阵：

$$z_{ij} = \frac{y_{ij}}{\sqrt{\sum_{i=1}^{n} y_{ij}^2}} \tag{5-5}$$

再与权重 w_i 结合构成加权规范矩阵：

$$\boldsymbol{x}_{ij} = w_i \cdot \boldsymbol{z}_{ij} \tag{5-6}$$

确定理想解的距离与负理想解的距离：

$$x_j^* = \max\left(x_1, x_2, \cdots, x_j\right), x_j^0 = \min\left(x_1, x_2, \cdots, x_j\right) \quad j = 1, 2, \cdots, n \tag{5-7}$$

计算各方案到理想解的距离：

$$d_j^* = \sqrt{\sum_{j=1}^{n}\left(x_{ij} - x_j^*\right)^2}, d_i^0 = \sqrt{\sum_{j=1}^{n}\left(x_{ij} - x_j^0\right)^2} \tag{5-8}$$

计算各方案与理想解距离的接近程度：

$$c_i^* = \frac{d_i^0}{d_i^0 + d_j^*} \tag{5-9}$$

再借鉴杨梅[160]的模型计算耦合度，其表达式如下：

$$B_i = \left\{ \frac{M_i \times S_i \times E_i}{\left[\left(M_i + S_i + E_i\right)/m\right]^m} \right\}^{1/m} \tag{5-10}$$

式中，B_i 为耦合度；E_i、S_i、M_i 分别为熵值法得出的矿产资源、社会经济、生态环境的评价值；m 为耦合的系统数量。

2. 耦合协调度模型

耦合度与耦合协调度是两个不一样的概念，耦合被解释为多个系统之间相互作用彼此影响的现象，仅计算耦合度不能确定系统间的影响是良性的还是恶性的耦合程度，耦合协调度是在耦合度的基础上演变而来，主要衡量系统间良性协调发展的程度[161]。耦合协调度越大，系统间协同性越高，发展步调相近，这意味着当耦合协调度越高时，系统内配合得当、相互和谐统一程度越强[162,163]。即耦合度只是反映了社会经济、生态环境、矿产资源之间的作用强度，并不能反映系统之间的协调程度。为了反映社会经济、生态环境、矿产资源的协调绿色发展水平，引入耦合协调度模型，其表达式如式(5-11)所示：

$$D_i = \sqrt{B_i \times T_i}, T_i = \alpha E_i^* + \beta H_i^* + \gamma M_i^* \tag{5-11}$$

式中，E_i^*、H_i^*、M_i^*分别为优劣解距离法得出的社会经济、生态环境、矿产资源评价值；D_i为耦合协调度；T_i为综合评价值；α、β、γ为待定系数，表示三系统的重要程度，可以体现战略或政策的偏向程度。

不难理解，对式(5-11)进行适当变化便可计算矿产资源-社会经济以及矿产资源-生态环境两个耦合系统的耦合协调度。式中，耦合协调度等级具体分类详见表 5-9。

表 5-9　耦合协调度的等级划分

耦合协调度 D_i	耦合协调度等级
0~0.19	极不协调
0.20~0.39	不协调
0.40~0.59	勉强协调
0.60~0.79	协调
0.80~1.00	极其协调

α、β、γ系数的确定需要考虑长江经济带"共抓大保护、不搞大开发"战略。党的十八大以来，习近平总书记高度重视生态环境保护，2022 年 10 月总书记在党的二十大报告中提出尊重自然、顺应自然、保护自然，是全面建设社会主义现代化国家的内在要求。必须牢固树立和践行绿水青山就是金山银山的理念，站在人与自然和谐共生的高度谋划发展。这对生态环境保护提出了新的更高要求，因此在矿产资源集中区矿产资源-社会经济-生态环境协调绿色发展评价时间区间认为平均而言生态环境比社会经济、矿产资源更为重要。参考 Shen 和 Huang[164]、Cui 和 Chen[165]的研究，待定系数反映系统之间的性能差距，系统的作用程度越高其待定系数相应也应采用更高的值，所有系统的待定系数之和为 1。但存在多个系统时，单一系统的待定系数最高取值 0.5，因为在实际系统耦合中，不能过于忽略其他系统的贡献程度。因此，为突出"共抓大保护、不搞大开发"情景的贡献程度，耦合协调度待定系数通过专家评分法，并参考长江经济带上、中、下游的

矿产资源水平、社会经济水平、生态环境水平的差异性以及方传棣[83]的研究选取，在"共抓大保护、不搞大开发"情景下 α、β、γ 设定为：下游地区为 0.2、0.3、0.5；中游地区为 0.25、0.25、0.5；上游地区为 0.3、0.2、0.5。

5.2.2　评价指标选取

1. 评价体系

为构建长江经济带典型矿业区矿产资源-社会经济-生态环境协调绿色发展评价指标体系，需遵循以下原则。

1) 可操作性原则

在指标收集的过程中要保证指标来源的可靠性，数据应该是从统计年鉴、国民经济、社会发展统计公报，官方发布的统计资料和实地考察等官方可靠的渠道获取，切忌对数据进行编造，这样的指标数据得出来的结果才更具有说服力。在数据来源可靠的基础之上，选用能够量化的客观指标，指标的数量尽量小而精简，切忌无关或关联较小指标大量堆积，避免在后期的数据处理过程中产生麻烦。

2) 代表性原则

对于矿产资源持续度、社会经济贡献度和生态环境友好度三个系统指标的选取应体现矿产资源集中区持续发展的真实内涵，立足于三系统发展现状，选取最能代表各子系统发展特点的指标。

3) 综合性原则

三系统协调绿色发展是个庞大且复杂的评价对象，是众多因素相互影响、相互作用的过程。因此，构建矿业区矿产资源-社会经济-生态环境协调绿色发展评价指标体系时需要从多个角度考虑、全方位分析，在避免使用过于复杂指标体系的同时注意关键信息不被遗漏，以保证选取指标的全面性和综合性。

4) 可获取原则

在选取指标的过程中应遵循指标选取的可获取原则，尽量避免选用较难收集到的数据，对于较难收集到的指标采取舍弃的原则，可以选取其他相近易获取的指标进行替代。

5) 动态性原则

研究的三大系统是处于动态变化中的，会随着其他因素的变动而发生改变，指标体系应能够体现三大系统的动态发展趋势。

根据研究内容，探索矿产资源集中区尺度矿产资源-社会经济-生态环境协调绿色发展水平即为目标层，系统层包括矿产资源持续度、社会经济贡献度和生态环境友好度，指标层共 18 个指标，具体指标体系见表 5-10。考虑到不同矿产资源集中区具有不同特征(地理位置、所处环境、矿种、储量、开发程度等)，以及数据的可获取性不同，在实际构建具体矿产资源集中区的矿产资源-社会经济-生态环境协调绿色发展水平时可以适当调整指标，建议：①矿产资源集中区选取，有所为有所不为，选择典型案例开展评估，不求全，也无法全；②评价视角，不看矿产的"绝对量"，而是看"速度""效益"等体现矿产资源的经济贡献度、资源(自身)开发的可持续性和对生态环境的友好性；③指标数量，指标尽量精简，不同矿产资源也可以横向比较；④指标种类，每个矿产资源集中区的指标可以不相同，根据各地自身的情况适当调整指标。

表 5-10　长江经济带典型矿业区矿产资源-社会经济-生态环境协调绿色发展评价指标体系

目标层	系统层	指标层	单位	指标性质(正负效应)
矿产资源-社会经济-生态环境协调绿色发展综合评价体系	矿产资源持续度	可开发年限	年	+
		已开发比例	%	−
		选矿回收率	%	+
		单位资源开采成本	元/t	−
		矿产品质(富矿率)	%	+
		清洁能源占总能源的比例	%	+
	社会经济贡献度	矿产产值占地区 GDP 比例	%	+
		矿业从业人员占二产业从业人员比例	%	+
		单位 GDP 矿产开采量	t/万元	−
		矿业加工产值	万元	+
		人均矿业产值	万元/人	+
		利润总额	万元	+
	生态环境友好度	突发环境事件次数	次	+
		废水、废气、固体废物处理达标率	%	+
		单位 GDP 水耗、电耗、综合能耗	kW/万元	−
		废弃矿山/井综合利用率	%	+
		科技创新投入占矿山建设总投资比例	%	+
		绿色矿山比例	%	+

2. 矿产资源持续度、社会经济贡献度、生态环境友好度含义及关系

矿产资源作为采后不可再生的一次性自然资源，伴随着成矿带矿产资源的大规模开发，无论成矿带规模大小最终都会不同程度地出现资源耗竭，因此，需要关注提高成矿带矿产资源的可持续发展能力；矿产资源作为不可再生的自然资源，是可供国民经济利用的地球矿物资源，历来是国民经济与社会发展的重要物质基础；中国是一个矿业大国，在近一个世纪的大规模采矿活动中，不仅消耗了大量矿石资源，而且造成了严重的大气、水系、土壤污染，引发了长期性、大范围的生态破坏，因此要高度重视矿区生态环境保护，建立绿色矿山。

成矿带矿产资源的过度开发、不合理开发会造成生态环境恶化，环境的破坏引发地质灾害，必然造成人员伤亡和财产损失，又有生态系统、自然资源制约经济社会发展，所以矿山不科学的开采一方面会阻碍经济发展、造成经济损坏，另一方面会破坏矿产资源的持续发展，因此矿产开发过程中要节约矿产资源、保护生态环境、维持矿区可持续发展。重视矿区生态环境的保护能促进矿区经济效益、环境效益、社会效益和谐统一。绿色矿山力求做到矿山尾矿、废石、废液与废气的"资源化"和对周围环境影响的"无害化"，实现矿山闭矿后，矿山环境整治、复垦工作制度化，只有这样才能达到全面提高矿产资源效益、经济效益、社会效益和环境效益的最佳目标。

1) 矿产资源持续度

可持续发展是我国经济、社会发展的基本战略。实施可持续发展，从长远和本质上说是矿产等自然资源的可持续利用问题。保证矿产资源的有效供给，提高矿产资源的供给能力是我国经济和社会可持续发展的重要内容[83]。基于此，矿产资源持续度评价指标有：①可开发年限，反映矿产未来可持续发展的潜力；②已开发比例，反映矿产未来可持续发展的客观阻力；③选矿回收率，反映矿业开采的能力；④单位资源开采成本，反映矿产开采所消耗的成本；⑤富矿率，反映矿产的品质；⑥清洁能源占总能源的比例，反映矿产未来可持续发展的潜力。

2) 社会经济贡献度

就经济系统而言，它涉及人类生产、消费活动中的多方面内容，不同生产部门、生产单位等共同构成经济系统。考虑到研究内容和矿产资源集中区尺度评价的特殊性，本节社会经济贡献度指标的选取着重考虑由于矿区开发带来的经济变化，具体包括：①矿产产值占地区 GDP 比例，反映矿业在区域经济发展中的地位；②矿业从业人员占二产业从业人员比例，反映矿区对社会就业的贡献；③单位 GDP 矿产开采量，反映区域矿产资源的开发效率；④矿业加工产值，反映区域将矿产资源优势转为经济优势的能力；⑤人均矿业产值，反映区域矿业发展水平；⑥利润总额，反映区域矿业活力程度。

3) 生态环境友好度

现阶段，我国对矿产资源需求量日益增大，采取何种方式更好地开展矿山开采行动,有效减少对生态环境的破坏,已经成为亟待解决的重要问题[166]。近年来,矿山变绿成为我国矿山发展的主旋律。守护矿山"绿"底色,补益生态金银山,只有适应生态文明建设要求,建设绿色矿山,才能有效推动矿产资源开发利用与生态环境保护协调发展[167,168]。在绿色矿山建设开展工作期间,需要对生态环境加以关注,明确开采过程会对生态环境造成何种影响,基于此,选取生态环境友好度指标如下:①突发环境事件次数,反映由环境破坏导致的重大社会影响;②废水、废气、固体废物处理达标率,反映治污系统综合治理、回收利用三废、保护生态的能力;③单位 GDP 水耗、电耗、综合能耗,反映能源消费水平和节能降耗状况;④废弃矿山/井综合利用率,反映直接关闭导致的资源浪费和后续安全、环境和社会问题;⑤科技创新投入占矿山建设总投资比例,反映智慧矿山建设程度;⑥绿色矿山比例,反映采矿活动对矿区及周边生态环境扰动的控制程度。

5.2.3 数据来源及预处理

1. 指标数据来源

在互联网进步带来的数据科学飞速发展的今天,搜索引擎成为我们获取知识的重要渠道,来自不同地域、区域的不同机构、部门和业务系统的数据铺天盖地,为高效汇聚足够多的、高质量的数据和实现真正的智慧社会提供了基础。其中中国家统计局数据库内储存 25000 个指标,约 50 万笔数据,涵盖了中国年鉴、各省(直辖市)年鉴、统计公报等,而且每年还将有 6 万~8 万笔数据进入数据库[169],具有强大的查询功能,具体来说:首先是使用方便,所有过程都有菜单引导,用户无须学习便可操作;其次是快捷,特别是在查询大批数据时这一特点尤为显著;最后是多样,即具备多种查询方式可满足用户随机查询[169,170]。环境专业知识服务系统是由中国环境科学研究院承建的中国工程科技知识中心环境领域专业分平台,紧密围绕中国工程科技知识中心建设需求,广泛汇聚环境工程科技领域科学数据、期刊文献、领域专家、环保机构、标准规范、科技成果、前沿资讯等各类资源,构建空气质量、水质监测、生态评估、污染治理、学科前沿、地理信息系统(GIS)制图等特色专题服务。依托大数据、互联网+、知识组织体系等技术,构建集知识采集、加工、挖掘和综合应用于一体的知识服务体系,提供环保领域行业发展趋势、环境质量分析、环境管理等前沿报告,提供大气环境、水环境、生态学、清洁生产、环境监测技术、环境工程等研究方向国际前沿期刊的最新文献、资讯等全文服务,服务于中国工程院重大战略咨询课题,建成环境领域具有广泛影响力的数据挖掘和知识服务中心,面向环境工程科技领域战略咨询、管理决策、科技创新以及社会公众提供资源共享和应用支撑服务。此外,搜集数据的途径还有中国社会经济大数据研究平台、专业开发者社区(CSDN)、个人博客等。另外,还能通过到矿区实地调研考察访谈获得互联网未有的数据。评价系统各指标数据来源见表 5-11。

表 5-11　指标数据来源

指标	单位	来源
可开发年限	年	中国矿业年鉴-分矿种开发利用情况一览(煤炭、地下热水)
已开发比例	%	中国矿业年鉴-分矿种开发利用情况一览(铁、铬、锰)
选矿回收率	%	中国矿业年鉴-分矿种开发利用情况一览(铜、铅、锌、铝、镁、钨、钼、锗、锂、镧、铀)
单位资源开采成本	元/t	中国矿业年鉴-非油气矿产资源-工业总产值
矿产品质(富矿率)	%	中国矿业年鉴、中国统计年鉴-GDP
清洁能源占总能源的比例	%	中国矿业年鉴-非油气矿产资源-利润总额
矿产产值占地区 GDP 比例	%	中国矿业年鉴-非油气矿产资源-矿山企业个数
矿业从业人员占二产业从业人员比例	%	中国矿业年鉴-非油气矿产资源-从业人数
单位 GDP 矿产开采量	t/万元	各省份统计年鉴、中国矿业年鉴
矿业加工产值	万元	各省份统计年鉴、中国矿业年鉴
人均矿业产值	万元/人	各省份统计年鉴、中国矿业年鉴
利润总额	万元	各省份统计年鉴、中国矿业年鉴
突发环境事件次数	次	各省份统计年鉴、中国矿业年鉴
废水、废气、固体废物处理达标率	%	GDP 与全社会从业人数来源于各省份统计年鉴(与前瞻数据库相互补充)，后计算得到
单位 GDP 水耗、电耗、综合能耗	kW/万元	各省份统计年鉴与各省份国民经济和社会发展统计公报相互补充
废弃矿山/井综合利用率	%	各省份统计年鉴(与前瞻数据库相互补充)
科技创新投入占矿山建设总投资比例	%	中国环境统计年鉴，各省份生态环境公报
绿色矿山比例	%	中国社会经济大数据研究平台，各省份统计年鉴

2. 数据预处理

首先，虽然矿产资源集中区尺度评价指标体系的指标数量少于省级尺度，但是 18 个指标中，有 13 个指标需要通过计算得到，有的指标甚至需要多次计算才能获得对应的值。其次，收集数据由多位同学协作完成，每个人收集数据的方式、途径不同导致获得的第一手数据单位不一。最后，个别指标的含义存在争议。鉴于此，在对获得的第一手数据的相同指标统一单位后，根据评价系统各指标的明确(被采用最多)内涵计算指标值。

对数据进行标准化处理，原始数据之间数量级差别很大，不能直接比较。在18个指标中，有些指标数据越大，影响越大，指标属性为正；有些指标随着数值增大，影响反而越小，指标属性为负。因此对不同属性、不同量级的指标进行无量纲化处理。

正向指标：

$$x_{ij} = \frac{x_{ij} - \min(x_{ij}, x_{2j}, \cdots, x_{mj})}{\max(x_{1j}, x_{2j}, \cdots, x_{mj}) - \min(x_{ij}, x_{2j}, \cdots, x_{mj})} \tag{5-12}$$

负向指标：

$$x_{ij} = \frac{\max(x_{ij}, x_{2j}, \cdots, x_{mj}) - x_{ij}}{\max(x_{1j}, x_{2j}, \cdots, x_{mj}) - \min(x_{ij}, x_{2j}, \cdots, x_{mj})} \tag{5-13}$$

5.3 江西省赣南稀土有色金属矿产资源
集中区开发协调度评价

5.3.1 指标层权重评价结果及分析

江西省赣南稀土有色金属矿产资源集中区矿产资源-社会经济-生态环境协调绿色发展评价各项指标权重见表5-12，矿产资源持续度包括已探明储量、选矿回收率和绿色矿山三个指标，社会经济贡献度包括主要矿产资源产业总产值和矿业从业人员，生态环境友好度包括矿区土地复垦率和废弃矿山治理面积两个指标。由于矿产数据方面的资料都是以5年为一个规划时间段出现，即"十一五"(2006～2010年)、"十二五"(2011～2015年)、"十三五"(2016～2020年)的截面数据，结合数据时间段的交集，只能截取收集处理2000年、2005年、2010年、2015年和2019年共5年的指标数据。就稀土矿而言，矿产资源持续度下的绿色矿山指标数据缺失，权重为0，除此之外，其余6个指标的权重无明显差异，指标按权重值由高到低分别是：主要矿产资源产业总产值、废弃矿山治理面积、已探明储量、矿业从业人员、选矿回收率、矿区土地复垦率，主要矿产资源产业总产值的权重最高，达到0.1898，矿区土地复垦率的权重最低，为0.1484。钨矿所对应的指标数据完整，与稀土矿指标权重分布不同，钨矿指标按权重值由高到低分别是：绿色矿山、废弃矿山治理面积、矿区土地复垦率、已探明储量、主要矿产资源产业总产值、矿业从业人员、选矿回收率，其中绿色矿山指标权重为0.1752，超过其他指标权重。

表 5-12　江西省赣南稀土有色金属矿产资源集中区矿产资源-社会经济-生态环境
协调绿色发展评价各项指标权重

目标层	系统层	指标层	单位	指标性质(正负效应)	权重	
					稀土矿	钨矿
矿产资源-社会经济-生态环境协调绿色发展综合评价体系	矿产资源持续度	已探明储量	万t	+	0.1655	0.1373
		选矿回收率	%	+	0.1510	0.1367
		绿色矿山	个	+	0	0.1752
	社会经济贡献度	主要矿产资源产业总产值	亿元	+	0.1898	0.1371
		矿业从业人员	万人	+	0.1648	0.1369
	生态环境友好度	矿区土地复垦率	%	+	0.1484	0.1383
		废弃矿山治理面积	km²	+	0.1805	0.1385

江西省赣南稀土矿和钨矿矿产资源集中区矿产资源-社会经济-生态环境协调绿色发展评价各项指标权重比例见图 5-14、图 5-15，稀土矿对应的已探明储量、选矿回收率、主要矿产资源产业总产值、矿业从业人员、矿区土地复垦率、废弃矿山治理面积指标权重所占比例分别为 17%、15%、19%、16%、15%、18%。钨矿对应的已探明储量、选矿回收率、绿色矿山、主要矿产资源产业总产值、矿业从业人员、矿区土地复垦率、废弃矿山治理面积指标权重所占比例分别为 14%、13%、17%、14%、14%、14%、14%。最大指标权重比例与最小指标权重比例相差 5%。

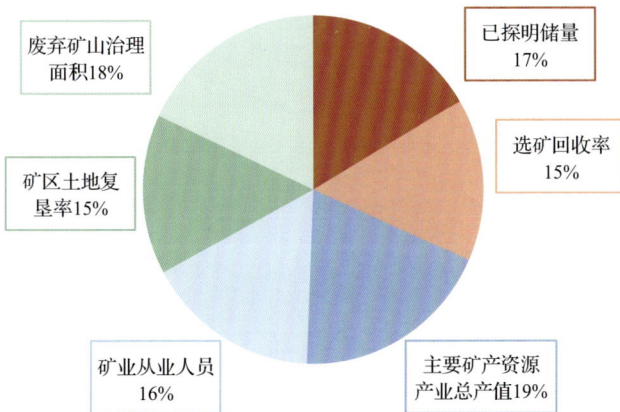

图 5-14　江西省赣南稀土矿矿产资源集中区矿产资源-社会经济-生态环境
协调绿色发展评价指标权重比例

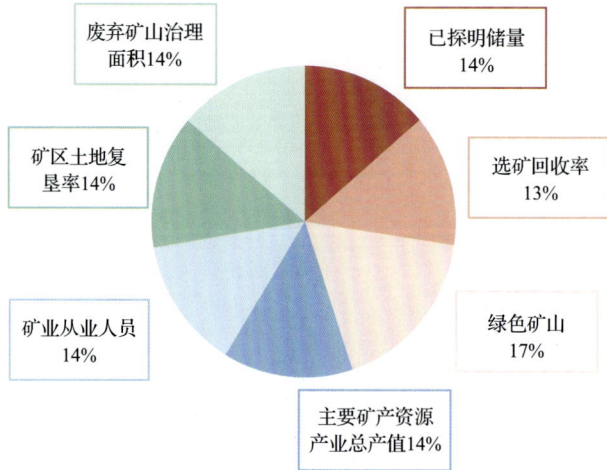

图 5-15　江西省赣南钨矿矿产资源-社会经济-生态环境协调绿色发展评价指标权重比例

5.3.2　系统层评价值结果及分析

由于数据问题，赣南稀土矿和钨矿指标个数过少，各系统层之间无法计算耦合协调度，只能使用整体评价值(反映这个矿区的理想发展状况，评价值越大，发展状况越理想)来代替耦合协调度，从整个矿区的所有指标上分析赣南稀土矿和钨矿的绿色发展协调状况。

江西省赣南稀土有色金属矿产资源集中区矿产资源-社会经济-生态环境协调绿色发展各系统层评价值见图 5-16，赣南稀土矿评价值呈波动上升趋势，从 2000 年的 0.35 开始，2015 年达到峰值，2019 年又下降至与 2010 年同一水平，近 20 年来涨幅仅为 25.7%，整体上数值都偏小。此结果说明，赣南稀土矿 21 世纪初的发

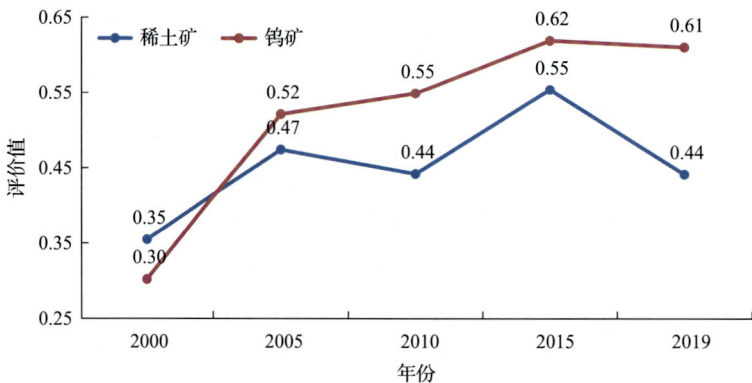

图 5-16　江西省赣南稀土有色金属矿产资源集中区矿产资源-社会经济-生态环境
协调绿色发展各系统层评价值

展十分不理想，近些年虽然有所提升，但仍未达到理想状态，且发展趋势不稳定。虽然稀土矿的已探明储量随着勘探技术的发展在 2010 年后陡增，但对稀土矿的开采、利用仍缺乏有效管理，稀土行业混乱、无序的现象时有发生，其后端产业链也有所欠缺，与此同时随着矿业行业不再新兴，从业人员也逐年降低，而且稀土矿的开采属于重污染行业，对周边村落污染严重、致癌率高。2010 年后，国家开始管控稀土产业，规范稀土矿开发经营秩序，促进稀土产业协调发展，同时限制稀土矿的开采，稳定稀土价格。但尽管如此，稀土应用范围之广和高科技、高利润，涉及进出口等复杂的国际形势，导致其发展仍处于一个不稳定阶段。

相比较稀土矿的不稳定发展而言，赣南钨矿的发展情况明显较好。其评价值从 2000 年的 0.30，一直稳步上升至 2019 年的 0.61 这一较高水平，涨幅达到 103.3%。21 世纪初，钨矿发展弱于稀土矿，但在 2005 年实现快速超越，之后一直处于上升期，发展态势良好。这是由于钨矿的开采、利用难度相对较低，自中华人民共和国成立以来就开始建立完整的勘察、采选、冶炼、加工和研发的产业体系，2004年国家确定赣州市为国家战略钨矿找矿地区，近十几年来，其矿业产值平稳上升，厚积薄发，使得当地的钨业驶入发展快车道。但 2016 年以后，国家坚定"共抓大保护、不搞大开发"的战略方针，将矿业发展的重心向环境保护倾斜，致使其经济效应有所降低，评价值有所下降。

5.4　安徽省淮南煤-煤化工矿业发展协调度评价

5.4.1　指标层权重评价结果及分析

安徽省淮南煤-煤化工矿业矿产资源-社会经济-生态环境协调绿色发展评价各项指标权重见表 5-13，指标体系统层仍然是矿产资源持续度、社会经济贡献度和生态环境友好度。矿产资源持续度包括已探明储量、选矿回收率、规模以上煤矿企业数、科技创新投入占矿山建设总投资比例和研发人员 5 个指标，社会经济贡献度包括矿产产值占地区 GDP 比例、矿业从业人员占二产业从业人员比例、单位 GDP 矿产开采量、人均矿业产值，生态环境友好度包括突发环境次数、废水处理达标率、废气处理达标率、固体废物处理达标率、综合能源消费量和矿区土地复垦率共 6 个指标。考虑到数据的可获取性，收集处理 2005 年、2010 年、2015 年和 2020 年共 4 年指标数据。各指标的权重值相差不大，均在 0.06～0.08，其中权重值排前三的是突发环境次数、矿区土地复垦率和研发人员，权重值分别为 0.0792、0.0742 和 0.0741，权重值最低的单位 GDP 矿产开采量，为 0.0618。可见系统层生态环境友好度各指标权重相对更高。

安徽省淮南煤-煤化工矿业矿产资源-社会经济-生态环境协调绿色发展评价各项指标权重比例见图 5-17，矿产资源持续度指标已探明储量、选矿回收率、规

表 5-13　安徽省淮南煤-煤化工矿业矿产资源-社会经济-生态环境协调绿色发展评价各项指标权重

目标层	系统层	指标层	单位	指标性质 （正负效应）	权重
矿产资源-社会经济-生态环境协调绿色发展综合评价体系	矿产资源持续度	已探明储量	万 t	+	0.0658
		选矿回收率	%	+	0.0632
		规模以上煤矿企业数	个	−	0.0669
		科技创新投入占矿山建设总投资比例	%	+	0.0699
		研发人员	人	+	0.0741
	社会经济贡献度	矿产产值占地区 GDP 比例	%	+	0.0659
		矿业从业人员占二产业从业人员比例	%	+	0.0620
		单位 GDP 矿产开采量	t/万元	−	0.0618
		人均矿业产值	万元/人	+	0.0625
	生态环境友好度	突发环境次数	次	−	0.0792
		废水处理达标率	%	+	0.0629
		废气处理达标率	%	+	0.0651
		固体废物处理达标率	%	+	0.0631
		综合能源消费量	tce/万 t	−	0.0634
		矿区土地复垦率	%	+	0.0742

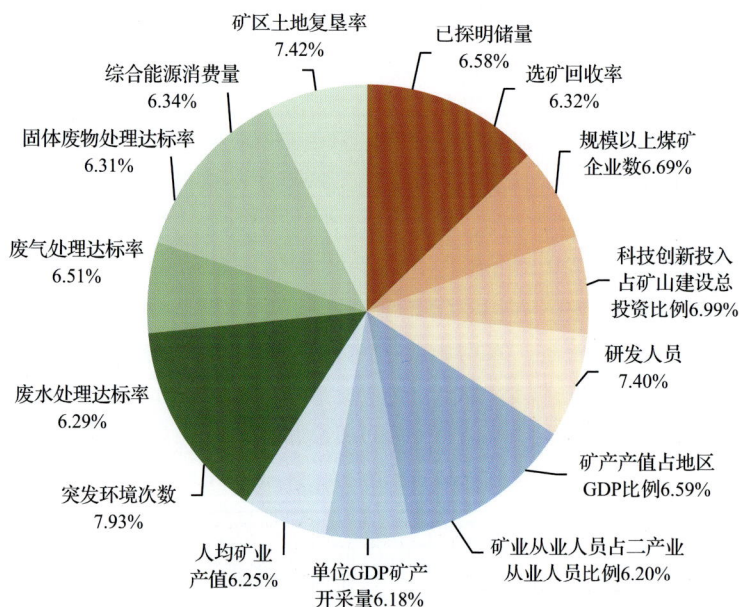

图 5-17　安徽省淮南煤-煤化工矿业矿产资源-社会经济-生态环境协调
绿色发展评价各项指标权重比例

模以上煤矿企业数、科技创新投入占矿山建设总投资比例和研发人员权重比例分别是 6.58%、6.32%、6.69%、6.99%、7.40%，社会经济贡献度指标矿产产值占地区 GDP 比例、矿业从业人员占二产业从业人员比例、单位 GDP 矿产开采量、人均矿业产值权重比例分别是 6.59%、6.20%、6.18%、6.25%，生态环境友好度指标突发环境次数、废水处理达标率、废气处理达标率、固体废物处理达标率、综合能源消费量、矿区土地复垦率权重比例分别为 7.93%、6.29%、6.51%、6.31%、6.34%、7.42%。矿产资源持续度、社会经济贡献度和生态环境友好度三个系统层各自包含指标的权重之和为 33.98%、25.22% 和 40.8%，生态环境友好度的比例最大。

5.4.2　系统层评价值结果及分析

安徽省淮南煤-煤化工矿业矿产资源-社会经济-生态环境协调绿色发展各系统层评价值见图 5-18，其矿产资源持续度在 2005～2020 年持续上升，从 0.36 一直上升至 0.62。其已探明储量、科技创新投入占矿山建设总投资比例都在逐年以不小的幅度上升，行业内也逐渐关停、合并不成规模的小型矿山，规范行业管理。

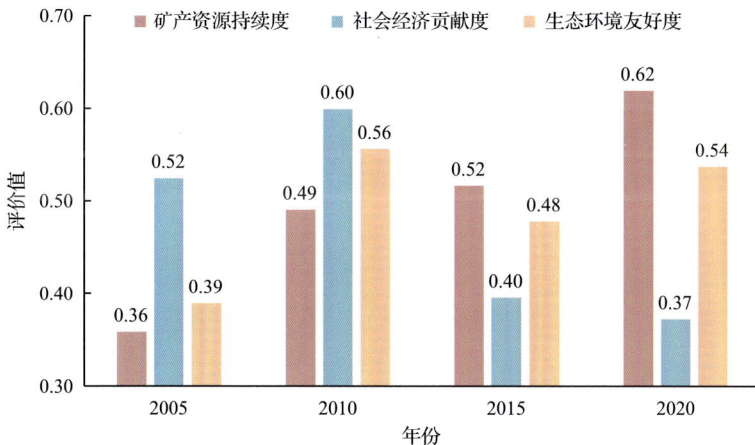

图 5-18　安徽省淮南煤-煤化工矿业矿产资源-社会经济-生态环境
协调绿色发展各系统层评价值

不过，淮南煤矿的社会经济贡献度却在波动下降，从一开始的 0.52 短暂上升至 0.60 以后迅速下降至 0.37。这是因为，煤矿行业的产量、产值依旧在上升，但是其在整个淮南市经济体系中的占比却逐年减小。随着人口的增加，人均占有资源量逐渐下降。这也说明虽然淮南矿区本身的发展态势良好，但其对社会经济的影响却在下降，该地区经济状况对矿业的依赖逐年减小。

同时，生态环境友好度呈波动上升的趋势，2005 年其评价值只有 0.39，2010 年达到峰值 0.56，2015 年略微下降后至 2020 年又上升至 0.54，说明该地区的环保措施起到了一定作用，"三废"问题逐渐受到重视，加大了矿区的修复治理力度，生态环境状况得到改善。

5.4.3 矿产资源集中区矿产资源-社会经济-生态环境耦合协调度结果及分析

安徽省淮南煤-煤化工矿业矿产资源-社会经济-生态环境协调绿色发展各系统层耦合值见图 5-19，整体上看，淮南矿区各系统耦合值均处于 0.6~0.8，即协调状态，且呈波动上升趋势。安徽省淮南煤-煤化工矿业矿产资源-社会经济-生态环境不同系统耦合值及其变化见表 5-14。

矿产资源持续度-社会经济贡献度耦合协调值涨幅很小，仅 4.55%，2010 年有一个跳跃式增长，但 2010 年之后又有所下降。矿产资源涨幅较大，对社会经济的贡献却在减弱，两者协调发展的程度虽然保持在协调水平，但进步不明显。

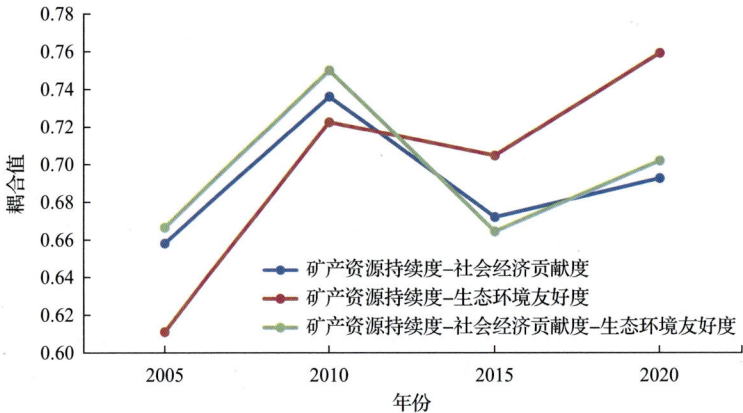

图 5-19　安徽省淮南煤-煤化工矿业矿产资源-社会经济-生态环境
协调绿色发展各系统层耦合值

表 5-14　安徽省淮南煤-煤化工矿业矿产资源-社会经济-生态环境不同系统耦合值及其变化

耦合值	矿产资源持续度-社会经济贡献度	矿产资源持续度-生态环境友好度	矿产资源持续度-社会经济贡献度-生态环境友好度
2005 年	0.66	0.61	0.67
2010 年	0.74	0.72	0.75
2015 年	0.67	0.70	0.66
2020 年	0.69	0.76	0.70
涨幅/%	4.55	24.59	4.48

　　矿产资源持续度-生态环境友好度耦合值增长迅速，涨幅达到 24.59%，一开始耦合值较低，与 21 世纪我国处于大开发大建设时期有关，且煤矿缺乏绿色发展的思想理念，近些年提升到较高水平，说明该地区开始逐渐重视矿区的绿色协调发展，环保意识得到提升，环保措施落实到位，取得成效明显；生态环境友好度的提升也会促进资源持续发展。

　　矿产资源持续度-社会经济贡献度-生态环境友好度耦合值的变化趋势与矿产资源持续度-社会经济贡献度耦合值相似，均是先上升后略微减小，且只有 4.48%的小幅度增长。从耦合值的变化趋势分析结果上看，虽然该区域的资源持续状况及环境友好状况都存在持续进步，且幅度较大，但该区域的经济结构在 2005～2020 年可能发生了改变。从一开始十分依赖矿业产出、就业趋势也偏向矿业，到后来的经济组成多元化、就业趋势多元化，致使矿业的经济贡献占比出现下降，矿产资源-社会经济-生态环境友好协调发展。

第6章 矿产资源绿色发展监测体系与预警机制

本章为促进长江经济带矿产资源绿色协调发展,通过以往数据预测分析不同政策下的矿产资源开发状态。在此设立"经济优先""环境优先"政策,通过耦合协调度评级模型来判断对长江经济带未来发展做出的贡献程度,制定出矿产资源绿色发展监测体系与预警机制。通过实时数据更新及时准确地展示长江经济带各省(直辖市)的协调发展程度,并根据其动态变化及时调整战略政策,确保矿产资源、社会经济、生态环境三个系统协调可持续发展。

6.1 不同政策实行下矿产资源开发状态预测

推动长江经济带发展是党中央作出的重大决策,是关系国家发展全局的重大战略。其中,矿产资源在长江经济带发展中占据重要地位。故促进矿产资源绿色发展,坚定不移贯彻新发展理念,推动长江经济带绿色可持续高质量发展,使长江经济带成为我国生态优先绿色发展主战场、畅通国内国际双循环主动脉、引领经济高质量发展主力军。为推动长江经济带矿产资源-社会经济-生态环境协调发展,需共同促进矿产资源、社会经济、生态环境三者的耦合程度,使三者相互促进,共同发展。

为了更好地研究长江经济带未来的发展,在此设立"经济优先""环境优先"政策,通过耦合协调度评价模型来判断对长江经济带未来发展做出的贡献程度。"经济优先"是指长江经济带在发展过程中,作为我国重要的经济建设中心之一,各省(直辖市)均将经济建设放在首要位置。2001年中国以加入世界贸易组织(WTO)为契机,进行了大规模的经济改革。长江经济带作为国内经济改革的重要试点,在大力发展经济的同时促进了国内科技的进一步发展,也以此带动了矿产资源的开发,但由此导致的环境破坏极为严重,使得综合评价的耦合协调度值持续下降。综合长江经济带整体发展情况,本书认为"经济优先"仅适合短期发展,其能在短期内提高矿产资源-社会经济-生态环境的耦合协调度值,但是是以破坏未来的生态环境潜力作为代价,在长期发展中后劲不足,且在发展过程中对环境造成了较大的破坏,不符合习近平总书记做出的重要指示和批示,即推动长江经济带探索生态优先、绿色发展的新路子,关键是要处理好绿水青山和金山银山的关系。要坚决贯彻新发展理念,优化发展思路,实现生态效益和经济社会效益相统一，走出一条生态优先、绿色发展的新路子。故"经济优先"只适合短期内需大力发展经济的省（直辖市），但在后期需对其进行调整转变。

"环境优先"是指在长江经济带发展过程中，以牺牲部分经济发展为代价，大力倡导环境优先，绿色开采，以此来确保生态环境质量的恢复。2016 年，习近平总书记对长江经济带整体发展提出了"共抓大保护、不搞大开发"战略，结合各省（直辖市）实际经济与环境，在保护环境的同时促进矿产资源的开发。根据研究结果，本书认为"环境优先"对长江经济带的矿产资源绿色协调发展具有重要作用，虽在短期内不能大幅度提升矿产资源-社会经济-生态环境耦合协调度值，但从中长期时间尺度来看，其后劲十足，协调程度更好，耦合协调度值有较大的提升。

综上所述，各级政府单位可通过调整不同战略政策来控制长江经济带矿产资源绿色协调可持续发展。而本章也对其中两种情景做出合理分析预测，为促进可持续发展，还是要先确保环境保护的同时再大力开展矿产资源开采。

6.2　矿产资源绿色发展监测指标体系

长江经济带既是我国重要的生态功能区，也是我国重要的矿产资源基地和矿业经济聚集地。当前，长江经济带在实现经济快速增长的同时产生了资源消耗、生态环境恶化等问题，经过多年治理调整后协调发展虽然有所起色但是仍处于欠佳状态，矿产生态区较少，可持续发展能力较弱。故为促进长江经济带矿产资源绿色可持续发展，构建一套集数据采集、数据分析、数据存储、数据运算、显示输出的综合监测预警体系是目前长江经济带矿产资源与经济环境绿色发展的重心。

6.2.1　长江经济带矿产资源绿色发展监测指标体系

构建长江经济带矿产资源绿色发展监测指标体系，如图 6-1 所示。能较为全面地针对矿产资源供需保障、开发利用、市场运行和生态环境进行统计和评价。该监测指标体系主要包括省级与经济带、资源集中区两个子体系，包括了矿业规模、矿产效益、经济结构、社会发展、破坏污染、治理建设、矿容矿貌、开采技术、矿区绿化、节能减排、选矿及加工工艺等多个方面。总体上，该指标体系能够准确描述和反映矿产资源的全周期管理过程以及矿产资源与经济、环境的相互作用程度。为使矿产数据管理模式多样化，提升多系统的协同作用，协调监测对象指标，使其成为有机整体，在后期协同整体进行分析。在此运用耦合协调度模型，对矿产资源-社会经济-生态环境评价指标体系进行协调发展分析评价，将看似分割封闭、没有联系的三种类型数据进行动态分析、利用，为矿产资源绿色发展提供监测或预警作用。

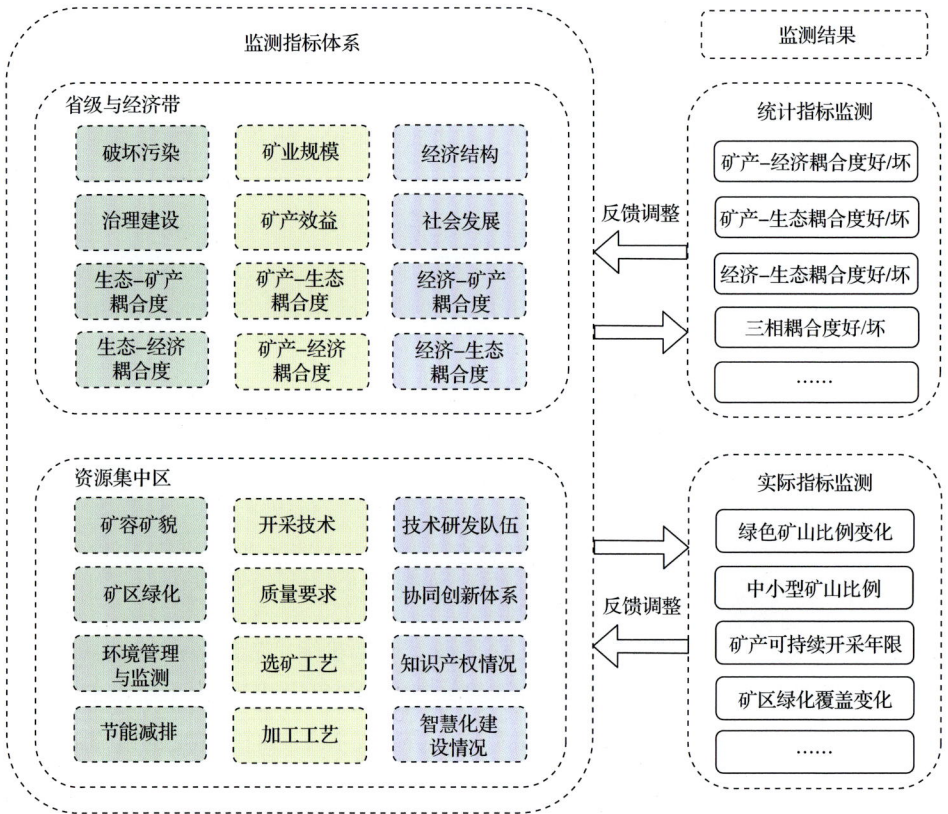

图 6-1　长江经济带矿产资源绿色发展监测指标体系

其中，统计、评价、监测是构建该指标体系的核心目标，也是矿产资源绿色发展评价的重要环节。然而，三者角度不同，侧重点也有所不同。

统计的作用在于面向行业端、企业端搜集长江经济带矿产资源、区域经济、生态环境的相关数据，明确 11 省（直辖市）矿产资源储量、开采量、矿产总产值、从业人员、人均 GDP、固定资源投资总额、城镇化率、单位 GDP 废水排放量、矿区土地复垦率等指标数据。

评价的作用在于比较矿产资源发展形势与经济、环境的协同性。在此采纳耦合协调度评价模型，对统计的数据进行归类，分别将矿产资源、社会经济、生态环境三类数据两两耦合，分析矿产资源-社会经济耦合协调度、矿产资源-生态环境耦合协调度、矿产资源-社会经济-生态环境耦合协调度。根据多系统的耦合协调度计算结果，判断耦合的好坏程度，以此来评价前期矿产资源开发的优劣程度以及矿产资源与经济、环境绿色发展的协调程度。

监测的作用在于预警，根据耦合协调度评价等级分别为矿产资源-社会经济耦合协调度、矿产资源-生态环境耦合协调度、矿产资源-社会经济-生态环境耦合协调度设立确保长江经济带矿产资源绿色发展的多系统静态阈值与动态阈值，再将耦合协调度计算结果与阈值进行比较，判断长江经济带矿产资源绿色发展的未来走向。通过对监测结果的对比，既能对前期的监测指标体系进行反馈调整，又能对后期的预警机制采取适当的措施。本章将指标体系的构建侧重点更多地放在监测这一目标上，通过长江经济带矿产资源实际发展情况与数据计算分析结果针对每一个耦合系统设立适当的阈值，以完善现有指标体系。

6.2.2　长江经济带矿产资源专属大数据平台

结合前期工作，目前针对长江经济带矿产资源与社会经济、生态环境绿色发展搭建长江经济带矿产资源专属大数据平台，如图 6-2 所示。

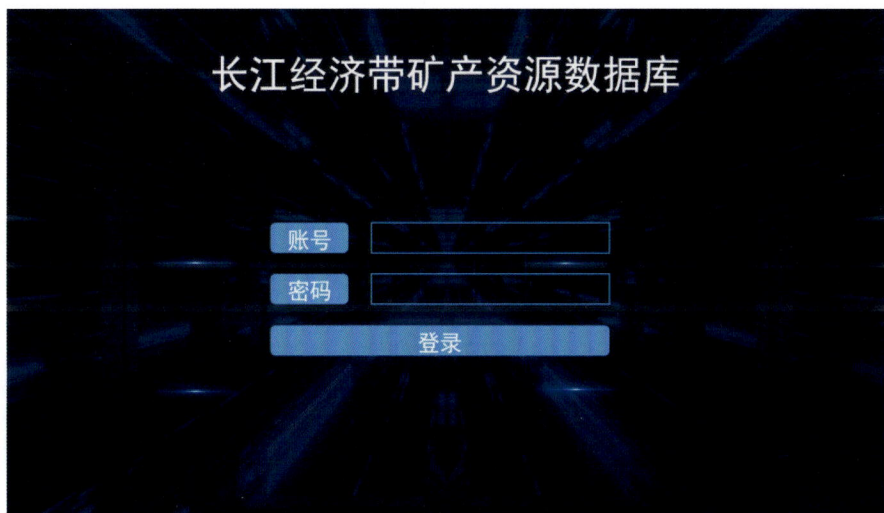

图 6-2　长江经济带矿产资源数据库登录界面

该数据库通过国家统计局网站、《中国矿业年鉴》、《中国环境年鉴》、各省(直辖市)的统计年鉴、各省(直辖市)的《矿产资源总体规划》、中国社会经济大数据研究平台以及各省(直辖市)的社会发展统计公报和相关网站等权威渠道，搜集2001～2019 年长江经济带 11 省(直辖市)的矿产资源储量、开采量、矿业总产值、从业人员、人均 GDP、固定资源投资总额、城镇化率、单位 GDP 废水排放量、矿区土地复垦率等指标数据，囊括矿产资源、社会经济、生态环境三大方面，如图 6-3 所示。

图 6-3　长江经济带矿产资源数据库数据仓库界面

长江经济带矿产资源数据库对数据进行了分类储存并对其中部分数据进行了可视化操作。而在操作过程中，可查询各类矿种空间分布，寻找所需数据。

在数据库后台数据管理界面(图 6-4)中，针对 2001～2019 年长江经济带数据，在此对其进行了分类储存，并对数据进行统计数据分析、智能分析，让数据更加直观地呈现出来，更有利于后期分析。

图 6-4　长江经济带矿产资源数据库后台数据管理界面

6.3　矿产资源绿色发展预警机制

预警机制，本义上是指预先发布警告的制度，通过及时提供警示的机构、制度、网络、举措等构成的预警系统，实现信息的超前反馈，为及时布置、防风险于未然奠定基础。而预警机制主要具有科学性、系统性、可操作性、及时性、高效性以及创新性的特点。

科学性：要求在制定预警机制的过程中，充分从理论上进行辨析，特别是危机管理理论。危机管理理论告诉人们，突发事件并非必然演变成危机事件。如果预防到位，很多事情是可以不发生的。所以制定预警机制的过程中，应充分遵守科学性。

系统性：预警是系统吸收了危机管理思想理论，作为一种新的管理思想和管理方法，是对现有管理系统的完善和发展。在制定和研究突发事件预警机制的时候，必须将预警机制看作是一个系统来研究，在整个预警机制中应始终贯彻系统性。

可操作性：制定突发事件预警机制的目的是预防和阻止突发事件演变成危机事件。是制定一个具体的可供操作的方案，其是指导我们面对突发事件的锦囊妙计。

及时性：突发事件是要求相关的政府部门在第一时间立即采取应对措施加以处理的公共事件。因为突发事件具有"影响性"的特点，所以任何一套预警机制都必须保证及时性原则。一旦突发事件影响扩散就很难挽回。特别是面对紧急突发性事件时必须在第一时间做出反应。

高效性：检验预警机制是否合格就要看机制是否是高效的。设立公共事件预警机制的目的就是要尽可能缓解和阻止危机发生，保障人身财产安全。将损失降低到最小是预警机制的内在要求。因此，一套预警机制必须具有高效性。

创新性：突发事件具有偶然性和不可逆性，因此预警机制必须考虑到创新性。要根据不断变化的情况及时做出应对。万不可抱有一劳永逸的思想。例如，互联网的出现就要求人们在制定预警机制的过程中，必须考虑信息传播途径的变化和传播的特点。因此，预警机制必须时刻与时俱进。

为了实现矿产资源的绿色发展，就要搭建矿产资源绿色发展预警机制。矿产资源绿色发展预警机制是一种以实现长江经济带矿产资源与社会经济、生态环境的协调发展，研究矿产资源、社会经济、生态环境三大系统的耦合协调度值的动态变化，及时监控、预测当前和未来矿产资源协调发展的发展趋势，并对不耦合、不协调的情况及时发出警报的系统活动。根据这一基本概念，拟定了矿产资源绿色发展预警的基本思路，同时对矿产资源-社会经济-生态环境协调发展中的作用与关系、矿产资源供需形式与特点进行了系统分析。

长江经济带矿产资源绿色发展预警体系，如图 6-5 所示。从图 6-5 中可以看

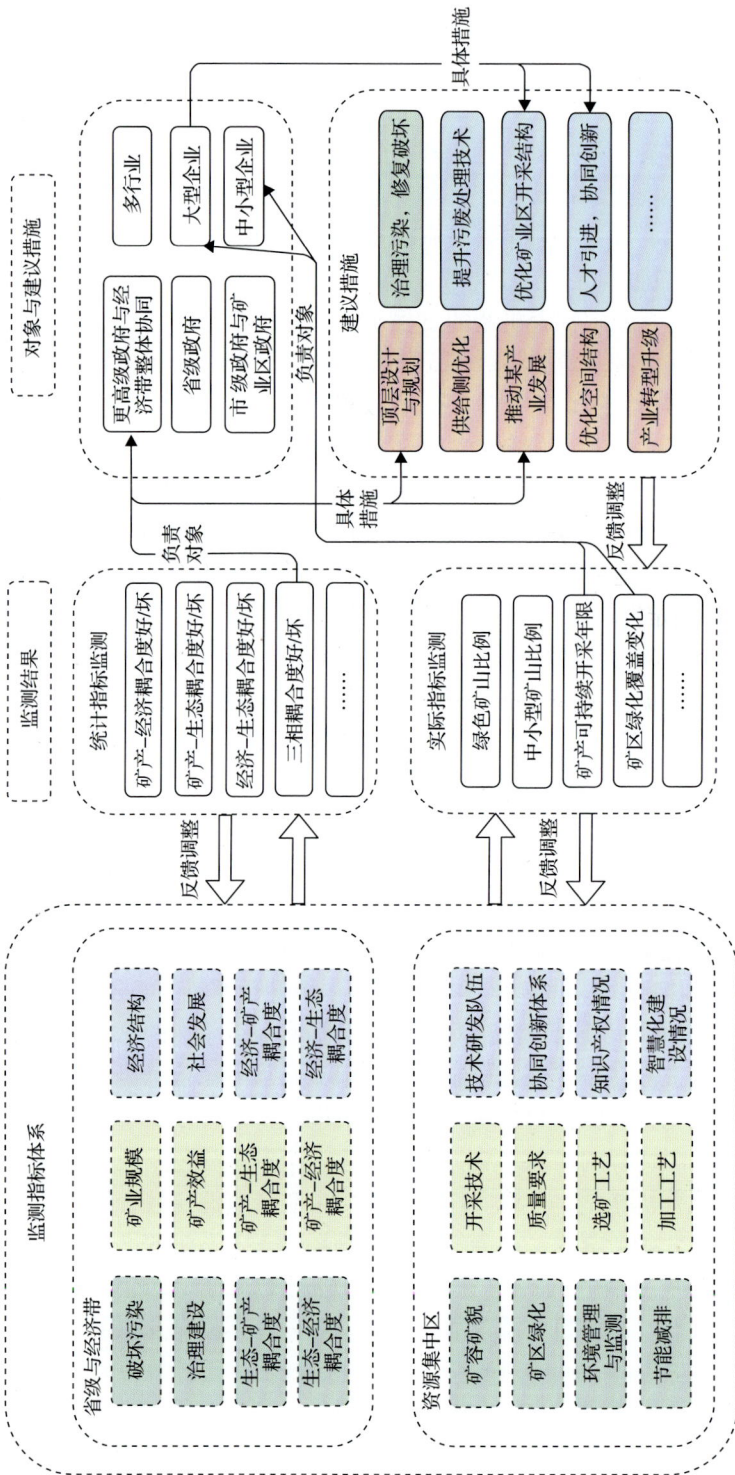

图 6-5　长江经济带矿产资源绿色发展预警体系

出，将省级与经济带、资源集中区两个尺度的监测指标经过耦合协调度模型计算后，与设定的阈值进行对比分析。其对数据及时的反馈与预警即是本次预警的重心。

在省级与经济带尺度中，监测指标主要包括矿业规模、矿产效益、经济结构、社会发展、破坏污染与治理建设六个方面。而针对这六个方面分别设计了矿产资源-区域经济耦合协调度、矿产资源-生态环境耦合协调度、矿产资源-社会经济-生态环境耦合协调度三种耦合协调度评价模式，并为每一种模式结合当地的经济与环境设定动态阈值。当其计算得出的实际耦合协调度值低于动态阈值时，则及时面向各级政府与行业发出预警，根据耦合协调度值实际情况，针对当地经济与环境采取适当措施。在省级与经济带的整体发展过程中，因地制宜地颁发相应的政策机制，并对未来一年内该地的发展采取适当的偏重。若耦合协调度值显示经济发展滞后，则在新的一年里要鼓励经济发展，适当放宽经济政策，确保矿产资源-社会经济-生态环境在新的一年里重新达到协调发展，反之亦然。

当计算得出的实际耦合协调度高于动态阈值时，可证明近期该地的矿产资源绿色协调发展水平达到预期，再根据实际值与阈值的差异大小，来判断实际协调水平的发展程度。差值越大，则该地发展水平越高，矿产资源-社会经济-生态环境发展越协调。而面向此种情况，其负责对象各级政府单位，在继续保持该模式发展的同时，也要进行归纳总结，不断发扬优势，同时尽可能地减少失误之处并对错误进行改正，以此来确保协调水平不断提升，并为后期矿产资源绿色开发提出规划和建议。

在矿产资源集中区尺度中，监测指标主要包括矿产资源持续度、社会经济贡献度、生态环境友好度三个方面。根据实际指标绿色矿山比例、矿产可持续开采年限、矿区绿化覆盖变化等计算耦合协调度值，再将该实际值与当地经济、环境设定的动态阈值作比较，当其计算得出的实际耦合协调度值低于动态阈值时，则及时面向各级行业与企业发出预警，根据耦合协调度值实际情况，针对该资源集中区采取适当措施。结合耦合协调度值，分析导致耦合协调度值失衡之处，根据结果使大、中、小型企业分别采取治理污染、修复破坏、提升污废处理的技术，优化矿业区开采结构以及人才引进政策，协同创新，确保耦合协调度值重新达到平衡。

当计算得出的耦合协调度高于阈值时，大、中、小型企业要对过去的开采模式进行归纳总结，取其精华、去其糟粕，确保资源集中区内协调水平越来越高，保证矿产资源与社会经济、生态环境绿色可持续发展。

6.4　小　　结

本章结合前几章内容，为促进长江经济带矿产资源绿色可持续发展，构建了一套集数据采集、数据分析、数据存储、数据运算、显示输出的综合监测预警体系。该监测预警指标体系能较为全面地针对矿产资源供需保障、开发利用、市场运行和生态环境进行统计、评价和监测。其囊括省级与经济带、资源集中区两个子体系，包括了矿业规模、矿产效益、经济结构、社会发展、破坏污染、治理建设、矿容矿貌、开采技术、矿区绿化、节能减排、选矿及加工工艺等多个指标层面内容。运用耦合协调度评价模型对指标体系进行评价计算分析，能够准确描述和反映矿产资源的全周期管理过程以及矿产资源与经济、环境的相互作用程度，将看似分割封闭、没有联系的三种类型数据进行动态分析、利用，为矿产资源绿色发展提供监测或预警。通过研究矿产资源、社会经济、生态环境三大系统的耦合协调度值的动态变化，并将其与设定的阈值进行对比分析，及时监控、预测当前和未来矿产资源协调发展的发展趋势，对不耦合、不协调的情况及时发出警报。其对数据及时地反馈与预警即是本次预警的重心。

第 7 章　国际典型区域矿产资源开发历程与发展经验

长江经济带是我国重要的矿产资源开发地之一。为了更好地促进长江经济带矿产资源绿色开发，本章通过探讨国际典型区域矿产资源开发历程，以及不同流域与区域的对比，来分析长江经济带所处的发展阶段，并以作为成功案例的矿产资源开发典型区域为例，为长江经济带未来矿产资源的开发提供经验借鉴与教训总结。故本章通过分析德国与鲁尔区产业绿色化转型、巴西——环境破坏与矿业灾害的恶性循环，对比我国长江经济带及其矿产资源-社会经济-生态环境开发模式，吸取矿产资源发展经验用于未来发展。

7.1　莱茵河流域的案例——德国与鲁尔区产业绿色化转型

7.1.1　莱茵河流域基本概况

莱茵河(Rhine River，德语：Rhein)是一条欧洲国际河流，发源于瑞士格劳宾登州的阿尔卑斯山区，流经瑞士、奥地利、德国和法国，最终于荷兰流入北海。莱茵河全长 1232km，通航区段为 883km，流域面积 18.5 万 km^2。莱茵河是欧洲最长的河流之一，它经过多个国家，沿线分布着许多大城市：波恩、科隆、鹿特丹、斯特拉斯堡等，同时它也是世界上最重要的工业运输动脉之一。与长江一样，莱茵河一直交替扮演政治和文化统一的动脉以及政治和文化交融的角色。自从莱茵河谷并入罗马帝国以来，这条河一直是欧洲主要的交通路线之一，莱茵河流域也成为欧洲文化与经济繁荣的中心。

水文方面。阿尔卑斯莱茵河坡度陡峭、径流系数高(是集水区降水量的 80%)；具有明显的冬季极小值、春季融雪导致的高水位以及夏季暴雨导致的初夏最大值，是典型的阿尔卑斯地区的特征。尽管莱茵河的流量随着注入博登湖而减少，但随着重要支流阿勒河的汇入，莱茵河的水量再次得到恢复。并且在巴塞尔下方，随着来自高地支流的汇入，逐渐缓和了夏季丰水而冬季枯水的不平衡局面。因此，在流经科隆后，莱茵河一年中各季度的流量基本保持稳定，该情况有利于航行。此外，河流通航地区冬季通常较为温和，莱茵河仅在特殊的冬季才会结冰。

经济与交通运输方面。作为商业大动脉，莱茵河在历史上以及在运输量方面有着无与伦比的作用。现代航海的兴起始于 19 世纪，其目前的规模主要归因于四个因素：取消了对航海的政治限制、航道的物理改善、莱茵河腹地的运河化以及沿岸国家工业化程度不断提高。随着 19 世纪现代工业的兴起,煤炭、矿石、建筑材料、化学工业原料和石油(大约自 1950 年以来)的大量运输成为必要。尽管煤炭和矿石运输量下降,但矿产运输量总体上一直在增加。

莱茵河经历了非常糟糕的污染和破坏,沿岸大量的化工厂和航运使得河水被破坏,流域生态受损严重。莱茵河廉价的水运有助于降低原材料价格,这是莱茵河成为工业生产主轴的主要原因。世界五分之一的化学工业相关企业分布在莱茵河沿岸。这条河长期以来一直是欧洲政治分歧的根源,但是随着污染水平的上升,政治分歧已经让位于国际社会对生态环境保护的关注:莱茵河水域已鉴定出约 6000 种有毒物质。莱茵河污染的加剧导致国际合作日益增多。为应对这一威胁,1986 年 11 月,莱茵河环境史上的决定性时刻之一发生了,在瑞士巴塞尔工业区的一个化学品仓库发生火灾,20～30t 杀虫剂和其他化学品释放到河中。泄漏使河流变红,污染了莱茵河的鳗鱼渔业,杀死了数十万条其他鱼类并且其作为有毒物质羽流向下游最终流向大海。那场环境灾难促使莱茵河沿岸国家对工业化学品的安全储存标准重新进行了审查,并激发了国际上对环境管理计划的制定。该计划在 21 世纪初大大改善了河流的水质。

7.1.2　德国的煤炭开采基本概况

1. 背景

硬煤开采对德国具有重大历史意义,构成了其经济、社会和政治重建的基石。1957 年,硬煤开采业的直接从业人员达到顶峰,约为 60 万人,间接从业人员甚至更多。煤炭发电长期以来一直为德国工业服务,尽管德国被誉为生态榜样,但廉价的碳密集型化石燃料仍然是该国电力供应的重要支柱。1957 年,硬煤和褐煤在德国电力生产中的份额为 35.3%(相比之下,2018 年可再生能源占 35.2%,核能占 11.7%,天然气占 12.8%)。总的来说,能源部门的温室气体排放占德国温室气体排放的很大一部分(37%)[171]。

2. 开采历史

德国第一批重要的矿井出现在 17 世纪 50 年代,在鲁尔河、利珀河和乌尔姆河的河谷中,主要以水平巷道开采出露的煤层。1815 年后,鲁尔区(当时为普鲁士的一部分)的企业家利用关税区开设了新的矿场和相关的铁冶炼厂。1850 年左右,英国工程师修建了新的铁路,众多小型工业中心兴起,以钢铁厂为主。钢铁厂通常会购买矿井,并建立焦炉,以满足其自身对焦炭和气体的需求。这些煤铁一体化的公司在 1854 年后变得很多;1900 年后,它们成为被称为 Konzern 的混合公司[172]。

　　1850 年，一个煤矿的平均产量约为 7700t；其从业人员约为 64 人。到 1900 年，矿井的平均产量上升到 2500 万 t，从业人员约为 1400 人。鲁尔区煤炭总产量从 1850 年的 1800 万 t 上升到 1880 年的 2000 万 t、1900 年的 5400 万 t，以及 1913 年的 1.03 亿 t。1932 年下降到 7300 万 t，1940 年增长到 1.2 亿 t。1957 年达到顶峰（1.23 亿 t），1974 年下降到 7800 万 t。2010 年底，德国有五个煤矿在生产（表 7-1）。2018 年 12 月 21 日，德国最后一个硬煤煤矿关闭（图 7-1）[173]。

表 7-1　1957～2015 年德国硬煤开采方面的部分关键数字

硬煤开采	百万 t	约 150	145.6	113.7	87.9	71	34.3	13.2	6.4
矿山数量	座	173	146	69	39	27	12	5	3
销售　电力	百万 t	18.0	22.1	31.8	34.1	39.3	27.6	10.6	5.5
钢铁	百万 t	30.3	31.3	27.9	24.9	19.8	10.0	3.7	0.5
供热	百万 t	68.1	61.3	28.5	9.4	4.1	0.7	0.3	0.2
出口	百万 t	31.3	32.3	28.7	19.9	7.8	0.3	0.2	0.1
从业人员	千人	607.3	490.2	252.7	186.8	130.3	58.1	24.2	9.6
生产率	kg/可开采的煤	1599	2057	3755	3948	5008	6685	6092	7251

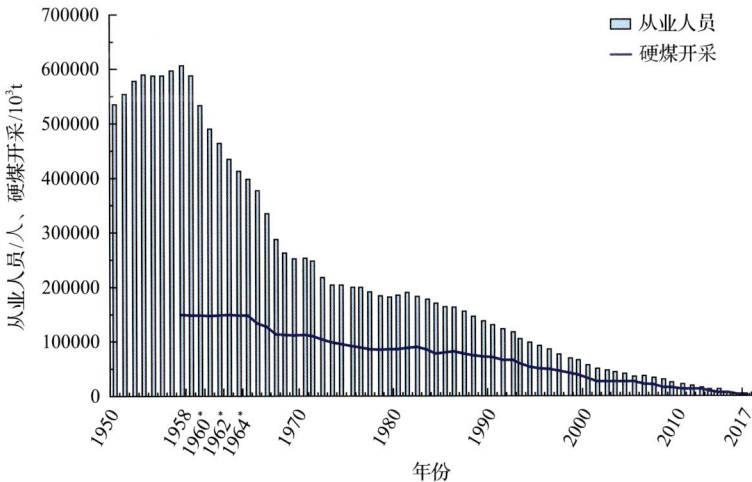

图 7-1　德国硬煤开采和从业人员的发展（1950～2017 年）
* 表示作者根据趋势对硬煤从业人员的估计

　　表 7-1 体现了生产率的巨大进步。由于硬煤开采是地下作业，属于劳动密集型行业。在 20 世纪 50 年代末，联邦德国有近 60 万人受雇于该行业；1957 年，煤矿人均和轮班开采了大约 1599kg 煤；2015 年，人均和轮班开采了 7251kg 煤。

由于 19 世纪 60 年代生产力高度提高，1860～1870 年这 10 年中可以看到劳动力的减少超过平均水平。1957～1968 年，劳动力从 607300 多人减少到 264000 人，减少了一半以上（减少了约 56%）。在此期间生产的煤炭矿藏减少了约 3740 万 t（减少了约 25%）。其原因之一是政府采取了各种措施来稳定硬煤的需求。

在 1968 年时，只有大量裁员之后才有可能达成 2018 年所说的缓慢而稳定的"结构性变化"，这种变化与采煤业的下降趋势大致同步发展。自 2000 年以来，从业人员进一步减少，从略低于 45400 人减少到 2016 年的 5800 人，减少了 87.2%。

从历史上看，德国使用褐煤的起源可以追溯到 17 世纪。虽然硬煤只在联邦德国时期开采，但褐煤在联邦德国和民主德国时期的能源生产中都发挥着重要作用。

在 20 世纪 50 年代，无论从煤炭产量还是从从业人员来看，褐煤在联邦德国的重要性都远远低于民主德国。1950 年，联邦德国有 37600 人在硬煤开采部门工作，煤炭产量为 7580 万 t。虽然从业人员在 1958 年达到顶峰，为 38700 人，但褐煤产量却在轻微波动中上升，直到 1976 年，联邦德国的褐煤产量达到了 1.345 亿 t 的高点。2016 年，约 9900 名从业人员在联邦德国开采了 9150 万 t 褐煤，这些褐煤在发电厂中被加工（图 7-2）。

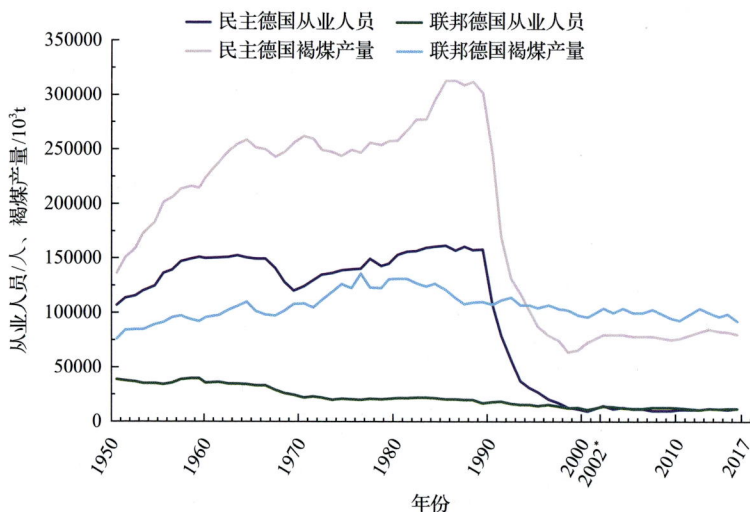

图 7-2　1950～2017 年民主德国和联邦德国褐煤生产的发展和从业人员
*表示从 2002 年起，褐煤开采的
从业人员包括褐煤发电厂的员工

另外，与联邦德国相比，在民主德国，褐煤开采的重要性要大得多，1950 年有 10.6 万从业人员，生产了 1.371 亿 t 褐煤。到 1963 年，从业人员持续上升到

15.2 万人（增加 44800 人，增加了 42.3%）。从业人员经历了 20 世纪 60 年代末和 70 年代初的短暂下降之后，1985 年达到了 16 万人的高峰。褐煤产量也继续稳步增长，在 80 年代末达到 3.101 亿 t 的高峰。

　　德国统一后，褐煤开采出现了大规模的结构性断裂，其原因是缺乏生产力。生产力：1989 年，原联邦德国有 1.79 万名从业人员生产了 1.099 亿 t 褐煤（即平均每个员工生产 6140 万 t）。与此同时，原民主德国的 15.67 万名从业人员生产了 3.008 亿 t 褐煤（即平均每个员工生产 1920 万 t）。在随后的几年里，即 1989~1996 年，原民主德国的从业人员从 15.67 万人下降到 1.89 万人，减少了 13.78 万人（减少了 87.9%）。原民主德国的褐煤产量下降至 8030 万 t。只有在这一时期之后，原民主德国的褐煤生产才在一定程度上趋于稳定，不过其特点是就业率持续缓慢且稳定地下降。2016 年，约有 11200 名从业人员仍在该部门工作，生产约 8000 万 t 褐煤。因此，原联邦德国和原民主德国之间的褐煤生产力已基本趋同（图 7-3）。例如，在原联邦德国，平均每个月生产 920 万 t 褐煤。而在原民主德国，平均每个月生产 720 万 t 褐煤。

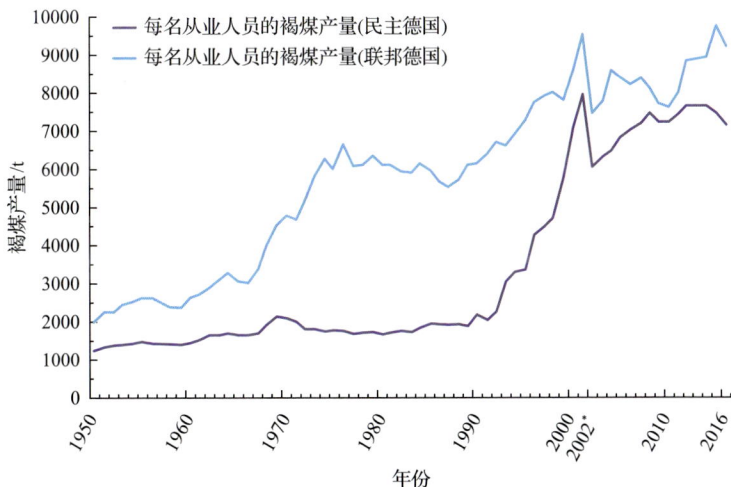

图 7-3　1950~2016 年联邦德国和民主德国每名从业者的褐煤产量
*表示从 2002 年起，褐煤开采的从业人员包括褐煤发电厂的员工

　　在原联邦德国，每名从业人员的褐煤产量从 1950 年的 2000t 上升到 2016 年的 9200t。这意味着每名从业人员生产的褐煤量超过了原来的三倍（是原来的 360%）。虽然在 1950~1989 年，民主国每名从业人员生产的褐煤量从 1300t 上升到 1900t 左右，但 1990~2016 年，由于从业人员异常大幅减少，同时褐煤开采水平也显著下降，生产力有了显著提高。1991~2016 年，原民主德国每名从业人员的褐煤产量从 2100t 增加到 7100t。

3. 开采现状

根据德国联邦地球科学和自然资源研究院(FIGNR)的研究，德国只有 9640 人从事硬煤开采(2015 年)。截至 2018 年 12 月，德国在国内没有进行任何硬煤开采。此后，德国首先是从俄罗斯(34.1%)、美国(16.5%)、澳大利亚(16.1%)和哥伦比亚(15.8%)进口煤炭，其次是从波兰、加拿大和南非进口煤炭(2017 年数据)。

德国仍然拥有超过 83 亿 t 的硬煤，其中 3600 万 t 被认为是可开采的，但它们极深而难以开采使得开采成本太高：在德国挖掘 1t 硬煤的平均成本为 180 欧元；进口硬煤价格为 86～96 欧元。正因为如此，硬煤开采自 1960 年以来一直处于补贴的状态。由于补贴取消，硬煤产量逐渐下降，使得从地下深矿开采资源无利可图。

2007 年，德国联邦政府与北莱茵-威斯特法伦州和萨尔兰州政府同意矿业公司 RAG 和工会 IGBCE(德国工会联合会下属机构)到 2018 年逐步淘汰德国的煤炭矿业补贴，建立了 RAG 基金，以确保补贴将以社会可接受的方式取消，并涵盖"永久矿山管理"的成本和恢复矿山。北莱茵-威斯特法伦州的最后两个硬煤煤矿于 2018 年关闭。

7.1.3 鲁尔区的基本概况

1. 背景

在德国或莱茵河流域，没有哪个地区像鲁尔区那样深受硬煤开采或采矿业的影响。德国煤炭开采主要集中在四个地下采矿区，其中鲁尔区最大(开采量达 1.23 亿 t/a)，萨尔兰州排第二位(开采量达 1600 万 t/a)。由于硬煤的大量生产和下游的钢铁工业，鲁尔区发展成为联邦德国的支柱。鲁尔区成为工业中心的一个原因是硬煤储藏的规模，另一个原因是煤炭加工工业下游的公司，即钢铁工业和电力部门的公司都在鲁尔区设立了大本营[174]。

鲁尔区(德语：Ruhrgebiet)是莱茵河流域，也是德国最重要的工业区之一。鲁尔区拥有 580 万人口和 4435km^2 的面积。区内人口和城市密集，核心地区人口密度超过 2700 人/km^2；区内 5 万人口以上的城市有 24 个，其中埃森、多特蒙德和杜伊斯堡人口均超过 50 万。鲁尔区南部的鲁尔河与埃姆舍尔河之间的地区,工厂、住宅和稠密的交通网交织在一起，形成连片的莱茵-鲁尔城市带(图 7-4)。鲁尔区包含四个直属区域恩内佩-鲁尔区(Ennepe Ruhr Kreis)、雷克灵豪森区(Reckling-hausen)、翁纳区(Unna district)和韦瑟尔区(Wesel District)以及 11 个周边区域波鸿(Bochum)、博特罗普(Bottrop)、多特蒙德(Dortmund)、杜伊斯堡(Duisburg)、埃森(Essen)、盖尔森基兴(Gelsenkirchen)、哈根(Hagen)、哈姆(Hamm)、黑尔讷(Herne)、鲁尔河畔米尔海姆(Mülheim an der Ruhr)和奥伯豪森(Oberhausen)，如图 7-5 所示。

图 7-4　鲁尔区的位置

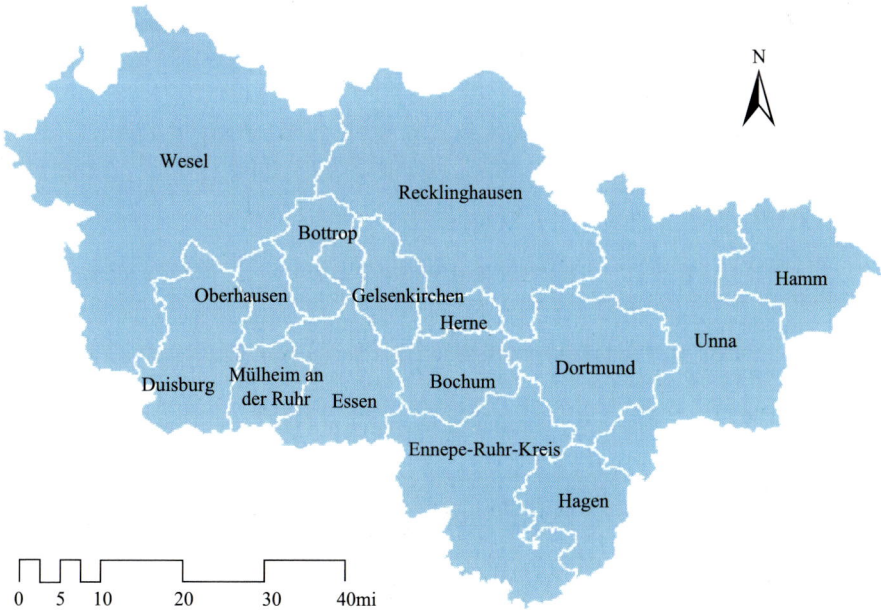

图 7-5　鲁尔区的组成和主要地区

1mi=1.609344km

2. 开采历史与现状

　　鲁尔区是典型的传统工业地域，被称为"德国工业的心脏"。它地处欧洲的十字路口，又在欧洲经济最发达的区域内，与法国、荷兰、比利时、丹麦、瑞典等国家的工业区邻近。19 世纪 50 年代，鲁尔区经济繁荣，煤炭开采和重工业是该地区的支柱产业，随后鲁尔区迅速发展成为世界上最著名的重工业区和最大的传统工业地区。随着鲁尔区的繁荣，这里出现了欧洲历史最悠久的城镇聚集区，形成了多特蒙德、埃森、杜伊斯堡等著名的工业城市。第二次世界大战时期，鲁尔区的重工业资源发挥了重要的作用，是发动战争的物质基础。第二次世界大战之后，鲁尔区又在联邦德国经济恢复和经济起飞中发挥过重大作用，工业产值曾占全国的 40%。20 世纪 70 年代以后，电气、电子工业有了很大发展。鲁尔区生产了联邦德国 80% 的硬煤、90% 的焦炭，集中了全国钢铁生产能力的 2/3，电力、硫酸、合成橡胶、炼油能力、军事工业等均在全国居重要地位。

　　然而在接下来的几十年里，矿业和重工业地位下降，生产从业人员急剧减少。政府和相关机构为振兴该地区做了大量改革并且逐渐成功重塑了当地经济。长期以来，煤炭逐步淘汰遭到强烈反对，导致开采成本增加。自 20 世纪 90 年代以来，煤炭淘汰造成了失业潮和经济危机，但由于政府更加分散包容的战略以及与工会的协调，缓解了这一过渡时期大量的失业并减轻了经济困难。在这样长期且非一刀切式的政策支持下，2018 年，鲁尔区的最后一座矿山关闭。

　　19 世纪，发展了以煤炭开采、煤炭发电和依赖煤炭的重工业，尤其是以钢铁业为中心的经济。19 世纪 50 年代后期，由于国际竞争，鲁尔区的硬煤产量开始迅速下降。1955 年，在煤炭开采相关行业的巅峰时期，有近 48 万从业人员，到 1980 年，大约有 14.3 万从业人员，最后两个矿区是在 2018 年关闭，只剩下 3371 个从业人员（表 7-2）。

表 7-2　鲁尔区煤矿劳动力　　　　　　（单位：人）

年份	鲁尔区的矿业从业人员
1955	479316
1980	143440
1990	98675
2015	7546
2018	3371

　　1957 年，鲁尔区的煤炭和钢铁行业的从业人员达到高峰，达到 807400 人，占该地区总就业人数的 70%。其中，473600 人从事煤矿工作。1960 年，矿业从业人员降至 39 万人；到 1980 年，降至 14 万人左右；到 1994 年，有 77600 人；到

2001 年，减少到 3.9 万人；2007 年，仅剩 2.4 万人，占德国煤矿总人数的四分之三。那时，煤炭行业的从业人员在鲁尔区的总就业人数中所占比例不到 2%。钢铁行业的从业人员也大幅下降，但降幅小于煤炭行业。

20 世纪 50 年代中期以来，鲁尔区采矿行业从业人员最多为 50 万人，意味着每 10 个居民中就有一个人受雇于采矿行业。这表明采矿业对这个地区和生活在那里的家庭的重要性巨大。然而，第一次煤炭危机(19 世纪 60 年代末)将工作数量减少了一半。从业人员从 1957 年就业水平最高的 473600 人下降到 1968 年的 210300 人。1968 年，鲁尔区第一个具体的结构性政策方案开始实施。这意味着因此减少了超过 263300 名从业人员，就业率下降了 57.6%。

7.1.4   从煤矿转向绿色工业和专业知识中心——鲁尔区的转变之路

以鲁尔区为代表，德国经历了长达数十年的去煤炭化历程，其中的发展过程与关键节点如图 7-6 所示。在这样长时间的变革期间，一共经历了四个大的结构改变的阶段，"鲁尔地区案例研究"将鲁尔区的结构性政策细分为以下阶段：①综合结构政策(1966～1974 年)；②集中式结构政策(1975～1986 年)；③区域化结构政策(1987～1999 年)；④以部门专家为导向的结构政策(自 2000 年起)。

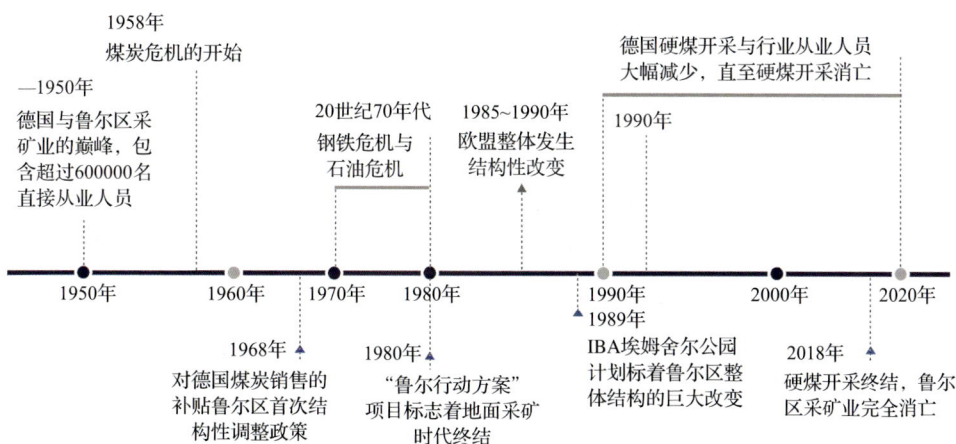

图 7-6   德国与鲁尔区煤炭行业的发展历程与关键节点

在经济学中，"结构性变化"被定义为一个统计度量的集合(如国内生产总值、就业)的结构组成的变化。这个术语本身是中性的，旨在表达经济发展并不是以相同的方式在整体部门和地区发生的，而是涉及各个层面的部分转变。结构性变化主要包括以下几种政策。

保护性结构性政策：意在通过防止受威胁部门的收缩来阻碍或至少推迟结构性变化，以避免社会扭曲。

　　反应性结构政策：接受部门的收缩。但是，由此产生的社会困难会得到缓冲，如通过劳动力市场政策的措施。

　　前瞻性结构政策：意在预测未来的发展，并通过刺激其他（经济）结构及时补偿收缩的负面影响，一些选择性的技术政策措施也可以纳入这个类别中。

　　结构性政策干预的影响主要包括以下几个方面：经济、社会福利、生态环境和区域形象。

　　1. 综合结构政策（1966～1974年）

　　在第一次煤炭危机正式来临之前，联邦和州一级的负责人已经清楚地认识到通过与钢铁和发电行业的联系来稳定硬煤需求的途径不足以弥补德国硬煤竞争力的不足。相反，煤炭和钢铁的结合进一步加速了未来几年鲁尔区的结构性危机，特别是随之而来的钢铁危机。因此，在这一阶段，政府与相关负责人开始对鲁尔区进行综合结构政策改革。

　　综合结构政策干预作为对20世纪50年代第一次煤炭危机的应对政策，德国联邦政府推出了补贴措施，以稳定国内煤炭的需求。1963年，德国联邦政府通过了德国支持硬煤开采合理化的法律。该法律规定采矿公司必须加入一个根据该法律成立的合理化协会，其目的是减少煤矿数量。1965年第二次煤炭危机后，第一部电力转换法获得通过。该法律规定，如果发电站使用穹顶硬煤而非石油，则可获得税收优惠。一年后，第二部电力转换法启动：如果钢铁行业使用国产硬煤，就可以获得补贴和资金，以缓解裁员带来的社会困难。然而，与其他燃料（如石油和后来的核能）及与其他国家的硬煤相比，德国国内硬煤在能源市场上越来越没有竞争力。1974年，第三部能源转换法获得通过。该法律规定了国家机构和电力部门必须购买相当数量的煤炭以便稳定国内对硬煤的需求，保障电力供应。

　　通过1968年的"鲁尔发展纲要"（DPR），北莱茵-威斯特法伦州启动了第一个针对地区的结构性政策方案。该纲要的目的是整合和捆绑以前孤立的个体措施，并以区域性的国家措施来补充以前基于部门的结构政策措施。DPR被设定为五年。资金量约为170亿马克（约869万欧元），资金来自联邦政府、州政府和欧洲共同体以及德国联邦就业局。

　　该纲要的主要焦点是：①硬煤开采中社会兼容的劳动力的减少。②采矿公司的现代化，通过加强区域经济发展来吸引新的工业公司。③基础设施的扩展，以改善人员的流动性（扩大道路网络和公共交通）。改善生活质量（扩大区域休闲设施）和增加该地区的人力资源（扩大中小学规模和增设大学）。

　　对该地区来说，最后一点尤其重要。1965年，波鸿鲁尔大学作为鲁尔地区的第一所大学开始授课。随后，杜伊斯堡大学和埃森大学建立。哈根函授大学的建立也发生在这个时期。

对综合结构政策干预的评估：总的来说，这一阶段的政策干预虽然取得了一定的效果，但由于大部分措施都是被动且延后的，效果并不显著。这一阶段的干预措施主要是针对"经济"和"社会福利"的影响层面。

随着第一部和第二部电力转换法的出台，硬煤的销售趋于稳定。因此，其对现有的部门结构产生了保护性影响。矿井的现代化也是保护性的。对基础设施的投资被认为是被动的综合结构政策干预，因为在鲁尔区，这些干预比德国其他地区要晚得多，尤其是在硬煤开采的就业率大幅下降之后。

然而，该政策影响了该地区的未来发展能力。这尤其体现在对教育的投资和对休闲设施的投资上。在交通基础设施方面，这种投资极度局限于私人交通，而公共交通网络只得到了部分扩展。吸引大型工业公司的投资也应被解释为反应性政策。除了少数个例(如波鸿地区的欧宝汽车公司)外，没有大公司在鲁尔区定居。原因之一是，鲁尔区的矿业公司仍然是相当一部分土地的所有者。如果这些土地不被释放，国家和市政当局都没有土地提供给鲁尔区的大公司。甚至到了 20 世纪 70 年代，当地公司还拒绝将土地重新租给其他大公司。这种做法被称为土地封锁(Bodensperre)[174]。

2. 集中式结构政策(1975～1986 年)

随着 19 世纪 70 年代全球石油价格危机的发生，鲁尔区工业的竞争形势也在加剧。政策制定者的反应是放弃综合结构和基础设施的改革，转而采取更加集中的措施，这些措施主要针对现有的大型工业：在 1975 年至 1985 年，北莱茵-威斯特法伦州在采矿、能源、经济和钢铁四个技术计划的范围内促进技术发展。其目的是提高当地大型公司的生产力，从而提高竞争力，最大限度地减少环境污染和优化技术转让。

这些计划在 1980 年被移交给"鲁尔行动计划"——鲁尔地区的现代结构政策。"鲁尔行动计划"运行了四年，总预算为 66 亿马克，其中 51 亿马克由北莱茵-威斯特法伦州提供，15 亿马克由德国联邦政府提供。"鲁尔行动计划"的一个重点是技术转让，以便更好地将已建立的大学机构与当地公司联系起来。另一个重点是解决失业问题，因为在 20 世纪 70 年代，鲁尔区在联邦和州一级的发展中出现了很大的偏差。振兴计划的目标是更好地协调联邦政府、州政府和市镇政府以前的不同措施(表 7-3)。在"鲁尔行动计划"的框架内，建立了重要的结构，以优化结构改革的进程。因此，在技术计划和"鲁尔行动计划"的基础上，在鲁尔区建立了许多技术中心，如 1985 年在多特蒙德建立了技术中心。

表 7-3　鲁尔行动计划资金分配

参数	值/亿马克	百分比/%
总计	7035	100
城市更新、居住环境、体育	1676	23.82
能源行业中心	1600	22.74
环境保护	1349	19.18
加强投资潜力	971	13.80
科技创新	710	10.09
消除失业、教育和培训	583	8.29
文化建设	68	0.97
其他	78	1.11

在接下来的几年里，技术支持由北莱茵-威斯特法伦州政府推动。这主要是为了加强公司的生产力，从而提高它们的竞争力，最大限度地减少环境污染，并改善技术转让的环境。以下是为鲁尔区推出的四个计划：①通过采矿技术计划（1974~1984 年），总共为硬煤开采提供了 6.2 亿马克。②在能源技术计划（1974~1984 年）的框架下，6.97 亿马克用于非核能源部分，9.64 亿马克用于核能源部分。③经济技术计划（1978~1984 年）的资金为 3.5 亿马克。该计划旨在提高所有部门的中小型企业的创新能力。④钢铁技术计划（1979~1989 年）获得了大约 5 亿马克的资金。

1979 年，通过建立鲁尔财产基金，特别是那些没有移交给 RAG 的已关闭矿山的棕地，被重新激活并提供给企业安置。此外，那些对生态环境有危害的场地也被处理。

对结构性政策干预的评估：APR 的结果也是好坏参半。州政府以对话为导向的新政策风格被认为是积极的。在试图更好地协调联邦政府、州政府和市镇政府的各种计划以及个别背景主题和政策领域方面，它们往往仍然是采用单独的措施。此外，相当一部分资金流向了实际的采矿公司。大学和企业之间的技术转让的结果也被认为是不成功的。因此，Olaf Arndt 等将这一阶段的结构性政策归为一个共同的"保护性和反应性政策"，并总结说："因此，总体上可以确定，尽管做出了积极的努力，而且确实取得了一些可观的成功，但整个计划过于偏重于旧工业，这意味着这些结构性政策的大部分应用必须被评价为采矿业的缓冲政策，尽管不是全部，但大部分都是如此"。这一阶段的干预措施也大量针对"经济"和"社会福利"影响层面。通过最大限度地减少环境污染，"生态"影响维度也得到了解决。

3. 区域化结构政策(1987～1999 年)

20 世纪 80 年代后期,煤炭和钢铁工业危机再次加剧,硬煤开采和钢铁工业出现了大规模的失业。由于鲁尔区经济形势严峻,德国联邦政府通过"改善地区经济结构"社区任务增加资金。其中大部分的资金都被纳入了以下的干预措施中:①对创新和技术的支持;②面向未来的资格认证和就业创造措施;③基础设施的扩展;④环境措施。

为了实施具体措施,鲁尔区被划分为六个区域:东部鲁尔区、中部鲁尔、马基施(Märkisch)地区、梅奥、埃姆舍尔·利普(Emscher Lippe)、下莱茵河区。

在每个地区都举办区域会议。举办区域会议的目的是建立区域发展重点和区域发展概念。为了明确措施,成立了为期两年的北莱茵-威斯特法伦州煤炭和钢铁地区执行委员会。1989 年,在"北莱茵-威斯特法伦地区未来倡议"(ZIN)的政策框架下,ZIN 被扩大到整个北莱茵-威斯特法伦州。这一扩展的原因是人们越来越意识到在部署结构性政策干预时,必须考虑现有的区域差异(优势和挑战)。

1991～1993 年,鲁尔区的六个地区也制定了地区发展政策。这些政策是由州一级的负责部门制定的,并在一个部际工作组和州议会的经济委员会中被重新审视,特别是在 1975～1986 年已经非常重视的技术支持被进一步扩大,因此北莱茵-威斯特法伦州和鲁尔区的技术转让机构的密度非常高。这些技术转让机构的目标是将研究中的技术专长转移到实践中,从而支持初创企业。技术转让机构的网络包括商业部门、工会、高等教育机构、大学以及创新和技术中心,总共大约有150 个中心和机构。

对区域化结构性政策干预的评估:随着区域化结构政策的出台,北莱茵-威斯特法伦州政府支持鲁尔区和该州不同地区的内生潜力,从而重新应对鲁尔区和北莱茵-威斯特法伦州日益分化的经济结构。前几年,该计划是由联邦政府和州政府以"自上而下"的方式发起的,而这次则首次引入了"自下而上"的战略,让不同地区的利益相关者(经济发展机构、就业中心、学术和研究机构、工会、商会等)参与进来。区域利益相关者的参与促进了公司主义的对话,因此建立了一个新的治理结构。随之而来的研究结论是:"区域化结构政策的基本理念可以被重新视为加速结构变革的长期可行的方法"。然而,由于当地工会、商会缺乏人力资源,也缺乏完成这些新任务的资格,因此对于 ZIN 的评价有一些不同的声音。因此,批评者怀疑在 ZIN 框架内召开的地区会议的民主合法性。由于决策权仍然在州一级,没有转移到区域利益相关者,倡导者强调扩大参与的利益相关者群体是积极的。虽然北莱茵-威斯特法伦州政府认为结果是积极的,但随之而来的研究却更加清醒,并对沟通和决策程序、制定的政策质量以及不同方案的整合持怀疑态度。根据 ZIN 的措施,可以确定它们具有保持和持续活跃的影响。这里介绍的创新也是针对"社会福利"和"经济"层面，但它们也通过各种环境措施影响"生态环境"层面。

4. 以部门专家为导向的结构政策（自 2000 年起）

随着 2000 年里斯本战略的通过，集群或以能力领域为导向的重点被纳入了欧盟结构政策中。在这一时期的政治氛围下，欧盟结构政策中引入了对专业领域或集群的定位。集群的概念在 20 世纪 90 年代由迈克尔·波特提出。根据迈克尔·波特的说法，集群被理解为在价值创造链（供应商和生产商）的纵向关系层面和研究、开发、质量与技术支持的横向关系层面上相互依赖的公司的地理集中。例如，美国的硅谷作为一个高科技 IT 集群而闻名于世。

这一时期，在北莱茵-威斯特法伦州和鲁尔区，关于专业领域和集群的讨论也纳入了结构政策中。关于专业领域和集群政策的学术讨论从 20 世纪 90 年代中期到后期影响了鲁尔区的结构政策利益相关者。在这些年中，大量的研究界定了鲁尔区的不同专业领域。德国工会联合会（DGB）和意厦国际设计集团（ISA）咨询公司列出了鲁尔区的七个专业领域。 2000 年和 2002 年，鲁尔市政协会在"鲁尔行动计划"中确定了 6 个主题重点。几乎在同一时间，北莱茵-威斯特法伦州经济部进行了一项研究，以确定未来的技术领域。在这方面，也制定了 6 个领域。作为鲁尔就业协议的一部分，未来的技术领域是一个由国家、市政当局、企业和贸易联盟共同发起倡议的领域，最初确定了 8 个领域，在区域利益相关者之间的谈判中，这些领域被扩展为 12 个专业领域。在大都市鲁尔经济发展公司的 2011 年鲁尔经济报告中，工业与技术研究所（IAT）为鲁尔区定义了 8 个影响至今的市场工业核心：教育和知识、数字通信、休闲和活动、医疗保健、交通运输、可持续消费、资源效率、城市建设和住房。与之前的计划和措施一样，在鲁尔区结构政策的第四阶段，鲁尔区的调查结果被扩展到整个北莱茵-威斯特法伦州。2004 年首次在州一级对战略行动领域进行了分析，发现对北莱茵-威斯特法伦州来说，在内容上有 6 个重点。2007 年，确定了 16 个集群，这些集群被整合为 5 个主导市场。

2014 年，这些集群在北莱茵-威斯特法伦州更新战略的框架下被进一步发展为 7 个主导市场：能源和环境经济、保健经济、信息和通信技术、创意产业、生命科学、移动性和物流、新材料和生产。

因此，在州一级和鲁尔区一级，存在着一个并列在内容上高度交叉的主导市场。由于结构性政策资金是在北莱茵-威斯特法伦州市场的基础上提供的，它们具有特别的相关性。

结构性政策干预：在 2000～2006 年的资助期，鲁尔区和海因斯堡的采矿区被列为欧洲区域发展基金（ERDF）财政支持的目标地区。为了创造和保留中小企业的就业机会，提高地区竞争力，北莱茵-威斯特法伦州在目标计划中确定了实施措施的 4 个重点：企业和初创企业的融资、创新能力的发展、与创新有关的基础设施的发展、针对目标群体的支持。

可以清楚地看到，除了前几个资助期实施的"传统"干预措施（如技术支持）外，选定的专业领域也得到了明确的支持，包括优先事项"创新能力的发展"（媒体和通信、旅游、休闲和文化、预算和面向公司的服务、未来能源和医疗保健专业领域的发展）和优先事项"与创新有关的基础设施的发展"（物流服务和基础设施）。在该资助期，共投资了 46 亿欧元，其中 16 亿欧元来自 ERDF，12 亿欧元来自国家，18 亿欧元是私人投资。

该资助期的评估者总体上对所实现的目标做出了积极的判断，即改善受资助地区的竞争状况[175]。该时期创造了 14000 个新的工作岗位，并且保留了大约 10000 个工作岗位。此外，创造了 3000 个实习岗位，更新了约 17500 个实习岗位。每一欧元的结构性基金支持，可使两欧元的进一步投资成为可能。通过对公司研究和开发项目的投资以及对技术和资格基础设施的扩展，创新能力和竞争力得到提高。环境和生活质量通过价值约 1.3 亿欧元的重新装修投资得到改善。

在这方面，干预措施的重点是"经济"和"社会福利"层面，然而"软位置因素"，如改善生活质量也得到了支持，因此"生态环境"层面也得到了解决。总的来说，这一时期的结构性政策被评价为是被动的。随着新的资助期的到来，ERDF 的方向不再是凝聚力，而是更强烈地指向了竞争。因此，政策干预的目标被重新命名为"区域竞争力和就业"。它伴随着对鲁尔区有长期影响的非特定区域的资助。运营计划由新成立的基民盟-自民党州政府制定，其方式是可以同时兼顾凝聚力和竞争力的提高。为了提高竞争力，创新过程和特定的优势得到了资助。该资金通过定义的集群目标为基础，加强了现有的优势。此外，结构薄弱地区的创新公司将被单独资助。约有一半的资金将被用于此处。鲁尔区被定义为结构薄弱地区，进一步的创新即引入资金竞争，以提高资金的效率。自 2000 年以来，鲁尔区建立了一些重要的机构，从而进一步改善了引导结构改革的支持结构。在这方面，值得一提的是鲁尔项目，它成立于 2000 年，唯一的目的是资助鲁尔区的项目，2007 年成为大都市鲁尔经济发展公司（自 2017 年起，成为 Business.Metropole.Ruhr，BMR）。BMR 是鲁尔区域协会（RVR）的子公司，负责"服务提供者、营销者、项目经理和资金事务顾问"。此外，2009 年，区域规划从北莱茵-威斯特法伦州交还给了 RVR。2014～2020 年 ERDF 资助期的资金也是根据 8 个确定的主导市场提供的。北莱茵-威斯特法伦州建立了自己的主导市场机构，根据八个主导市场为北莱茵-威斯特法伦州范围内的创新公司发放资金，同时也提供项目资金。在所有的主导市场中，已经宣布了竞争的呼吁，并对项目进行了资助。

对结构性政策干预的评价：由于该项资助持续时间和考察期较长，2007～2013年资助期的评估报告尚未出炉，当前的资助期也尚未结束，无法进行最终评估。在现有文献中，提到了以下几点：①RWI——莱布尼茨经济研究所对鲁尔区资助的研究强调了竞争程序的引入提高了质量。②集群的定义、专业领域和主导市场被批判性地看待，缺乏经验性的证据受到了质疑。此外，专业领域的广度也受到了批评。集群往往不仅根据相关标准（临界质量、纵向和横向网络）来定义，而且还根据 "谈判过程" 来定义。特别是在没有临界质量的地区，结构性政策不应仅仅局限于集群政策，还应该寻求其他手段。③此外，结构性政策对主导市场的定位（加强优势）也被批判性地看待。早在 2005 年，Rehfeld 就得出结论：集群导向不能成为结构政策的唯一战略方向。集群政策应被纳入全面的结构政策中，其中自下而上和自上而下的要素、区域重点和增长的专题领域应得到平衡。与"鲁尔创新城"项目相比，"鲁尔 2010"欧洲文化之都从一开始就是一个有时间限制的项目，该项目至今仍在运行并提供重要的推动力。通过文化之都倡议，管理结构得到了进一步的发展。特别是鲁尔区的文化机构之间的合作从此得到了改善。单独的"活动"加强了鲁尔区居民的"区域认同"。"鲁尔创新城"是一个开创性的项目，在"经济""生态"和"社会福利"的影响方面，它可以被评价为一种前瞻性的干预。然而，现有的部门或者说集群也得到了资助。在"经济"和"社会福利"影响方面，这种集群资助仍应被理解为既保持又反对，这一点从资源效率集群的例子中可以看出，硬煤开采也包括在内。

5. 总结

由对结构性政策干预的描述可知，"经济"和"社会福利"层面是鲁尔区结构性政策的重点，并且至今仍然如此。在上述四个阶段中，重点是"经济"层面的改革和对鲁尔区长期淘汰煤炭的社会缓冲措施。因此，在很长一段时间内，结构性政策干预主要是应对煤炭危机，并对现有的经济结构做出保护，同时缓解大量失业造成的不良社会现象。

在社会上减少硬煤开采相关工作可以维护鲁尔区的社会稳定，缓慢淘汰硬煤开采可以防止德国统一后在民主德国发生的结构性破坏。尽管鲁尔区的硬煤开采业损失了大量的工作岗位，但到目前为止还没有出现任何强制性的裁员。这一成功的关键原因是德国煤炭和钢铁共同决定法框架下的社会伙伴模式。通过雇主和雇员代表之间的谈判，可以达成社会计划，为大多数受影响的人提供遣散费，并在提前退休时提供额外的社会保险。对于矿山员工来说，提前退休并不意味着任何重大的经济损失。

北莱茵-威斯特法伦州与社会伙伴一起，启动了创新的结构性政策干预措施。

这既适用于 DPR（它特别确保了鲁尔区基础设施的成功扩张），也适用于区域化结构政策阶段的干预措施，如埃姆舍尔公园。通过这些计划和举措，鲁尔区和北莱茵-威斯特法伦州覆盖了新的结构政策领域，其中一些在全世界都是开创性的。

20 世纪 60 年代中期，在全德国教育运动的支持下，大学和研究领域开始成功扩张。如今，鲁尔区是德国和欧洲大学与研究机构密度最高的地区之一。自从建立埃姆舍尔公园以来，鲁尔区的形象发生了变化。由于工业地标的建立，人们的生活质量进一步提高，鲁尔区已成为一个越来越受欢迎的旅游目的地。埃姆舍尔公园明确而平等地将"生态"和"区域认同"这两个维度作为影响维度。今天，这些影响维度仍然在"鲁尔创新城"和继续进行的埃姆舍尔转换中得到解决，这对鲁尔北部地区的生态环境非常重要。此外，"鲁尔 2010"欧洲文化之都是建立在国际建筑展览会（IBA）埃姆舍尔公园成功的基础之上。

总而言之，可以回顾鲁尔区自 19 世纪 60 年代以来的结构性政策干预所取得的一些成功。然而，仍有许多挑战需要应对。

最重要的挑战可能在于鲁尔区南部和北部之间持续存在并进一步加剧的隔离。随着时间的推移，结构性变化已经从南部转移到北部，正如鲁尔区的煤矿开采一样。虽然鲁尔区南部的结构性改革已经取得了初步成功，但北部却面临着特别大的挑战，特别是在"社会福利"和"经济"影响层面。关于结构性政策干预的影响，需要指出的是，这些干预措施主要集中在煤炭和钢铁行业的雇员身上，并倾向于覆盖鲁尔区南部的地理区域。

鲁尔区的边界是以共同的硬煤开采历史为基础的。在很长一段时间里，鲁尔区是由采矿业的大型结构所塑造的。如上所述，在一些城镇，以中小企业为特征的新分支得到了发展。然而，这并不是在整个地区发生的。这方面的一个重要挑战是鲁尔区各市镇之间的功能差异。为此，在大学和城市之间以及城市本身之间建立一个更好的网络显得非常有希望。

特别是在 20 世纪 60 年代末的 DPR 框架下，鲁尔区的基础设施得到了极大的改善。这不仅适用于教育和大学部门，而且也适用于交通基础设施以及休闲和文化机构的扩展。在这方面，现在有很大的投资需求。

从环境角度来看，由于煤炭和钢铁工业的衰退以及伴随着这些工业产生的排放物的减少，生态环境有了积极的改善，尽管今天鲁尔区的特点仍然是受污染的地方和采矿的破坏。然而，除了少数个例（埃姆舍尔公园）外，这种成功是结构变化本身的结果，而不是结构性政策干预的结果。

同样在未来，鲁尔区将继续受到结构性变化的强烈影响，特别是在鲁尔区北部，有必要采取特殊的结构性政策干预。

7.1.5　鲁尔区改变的具体对象

如上所述,结构性政策干预的影响主要包括以下几个方面:经济、社会福利、生态环境和区域形象。

1. 人口发展

1961 年,有 560 万人居住在鲁尔区。2015 年底,鲁尔区约有 510 万人,其中约 51%为女性、49%为男性。人口的下降不是稳定的,而是波动的:到 20 世纪 80 年代末,人口已经下降到大约 520 万人。在德国统一和 20 世纪 90 年代中期之间,人口出现了增长。从那以后,人口数量连续下降,而在北莱茵-威斯特法伦州和整个德国,人口数量有了 3%的轻微增长。

在鲁尔区,人口变化比平均水平更快(表 7-4):鲁尔区 20 岁以下人口的比例从 1961 年的 28.6%下降到 2015 年的 18%。相比之下,北莱茵-威斯特法伦州 20 岁以下人口比例从 1961 年的 28.9%下降到 2015 年的 18.9%。与此同时,鲁尔区超过 60 岁人口的比例从 15.9%(1961 年)增加到 28.1%(2015 年),北莱茵-威斯特法伦州超过 60 岁人口的比例从 15.7%(1961 年)增加到 26.8%(2015 年)。自 1961 年以来,鲁尔区劳动年龄人口(20~60 岁)的比例下降了 1.6 个百分点,降至 53.9%。在北莱茵-威斯特法伦州,劳动年龄人口(20~60 岁)的比例从 1961 年的 55.4%下降到 2015 年的 54.4%,下降了 1 个百分点。

表 7-4　鲁尔区不同年龄段的人口

地区	参数	1961 年/人	2015 年/人	相对增加/人	绝对增加/%
鲁尔区	20 岁以下	1611609	919737	−691872	−42.9
	20~60 岁	3123413	2752703	−370710	−11.9
	超过 60 岁	895862	1436813	540951	60.4
	总计	5630884	5109253	−521631	−9.3
北莱茵-威斯特法伦州	20 岁以下	4512650	3371550	−1141100	−25.3
	20~60 岁	8659708	9713264	1053556	12.2
	超过 60 岁	2460124	4780702	2320578	94.3
	总计	15632482	17865516	2233034	14.3

2. 劳动力市场发展

2014 年,大约有 226 万人在鲁尔区工作。相较于 1996 年,从业人员减少了 7.94 万人,相当于下降了 3.54%。生产行业的从业人员从近 80 万人下降到 2014

年的 59.5 万人(–25.63%)，这只能由服务行业的增长来部分弥补。自 1964 年以来，生产部门增加了约 75.4 万名雇员(+118.8%)，因此，2014 年的数字增加到 165 万。农业部门的就业率为 2%，该部门在 20 世纪 60 年代就已经在鲁尔区处于次要地位。2014 年，这一比例仅为 0.5%。尽管在北莱茵-威斯特法伦州和联邦德国各州都可以看到就业率周期性的上升和下降，但鲁尔区的就业率明显下降得更厉害。在这方面，我们可以看到 1986 年大约有 15% 的失业率。在 20 世纪 80 年代后期，就业率有所上升，但鲁尔区仍然明显落后于北莱茵-威斯特法伦州和联邦德国各州的发展。与 1964 年相比，北莱茵-威斯特法伦州和联邦德国各州 1990 年的就业率百分比分别增加了 5% 和 11%，而鲁尔区 1990 年与 1964 年相比下降了 7%。在德国统一前后(1990 年左右)的发展过程中，失业率最初呈下降趋势，但随后又有所上升，在 20 世纪末达到了约 15% 的失业率(图 7-7)。2015 年，失业率比 1992 年的基准年高出约 5%。在这方面，鲁尔区的发展也明显滞后于两个对比地区。北莱茵-威斯特法伦州的就业率增加了 13.1%，而全德国则增加了 12.5%。

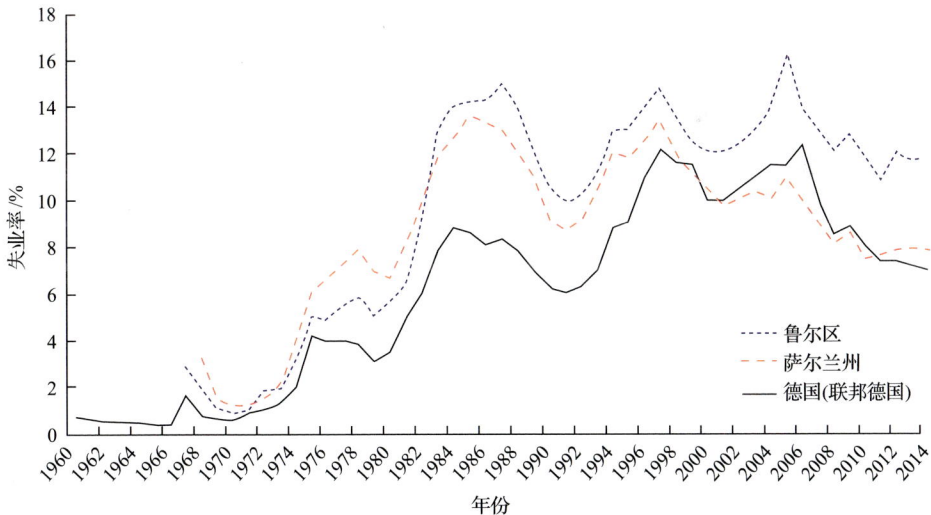

图 7-7　德国(联邦德国)、鲁尔区、萨尔兰州的失业率

就业率(在此确定为居住地受社会保障的雇员在该居住地 15～65 岁人口中的比例)是衡量人口参与工作生活的一个重要指标。2015 年，鲁尔区的就业率为 50.9%，低于北莱茵-威斯特法伦州和德国的平均水平(53.9% 和 56.9%)。然而，鲁尔区的 15 个区和城市区之间存在着明显的差异。就业率最高的是恩内佩普-鲁尔区，为 55.5%，最低的是盖尔森基兴，为 45.2%。自 1980 年以来，鲁尔区拥有学历的工人比例已从 3.9% 上升到 12%。但是，鲁尔区的这一数字仍然低于北莱茵-威斯特法伦州 13.4% 的平均水平。埃森州的学者最多，占 16.5%，而"鲁尔区最

后的矿业城市"博特罗普的这一比例最低，为7.3%。自2000年以来，结构性政策的方向发生了变化。从那时起，就遵循"加强实力"的口号，以此为重点，在鲁尔区也进行了一次去粗取精的分析。2011年鲁尔区经济报告中主导市场和区域未来领域提到了以下9个领域：教育和知识、数字通信、休闲和活动、医疗保健、移动性、可持续消费、资源效率、城市建设和住房以及作为创新的动态驱动力的工业核心。

在鲁尔区和北莱茵-威斯特法伦州，所有需要缴纳社会保险费的雇员（图7-8）中，在各主导市场缴纳社会保险费的工人所占的比例一直是最高。

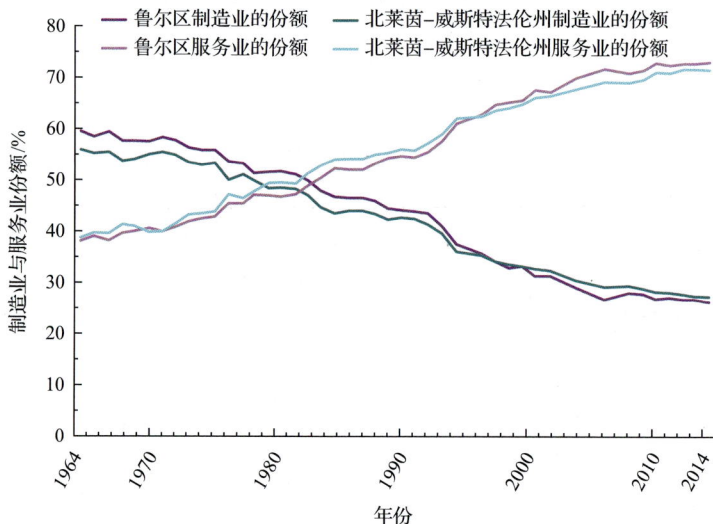

图7-8　鲁尔区、北莱茵-威斯特法伦州的制造业与服务业份额

尽管鲁尔区的"工业核心"多年来一直在衰退，但在2013年，它的雇员比例最高，为19%，其次是雇员密集的"医疗保健"主导市场。就业率最低的是"数字通信"主导市场，雇员比例为2.8%。同样在北莱茵-威斯特法伦州和德国的对比地区，"工业核心"的就业比例最高，北莱茵-威斯特法伦州为19.1%，德国为16.5%。这些数字说明了工业部门对北莱茵-威斯特法伦州和德国的巨大重要性。

失业率描述为在德国联邦就业局（及其前身）登记的失业人员在平民劳动力中的比例，是参与或不参与工作生活的一个重要指标。在1973年的石油价格危机之后，失业率出现了大规模的增长。特别是在20世纪80年代，由于硬煤开采部门大量失业，与北莱茵-威斯特法伦州和联邦德国各州相比，鲁尔区的失业率明显上升。1987~1988年，鲁尔区的失业率达到15.1%，明显高于北莱茵-威斯特法伦州的10.8%和联邦德国各州的8.4%。自2005年以来，失业率又有所下降。然而，在鲁尔区，这种下降明显低于北莱茵-威斯特法伦州和德国。2015年9月，鲁尔区的失业率为 11.5%，比北莱茵-威斯特法伦州的失业率高出 2.9 个百分点，比全德国的平均水平高出 3.1 个百分点。盖尔森基兴的失业率最高，为 14.7%；恩内佩普-鲁尔区的失业率最低，为 6.7%。鲁尔河畔米尔海姆的长期失业率最高，为52.6%；赫恩的长期失业率最低，为 39.9%。

3. 经济形势与发展

GDP 是衡量一个国家或另一个地理参照系内创造或提供的所有货物和服务的价值，因此是衡量一个国家或一个地区经济表现的重要指标。1992～2015 年，鲁尔区的 GDP 名义上从 1042 亿欧元增加到 1573 亿欧元，增加了约 51%。然而，鲁尔区的发展落后于北莱茵-威斯特法伦州和德国这两个对比地区。(北莱茵-威斯特法伦州的 GDP 增长了 62%，而全德国则增长了 79%)。每个工人的 GDP 指标衡量的是每个工人平均创造的劳动生产率。1992 年，鲁尔区的这一数字为45783 欧元，北莱茵-威斯特法伦州的比较值为 49250 欧元，德国平均值为 44284欧元。因此，1992 年，鲁尔区的劳动生产率高于德国的平均水平。然而，1992～2015 年，鲁尔区和北莱茵-威斯特法伦州的发展落后于德国的平均水平。虽然鲁尔区的劳动生产率增长率为 44.2%，北莱茵-威斯特法伦州的劳动生产率增长率为43.2%，但德国的劳动生产率增长了 59.1%。2015 年，鲁尔区的劳动生产率为每个工人 66025 欧元，最终明显低于德国每个工人 70437 欧元的平均水平。尽管增长缓慢，但北莱茵-威斯特法伦州的劳动生产率仍高于对比地区，为每个工人 70542 欧元。鲁尔区和北莱茵-威斯特法伦州劳动生产率增长较弱的原因是工业部门的高损失，在鲁尔区主要是采矿业。鲁尔区 1980 年、1991 年、2000 年、2010 年和2014 年的总附加值的发展情况显示增加值总额衡量的是所有生产的商品和提供的服务的价值，而不包括必要的投入(如原材料)的价值，因此，鲁尔区可以很好地提供不同经济部门和领域之间的比较结果。1980 年，大约产生了 1.226 亿欧元的总附加值，其中 6140 万欧元是在农业和林业部门，3010 万欧元在工业部门，3110 万欧元在服务部门。就其经济表现而言，工业和服务部门在 1980 年大致处于同一水平。2014 年，一个明显不同的情况已经显现出来，在产生的 1.424 亿欧元的总附加值中，71.9%来自服务部门，只有 28.1%来自工业部门。以欧元为单位的私人家庭可支配收入为一个地区内居民的平均收入水平提供了重要信息。自1975 年以来，所有三个对比地区的收入水平都明显提高了。然而，自 1987 年以来，鲁尔区与作为对比地区的联邦德国各州之间也出现了明显的"断裂"。工资高于平均水平的采矿业工作岗位的流失，直接影响了平均收入水平。因此，1990 年鲁尔区的可支配收入增加了 5980 欧元，达到 11501 欧元，而北莱茵-威斯特法伦州则增加了 6769 欧元，达到 12230 欧元，联邦德国各州平均增加了 6833 欧元，达到 12385 欧元。另外，在接下来的时间里，鲁尔区的发展明显落后于两个对比地区。因此，鲁尔区的居民人均可支配收入在 1995～2014 年从 14242 欧元增加到 19395 欧元(+36.2%)。同期，北莱茵-威斯特法伦州的居民人均可支配收入增加了 5870 欧元，达到 21207 欧元(+38.3%)，而德国则增长了 6480 欧元，达到 21117 欧元(+44.3%)。

4. 大学与科研机构

1961 年，波鸿鲁尔大学作为鲁尔区的第一所大学在北莱茵-威斯特法伦州议会决定成立。1965 年，波鸿鲁尔大学开始举办讲座。从那时到 2015 年，鲁尔区已经成为所谓的"Wissensregion Ruhr"(鲁尔知识区域)，共有 22 所大学、高等教育和研究机构(表 7-5)。

表 7-5　鲁尔区大学和应用科学大学

大学/应用科技大学	创立时间	学生/人 (截至 2013 年)	教授/人 (截至 2013 年)
乔治农业大学(TH Georg Agricola University)	1816 年	2.400	34
富克旺艺术大学(olkwang University of Arts)	1927 年	1.500	98
波鸿鲁尔大学(Ruhr-University Bochum)	1965 年	41.200	460
多特蒙德技术大学(Technical University Dortmund)	1968 年	31.000	300
多特蒙德应用科学大学(University of Applied Sciences Dortmund)	1971 年	12.300	227
波鸿应用科学大学(无海利根豪斯)(University of Applied Sciences Bochum(without Heiligenhaus))	1971 年	6.400	130
新教应用科学大学 莱茵兰-威斯特法伦-利普(Protestant University of Applied Sciences Rhineland-Westphalia-Lippe)	1971 年	2.200	57
杜伊斯堡-埃森大学(University Duisburg-Essen)	1972 年/2003 年	38.700	470
德国哈根州立远程教育大学(Germany's State Distance-Learning University Hagen)	1974 年	75.800	81
北莱茵-威斯特法伦州(鲁尔区)警察和公共管理应用科学大学(University of Applied Sciences for Police and Public Administration in North Rhine-Westphalia(Ruhr area))	1976 年	3.700	37
维滕/赫德克大学(University Witten/Herdecke)	1980 年	1.700	53
国际管理学院(International School of Management ISM)	1990 年	2.300	45
威斯特伐利亚应用科技大学(Westphalian University of Applied Sciences Gelsenkirchen(without Bocholt))	1992 年	7.300	139
经济与管理应用科学大学(FOM University of Applied Sciences Economics and management)	1993 年	19.800	235
西南威斯特法伦应用科学大学(仅限哈根)(University of Applied Sciences South-Westphalia(only Hagen))	2002 年	2.900	39

续表

大学/应用科技大学	创立时间	学生/人 (截至 2013 年)	教授/人 (截至 2013 年)
SRH 应用于科技大学(SRH University of Applied Sciences Logistics and economics)	2005 年	600	15
EBZ 商学院(EBZ Business School)	2008 年	800	16
鲁尔西应用科学大学(University of Applied Sciences Ruhr-West)	2009 年	2.500	59
应用科学大学哈姆-利普施塔特只有哈姆)(University of Applied Sciences Hamm-Lippstadt only Hamm))	2009 年	1.400	31
莱茵-瓦尔应用科学大学(仅限克莱沃)(University of Applied Sciences Rhine-Waal (only Kleve))	2009 年	1.300	25
应用科学大学健康(University of Applied Sciences for health)	2009 年	700	19
健康与体育应用科学大学(仅限翁纳)(University of Applied Sciences for health and sports (only Unna))	2011 年	200	0
总计		2554.4	2570

今天，超过 26 万名学生在鲁尔区学习。就学生人数而言，最大的大学是哈根州立远程教育大学。自鲁尔区第一批大学建立以来，鲁尔地区学生在北莱茵-威斯特法伦州学生中的比例明显上升，目前约为 36%。

5. 总结

对鲁尔区结构变化的分析表明，硬煤开采或更确切地说，煤炭和钢铁部门的就业率下降严重。在硬煤开采部门工作的特点：一方面是体力要求很高，另一方面是高水平的劳动生产率和高工资。煤炭和钢铁部门的大规模就业损失，至今仍未得到补偿。在走向服务经济的道路上，创造了许多新的就业机会，在鲁尔区也是如此。然而，对大多数人来说，这些工作的工资远远低于煤炭和钢铁部门的收入。由于生产力较低，价值创造和收入效应较低，鲁尔区的区域经济发展整体上仍然落后于德国全国的趋势。在这方面，鲁尔区的经济和社会结构并不统一。在鲁尔区南部，结构性变化在 20 世纪 50 年代末就已经开始，而且在 20 世纪 60 年代就已经建立了大学，那里的情况要比鲁尔区北部好得多，因为鲁尔区北部今天的特点仍然是高(长期)失业率和较低的经济实力。

7.1.6　德国与鲁尔区变革的总结

鲁尔区的结构性变化并不是一个快速完成的过程，而是从 20 世纪 50 年代末硬煤开采的第一次危机开始一直持续到今天，并且还在继续。随着时间的推移，就像鲁尔区的煤矿开采一样，变革目前从南方转移到了北方。这一变革最显著的结果是从业人员从 1957 年德国硬煤开采高峰期的约 50 万人下降到 2016 年的约 4500 人。

与目前关于褐煤未来的争论相比，需要强调的是，德国硬煤开采在2018年的衰落和最终完全结束是由于其对于进口煤和其他燃料的竞争力下降，而不是出于对气候保护的考虑。气候变化的考虑既不是结构变化的驱动力，也不是鲁尔区结构性政策的主要目标。

鲁尔区的结构性变化伴随着大量的结构性政策干预，其目的首先是为了避免社会和经济的扭曲，并加强该地区的发展动力。因此，结构性政策干预特别针对"经济"和"社会福利"层面的影响。此外，基础设施的发展早已开始，特别是通过鲁尔发展计划的启动。除了教育基础设施外，交通基础设施和各种休闲设施也得到了进一步发展。今天，鲁尔区是德国大学和研究机构密度最高的地区之一。

总而言之，鲁尔区的结构性政策干预具有保护性和自适应(preserving and reactive)的性质。几十年来，结构性政策主要追求的目标是确保德国的(硬)煤炭开采部门成为鲁尔区的国内能源来源，然后再减缓其枯竭速度。为此，一方面，对采矿业进行了大量的补贴，并为雇员建立了社会保障制度(特别是在收入不大幅减少的情况下提前退休)。另一方面，试图通过技术创新和生态合理化措施来恢复煤炭开采的市场竞争力(最终未获成功)。这种保护政策的原因在于硬煤开采和鲁尔区对联邦德国的特殊重要性：采矿业的经济重要性、硬煤作为国内能源再服务的能源政策重要性、鲁尔区的规模以及与硬煤有经济联系的大量人口。这些人口不仅包括直接雇员和他们的家人，还包括整个煤炭和钢铁部门以及其供应商。

一方面，如与英国采矿区相比，这些形式的保护性和自适应性结构政策实现了在鲁尔区大规模地避免社会扭曲。另一方面，这些政策也造成了巨大的财政成本，并导致区域经济必要的多样化长期受阻。与其他地区一样，随着时间的推移，在鲁尔区实现将地区优势纳入结构政策战略的做法已经确立。随着20世纪80年代末的区域化结构政策和2000年以来更具前瞻性的、以部门专家为导向的结构政策的实施，鲁尔区的经济进一步变得多样化。

在为其他地区和随后的结构改革进程寻找经验时，首先必须确定对个别措施的影响进行评估是非常困难的，因为其影响极其依赖于与其他结构政策的相互作用。此外，其他政策领域的框架条件和发展也极大地影响了个别结构性政策干预的影响。为了在另一个地区可能的应用(可移植性)，必须考虑其具体的区域情况。这些具体情况尤其包括各自国家的社会保障体系，在德国，这些体系在很大程度上能够缓冲鲁尔区结构性变化的潜在负面后果。然而，每个国家可能无法为每个地区做到这一点。

此外，关于将鲁尔区的经验教训应用于其他地区，对结构性政策可能取得的成功进行现实的评估和诚实的政治沟通是至关重要的，以避免失去信任和政治失望。鲁尔区的社会经济数据显示，尽管付出了巨大的财政努力，但并非所有失去的采矿工作都能立即被新创造的、质量相当的、报酬相当的工业工作所取代。尽管有这些限制，但从对鲁尔区的历史进程的分析中可以获得一些经验，这些经验对其他地区和随后的结构改革进程也有帮助。

因此，鲁尔区的经验表明，不仅要允许变革发生，而且要在早期阶段积极配合和塑造变革，这点极其重要。这需要一个前瞻性的结构性政策，以有针对性的方式加强一个地区的内生潜力，并辅以反应性的干预措施，以缓解结构性变化带来的社会困难。在鲁尔区，直到 20 世纪 50 年代末占主导地位的单一工业结构不能被个别大型企业所取代。相反，我们可以从鲁尔区的经验中了解到，在一个较小的地理区域内实现长期的经济多样化，对缓解煤炭消费和淘汰采矿更有希望。

结构性政策远不止是经济发展资金和吸引企业的政策。相反，有必要有目的地协调不同的政策领域（如结构政策、劳动力市场政策和教育政策）。确切地说，扩大区域基础设施，如确保和增加流动性以及扩大教育和研究领域，是最先积极使结构改革成为可能的方法。DPR 和"鲁尔行动计划"的影响表明，综合干预有助于形成变革。可以将部门支持、基础设施的扩展（流动性、教育和研究）以及社会保障的配套措施联系起来，作为一个完整的综合方案。

此外，对鲁尔区过去结构性政策的分析表明，自下而上的方法，即所有区域利益相关者的早期参与，有助于有效地形成结构性政策。这些参与过程有助于使区域知识和经验形成变革并提高对变革的可接受度。不仅是"传统的"结构性政策利益相关者（经济发展机构、工会、公司、商会、就业机构），而且其他利益相关者（协会、非政府组织等）也应被纳入这些参与过程中。在这方面，最重要的是要考虑到发展一个新的治理结构需要一个较长的时间框架，而且各利益集团的谈判过程变得更加复杂。在治理结构方面，还有一个重要的结构性政策挑战，即鲁尔区与其他大多数煤矿地区一样，不是一个行政单位。因此，一个成功的结构性政策，特别是面向各自地区的政策，需要建立超越行政边界的参与性治理结构。

塑造结构性政策的创新方法的一个具体例子是 IBA 埃姆舍尔公园。在此之前，结构性政策首先影响的是对经济和社会层面的支持（在经济增长和缓解社会困难的意义上），而埃姆舍尔公园的目标则更多的是"生态环境"层面（埃姆舍尔河的重新净化）和"区域形象"层面（通过将工业场所转变为文化场所来保持采矿区的身份），以及参与和管理方面。以及从"社会福利"的影响角度看公众参与和生活质量的问题。它为广泛的社会参与创造了空间，提高了该地区的文化、生态和经济价值，从而全面提高了该地区公民的生活质量。埃姆舍尔公园的方法明确地将结构性政策理解为城市和区域发展的综合政策，因此是不同政策领域如何整合的一个突出例子。

政治行动的范围并不完全受限于结构性变革的实质后果和结构性政策干预的预期改善，而是基本上由话语和话语中重新反映的公众认知所决定。在制定结构性政策的框架内，必须考虑到煤炭和钢铁工业不仅决定性地塑造了鲁尔区的经济结构，而且也决定了鲁尔区的身份。面向未来的采矿区身份塑造有助于缓冲个人和集体区域身份的中断。

　　另外，注意到结构性政策不可能被严格规划。由于结构性变化过程发生的时间较长，框架条件总会有变化，而这些变化是无法事先预测的。因此，结构性政策必须在客观导向和灵活性之间找到一个平衡。一方面，未来的结构政策将面临与过去的结构政策不同的挑战。另一方面，人们对结构性政策的期望将继续改变。鲁尔区案例研究表明，在过去，结构性政策本身的范式(也就是结构性政策应该实现什么的问题)已经发生了变化。同样在未来，结构性政策的规范性目标也将继续改变。可持续性和气候保护在某种程度上已经被认为是与保留工作岗位和经济发展资金的"传统"目标并列的重要目标。

　　因此，结构性政策作为一个整体，特别是一个积极的、具有前瞻性的结构性政策，预计将塑造一个未知的(甚至是无法识别的)未来，在某种程度上也总是经验性的。

　　对1960～2014年，鲁尔区的结构性变化和结构性政策的历史分析，使人们对结构性政策产生了怀疑。另外，对鲁尔区过去60年的结构性变化和结构性政策的历史分析还表明，其已经存在着巨大的经验财富。

7.1.7　关键结论与经验

　　德国煤炭行业与经济结构整体的改变、鲁尔区的成功转型都为世界其他国家和地区提供了宝贵的经验。然而，将德国或鲁尔区的成功因素移植到其他国家和地区并不容易。相较于其他国家与地区，德国在以下方面具有优势。

　　(1)强大的社会合作模式：德国的社会对话和集体协议、职业培训和社会支持系统奠定了公平的行业转型基础。

　　(2)公正转型的整体方法：政府与公众支持区域振兴和多元化，而不仅仅是关注再就业和再培训，因此鲁尔区的失业率一直相对较低。

　　(3)各级政府的大规模投资：通过欧洲、联邦、州和市政预算的大量投资，支持基础设施、教育、旅游、文化和服务业，实现了该地区的经济多元化。虽然过渡管理权力下放给州政府，但由于联邦政府的大力支持，权力分配较为合理，最终改革得以成功。

　　(4)利用现有的区域资产：在鲁尔区作为采矿中心发展起来的资产和劳动力技能的基础上，建立了研究机构、技术部门和生态环境研究所，矿山修复和保护自然环境方面拥有强大的环境服务产业和技术研究。

　　而在转型过程中依然有一些问题：一是经济、制度和文化固有属性阻碍了结构性改革。鲁尔区在煤炭方面的强大专业化最初导致当地企业、政治家和工会试图维持煤炭行业，而不是承认煤炭危机并寻找替代产业，最终导致转型时间与经济成本增加。二是对大型矿业公司的狭隘关注。鲁尔模式因忽视了间接依赖煤炭行业并需要支持向其他行业或商业模式转型的中型公司而受到批评。

7.2　巴西——环境破坏与矿业灾害的恶性循环

7.2.1　矿产资源开发背景

巴西是世界上重要的矿产资源开发与出口国家,尤其是其开采的铁矿、铜矿、金矿等大宗金属矿产在国际市场占据了极大的份额与地位,我国铁矿进口也大量来自巴西。巴西的铁矿石资源是巴西与中国战略关系的重要基础,预计未来数年中国将继续进口巴西开采的数百万吨矿产,用于基础设施建设。2010 年,巴西向全球出口了约 3 亿 t 铁矿石,其中向中国出口的铁矿石占总量的近 50%。

巴西的矿业主要集中在铁(全球第二大铁矿石出口国)、铜、金、铝(世界五大生产国之一)、锰(世界五大生产国之一)、锡(世界上最大的生产者之一)、铌(集中了世界上 98%的已知铌储量)和镍。如图 7-9 所示,2020 年巴西矿产开采产值达到 410 亿美元,创造了超过 17 万个直接就业岗位。多年来,采矿行业已成为巴西经济增长的重要动力,尤其是在帕拉州和米纳斯吉拉斯州。其中,巴西淡水河谷公司是巴西领先的采矿和冶金公司以及世界上最大的铁生产商之一。

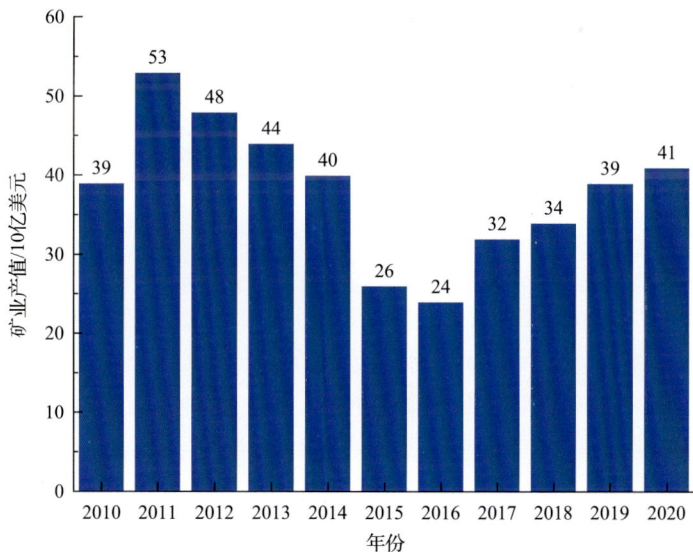

图 7-9　巴西 2010~2020 年矿业产值

但事实上,巴西采矿业的发展并不像表面上那样繁荣且具有可持续性。随着亚马孙热带雨林的破坏和巴西境内生态环境的恶化,加之采矿业自身的污染破坏,巴西矿业已经造成了巨大的环境损失和灾害,并且陷入了恶性循环的地步[176]。

2019 年 1 月 25 日,巴西矿业密集的米纳斯吉拉斯州布鲁马迪纽发生了该国历史上最严重的大坝倒塌事故。据报道，该灾难中有 235 人丧生，另有 35 人失踪。而在 2015 年 11 月的类似事件中，米纳斯吉拉斯州的一座更大的水坝在马里亚纳村爆裂，造成 19 人死亡，并造成严重的环境灾难。在 2015 年的这场悲剧中，矿井的有毒泥浆掩埋了整个本图-罗德里格斯(Bento Rodrigues)村，污染了多西(Doce)河流域，导致大约 280000 人无水可用。环境影响是灾难性的，有毒废物通过巴西的水道到达大西洋沿岸。

7.2.2　生态环境破坏

巴西的环境破坏与生态恶化表现在多个方面，其中最直观的表现为森林覆盖率的下降。

在 21 世纪初期，由于国际压力，巴西停止森林砍伐。从 2004 年到 2012 年，森林砍伐量下降了 83.5%。然而，随着保护措施的放松，森林砍伐量再次攀升。随着该国在 2014 年陷入有史以来最严重的经济衰退并伴随着一场巨大的政府腐败丑闻，巴西人开始反对既定秩序。

2010 年，巴西拥有 492 百万 hm^2 的天然林，占国土面积的 59%以上。2020 年，其失去了 3.20 百万 hm^2 的天然林(包括原始森林和次生林)，相当于 17.0 亿 t 的二氧化碳排放量。从 2002 年到 2021 年，巴西失去了 27.8 万 hm^2 的潮湿原始森林，占同期树木覆盖总损失的 46%(图 7-10)。在此期间，巴西的原始森林总面积减少了 8.1%。

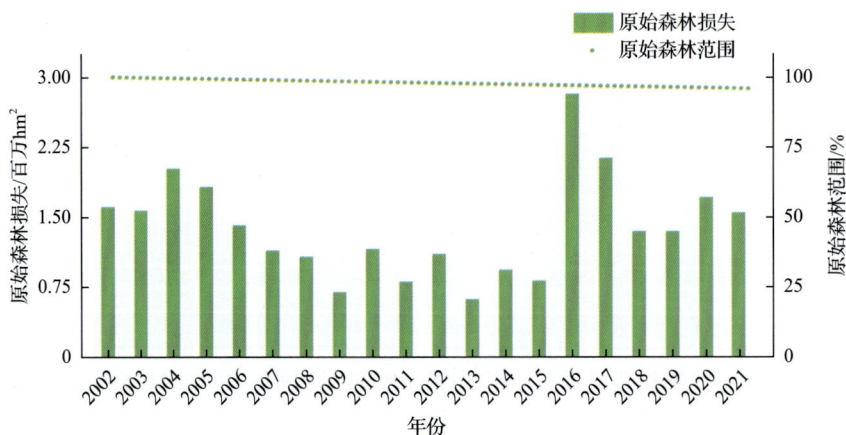

图 7-10　巴西 2002～2021 年原始森林损失

而从 2001 年到 2021 年，巴西的树木覆盖面积减少了 62.8 万 hm^2，相当于自 2000 年以来树木覆盖面积减少了 12%，二氧化碳排放量增加了 345 亿 t(图 7-11)。

在空间分布上，巴西森林覆盖率的下降几乎蔓延全国，其中最主要是在亚马孙森林(图 7-12)。

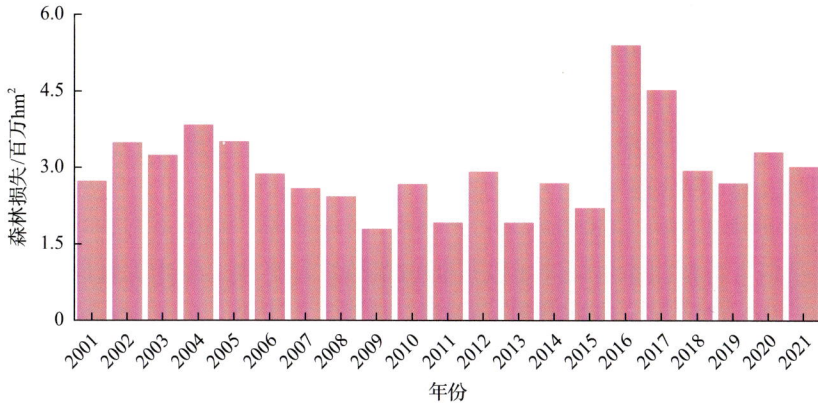

图 7-11　巴西 2001~2021 年森林损失

图 7-12　巴西 2000~2020 年森林覆盖率下降程度时空分布

7.2.3　环境破坏与矿山灾害的恶性循环

巴西是世界第二大矿石生产国,然而巴西矿业在全球市场的突出地位却伴随着不利因素,即生产链中产生的巨大环境责任[177]。其中,当尾矿储存设施即尾矿库溃坝时,对环境的影响是巨大的。

自 1986 年以来,巴西共有 10 次大型尾矿库溃坝。2019 年 1 月 25 日,位于巴西米纳斯吉拉斯州布鲁马迪纽以东 9km 的铁矿尾矿坝Ⅰ发生灾难性溃坝。溃坝将 1200 万 m³ 的废弃矿渣倾倒到下游地区, 235 人丧生,另有 35 人失踪。

这并非巴西近些年鲜见的新闻,而是在环境恶化与矿产资源肆意开采下常见的报道。根据国际大坝委员会的数据,1915~2001 年巴西发生了数百起溃坝和矿业严重污染事件,并且其中有 221 座采矿坝的溃坝本来是可以避免的,但因为当时没有足够的技术知识来保证采矿废料的安全储存,发生了重大事故[177]。

巴西中部米纳斯吉拉斯州近 400 个城市在 2022 年 1 月初被异常大雨袭击后宣布进入紧急状态。大范围的洪水淹没了房屋,阻塞了道路,并导致数十人死亡和数十万人撤离。尽管极端洪水在任何情况下都是毁灭性的,但该地区的许多社区面临着另一种更具威胁性的情况:潜在不稳定的矿山废物储存设施随时可能倒塌。

虽然矿业公司很快将其尾矿坝问题归咎于暴雨,但大坝不稳定是多年来将利润置于安全之上决策的结果。更安全、更有弹性的尾矿坝建造和维护成本更高,因此矿业公司选择了更便宜的方案,如上游大坝用于尾矿处置。随着气候变化带来越来越严重和极端的天气条件,为实现利润最大化设计和建造的尾矿坝将使越来越多的下游社区面临风险。

巴西的铁矿将废料储存在土坝中,称为尾矿坝,由矿山废料建造。如果尾矿饱和并且大坝后面的水位上升,尾矿坝(尤其是那些使用上游高架建造的尾矿坝),特别容易倒塌。在降雨开始之前,国家矿业局已经将米纳斯吉拉斯州的 36 座大坝(全国 40 座)列为有可能发生故障的风险。其中三座大坝“面临倒塌风险”,对下游社区构成了可怕的威胁。

此外,由于当时的降雨,巴西政府特别关注巴西矿业巨头淡水河谷公司拥有的 18 座大坝的排水系统和侵蚀迹象,认为这是潜在坍塌的迹象。公共部办公室给淡水河谷公司 10 天的时间提供报告,说明该公司计划采取哪些行动以确保这些水坝不会倒塌。

然而就在 2022 年 1 月 8 日,法国钢管生产商瓦卢瑞克(Vallourec)公司的波布朗库(Pau Branco)铁矿的一个废料堆坍塌。矿山废弃物流入现场的蓄水坝,导致大坝溢流。

2022 年 11 月,据报道,被列为濒临倒塌风险的三座大坝之一的马尔·阿苏尔(Mar Azul)矿山的一座大坝破裂并将尾矿送入下游水体。下游社区表示担心整个大坝会倒塌，他们也被洪水搁浅。为此，淡水河谷公司建造了一堵 10 层的挡土墙，以减轻潜在的尾矿坝故障。

2015 年在巴西淡水河谷矿场发生了类似的灾难，造成 19 人死亡，并释放出6000 万 m³ 的泥浆，污染了数百英里的河流和溪流。在这种情况下，联合国的一份报告发现这些废物含有大量有毒重金属。除了化学危险之外，大量泥水涌入河流系统会产生长期的环境影响，在河床上涂满淤泥，杀死鱼类和植被。

2015 年在米纳斯吉拉斯州马里亚纳市发生的事故导致下游供应系统被泥浆污染或以其他方式被破坏，导致 250000 人没有饮用水。

巴西涉及尾矿储存设施的灾害数量在近几十年间不断增加。尽管产生了巨大的社会环境影响，但在减轻所造成的损害方面几乎没有采取任何措施。矿业公司的疏忽和流域层面缺乏有效的管理方法极大地阻碍了环境恢复。此外，虽然巴西签署了《2030 年可持续发展议程》，但巴西的环境立法放缓，这可以促进矿山和尾矿储存设施的实施。

巴西矿业对当地生态环境的破坏极其严重，同时，以热带雨林破坏为主的其他环境破坏也影响着矿业的发展。其中的相互关系表现如图 7-13 所示。

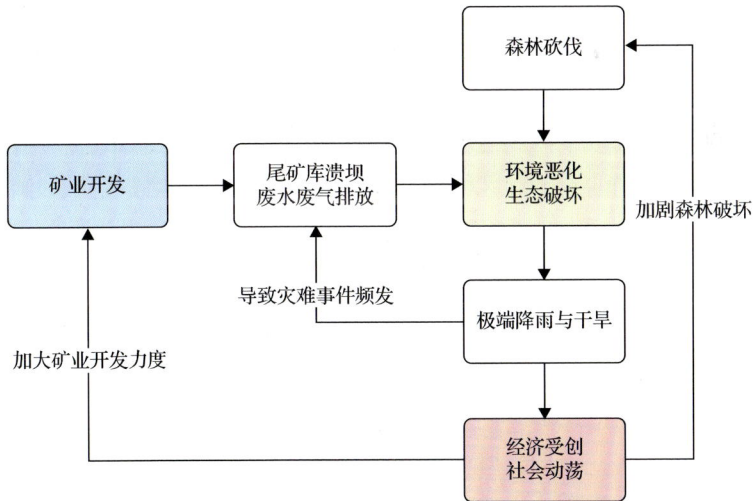

图 7-13　巴西矿业开发导致的恶性循环圈

7.3　国际案例的启示

本章分析了作为成功案例的德国与鲁尔区变革之路，也分析了巴西矿业与环境所面临的困境，在此基础上对比我国长江经济带及其矿产资源-社会经济-生态环境开发模式，得出主要几个值得关注的亮点与经验教训。

1)积极主动地拥抱变革

在德国，如果能更快、更积极地淘汰硬煤开采，那么淘汰过程的成本将大大降低，并为新产业铺平道路。一个持续的预防性变革之路应该及早开始，慢慢进行。例如，对于矿业地区来说，在早期阶段启动的方向性变化意味着慢慢减少煤炭开采的工业核心，以便将资源(如土地、人员、培训以及研究)用于发展其他方面。对于地区的利益相关者来说，这意味着一种转变，因为一方面必须考虑到地区的能力、文化和潜力，另一方面，目前运作的经济实力，也必须在更高层次政府的参与下进行重新调整。

2)在信息有限的情况下进行长远的思考

结构性政策决定应该是可持续的，尽管它们总是会超出目前的水平。尽管指向未来的区域趋势一般可以确定，但意外的内生变化甚至更多的外生冲击的例子也屡见不鲜。因此，相关的行动者必须进行长期规划，但要意识到前瞻性战略的局限性。考虑长期影响，在现有制度之外提供独立的外部建议，以及超越边界的思维，同时旨在使经济多样化，使利益相关者广泛参与。

3)在各地区的过渡进程早期提供支持，淘汰过程需要一个公正和及时的过渡

在预防性结构政策的背景下，如果成功地采取了预防行动，原来发现的风险就不会发生。关键问题还在于，政治体系是否能保证这样一个长期过程有足够的连续性。公民社会是一个需要激活的重要潜力，特别是在转型地区。这需要大量的利益相关者在不同的政治和区域层面(地方、市政、区域、超区域、国家、超国家和国际)进行合作。因此，这里需要多层次的治理。公司和企业主也应该参与到这个过程中来，因为他们作为从业者，可以很好地评估对经济和就业的影响。此外，大学和研究机构必须在项目层面参与，因为他们是特定知识的守门人。

4)促进区域增长和平衡

许多研究得出的结论是：创新主要是在人口稠密的地区产生的，特别是在知识传播有利条件地区，如(大)城市和人口稠密地区，以至于出现传播效应，从长远来看，欠发达地区也将从中受益。各级政府必须警醒，这种区域发展在多大程度上是有益的、可接受的和政治上是可持续的。这在较低的程度上也适用于下级区域层面(市、县)，在那里可能会出现是否要关注特定区域的某些发展中的问题。将资金集中在增长地区是政治与生态环境上难以维持的，因此相应的增长政策将被全面实施，其结果是欠发达地区陷入非常不利的局面。政府层面有必要给予欠发达地区更多的关注，尤其是大城市附近的普通市县，因为这些地区往往会沦为功能单一的大城市附属品而失去其原有的价值。

5)将结构性政策嵌入其他政策中，并提供足够的资源

结构性政策不是在真空中进行的，而是取决于政治和社会价值观的改变。结构性政策在任何情况下与其他区域性的有效政策相比，资金量是相当有限的，因此它的执行可能会超负荷或者达不到预期。鉴于人口变化和由此产生的技术工人的短缺，这种政策可以取得比传统结构政策更大的(包括经济)影响。如果结构性政策在更广泛的意义上被解释为包括区域发展，就不能排除这一方面。在实施结构性政策方案时，尽可能有效地利用资源。政府与行业机构应将气候、能源、社会和结构性政策相结合，同时认识到当地的具体情况，以应对失业、经济和能源系统，以及改善基础设施、科研院所、研究设施。

6)生态环境被破坏的影响难以估量、难以修复且持续深远

巴西正为其大肆开发与砍伐热带雨林付出惨重的代价。与巴西相比，我国包括长江经济带的生物量和可恢复性都远远不及。巴西亚马孙地区经历了 20 世纪 70 年代开始的森林损失和退化的加速过程，政府推动了这一过程以发展该地区的经济，包括许多激励计划和基础设施项目，如开通大型道路和矿产开采，最终导致大量砍伐森林。然而，目前看来，巴西这些措施是不可持续的，所造成的影响是全球性的。

第8章　长江经济带矿产资源环境与产业绿色发展战略研究的建议

　　长江经济带是我国重要的矿产资源基地，特别是中上游地区，有色、黑色金属和非金属矿业在国民经济与社会发展中占有较重要的地位。长江经济带的战略性和新兴矿产资源的优势亦十分明显。近年来，国家实施了生态文明建设、绿色高质量发展、碳达峰碳中和等一系列重大发展战略，对区域矿产资源开发利用提出了更高要求。本章是在长江经济带"共抓大保护、不搞大开发"战略导向下，分析如何正确把控矿产资源开发与社会经济及生态环境之间的耦合作用关系，预判长江经济带"矿产资源-社会经济-生态环境"之间的协调发展趋势，制定科学的矿产资源可持续开发调控措施。

8.1　时　代　背　景

　　推动长江经济带发展是党中央作出的重大决策，是关系国家发展全局的重大战略，对实现"两个一百年"奋斗目标、实现中华民族伟大复兴的中国梦具有重要意义。习近平总书记先后多次考察并召开座谈会聚焦长江经济带发展，并做出重要指示和批示。强调推动长江经济带绿色发展，关键是要处理好"绿水青山"和"金山银山"的关系。推动长江经济带绿色发展，就要实现生态效益和社会经济效益相统一，走出一条生态优先、绿色发展的新路子。长江经济带既是我国重要的生态功能区，也是我国重要的矿产资源基地和矿业经济集聚地，矿产资源是长江经济带可持续发展的基础，更是长江流域经济带大保护的战略支撑。2015年长江经济带对全国经济的贡献率为44.7%，2021年这一值达到50.5%。长江经济带的GDP也由2015年的45.1%提升到2021年的46.6%。

8.2　存　在　问　题

　　长江经济带横跨东中西三大地势阶梯，地貌单元多样，地质条件复杂，上、中、下游社会经济发展水平差异显著。矿产资源与主要成矿带的空间分布不均衡，种类、储量和品位各异，开发强度和速度及模式均大不相同，为区域矿产资源的可持续开发带来了风险与挑战。主要存在以下几个主要问题。

8.2.1　矿产资源开发布局与社会经济发展需求不平衡

长江经济带内的部分矿业权与自然保护区存在空间重叠，矿区生态系统遭到破坏。长江经济带生态功能区与矿产资源成矿带在空间上高度重叠，尤其是中上游地区。长江经济带部分重要矿区位于生态功能区划内，分布在水源涵养生态功能区的有 7 个，分布在生物多样性生态功能区的有 13 个，分布在土壤保持生态功能区的有 5 个，分布在洪水调蓄生态功能区的有 5 个。同时，矿业权与自然保护区也有较多重叠，其中探矿权重叠面积有 1652.km^2，采矿权重叠面积有 1899.57km^2。同时长江经济带面积仅占全国的 21.4%，但废水排放总量占全国 40%以上，单位面积的化学需氧量、氨氮、二氧化硫、氮氧化物、挥发性有机物排放强度更是全国平均水平的 1.5～2 倍，资源开发和生态环境保护矛盾突出。此外，矿产资源开发过程中地表和地下生态系统遭到破坏，矿区的水生态、植被等破坏严重。

8.2.2　矿产资源开发规模化、集约化水平较低

矿产资源优势与加工制造产业优势存在错位现象，集中连片特殊困难地区矿产资源优势未得到充分发挥。据相关资料，长江经济带矿区废水排放总量占全国废水排放量的比例达到 42%，乌江、清水江、岷江、沱江、湘江、洞庭湖等区域水体总磷污染严重。2010～2018 年，因矿业开发所带来的土地占用破坏面积以近8%的平均速度增长。长江经济带共有金属矿山群 34 个，其中长江经济带中上游有 29 个，多集中在云南省、贵州省和四川省等地区。乌蒙山片区等 8 个地区多位于国家重点生态功能区，同时也是矿产和水资源集中分布区，资源开发和生态环境保护矛盾突出。

8.2.3　资源综合利用效率总体不高

长江经济带的金属矿产尾矿利用率约为 10%，远低于发达国家的利用率（60%）。能源资源综合利用效率仅为 33%左右，比国际先进水平低近 10 个百分点。同时，矿区、园区人居环境安全问题不容忽视。长江经济带矿产资源开发所带来的土壤重金属污染的重点区域较多，湖南省、云南省等地重金属污染较为严重。从主要矿产资源集聚区和饮用水源地取水口空间布局来看，两者在空间上有较多重叠，其中岷江、嘉陵江、洞庭湖、巢湖、太湖、湘江等流域风险较高。长江中上游地区地质灾害风险居高不下，严重威胁人居环境安全。

8.2.4　矿产资源–社会经济–生态环境协调性欠佳

长江经济带在实现经济快速增长的同时造成了资源消耗、生态环境恶化等问

题,虽然在经过多年治理调整后协调发展有所起色,但仍然处于欠佳状态。矿产资源开发与矿业造成的资源约束趋紧、资源利用效率过低以及生态环境日益恶化等问题仍然存在,资源环境问题的日益突显已成为制约当前社会和经济发展的重要因素。

8.2.5　生态环境保护形势依然严峻

长江经济带生态环境保护欠账较多,污染外溢突出,风险隐患多,饮用水安全保障压力大。部分区域发展与保护矛盾突出,功能退化严重,2004~2017年环境退化总成本为 66300 亿元,人均退化成本约 822 元,单位面积($1km^2$)退化成本为 23 万元。生态修复和环境保护已成为现阶段长江经济带高质量发展的重要瓶颈。

8.3　面向不同政府、行业主体的政策建议

8.3.1　建立长江经济带矿产资源环境与产业发展战略研究中心

(1)建议该中心由中国工程院或国务院职能部门组织牵头成立,各省(直辖市)相关职能部门配合,立足长江经济带,面向矿产资源绿色开发与环境、社会的高度融合发展,适应社会经济与生态环境现实需求变化,制定出与之相适应的标准与监管制度。组织矿业领域团体进行标准体系建设,并使参与国家标准研究制定工作,开展标准制定国际合作,推进技术标准的国际互认。制定矿产开发情况监督检查,加强矿产资源勘查开采活动和矿产资源储量的动态监督管理制度,严格实行矿业权人勘查和开发利用的信息公示。建立基于大数据的矿产资源监测与预警评价机制,完善各类型矿产资源社会经济影响评价、生态环境影响评价与可持续开发评价体系。

(2)以时间和空间等多尺度评价、监测、预警体系为手段,持续分析矿产资源-社会经济-生态环境三相质量,成立长江经济带矿产资源环境与产业发展战略研究中心。以此由实现短期的企业监测分析、行业监管调控、资源环境平衡等目标走向服务社会经济长远可持续发展,最终面向经济带与区域发展,实现区域协调发展、矿产持续开发与社会长治久安等远期目标。让其成为政府产业政策决策的核心智囊。

8.3.2　制定差异化的矿产资源绿色发展激励政策

(1)根据国际局势、气候变化、赋存特点,按照不同矿种分类施策,把资源的饭碗牢牢端在自己手上。大力推动矿产资源供给侧优化,保障矿产资源安全、经

济、稳定供应，保障大宗矿产的可持续供应能力，保障战略型矿产资源的未来保障能力，推动页岩气、地热等清洁能源的开采利用。长江经济带铁矿、铜矿等大宗金属矿产严重依赖国际进口，应优化矿产资源国际供应能力，力争做到保障国际稳定供应，提高话语权。长江经济带要加大新型清洁矿产资源开发科技投入，推动战略型矿产资源开发的关键技术掌握与升级，提高大宗矿产综合利用率，升级煤炭钢铁等高耗能高污染产业技术与设备。长江经济带拥有较大的钨、钒、稀土等战略型矿产资源储量与开采量，对于此类重要的矿产资源应着眼于未来，从国际局势与国内发展大局出发，针对性地做出战略型矿产资源勘查、开发和进出口政策调整，以保障重要稀缺矿产资源的自主供应与绝对话语权。

(2)全流域坚持生态优先的绿色发展，以资源经济补偿生态环境保护。基于生态系统整体性与多要素协同，分区域、分类别系统开展环境治理与生态修复。鼓励采用新思路、新方法和新技术修复与改善矿业开发所破坏的生态环境和生态功能，加大环保设备对矿山生态修复的投入，修复过程需综合考虑不同生态要素之间的有机联系，推进长江经济带上、中、下游及江河山水林田湖库等的协同统筹治理。长江经济带上游地区要注重以资源绿色开发促进生态脆弱区的保护，实现矿产资源-社会经济-生态环境相融合的可持续发展。而长江经济带中游地区应注重以资源安全高效绿色综合利用为主，实施共伴生等资源的环保绿色高值化利用。长江经济带下游地区需注重建立以全流域生态补偿机制为引导的生态化发展路径。

8.3.3 设立矿产资源绿色低碳开发利用重大科技专项

各级政府为促进长江经济带的协调发展，应设立矿产资源绿色低碳开发利用相关的各类重大科技专项。紧密结合矿产资源绿色低碳开发利用的重大需求，培育能形成具有核心自主知识产权、资源高效利用、绿色低碳开采的关键共性技术，解决目前矿产资源未实现的高效率、低污染的重大瓶颈问题。通过国家/省级自然科学基金、国家/省级重点研发计划等设立科技专项，通过设立环保专项基金、探索环保投资模式、设立生态补偿机制来构成保障体系，共同完成科技引领，实现绿色发展。其目的是推动更高水平的协调、更高质量的发展，保障重要能源资源国内生产自给的战略底线。

8.4 面向行业的规划建议与政策建议

8.4.1 加强定位建设，完善协调沟通机制

行业(行业协会、联合会等)应加强为政府决策服务，为社会发展服务的定位建设。围绕"四矿"问题开展与矿业相关的全局性、战略性、政策性问题的调查

研究，为国家立法和政府部门制定政策提供咨询与服务。作为政府与企业之间的桥梁，做好交流平台建设、政策法规研究、标准体系建设、诚信体系建设，推进科技创新、促进绿色发展、推动矿业国际产能合作。宣传和贯彻国家的矿业方针政策与法律法规，反映行业及企业诉求，依法维护会员合法权益，搭建企业与政府间的沟通、协商平台，建立跨部门、跨细分领域、跨企业的协调机制。

8.4.2　健全长江流域水污染综合防治水平长效机制

建议加强自身的定位建设，完善优化协调沟通机制。长江经济带面积仅占全国的21.4%，但废水排放总量占全国40%以上，单位面积的化学需氧量、氨氮、二氧化硫、氮氧化物、挥发性有机物排放强度更是全国平均水平的1.5～2倍。行业(行业协会、联合会等)应加强为政府决策服务、为社会发展服务的定位建设。围绕长江流域水污染综合防治问题开展与矿业相关的全局性、战略性、政策性问题的调查研究，为国家立法和政府部门制定政策提供咨询与服务。

8.4.3　推动长江经济带矿产资源智慧化与绿色化发展

推动行业整体资源整合和信息数据共享建设，以及科技创新，推进行业智慧化与绿色化建设。为实现矿产的安全、高效、清洁开发，实现矿山的数字化、信息化，要完善智库建设、信息集成与预测工作，提高管理信息化水平，构建矿产资源数据库，并加强与国土空间规划等其他自然资源管理数据库的互联互通，做好规划信息与相关信息资源的整合。行业推动科技创新，推广高新科技成果应用转化、转移，推进集约节约利用资源，发展矿业循环经济、低碳经济和节能减排，加快转变矿业经济发展方式。推进矿业智能化、信息化建设，以及绿色矿山建设，促进矿业绿色发展。

8.5　面向企业的规划建议与政策建议

8.5.1　完善责任管理，承担社会责任与生态责任

企业在发展过程中应将社会责任与生态责任融入企业经营战略中，在追求经济效益的同时，统筹兼顾政府、员工、社区和环境等利益相关方，持续推动诚信经营、创新驱动、绿色发展、生态圈共建等社会责任工作。强化矿山企业对企业社会责任的战略重视。企业管理层在获得社会地位与经济效益的同时，也要相应提升自身对社会责任认知的价值。通过制定社会责任评价体系，广泛开展企业的社会责任教育培训与主题活动，增强企业之间的责任感与使命感，全方位、多层次、高频率塑造一群具有社会责任心的高素质、高思想企业人才。例如，通过对

当地居民实施经济补偿、工作优先、环境治理等措施来保障当地居民的生活品质，补偿因矿山开采对当地居民造成的负面影响。

8.5.2　考虑生态优先、绿色主导的资源、环境、社会、经济融合发展模式

（1）推动长江经济带发展必须从中华民族的长远利益考虑，不是不要开发，而是不搞破坏性开发，要走生态优先、绿色发展之路，使绿水青山产生巨大生态效益、经济效益、社会效益。企业可配合政府根据区域特点划分矿业疏解区、禁止开发区、适度开发区和重点开发区等矿产资源开发功能区划，规划矿山的分布区域以及矿产开采模式。企业要积极响应政策，逐步关停下属小型矿山，整合并购小型矿企，通过缩减矿山企业数间接提高大中型矿山企业的占比。企业在开采过程中也要严格遵守主体功能区制度，根据政府由区域资源禀赋与生态环境状况完善细化的生态功能区划，坚决不触发生态红线，减少或停止生态脆弱区、重要水源林地等地区的矿产资源开发。

（2）企业要充分利用建立的全流域高效共享的资源、环境、经济、社会等融合的数据库/数据平台，以政府为主导实现高效管控、精准溯源，根据耦合协调度等的评价结果，制定精细化绿色产业发展规划、推动区域融合发展。

8.5.3　加强二次资源开发利用，实施生态修复与环境重构

（1）基于生态系统整体性与多要素协同，分区域、分类别系统开展环境治理与生态修复，实施沿江矿山固体废物资源化重大工程。对于沿江矿山的固体废物，鼓励企业采用新思路、新方法和新技术修复与改善矿业开发所破坏的生态环境和生态功能，加大环保设备对矿山生态修复的投入，以及对二次资源的开发利用。结合企业自身现状，建议企业配合政府考虑不同生态要素之间的有机联系，积极调整优化开采方向与模式，协同政府推进长江经济带上、中、下游及江河山水林田湖库等的协同统筹治理。这既能实现资源充分利用，又能从本质上消除安全隐患。

（2）实施沿江矿山生态环境修复与环境重构工程，将矿山变成绿水青山，产生生态效益。企业要分矿种、分地区地严格控制矿区内各类污染物排放，实施差异化的水土污染、保持与管控措施。针对长江经济带上、中、下游不同生态功能区的保护制度进行差异化调整，加大对上、中、下游生态功能区的环境修复力度。针对上游企业，要加大开采技术研发、先进设备引进，要将重心放在消除地质灾害隐患、防治水土流失、恢复植被这几方面，确保开采后不会对环境造成较大破坏；针对中游企业，要加大环保设备与清洁生产技术研发投入，重点是废渣治理、防治污染、恢复植被；而针对下游企业，需加大环境生态资金投入，注重环境生态恢复，重构地貌、环境、人文、历史景观。

参 考 文 献

[1] 推动长江经济带发展领导小组办公室. 经济社会发展概况[EB/OL]. (2019-07-13). http://cjjjd.ndrc.gov.cn/zoujinchangjiang/jingjishehuifazhan/201907/t20190713_941469.htm.

[2] 江南都市报. 江西省出台意见推进长江经济带建设进一步突出昌九一体化核心地位 (图)[EB/OL]. (2015-05-13)[2022-07-29]. https://jndsb.jxnews.com.cn/system/2015/05/13/013866438.shtml.

[3] 吴琦. 《长江经济带发展规划纲要》正式印发[J]. 交通企业管理, 2016, 31 (10): 1.

[4] 央视网. 长江经济带发展布局任务确立[EB/OL]. (2016-09-12)[2022-07-29]. http://news.cctv.com/2016/09/12/ARTIOEvKEfTLIcn9X1Uy4sjn160912.shtml.

[5] 长三角与长江经济带研究中心. 长江经济带经济发展报告 (2018—2019 年)[EB/OL]. (2019-05-15)[2022-08-11]. https://cyrdebr.sass.org.cn/2020/1223/c5775a100921/page.htm.

[6] 中国矿业网. 四川省矿产资源概况[EB/OL]. (2013-12-06)[2022-08-11]. http://www.chinamining.org.cn/index.php?m=content&c=index&a=show&catid=110&id=6014.

[7] 四川自然资源厅. 四川省矿产资源总体规划 (2016—2020 年)[EB/OL]. (2018-03-29)[2022-08-11]. http://dnr.sc.gov.cn/scdnr/sckczygh/2017/11/23/32e4220d57534b66b06e14967639bffb/files/c18711bac07f481b8695304bd5e2bc22.pdf.

[8] 瑞丽市人民政府. 云南省矿产资源概况[EB/OL]. (2019-05-05)[2022-08-11]. http://www.rl.gov.cn/gtj/Web/_F0_0_047OYPFSEM3REJY82JKAU8TQM0.htm.

[9] 矿道网. 云南矿产资源总体介绍[EB/OL]. (2017-10-14)[2022-08-11]. https://www.mining120.com/tech/show-htm-itemid-50050.html.

[10] 中国矿业网. 云南省矿产资源概况[EB/OL]. (2013-12-05)[2022-08-11]. http://www.chinamining.org.cn./index.php?m=content&c=index&a=show&catid=110&id=6004.

[11] 云南省自然资源厅. 云南省矿产资源总体规划 (2016—2020 年)[EB/OL]. (2017-07-11)[2022-08-11]. http://ynddj.org.cn/uploadfile/Document/20171228163443105.pdf.

[12] 贵州省自然资源厅. 贵州省自然资源综合统计月报 (2019 年 1-2 月)[EB/OL]. (2020-01-10)[2022-08-11]. https://www.guizhou.gov.cn/zwgk/zfsj/tjyb/202109/t20210913_70086109.html.

[13] 中国矿业网. 贵州省矿产资源概况[EB/OL]. (2013-12-06)[2022-08-11]. http://www.chinamining.org.cn/index.php?m=content&c=index&a=show&catid=110&id=6011.

[14] 贵州省人民政府. 贵州省矿产资源总体规划 (2016—2020 年)[EB/OL]. (2021-11-19)[2022-08-11]. https://www.guizhou.gov.cn/zwgk/zdlygk/jjgzlfz/zrzy/gtkjghgl/202201/t20220121_72377833.html.

[15] 中国矿业网. 重庆矿产资源概况[EB/OL]. (2013-12-06)[2022-08-11]. http://www.chinamining.org.cn/index.php?m=content&c=index&a=show&catid=110&id=6010.

[16] 重庆市人民政府. 重庆市矿产资源总体规划 (2016—2020 年)[EB/OL]. (2018-08-02)[2022-08-11]. http://www.doc88.com/p-9408414392078.html.

[17] 湖北省自然资源厅. 湖北省矿产资源总体规划 (2016—2020 年)[EB/OL]. (2017-08-18)[2022-08-11]. http://zrzyt.hubei.gov.cn/fbjd/xxgkml/cxgh/201708/t20170818_1581477.shtml.

[18] 煤炭网. 湖北省煤炭资源简介[EB/OL]. (2006-09-12)[2022-08-11]. http://www.coal.com.cn/News/124614.htm

[19] 湖南省自然资源厅. 湖南省矿产资源总体规划 (2016—2020 年) (征求意见稿)[EB/OL]. (2016-07-25)[2022-07-29]. http://zrzyt.hunan.gov.cn/zrzyt/hdjl/dczj/yjzj/201607/t20160725_4223284.html.

[20] 湖南省自然资源厅. 2020 年度湖南省矿产资源储量评审备案信息公示表[EB/OL]. (2021-02-24)[2022-07-29].

https://zrzyt.hunan.gov.cn/zrzyt/xxgk/tzgg/202102/t20210224_14595362.html.

[21] 江西省自然资源厅. 江西省矿产资源总体规划(2016—2020 年)[EB/OL]. (2017-11-03)[2022-07-29]. http://bnr.jiangxi.gov.cn/art/2017/11/3/art_28823_1363120.html.

[22] 中国矿业网. 安徽省矿产资源概况[EB/OL]. (2013-11-05)[2022-07-29]. http://www.chinamining.org.cn/index.php?m=content&c=index&a=show&catid=110&id=6001.

[23] 安徽省地质矿产勘查局. 安徽省矿产资源总体规划(2016—2020 年)[EB/OL]. (2018-01-12)[2022-07-29]. http://dkj.ah.gov.cn/public/7031/39571414.html.

[24] 百度百科. 浙江省矿产资源概况[EB/OL]. (2015-09-21)[2022-08-11]. https://baike.baidu.com/item.

[25] 中国矿业网. 浙江省矿产资源概况[EB/OL]. (2013-12-06)[2022-08-11]. http://www.chinamining.org.cn/index.php?m=content&c=index&a=show&catid=110&id=6006.

[26] 中国矿业网. 江苏省矿产资源概况[EB/OL]. (2013-12-05)[2022-08-11]. http://www.chinamining.org.cn/index.php?m=content&c=index&a=show&catid=110&id=6005.

[27] 江苏省自然资源厅. 江苏省矿产资源总体规划(2021—2025 年)(公开征求意见稿)[EB/OL]. (2021-05-28)[2022-08-11]. http://zrzy.jiangsu.gov.cn/upfile/File/202105/31/16515919.pdf.

[28] 上海市规划和自然资源局. 上海市地质勘查与矿产资源总体规划(2016—2020 年)[EB/OL]. (2018-11-03)[2022-08-11]. https://hd.ghzyj.sh.gov.cn/xxgk/ghjh/201711/P020181103603028493993.pdf.

[29] 长三角与长江经济带研究中心. 长江经济带生态发展报告(2019—2020 年)[EB/OL]. (2020-12-23)[2022-08-11]. https://cyrdebr.sass.org.cn/2020/1223/c5775a100923/page.htm.

[30] 长三角与长江经济带研究中心. 长江经济带生态发展报告(2020—2021 年)[EB/OL]. (2020-12-23)[2022-07-29]. https://cyrdebr.sass.org.cn/2020/1223/c5775a100923/page.htm.

[31] 环境保护部. 长江经济带生态环境保护规划[EB/OL]. (2017-07-18)[2022-07-29]. https://www.mee.gov.cn/gkml/hbb/bwj/201707/W020170718547124128228.pdf.

[32] 吴巧生, 成金华. 重塑长江经济带矿产资源开发利用格局[J]. 中国社会科学报, 2019, (4): 34.

[33] 侯华丽, 强海洋, 陈丽新. 新时代矿业绿色发展与高质量发展思路研究[J]. 中国国土资源经济, 2018, 31(8): 4-10.

[34] 四川省自然资源厅. 四川省矿产资源总体规划(2008—2015 年)[EB/OL]. (2021-09-16)[2022-07-29]. http://dnr.sc.gov.cn/scdnr/sckczygh/2021/9/16/84c4e97e35744429b99fbc708d2c68fd.shtml.

[35] 四川省自然资源厅. 四川省矿产资源总体规划(2021—2025 年)(征求意见稿)[EB/OL]. (2021-07-29)[2022-08-11]. https://dnr.sc.gov.cn/scdnr/scyjzj/2021/7/14/2e6e11c2a6ad48498d45bf316b3107aa/files/c193393645c34a869d7056071a42bbdd.pdf.

[36] 云南省自然资源厅. 云南省矿产资源总体规划 2000 年至 2010 年[EB/OL]. (2008-11-30)[2022-08-11]. http://dnr.yn.gov.cn/html/2008/guihuajihua_1130/2428.html.

[37] 贵州省自然资源厅. 贵州省矿产资源总体规划(2008—2015 年)[EB/OL]. (2020-09-30)[2022-08-11]. http://www.xifeng.gov.cn/jgsz/zfbm/xzrzyj_5707724/zfxxgk_5707703/fdzdgknr_5707706/ghxx/fzgh_5726977/202009/t20200930_63839861.html.

[38] 重庆市人民政府. 重庆市矿产资源总体规划(2008—2016 年)[EB/OL]. (2010-04-15)[2022-08-11]. https://wenku.baidu.com/view/0f3f631368eae009581b6bd97f1922791688bed9.html.

[39] 湖北省国土资源厅. 湖北省矿产资源总体规划(2008—2015 年)[EB/OL]. (2015-02-24)[2022-07-29]. http://zrzyt.hubei.gov.cn/fbjd/xxgkml/cxgh/201502/t20150224_1581475.shtml.

[40] 湖南省自然资源厅. 湖南省矿产资源总体规划(2021—2025)2025)(征求意见稿)[EB/OL]. (2021-05-20)[2022-08-11]. http://zrzyt.hunan.gov.cn/zrzyt/xxgk/tzgg/202107/19976871/files/4b7315278e2f441e920f42721992f051.doc.

[41] 湖南省自然资源厅. 湖南省矿产资源总体规划(2008—2015 年)[EB/OL]. (2011-11-16)[2022-08-11]. http://zrzyt.
    hunan.gov.cn/zrzyt/xxgk/ghjh/201111/t20111116_4399531.html.

[42] 江西省国土资源厅. 江西省矿产资源总体规划(2008—2015 年)[EB/OL]. (2010-03-26)[2022-07-29]. http://www.
    mnr.gov.cn/gk/ghjh/201811/t20181101_2324592.html.

[43] 安徽省人民政府. 安徽省矿产资源总体规划(2008—2015 年)[EB/OL]. (2016-10-11)[2022-07-29]. https://www.
    xuancheng.gov.cn/OpennessContent/show/1864601.html.

[44] 安徽省自然资源厅. 安徽省矿产资源总体规划(2021—2025 年)(征求意见稿)[EB/OL]. (2021-08-19)[2022-08-11].
    https://zrzyt.ah.gov.cn/group6/M00/03/AF/wKg8BmEeCZSAEegjAAhmBvZ4WKM097.pdf.

[45] 浙江省国土资源厅. 浙江省矿产资源总体规划(2009—2015 年)[EB/OL]. (2011-06-20)[2022-08-11]. https://zrzyt.
    zj.gov.cn/art/2011/6/20/art_1292473_5578870.html.

[46] 金华市自然资源和规划局. 浙江省矿产资源总体规划(2016—2020 年)[EB/OL]. (2021-12-28)[2022-08-11].
    http://zrzyj.jinhua.gov.cn/art/2021/12/28/art_1229167846_52076086.html.

[47] 浙江省自然资源厅. 省发展改革委 省自然资源厅关于印发《浙江省矿产资源总体规划(2021—2025 年)》的通
    知[EB/OL]. (2022-09-30)[2023-08-11]. https://zjjcmspublic.oss-cn-hangzhou-zwynet-d01-a.internet.cloud.zj.gov.cn/
    jcms_files/jcms1/web1568/site/attach/0/e9b5f8fc269342f4bf65e2674e54c37b.pdf.

[48] 曹文清, 李惠雄. 论我国矿业经济区的划分依据与方法[J]. 西部资源, 2015, (3): 207-209.

[49] 刘若溪. 矿业经济区划分与规划研究[D]. 北京: 中国地质大学(北京), 2010.

[50] 宋伟. 矿业经济区区划及发展建设评估研究[D]. 北京: 中国地质大学(北京), 2015.

[51] 韩莎莎. 两淮矿区开发工程生态环境影响及综合整治对策研究[D]. 安徽: 安徽农业大学, 2015.

[52] 吕凡家. 安徽省宿州市祁南煤矿核查井田资源储量核查报告[R]. 安徽省煤田地质局第三勘探队, 安徽, 2010.

[53] 朱青, 郑鹏, 花明. 赣州市矿产资源综合利用的困境与对策[J]. 老区建设, 2013, (20): 14-16.

[54] 黄石市自然资源和规划局. 黄石市矿产资源总体规划(2016—2020 年)[EB/OL]. (2018-01-30)[2022-08-11].
    http://jyh.huangshi.gov.cn/pub/hsgtj/zwgk/fdzdgknr/jhgh/kczygh/201801/t20180130_19912.html.

[55] 罗志兵, 王球胜, 王亚男. 黄石市非金属矿产(石灰岩)资源开发利用现状及发展对策[J]. 西部探矿工程, 2017,
    29(2): 147-149.

[56] 宜昌市人民政府. 宜昌市矿产简介[EB/OL]. (2022-02-25)[2022-08-11]. http://www.yichang.gov.cn/content-4281-
    1004063-1. html.

[57] 蔡雄威. 宜昌市主要矿产资源保证程度分析及开发利用方向研究[J]. 中国矿业, 2019, 28(6): 46-50.

[58] 矿道网. 云南省迪庆州矿产资源概况[EB/OL]. (2017-10-14)[2022-08-11]. https://www.mining120.com/tech/
    show-htm-itemid-50116.html.

[59] 廖红梅. 迪庆矿业开发经济与社会效益问题[J]. 时代金融, 2014, (18): 94-97.

[60] 兴义市人民政府. 兴义概况[EB/OL]. (1981-09-21)[2022-08-11]. http://gzxy.gov.cn/zjxy/.

[61] 游桂芝, 潘庆英. 六盘水市矿产资源节约与综合利用现状及对策探讨[J]. 西部探矿工程, 2011, 23(12): 155-158.

[62] 六盘水市自然资源局. 六盘水市"十四五"矿产资源开发利用规划[EB/OL]. (2022-02-24)[2022-07-29].
    http://www.gzlps.gov.cn/jdhy/jdzc/202202/t20220224_72666060.html.

[63] 陈忠华, 韩方建. 凉山州矿产资源开发利用现状的探讨[J]. 四川有色金属, 2011, (4): 1-3, 29.

[64] 凉山彝族自治州自然资源局. 凉山彝族自治州矿产资源总体规划(2016—2020 年)[EB/OL]. (2021-06-17)
    [2022-07-29]. http://dnr.lsz.gov.cn/zfxxgk/fdzdgknr/ghxx/202106/t20210617_1939377.html.

[65] 李晓琴. 攀枝花地区矿产综合利用现状与发展探讨[J]. 中国资源综合利用, 2013, 31(8): 35-38.

[66] 攀枝花市自然资源和规划局. 攀枝花市自然资源和规划局关于《攀枝花市矿产资源规划(2021-2025 年)》(征
    求意见稿)面向社会公开征求意见的公告[EB/OL]. (2021-11-19)[2022-08-11]. http://zgj.panzhihua.gov.cn/zwgk/

tzgg/gggs/4072388.shtml.

[67] 曹国选. 对郴州市矿产资源开发利用的思考[C]. 中国环境科学学会. 中国环境保护优秀论文集(2005)(上册). 北京：中国环境科学出版社,2005: 564-568.

[68] 卓丽捷. 衡阳市矿业经济可持续发展研究[D]. 衡阳: 南华大学, 2009.

[69] 郴州市人民政府. 郴州市矿产资源总体规划(2001—2010 年)[EB/OL]. (2007-08-28)[2022-07-29]. http://www.czs.gov.cn/html/zwgk/hgjj/fzgh/content_35338.html.

[70] 衡阳市人民政府. 衡阳市矿产资源总体规划(2016—2020 年)[EB/OL]. (2016-11-21)[2022-07-29]. https://www.hengyang.gov.cn/zygh/xxgk/ghjh/20200118/i390248.html.

[71] 百度百科. 红河哈尼族彝族自治州[EB/OL]. (2013-10-29)[2022-08-11]. https://baike.baidu.com/item.

[72] 曾桂忠. 文山州矿产开发利用现状和策略分析[J]. 文山学院学报, 2010, 23(2): 129-132.

[73] 冉玉兰. 曲靖市矿产资源开发矿村共建机制研究[D]. 南京: 南京农业大学, 2015.

[74] 池州市人民政府. 池州市矿产资源总体规划(2008—2015 年)[EB/OL]. (2019-08-08)[2022-08-11]. https://max.book118.com/html/2019/0808/6121113111002053.shtm.

[75] 池州市人民政府. 池州市矿产资源总体规划(2016—2020 年)[EB/OL]. (2019-12-10)[2022-07-29]. https://www.chizhou.gov.cn/OpennessContent/show/827523.html.

[76] 纪敏. 池州市矿产开发的生态环境保护对策探讨[J]. 池州师专学报, 2006, (5): 82-83, 116.

[77] 马鞍山市自然资源和规划局. 马鞍山市矿产资源总体规划(2008—2015 年)[EB/OL]. (2012-08-02)[2022-08-11]. http://zrzyhgh.mas.gov.cn/xwzx/ztzl/tdsc/ghjh/kczyztgh/8766625.html.

[78] 马鞍山市自然资源和规划局. 马鞍山市矿产资源总体规划(2016—2020 年)[EB/OL]. (2018-02-21)[2022-08-11]. http://zrzyhgh.mas.gov.cn/xwzx/ztzl/tdsc/ghjh/kczyztgh/8766630.html.

[79] 安徽省铜陵市国土资源局. 铜陵市矿产资源总体规划(2007—2020 年)[EB/OL]. (2018-08-17)[2022-08-11]. https://max.book118.com/html/2018/0815/5033314044001310.shtm.

[80] 芜湖市人民政府. 芜湖市矿产资源总体规划(2008—2015 年)[EB/OL]. (2014-12-11)[2022-08-11]. https://www.wuhu.gov.cn/openness/public/6596701/12466411.html.

[81] 芜湖市人民政府. 芜湖市矿产资源总体规划(2016—2020 年)[EB/OL]. (2018-01-30)[2022-08-11]. https://www.wuhu.gov.cn/openness/public/6596701/12465571.htmll.

[82] 张浙, 卢然, 伍思杨, 等. 长江经济带矿山土壤重金属污染及健康风险评价[J]. 环境科学, 2022, 43(7): 1-15.

[83] 方传棣. 长江经济带矿产资源开发-经济-环境耦合协调发展研究[D]. 武汉: 中国地质大学(武汉), 2019.

[84] 方传棣, 成金华, 赵鹏大, 等. 长江经济带矿区土壤重金属污染特征与评价[J]. 地质科技情报, 2019, 38(5): 230-239.

[85] 李新冬, 黄万扰. 矿产资源开发中的环境影响与防治措施[J]. 中国钨业, 2003, 18(3): 30-33.

[86] 徐雨晴, 肖风劲. 气候变化背景下长江经济带生态环境状况变化及其研究综述[J]. 云南地理环境研究, 2021, 33(2): 1-11.

[87] 纪明, 纪玉山, 刘洋. 中国矿产资源开发利用的问题分析与对策研究[J]. 社会科学战线, 2014, (9): 250-253.

[88] 丁文辉. 分析中国矿产资源开发利用的环境影响[J]. 建材与装饰, 2017, (30): 249-250.

[89] Singer H W. The distribution of gains between investing and borrowing countries[D]. London: Palgrave Macmillan UK, 2012: 265-277.

[90] Auty R M. The resource curse thesis: minerals in Bolivian development, 1970–90[J]. Singapore Journal of Tropical Geography, 1994, 15(2): 95-111.

[91] Sachs J D, Warner A M. Fundamental sources of long-run growth[J]. The American Economic Review, American Economic Association, 1997, 87(2): 184-188.

[92] 丁菊红, 邓可斌. 政府干预、自然资源与经济增长: 基于中国地区层面的研究[J]. 中国工业经济, 2007, (7): 56-64.

[93] 胡援成, 肖德勇. 经济发展门槛与自然资源诅咒——基于我国省际层面的面板数据实证研究[J]. 管理世界, 2007, (4): 15-23, 171.

[94] 赵康杰, 景普秋. 资源依赖、资本形成不足与长期经济增长停滞——"资源诅咒"命题再检验[J]. 宏观经济研究, 2014, (3): 30-42.

[95] Stephen E K. Mineral Resources, Economics and the Environment[M]. Cambridge: Cambridge University Press, 1994: 145.

[96] Aigbedion I. Environmental effect of mineral exploitation in Nigeria[J]. International Journal of Physical Sciences, 2007, 2(2): 33-38

[97] Pagiola S, Arcenas A, Platais G. Can payments for environmental services help reduce poverty? An exploration of the issues and the evidence to date from Latin America[J]. World Development, 2005, 33(2): 237-253.

[98] 曹石榴. 中国矿产资源利用的环境问题分析[J]. 中国矿业, 2018, 27(s2): 43-45.

[99] 郑娟尔, 余振国, 冯春涛. 澳大利亚矿产资源开发的环境代价及矿山环境管理制度研究[J]. 中国矿业, 2010, 19(11): 66-69, 84.

[100] 刘舫. 矿产资源开发环境影响评价的指标体系及方法研究[J]. 环境科学与管理, 2018, 43(5): 167-170.

[101] Kang M, Stam A. PAHAP: A pairwise aggregated hierarchicalanalysis of ratio-scale preferences[J]. Decision Sciences, 1994, 25(4): 607-624.

[102] Griffiths H. Cumulative effects assessment prepared for Alberta Environmental Protection by Macleod Institute for Environmental Analysis[R]. Calgary, AB, Canada, 1998.

[103] 卢曦, 许长新. 长江经济带水资源利用的动态效率及绝对β收敛研究——基于三阶段DEA-Malmquist指数法[J]. 长江流域资源与环境, 2017, 26(9): 1351-1358.

[104] 邢文婷, 张宗益, 吴胜利. 页岩气开发对生态环境影响评价模型[J]. 中国人口·资源与环境, 2016, 26(7): 137-144.

[105] 陈军, 成金华. 中国矿产资源开发利用的环境影响[J]. 中国人口·资源与环境, 2015, 25(3): 111-119.

[106] Grossman G, Krueger A. Environmental impacts of a North American Free Trade Agreement[R]. Cambridge, MA, 1991.

[107] 王美霞, 任志远, 王永明, 等. 宝鸡市经济与环境系统耦合协调度分析[J]. 华中师范大学学报(自然科学版), 2010, 44(3): 512-516.

[108] 吴跃明, 张子珩, 郎东锋. 新型环境经济协调度预测模型及应用[J]. 南京大学学报(自然科学版), 1996, (3): 466-473.

[109] 廖重斌. 环境与经济协调发展的定量评判及其分类体系——以珠江三角洲城市群为例[J]. 热带地理, 1999, (2): 76-82.

[110] 李强, 韦薇. 长江经济带经济增长质量与生态环境优化耦合协调度研究[J]. 软科学, 2019, 33(5): 119-122.

[111] 袁榴艳, 杨改河, 冯永忠. 干旱区生态与经济系统耦合发展模式评判——以新疆为例[J]. 西北农林科技大学学报(自然科学版), 2007, (11): 41-47.

[112] 李崇明, 丁烈云. 小城镇资源环境与社会经济协调发展评价模型及应用研究[J]. 系统工程理论与实践, 2004, (11): 134-139, 144.

[113] 许振宇, 贺建林. 湖南省生态经济系统耦合状态分析[J]. 资源科学, 2008, (2): 185-191.

[114] Wang H W, Zhang X L, Wei S F, et al. Analysis on the coupling law between economic development and the environment in Ürümqi city[J]. Science in China Series D: Earth Sciences, 2007, 50(S1): 149-158.

[115] He J, Wang S, Liu Y, et al. Examining the relationship between urbanization and the eco-environment using a coupling analysis: Case study of Shanghai, China[J]. Ecological Indicators, 2017, 77: 185-193.

[116] 吴楠. 推进长江经济带高质量发展[N]. 中国社会科学报, 2019-01-18(2).

[117] 周杰文, 蒋正云, 李凤. 长江经济带绿色经济发展及影响因素研究[J]. 生态经济, 2018, 34(12): 47-53, 69.

[118] 吴传清, 黄磊. 长江经济带工业绿色发展绩效评估及其协同效应研究[J]. 中国地质大学学报(社会科学版), 2018, 18(3): 46-55.

[119] 钟茂初. 长江经济带生态优先绿色发展的若干问题分析[J]. 中国地质大学学报(社会科学版), 2018, 18(6): 8-22.

[120] 常纪文. 长江经济带如何协调生态环境保护与经济发展的关系[J]. 长江流域资源与环境, 2018, 27(6): 1409-1412.

[121] Xu X, Yang G, Tan Y, et al. Ecosystem services trade-offs and determinants in China's Yangtze River Economic Belt from 2000 to 2015[J]. Science of the Total Environment, 2018, 634: 1601-1614.

[122] Huang Y, Li L, Yu Y. Do urban agglomerations outperform non-agglomerations? a new perspective on exploring the eco-efficiency of Yangtze River Economic Belt in China[J]. Journal of Cleaner Production, 2018, 202: 1056-1067.

[123] 成金华, 王然. 基于共抓大保护视角的长江经济带矿业城市水生态环境质量评价研究[J]. 中国地质大学学报(社会科学版), 2018, 18(4): 1-11.

[124] 方传棣, 成金华, 赵鹏大. 大保护战略下长江经济带矿产-经济-环境耦合协调度时空演化研究[J]. 中国人口·资源与环境, 2019, 29(6): 65-73.

[125] Sims C A. Macroeconomics and reality[J]. Econometrica, 1980, 48(1): 1.

[126] 钟昌标. 外商直接投资地区间溢出效应研究[J]. 经济研究, 2010, 45(1): 80-89.

[127] 周黎安. 中国地方官员的晋升锦标赛模式研究[J]. 经济研究, 2007, (7): 36-50.

[128] 中国钢铁产业与经济社会发展统计数据库. 中国矿业年鉴(2002—2017)[DB/OL]. [2023-12-20]. https://cnki.nbsti.net/CSYDMirror/trade/Yearbook/Single/N2006020196?z=Z026.

[129] 国家统计局. 统计年鉴(2000—2020)[DB/OL]. [2023-12-20]. https://www.stats.gov.cn/sj/ndsj/.

[130] 前瞻网. 前瞻数据库[DB/OL]. [2023-12-20]. https://d.qianzhan.com/.

[131] 环境专业知识服务系统. 环境统计数据[DB/OL]. [2023-12-20]. https://envi.craes.cn/service?father=%E7%A9%BA%E6%B0%94%E7%9B%91%E6%B5%8B%E6%95%B0%E6%8D%AE&name=%E5%A4%A7%E6%B0%94%E7%9B%91%E6%B5%8B&son=%7B%22id%22%3A101102183,%22parentid%22%3A101102178%7D&type=child.

[132] 中国环境保护与经济社会发展统计数据库. 中国环境统计年鉴(2005—2020)[DB/OL]. https://cnki.nbsti.net/CSYDMirror/trade/Yearbook/Single/N2021030182?z=Z008.

[133] 朱裕生, 肖克炎, 马玉波, 等. 中国成矿区带划分的历史与现状[J]. 地质学刊, 2013, 37(3): 349-357.

[134] 朱裕生, 肖克炎, 宋国耀. 成矿区带的划分和成矿远景区圈定要求的讨论[J]. 中国地质, 2000, (6): 41-43.

[135] 陈毓川, 朱裕生, 肖克炎, 等. 中国成矿区(带)的划分[C]. 第八届全国矿床会议, 北京, 2006: 11-16.

[136] 成金华, 彭昕杰. 长江经济带矿产资源开发对生态环境的影响及对策[J]. 环境经济研究, 2019, 4(2): 125-134.

[137] 中国经济网. 着力解决长江经济带矿产资源开发的生态环境问题[EB/OL]. (2018-08-03)[2022-10-20]. http://www.ce.cn/cysc/newmain/yc/jsxw/201808/03/t20180803_29929666.shtml.

[138] 殷亚秋, 杨金中, 汪洁, 等. 长江经济带废弃矿山占损土地遥感调查与生态修复对策[J]. 国土资源遥感, 2020, 32(2): 170-176.

[139] 周李磊, 官冬杰. 长江经济带湿地空间格局变化及其保护修复对策研究[J]. 三峡生态环境监测, 2022, (1): 1-13.

[140] 薛蕾, 徐承红. 长江流域湿地现状及其保护[J]. 生态经济, 2015, 31(12): 10-13.

[141] 姜月华, 倪化勇, 周权平, 等. 长江经济带生态修复示范关键技术及其应用[J]. 中国地质, 2021, 48(5): 1305-1333.

[142] 湿地: 长江经济带的生命命脉[J]. 经济, 2015, (24): 80-83.

[143] 林杨, 王德明, 文仕知. 湘潭锰矿重金属污染湿地修复研究 [J]. 环境科学与技术, 2014, 37(5): 132-137.

[144] 胡晓西. 淮南市煤炭产业转型问题研究[D]. 重庆: 西南大学, 2010.

[145] 张泓, 郑玉柱, 郑高升, 等. 安徽淮南煤田阜凤推覆体之下的伸展构造及其形成机制[J]. 煤田地质与勘探, 2003, (3): 1-4.

[146] 彭凌日. 徐淮推覆—褶皱带构造变形特征研究[D]. 南京: 南京大学, 2018.

[147] 王桂梁. 华北南部的逆冲推覆伸展滑覆与重力滑动构造[M]. 徐州: 中国矿业大学出版社, 1992.

[148] 王文杰, 王信. 中国东部煤田推覆, 滑脱构造与找煤研究[M]. 徐州: 中国矿业大学出版社, 1993.

[149] 葛远群. 资源型城市转型与淮南市经济结构调整[D]. 合肥: 安徽大学, 2010.

[150] 赵玲. 走可持续发展之路 建设环境友好煤炭企业[C]. 节能减排与发展循环经济——煤炭加工利用科学发展, 淮南, 2009: 304-308.

[151] 喻希乐, 许光泉, 何吉春. 矿山放水试验实践[M]. 合肥: 中国科学技术大学出版社, 2014.

[152] 许光泉, 深惠珍. 中国地质灾害与防治学报, 疏降地下水引起地面塌陷浅析——以淮南煤矿区为例[J]. 中国地质灾害与防治学报, 2004, 15(4): 5.

[153] 许光泉, 孙丰英, 李佩全, 等. 安徽淮南煤田 "陷落柱" 成因模式及其综合预测研究[J]. 皖西学院学报, 2015, 31(5): 11-16.

[154] 李新安. 淮南煤田新区环境保护中的若干问题[J]. 华东经济管理, 1995, (3): 40-42.

[155] 丁宝根, 周明, 赵玉. 赣南稀土资源开发现状, 环境影响及治理策略[J]. 东华理工大学学报: 社会科学版, 2017, 36(4): 322-325.

[156] 张方哲, 赵婷婷, 毛洪亮. 江西赣南地区废弃稀土矿矿山地质环境治理方案研究[J]. 世界有色金属, 2020, (3): 212, 214.

[157] 董贝贝. 基于熵值法经济高质量发展水平测度与评估[J]. 市场周刊, 2020, 33(11): 5-7.

[158] 肖璞, 吴潇威. 基于熵值法的评价模型构造与应用[J]. 现代计算机, 2021, 27(30): 50-54.

[159] 赵巍, 马婧. 金融发展、科技创新与经济协调的耦合度研究[J]. 杭州电子科技大学学报(社会科学版), 2021, 17(6): 17-23.

[160] 杨梅. 四川省生态环境与经济协调发展评价与分析研究[J]. 四川环境, 2018, 37(4): 153-161.

[161] 杨媛, 李沐然. 中国人口-经济-教育城镇化的时空耦合协调研究[J]. 湖北农业科学, 2022, 61(2): 101-107.

[162] Vefie L. The Penguin Directory of Physics[M]. Beijing: Foreign Language Press, 1996.

[163] 范洋洋, 吕晓俊. 我国地方官员晋升的因果机制研究及展望——基于CSSCI文献分析[J]. 领导学, 2021, (18): 90-93.

[164] Shen L, Huang Y. Improved coupling analysis on the coordination between socio-economy and carbon emission[J]. Ecological Indicators, 2018, 94: 357-366.

[165] Cui D, Chen X. An integrated approach to investigate the relationship of coupling coordination between social economy and water environment on urban scale - A case study of Kunming[J]. Journal of Environmental Management, 2019, 234(15): 189-199.

[166] 龙宝林. 提高矿产资源持续供给能力问题思考[J]. 中国国土资源经济, 2005, (5): 16-17, 46.

[167] 张军伟. 新常态下我国绿色矿山建设面临问题与解决途径[J]. 中国金属通报, 2021, (11): 239-240.

[168] 王京. 新时代绿色矿山建设的改建措施探究[J]. 现代矿业, 2021, 37(11): 252-254, 260.

[169] 窦永滨, 张敬潇. 深耕 "绿色矿山" 绘就油区新画卷[N]. 滨城时报, 2022-02-18(001).

[170] 国家统计局综合数据库系统[J]. 统计与咨询, 1996,（3）: 42.

[171] Coldewey W G, Wolkersdorfer C. A Hard Coal Miner at the Haarmannsbrunnen（Haarmann Fountain）in Osnabrück（Germany）[J]. Mine Water and the Environment, 2018, 37（2）: 856-857.

[172] Madlener R, Specht J M. An exploratory economic analysis of underground pumped-storage hydro power plants in abandoned deep coal mines[J]. Energies, 2020, 13（21）: 5634.

[173] Wende W. Environmental planning of post-mining landscapes[C]. Beijing International Symposium on Land Reclamation & Ecological Restoration, Beijing,2014.

[174] Sotysik M, Mazur-Belzyt K. City Space Recycling: The example of brownfield redevelopment[J]. IOP Conference Series: Materials Science and Engineering, 2020, 960（4）: 042016 .

[175] Nielsen A A, Canty M J. Linear and kernel methods for multi-and hypervariate change detection[J]. Proceedings of SPIE - The International Society for Optical Engineering, 2010:233-239.

[176] Islam K, Murakami S. Global-scale impact analysis of mine tailings dam failures:1915–2020[J]. Global Environmental Change, 2021,（70）: 102361.

[177] Primo P P B, Antunes M N, Arias A R L, et al. Mining dam failures in Brazil: Comparing legal post-disaster decisions[J]. International Journal of Environmental Research and Public Health, 2021, 18（21）: 11346.

附　表

指标	效应	江苏省	浙江省	安徽省	江西省	湖北省	湖南省	重庆市	四川省	贵州省	云南省
能源	+	0.0325	0.0407	0.0320	0.0389	0.0365	0.0351	0.0330	0.0398	0.0405	0.0325
黑色金属	+	0.0336	0.0391	0.0331	0.0389	0.0346	0.0348	0.0367	0.0398	0.0405	0.0336
有色金属	+	0.0368	0.0314	0.0325	0.0389	0.0352	0.0358	0.0321	0.0398	0.0405	0.0368
建筑材料	+	0.0323	0.0326	0.0351	0.0301	0.0316	0.0332	0.0325	0.0325	0.0317	0.0323
矿业总产值	+	0.0367	0.0398	0.0354	0.0389	0.0399	0.0413	0.0380	0.0393	0.0384	0.0367
矿业产值占地区总工业产值比例	+	0.0327	0.0367	0.0318	0.0317	0.0358	0.0354	0.0321	0.0358	0.0329	0.0327
利润总额	+	0.0338	0.0365	0.0319	0.0389	0.0375	0.0400	0.0382	0.0389	0.0349	0.0338
矿山企业数量	+	0.0324	0.0344	0.0345	0.0389	0.0314	0.0336	0.0333	0.0315	0.0313	0.0324
从业人员	+	0.0332	0.0371	0.0317	0.0389	0.0324	0.0352	0.0325	0.0346	0.0314	0.0332
工业总产值	+	0.0356	0.0345	0.0362	0.0334	0.0352	0.0355	0.0348	0.0338	0.0355	0.0356
第二产业比例	+	0.0321	0.0314	0.0319	0.0301	0.0312	0.0329	0.0316	0.0307	0.0313	0.0321
第三产业比例	+	0.0330	0.0322	0.0323	0.0309	0.0319	0.0338	0.0322	0.0316	0.0318	0.0330
人均 GDP	+	0.0369	0.0350	0.0367	0.0341	0.0357	0.0370	0.0359	0.0351	0.0363	0.0369
固定资产投资总额	+	0.0379	0.0357	0.0365	0.0330	0.0356	0.0355	0.0355	0.0339	0.0369	0.0379
全社会劳动生产率	+	0.0368	0.0350	0.0367	0.0341	0.0359	0.0365	0.0360	0.0351	0.0360	0.0368
科技投入占 GDP 比例	+	0.0323	0.0334	0.0333	0.0313	0.0312	0.0363	0.0316	0.0313	0.0313	0.0323
人均年收入	+	0.0358	0.0346	0.0358	0.0337	0.0351	0.0368	0.0352	0.0330	0.0353	0.0358
人口密度	−	0.0325	0.0319	0.0320	0.0303	0.0314	0.0332	0.0319	0.0309	0.0314	0.0325
城镇化率	+	0.0336	0.0323	0.0326	0.0311	0.0320	0.0342	0.0325	0.0321	0.0328	0.0336
单位 GDP 废水排放量	−	0.0358	0.0369	0.0353	0.0389	0.0378	0.0393	0.0377	0.0380	0.0373	0.0358
单位 GDP SO_2 排放量	−	0.0366	0.0398	0.0380	0.0389	0.0397	0.0407	0.0391	0.0384	0.0395	0.0366
单位 GDP CO_2 排放量	−	0.0331	0.0320	0.0333	0.0314	0.0336	0.0345	0.0330	0.0327	0.0335	0.0331

续表

指标	效应	江苏省	浙江省	安徽省	江西省	湖北省	湖南省	重庆市	四川省	贵州省	云南省
破坏土地面积	−	0.0351	0.0341	0.0411	0.0316	0.0324	0.0330	0.0409	0.0322	0.0343	0.0351
矿业地质灾害直接损失	−	0.0365	0.0332	0.0390	0.0359	0.0382	0.0337	0.0354	0.0352	0.0316	0.0365
废水达标率	+	0.0336	0.0316	0.0319	0.0303	0.0315	0.0332	0.0318	0.0311	0.0315	0.0336
工业固体废物利用率	+	0.0332	0.0317	0.0321	0.0321	0.0314	0.0000	0.0322	0.0309	0.0327	0.0332
矿区土地复垦率	+	0.0358	0.0320	0.0365	0.0304	0.0314	0.0369	0.0319	0.0329	0.0316	0.0358
矿区环境治理投资总额占矿业产值的比例	+	0.0366	0.0332	0.0320	0.0389	0.0361	0.0396	0.0360	0.0370	0.0349	0.0366
矿山环境恢复治理面积	+	0.0332	0.0315	0.0388	0.0353	0.0377	0.0330	0.0363	0.0323	0.0325	0.0332

附表 2　国家长江经济带发展战略与主要相关政策文件目录汇编(2014～2018 年)

主题类型	发布日期	发布机构	文号	文件名称
综合发展	2014.09.12	国务院	国发〔2014〕39 号	《关于依托黄金水道推动长江经济带发展的指导意见》
	2015.04.13	国家发展和改革委员会	发改地区〔2015〕738 号	《国家发展改革委关于印发长江中游城市群发展规划的通知》
	2015.06.09	国家发展和改革委员会	发改外资〔2015〕1294 号	《关于建设长江经济带国家级转型升级示范开发区的实施意见》
	2016.04.15	国务院	国函〔2016〕68 号	《关于成渝城市群发展规划的批复》
	2016.05.25	国务院	国函〔2016〕87 号	《关于长江三角洲城市群发展规划的批复》
	2016.05.25	国家发展和改革委员会	发改外资〔2016〕1111 号	《关于建设长江经济带国家级转型升级示范开发区的通知》
	2016.06.01	国家发展和改革委员会、住房和城乡建设部	发改规划〔2016〕1176 号	《关于印发长江三角洲城市群发展规划的通知》
	2016.09	中共中央政治局		《长江经济带发展规划纲要》
	2018.04.26			《习近平：在深入推动长江经济带发展座谈会上的讲话》
综合立体交通走廊	2014.06.09	国务院办公厅	国办函〔2014〕54 号	《关于印发推进长江危险化学品运输安全保障体系建设工作方案的通知》
	2014.09.12	国务院	国发〔2014〕39 号	《长江经济带综合立体交通走廊规划(2014—2020 年)》

续表

主题类型	发布日期	发布机构	文号	文件名称
综合立体交通走廊	2015.02.02	交通运输部	交通运输部公告 2015 年第 7 号	《关于发布<长江干线桥区交通运输部公告和航道整治建筑物助航标志>(JTS 196-10-2015)的公告》
	2015.05.18	国家发展和改革委员会	发改办基础〔2015〕1241 号	《关于印发〈长江经济带综合立体交通走廊建设中央预算内投资安排工作方案〉的通知》
	2016.12.07	国家发展和改革委员会、交通运输部、中国铁路总公司	发改基础〔2016〕2588 号	《关于印发〈"十三五"长江经济带港口多式联运建设实施方案〉的通知》
	2017.08.04	交通运输部	交水发〔2017〕114 号	《关于推进长江经济带绿色航运发展的指导意见》
	2017.11.04	交通运输部	交通运输部令 2017 年第 32 号	《长江干线水上交通安全管理特别规定》
生态保护	2016.02.23	国家发展和改革委员会、环境保护部	发改环资〔2016〕370 号	《关于加强长江黄金水道环境污染防控治理的指导意见的通知》
	2016.02.24	国家发展和改革委员会、国家林业局	发改农经〔2016〕379 号	《关于加强长江经济带造林绿化的指导意见》
	2017.07.07	环境保护部办公厅	环办环监函〔2017〕1077 号	《关于长江经济带饮用水水源地环境保护执法专项行动进展情况的通报》
	2017.07.13	环境保护部、国家发展和改革委员会、水利部	环规财〔2017〕88 号	《关于印发〈长江经济带生态环境保护规划〉的通知》
	2018.02.13	财政部	财预〔2018〕19 号	《关于建立健全长江经济带生态补偿与保护长效机制的指导意见》
	2018.02.28	国家发展和改革委员会	发改基础规〔2018〕360 号	《关于印发〈长江经济带绿色发展专项中央预算内投资管理暂行办法〉的通知》
产业发展	2016.03.02	国家发展和改革委员会、科学技术部、工业和信息化部	发改高技〔2016〕440 号	《关于印发〈长江经济带创新驱动产业转型升级方案〉的通知》
	2016.11.10	国家邮政局	国邮发〔2016〕99 号	《关于加快长江经济带邮政业发展的指导意见》
	2017.01.10	交通运输部	交办规划〔2017〕7 号	《关于印发长江干线危险化学品船舶锚地布局方案(2016-2030 年)的通知》

续表

主题类型	发布日期	发布机构	文号	文件名称
产业发展	2017.07.27	工业和信息化部、国家发展和改革委员会、科学技术部、财政部、环境保护部	工信部联节〔2017〕178号	《关于加强长江经济带工业绿色发展的指导意见》
开放合作	2014.11.06	海关总署关税征管司	税管函〔2014〕99号	《关于长江经济带海关区域通关一体化审单工作有关问题的复函》
	2015.03.24	国家质检总局		《关于印发〈长江经济带检验检疫一体化建设方案〉的通知》
法制建设	2016.02.24	最高人民法院	法发〔2016〕8号	《关于为长江经济带发展提供司法服务和保障的意见》
	2018.06.13	司法部		《关于全面推动长江经济带司法鉴定协同发展的实施意见》

附表3　矿产开发与环境保护政策

主题类型	发布日期	发布机构	文号	文件名称
矿产开发、环境保护	2005.08.18	国务院	国发〔2005〕28号	《关于全面整顿和规范矿产资源开发秩序的通知》
	2012.12.25	国务院		《关于土地管理和矿产资源开发利用及保护工作情况的报告》
	2016.07.01	国务院	国发〔1991〕5号	《关于将钨、锡、锑、离子型稀土矿产列为国家实行保护性开采特定矿种的通知》
	2016.08.30	国务院	国办函〔1992〕67号	《关于四川省与澳大利亚BHP公司合资勘探开发铅锌矿产资源的复函》
	2016.10.19	国务院	国发〔1988〕75号	《关于对黄金矿产实行保护性开采的通知》
	2016.11.02	国务院	国函〔2016〕178号	《关于全国矿产资源规划(2016—2020年)的批复》
	2017.02.20	国家发展和改革委员会、财政部	发改办环资〔2017〕256号	《关于开展2017年国家园区循环化改造示范试点、"城市矿产"示范基地终期验收和资金清算的通知》

续表

主题类型	发布日期	发布机构	文号	文件名称
矿产开发、环境保护	2017.04.20	国务院	国发〔2017〕29 号	《关于印发矿产资源权益金制度改革方案的通知》
	2017.07.13	环境保护部、国家发展和改革委员会、水利部	环规财〔2017〕88 号	《关于印发〈长江经济带生态环境保护规划〉的通知》
	2017.07.27	工业和信息化部、国家发展和改革委员会、科学技术部、财政部、环境保护部	工信部联节〔2017〕178 号	《关于加强长江经济带工业绿色发展的指导意见》
	2018.10.26	国家发展和改革委员会、生态环境部、农业农村部、住房城乡建设部、水利部	发改农经〔2018〕1542 号	《关于印发〈关于加快推进长江经济带农业面源污染治理的指导意见〉的通知》
	2021.02.26	生态环境部	环办固体〔2021〕4 号	《关于印发〈加强长江经济带尾矿库污染防治实施方案〉的通知》
	2021.10.21	国务院		《关于2020年度国有自然资源资产管理情况的专项报告——2021年10月21日在第十三届全国人民代表大会常务委员会第三十一次会议上》
	2021.11.18	国务院		《对2020年度国有资产管理情况综合报告和2020年度国有自然资源资产管理情况专项报告的意见和建议》